# GERMAN MADE SIMPLE

BY

EUGENE JACKSON, A.B.

Chairman of Foreign Languages (Ret.)
Samuel J. Tilden High School, Brooklyn, N.Y.

AND

ADOLPH GEIGER, M.A.

Teacher of German (Ret.)
Thomas Jefferson High School, Brooklyn, N.Y.

MADE SIMPLE BOOKS
DOUBLEDAY & COMPANY, INC.
GARDEN CITY, NEW YORK

*Library of Congress Catalog Card Number: 65-10615*

*Printed in the United States of America*

# TABLE OF CONTENTS

# CHAPTER 1

## MEET THE GERMAN LANGUAGE

1. *German and English belong to the same family of languages*

As you proceed in your study of the German language you will note many resemblances to your native English in vocabulary, idioms and grammatical structure. This is not strange, for German and English belong to the great Germanic family of languages. They are in fact language cousins. The many resemblances between German and English will be a great help to you in acquiring a good German vocabulary and in other phases of your language study.

2. *Related German and English words*

Some of the most common German words, often repeated in everyday speech, closely resemble English words of the same meaning. The pronunciation differs of course, but this will offer few difficulties, as you will see when you make a thorough study of German pronunciation in Chapters 2, 3, 4.

a. Some common nouns. Note that all nouns are capitalized in German.

| | | | | | | | | |
|---|---|---|---|---|---|---|---|---|
| **Mann** | **Gras** | **Ball** | **Park** | **Hand** | **Hut** | **Haus** | **Wind** | **Sohn** |
| man | grass | ball | park | hand | hat | house | wind | son |
| **Garten** | **Sommer** | **Winter** | **Butter** | **Mutter** | **Vater** | **Onkel** | **Schule** | **Finger** |
| garden | summer | winter | butter | mother | father | uncle | school | finger |

b. Some frequently used adjectives

| | | | | | | | | | | |
|---|---|---|---|---|---|---|---|---|---|---|
| **warm** | **kalt** | **alt** | **neu** | **gut** | **blau** | **braun** | **lang** | **hier** | **voll** | **rund** |
| warm | cold | old | new | good | blue | brown | long | here | full | round |

c. Some frequently used verbs

The infinitive of all German verbs ends in **-en** or **-n.** Remove these endings from the following German verbs and note the remarkable resemblance to English verbs of the same meaning.

| | | | | | | |
|---|---|---|---|---|---|---|
| **singen** | **finden** | **springen** | **bringen** | **sehen** | **helfen** | **kommen** |
| to sing | to find | to spring | to bring | to see | to help | to come |
| **senden** | **fallen** | **binden** | **beginnen** | **waschen** | **haben** | **wundern** |
| to send | to fall | to bind | to begin | to wash | to have | to wonder |

3. *German is not difficult to pronounce and spell*

German is a phonetic language. This means that words are generally pronounced as they are spelled and spelled as they are pronounced. There are no silent letters except e in the combination **ie,** and **h,** which is silent when used after a vowel to indicate that it has a long sound. This is so much simpler than in English where such words as *height, weight, cough, rough, dough, knight, could,* etc., make English spelling and pronunciation a difficult task for the foreigner.

Each German vowel has a long and a short sound. Thus: German **a** is either long, like *a* in *father,* or short, like *a* in *what.* German **a** is never like *a* in *hate, a* in *tall, a* in *mare,* or *a* in *back.*

Most German words are stressed (accented) on the first syllable. Thus: ***Gar-ten, On-kel.*** When the first syllable is not stressed, an accent mark will be used in the vocabularies to show the stressed syllable. Thus: **Papíer** (*pa-peer*) paper.

In Chapters 2, 3 and 4 the German sounds and their spelling are explained in detail, with suitable exercises for practice in words and sentences. These should enable you to pronounce quite well. If possible you should get some German-speaking person to help you with your pronunciation, for it is important for you to hear the sounds correctly spoken and to have your own pronunciation checked.

You can improve your pronunciation and understanding of the spoken word by listening to German recordings and radio broadcasts, by attending German movies wherever possible, and by following courses in German on television.

4. *German printing*

German uses two styles of printing, the Roman type which is used in English and the German type.

For various reasons, among them the fact that German printed matter has a world market, and the unnecessary expense of two styles of printing, the Roman type has gained ascendancy. In modern German printed matter the German type is seldom used. However, since many of the older books, periodicals, etc., have been printed only in the German type, this style of printing will be taught in Chapter 35 of this book and used in some of the reading selections to familiarize you with it. You will find no difficulty in reading German type.

German script has been almost completely superseded by a script style of writing very similar to our English script.

5. *A preview of some interesting features of German*

a. German grammatical gender

In English a male person is masculine in grammatical gender, and we refer to the person as *he*; a female person is feminine in gender and we refer to the person as *she*. All things are neuter and we refer to each thing as *it*. However, we do sometimes personify things such as cars, ships, etc., and refer to each such thing as *she*. Thus: She (the car) goes beautifully. She (the ship) is a beauty.

In German the matter of grammatical gender is quite different. Gender does not depend entirely on sex. The noun for a male is generally (not always) masculine in gender, the noun for a female is generally (not always) feminine in gender. Nouns for things are not always neuter. Some are masculine, some are feminine and some are neuter.

b. "the" and "a (an)" in German

The German word for the definite article "the" is very intriguing. The English word for "the" never changes. The German word for "the" has six forms depending on its use in the sentence. Thus: **der** is used with masculine nouns, **die** with feminine nouns and **das** with neuter nouns in the nominative case. Here are a few samples to whet your appetite.

| | | |
|---|---|---|
| **Der Mann** ist gut. | **Die Frau** ist gut. | **Das Haus** ist alt. |
| The man is good. | The woman is good. | The house is old. |

You will learn all about the forms and uses of the definite article in subsequent chapters.

The German word for the indefinite article "a (an)" is **ein**. It also, as you will see, has various forms according to its use in the sentence.

c. The plural of German nouns

German nouns do not form their plurals by adding **-s** or **-es** as is the case with most nouns in English. In general the German nouns form their plurals in one of four ways which you will learn later. **Kindergarten**, a word borrowed from the German, is made up of the German word **Kinder**, plural of **Kind** (child), plus **Garten** (garden).

d. Verb forms

German verbs have endings which correspond to the subject pronoun. English verbs also once had endings which have long since disappeared. However, you may still see a few of them in poetry and in the Bible, which you will note are similar to German verb endings of the present day. Thus:

| *Old English* | *Modern German* | *Old English* | *Modern German* |
|---|---|---|---|
| thou hast | **du hast** | thou comest | **du kommst** |
| he hath | **er hat** | he cometh | **er kommt** |

A striking similarity between English and German verbs is the manner in which some very common verbs form their past tense. Thus:

| | | | | | | | | |
|---|---|---|---|---|---|---|---|---|
| *Infinitive* | **singen** | sing | **trinken** | drink | **beginnen** | begin | **sehen** | see |
| *Past Tense* | **sang** | sang | **trank** | drank | **begann** | began | **sah** | saw |

There are many other interesting features of German which you will discover and master as you proceed in your study of the language. Those that have been mentioned will serve as a slight introduction to the really exciting experience which lies before you.

## LIP POSITION OF THE GERMAN VOWEL SOUNDS
## (Description in Chapters 2 and 3)

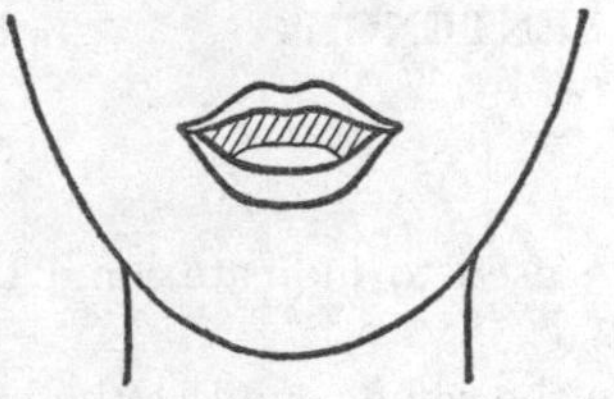

Long and Short **a**

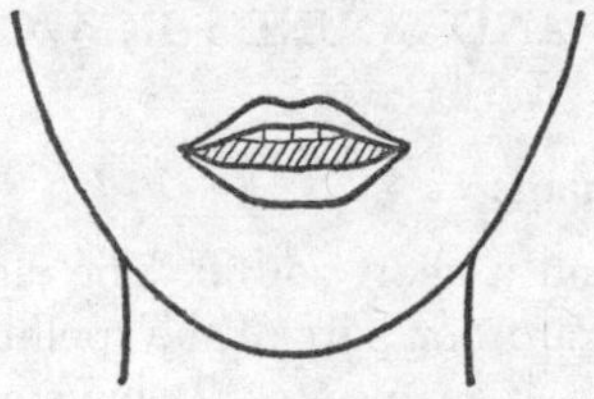

Long and Short **e**

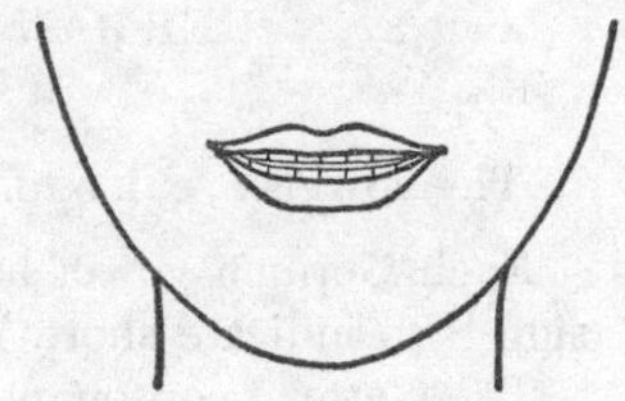

Long and Short **i**

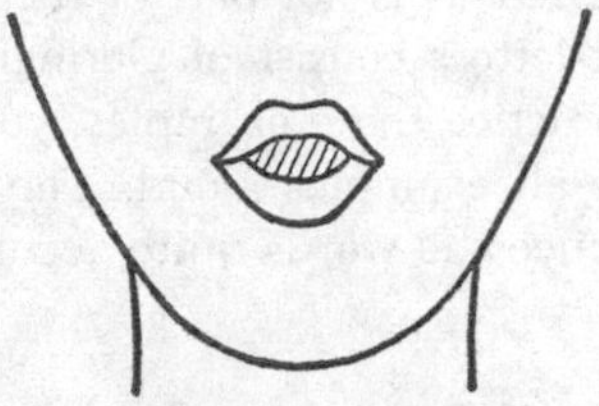

Long and Short **o**
Long and Short **ö**
(Modified **o**)

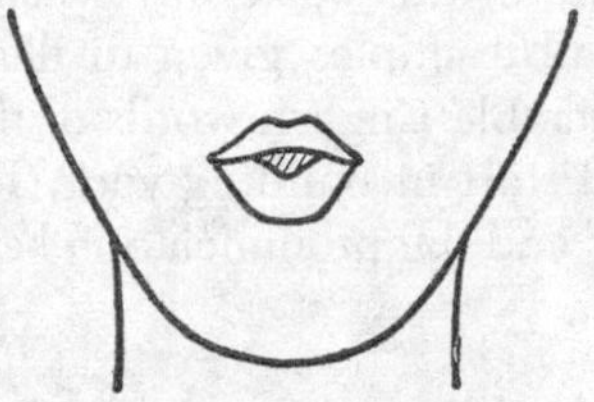

Long and Short **u**
Long and Short **ü**
(Modified **u**)

## THE GERMAN CONSONANTS L, R, and CH (Description in Chapters 2 and 3)

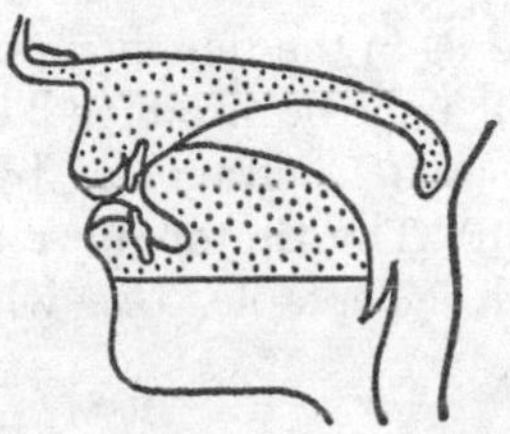

**l**

The top of the tongue rounds upward for German **l**, not downward as for English *l*.

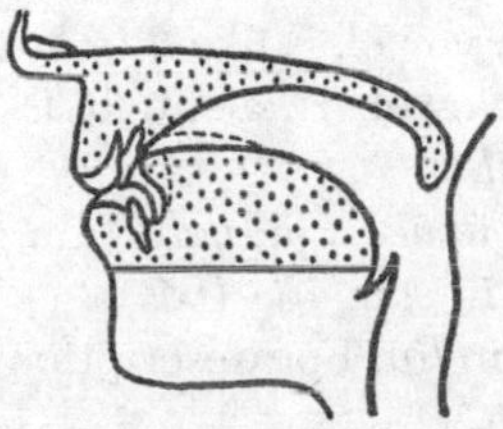

Tip-tongue **r**

The dotted line shows the vibration of the tip of the tongue for the tip-tongue **r**.

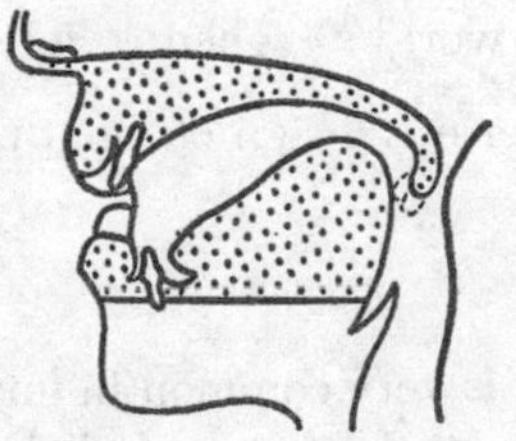

Uvular **r** and Back **ch**

The position of the tongue is the same for uvular **r** and back **ch**. The dotted line shows the vibration of the uvula for **r**.

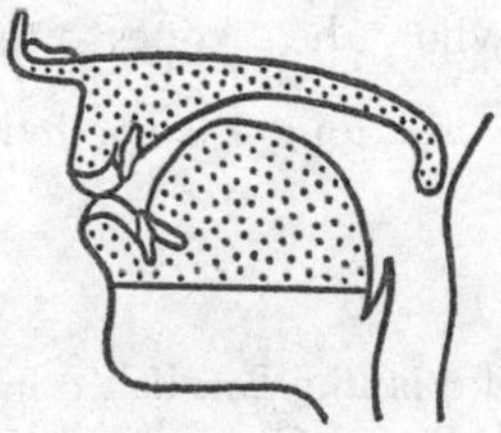

Front **ch**

The front of the tongue is raised for front **ch**. Compare this with the position of the tongue for back **ch**.

# CHAPTER 2

## GERMAN LETTERS AND SOUNDS IN WORDS AND SENTENCES

**1. The vowels a, e, i, o, u. The consonants**

Each German vowel has a long and a short sound. The sign — will be used to indicate long; the sign ᵕ to indicate short. These signs are not part of the spelling.

The German consonants **b, d, f, g, h, k, m, n, p, q, t, x** have approximately the same sound as the corresponding English consonants. Those consonants that differ will be given special attention.

Most German words are stressed (accented) on the first syllable. The accent mark (′) is used in the vocabularies of this book only when some other syllable is stressed. It is not part of the spelling.

Nearly all examples given to illustrate German sounds and letters consist of German words which closely resemble English words of the same meaning. As you practice these examples, you will be making a good start in building your German vocabulary. Practice all examples aloud. The description of the sounds and the pronunciation key will enable you to pronounce the words quite accurately.

### Long and Short a (See Diagram)

Long ā is like *a* in *father*. Key *ah*

| | | | | | |
|---|---|---|---|---|---|
| **Plān** | **Glās** | **Jahr** | **kām** | **jā** | **klār** |
| *plahn* | *glahs* | *yahr* | *kahm* | *yah* | *klahr* |
| plan | glass | year | came | yes | clear |

Short ă is like *a* in *what*. Key *ă*

| | | | | | | |
|---|---|---|---|---|---|---|
| **Mănn** | **Băll** | **Hăt** | **ălt** | **kălt** | **wăs** | **dăs** |
| *mănn* | *băll* | *hăt* | *ălt* | *kălt* | *văs* | *dăs* |
| man | ball | has | old | cold | what | the |

### The Consonants h, j, w, r, l

**h,** before a vowel, is like *h* in *home*. **hat** (*hăt*)

**h,** after a vowel, is silent. It is a sign of length. **Jahr** (*yahr*)

**j** is like *y* in *year*. **jā** (*yah*) **Jahr** (*yahr*)

**w** is like *v* in *van*. **wăs** (*văs*)

**l** is like *l* in *lip*. For description of German **l**, see Diagram.

**r** is trilled as in the telephone operator's *thrrree.* The trill may be produced by the tip of the tongue (see Diagram) or by the uvula (see Diagram). The tip-tongue **r** and the uvular **r** are both acceptable. Use whichever is easier for you.

### Long and Short e (See Diagram)

Long ē (ee) is like *ay*[1] in *gay*. Key *ay*

| | | | | | | |
|---|---|---|---|---|---|---|
| **dēr** | **wēr** | **ēr** | **geht** | **zehn** | **Tee** | **See** |
| *dayr* | *vayr* | *ayr* | *gayt* | *tsayn* | *tay* | *zay* |
| the | who | he | goes | ten | tea | sea |

Short ĕ is like *e* in *bet*. Key *ĕ*

| | | | | | |
|---|---|---|---|---|---|
| **Bĕtt** | **Wĕlt** | **wĕnn** | **ĕs** | **lĕrnt** | **jĕtzt** |
| *bĕt* | *vĕlt* | *vĕnn* | *ĕs* | *lĕrnt* | *yĕtst* |
| bed | world | when | it | learns | now |

In a few words long ē is spelled **ee** (**Tee, See**). The silent **h** after **e** is a sign of length.

### Unstressed e

Unstressed **e** is like English *e* in *garden* and *father*. This sound is very common in unstressed syllables in both English and German. Key *e*. In the pronunciation key the stressed syllable is in heavy type.

| | | | | | | | |
|---|---|---|---|---|---|---|---|
| **Garten** | **Wasser** | **Vater** | **Lehrer** | **Klasse** | **Jahre** | **lernen** | **haben** |
| *găr-ten* | *văs-ser* | *fah-ter* | *lay-rer* | *klăs-se* | *yah-re* | *ler-nen* | *hah-ben* |
| garden | water | father | teacher | class | years | to learn | to have |

## The Consonants v, z, s, ss, sch

**v** is like *f* in *fat.* Some German words are spelled with v instead of **f. Vater** (*fah-ter*) father

**z** is like *ts* in *its.* **zehn** (*tsayn*) ten; **Dezĕmber** (*de-tsĕm-ber*) December

**s,** before a vowel, is like *z* in *zone.* **See** (*zay*) sea; **seh-en** (*zay-en*) to see

**s,** at the end of a syllable is like *s* in *house.* **Glās** (*glahs*); *ĕs; dăs; wăs* (*văs*)

**ss** is like *ss* in *class.* **Klăsse** (*klăs-se*); **Wăsser** (*văs-ser*) water

**sch** is like *sh* in *shoot.* **Schwĕster** (*shvĕst-er*) sister; *wăschen* (*vă-shen*) to wash

NOTE 1. Prolong English *ay* and note that it has two parts. The second or off-glide is the sound *ee.* German long **ē** is the first part of the combination and should not glide off into *ee.*

## Long and Short i (See Diagram)

Long ī (ie) is like *ee* in *meet.* Key *ee*

| | | | | | | |
|---|---|---|---|---|---|---|
| **wīr** | **mīr** | **Bier** | **die** | **sie** | **hier** | **vier** |
| *veer* | *meer* | *beer* | *dee* | *zee* | *heer* | *feer* |
| we | to me | beer | the | she | here | four |

Short ĭ is like *i* in *bit.* Key ĭ

| | | | | | |
|---|---|---|---|---|---|
| **Dĭng** | **Wĭnd** | **Kĭnd** | **Wĭnter** | **ĭst** | **frĭsch** |
| *dĭng* | *vĭnt* | *kĭnt* | *vĭn-ter* | *ĭst* | *frĭsh* |
| thing | wind | child | winter | is | fresh |

## The Consonant d (Final)

At the end of a word or syllable **d** is pronounced like *t.* **Kind** (*kĭnt*); **Wind** (*vĭnt*)

## Long and Short o (See Diagram)

Long ō is like *o*[1] in *wrote.* Key *oh*
Round the lips as in diagram!

| | | | | |
|---|---|---|---|---|
| **Brōt** | **Rōse** | **Sohn** | **Mōnat** | **rōt** |
| *broht* | *rroh-ze* | *zohn* | *moh-năt* | *roht* |
| bread | rose | son | month | red |

Short ŏ is like *o* in *other.* Key *ŏ*
Round the lips as in diagram!

| | | | | |
|---|---|---|---|---|
| ***Ŏnkel*** | **Stŏck** | **kŏmmt** | **vŏll** | **dŏrt** |
| *ŏn-kel* | *shtŏck* | *kŏmmt* | *fŏll* | *dŏrt* |
| uncle | stick | comes | full | there |

## The Consonants sp and st

**sp** is pronounced *shp* only at the beginning of a syllable. **Sport** (*shpŏrt*); **spielen** (*shpee-len*) to play

**st** is pronounced *sht* only at the beginning of a syllable. **Stŏck** (*shtŏck*) stick; **stehen** (*shtay-en*) to stand

## Long and Short u (See Diagram)

Long ū is like *oo* in *root.* Key *ōō*
Round the lips as in diagram!

| | | | | |
|---|---|---|---|---|
| **Fūss** | **Schūle** | **Brūder** | **Hūt** | **Stūhl** |
| *fōōs* | *shōō-le* | *brōō-der* | *hōōt* | *shtōōl* |
| foot | school | brother | hat | chair |

Short ŭ is like *oo* in *foot.* Key *ŏŏ*
Round the lips as in diagram!

| | | | | |
|---|---|---|---|---|
| **Mŭtter** | **Bŭtter** | **Sŭppe** | **ŭnter** | **ŭnd** |
| *mŏŏt-ter* | *bŏŏt-ter* | *zŏŏp-pe* | *ŏŏn-ter* | *ŏŏnt* |
| mother | butter | soup | under | and |

NOTE 1. Prolong English *o* and note that is has two parts. The second part is *ōō.* German long ō is the first part of the combination and should not glide off into *ōō.*

*Exercise No. 1.* Read the following sentences aloud. Translate them. You can easily guess their meaning. The answers to all exercises are given in the "Answer Section" in the Appendix. Check all your answers!

1. **Hier ĭst dās Glās. Es ĭst vŏll Wăsser. Dăs Wăsser ĭst frisch ŭnd klār. Hier ĭst dăs Kind. Dăs Kind trĭnkt Wăsser.**
2. **Dăs Kind spielt Băll. Dēr Băll ĭst rōt. Dēr Băll rŏllt ŭnter dăs Bĕtt.**

3. **Hier ist dēr Tēe. Dŏrt ist dēr Kăffée.[1] Dĕr Tēe ist wărm. Dēr Kăffée ist kălt. Dēr Vāter trinkt Kăffée. Die Mŭtter trinkt Tēe. Dăs Kind trinkt die Sŭppe.**
4. **Dēr Mōnăt Jūni[2] ist wărm. Dēr Winter ist kălt in Kănădă. Dēr Sŏmmer ist wărm hier.**
5. **Ist dēr Kăffée kălt? Ist dēr Tēe wărm? Ist dăs Bier frisch? Ist die Sŭppe wărm? Wēr trinkt Tēe? Wēr trinkt Kăffé? Wēr trinkt die Sŭppe?**
6. **Kărl[3] ist vier Jahre ălt. Mărie[4] ist sieben Jahre ălt. Wie[5] ălt ist Hăns?[6] Wie ălt ist dĕr Vāter? Wie ălt ist die Mŭtter? Wie ălt ist dăs Kind?**

NOTES: 1. **Kăffée** (*kăf-fay*) coffee. 2. **Jūni** (*yōō-nee*) June. 3. **Karl** Charles. 4. **Mărie** (*ma-ree*) Mary. 5. **wie** (*vee*) how. 6. **Hans** Jack.

## Grammar Notes and Practical Exercises

### 2. Gender of nouns

Most (not all) nouns denoting male beings are masculine in gender and take the definite article **der**. Thus, **der Mann** the man, **der Vater** the father, **der Sohn** the son.

Most (not all) nouns denoting female beings are feminine and take the definite article **die**. Thus, **die Mutter** the mother, **die Schwester** the sister, **die Tante** the aunt.

Not all nouns denoting things are neuter. Some are masculine, some are feminine. Neuter nouns take the definite article **das**. Thus:

| *masculine* | *feminine* | *neuter* |
|---|---|---|
| **der Ball** the ball | **die Schule** the school | **das Glas** the glass |

Learn each noun with the definite article, as if the article and noun were one word. Start by memorizing the following nouns with their articles.

| *masculine* | | *feminine* | *neuter* |
|---|---|---|---|
| **der Mann** | **der Ball** | **die Mutter** | **das Kind** |
| **der Vater** | **der Hut** | **die Schwester** | **das Brot** |
| **der Sohn** | **der Schuh** | **die Tante** | **das Glas** |
| **der Bruder** | **der Tee** | **die Butter** | **das Jahr** |
| **der Onkel** | **der Kaffée** | **die Klasse** | **das Bier** |
| **der Lehrer** | **der Monat** | **die Schule** | **das Wasser** |

### 3. Definite article and noun in the nominative case.

The nominative case is the case of the subject of the sentence.

In the nominative case the definite article is **der** with masculine nouns, **die** with feminine nouns, and **das** with neuter nouns.

| *masculine* | *feminine* | *neuter* |
|---|---|---|
| **Der Vater** ist gross. | **Die Mutter** ist jung. | **Das Kind** ist gut. |
| The father is tall. | The mother is young. | The child is good. |
| **Der Ball** ist rot. | **Die Schule** ist alt. | **Das Glas** ist voll. |
| The ball is red. | The school is old. | The glass is full. |
| Dies ist **der Ball.** | Das ist **die Schule.** | Das ist **das Glas.** |
| This is the ball. | That is the school. | That is the glass. |

Note that **dies**, meaning *this*, and **das**, meaning *that*, may point out nouns of any gender.

### 4. Agreement of third person pronouns

Third person pronouns agree in gender and number with the nouns for which they stand.

a. Ist **der Vater** gross? Ja, **er** ist gross. — Is *the father* tall? Yes, *he* is tall.
b. Ist **der Ball** rot? Ja, **er** ist rot. — Is *the ball* red? Yes, *it*[1] is red.
c. Ist **die Mutter** jung? Ja, **sie** ist jung. — Is *the mother* young? Yes, *she* is young.

| | | |
|---|---|---|
| d. | **Ist die Schule** alt? Ja, sie ist alt. | Is *the school* old? Yes, *it*[1] is old. |
| e. | **Ist das Kind** gut? Ja, es ist gut. | Is *the child* good? Yes, *it* is good. |
| f. | **Ist das Glas** voll? Ja, es ist voll. | Is *the glass* full? Yes, *it* is full. |

| | *masculine* | *feminine* | *neuter* |
|---|---|---|---|
| Definite Article | **der Vater, der Ball** | **die Mutter, die Schule** | **das Kind, das Glas** |
| Third Person Pron. | **er** he it | **sie** she it | **es** it it |

NOTE 1. When **er** stands for a masculine thing and **sie** for a feminine thing, both are translated by *it* and not by *he* and *she*, since in English things cannot be masculine or feminine.

*Exercise No. 2.* Complete the answer to each question with the correct pronoun, and translate it. Check all your answers in the "Answer Section."

Example 1. **Sie ist warm.** *It* is warm.

1. **Ist die Suppe warm? ____ ist warm.**
2. **Ist der Lehrer gut? ____ ist gut.**
3. **Ist die Schule alt? ____ ist alt.**
4. **Ist der Doktor hier? ____ ist hier.**
5. **Ist das Wasser klar? ____ ist klar.**
6. **Ist das Bier kalt? ____ ist kalt.**
7. **Ist die Butter frisch? ____ ist frisch.**
8. **Ist die Mutter jung? ____ ist jung.**
9. **Ist der Hut rot? ____ ist rot.**
10. **Ist der Ball rot? ____ ist rot.**

*Exercise No. 3.* Complete the answer to each question by placing the correct form of the definite article (der, die, das) before each noun.

1. **Wer ist das? Das ist ____ Vater; ____ Schwester; ____ Lehrer; ____ Doktor; ____ Onkel; ____ Mutter; ____ Bruder; ____ Mann; ____ Kind; ____ Tante.**
2. **Was ist das? Das ist ____ Schule; ____ Ball; ____ Hut; ____ Butter; ____ Glas; ____ Wasser; ____ Tee; ____ Kaffee; ____ Klasse; ____ Brot; ____ Schuh; ____ Hut.**

# CHAPTER 3

## GERMAN LETTERS AND SOUNDS IN WORDS AND SENTENCES

**1. The vowel combinations *au, ei, eu*. The modified vowels *ä, ö, ü*. The *ch* sound. Final *g*.**
Practice each sound aloud, first in the words on the left, then in the sentences on the right.

### The Vowel Combinations au, ei, eu

**au,** like *ow* in *how*. Key *ow*

| **Auto** | **Haus** | **Frau** | **blau** | **braun** | **kauft** |
|---|---|---|---|---|---|
| *ow-toh* | *hows* | *frow* | *blow* | *brown* | *kowft* |
| auto | house | woman | blue | brown | buys |

**Das Auto ist blau.**
**Der Mann kauft das Auto.**
**Die Frau kauft Kaffée und Tee.**
**Das Haus ist sehr** (very) **alt.**

**ei,** like *ei* in *height*. Key *ei*

| **Eisen** | **ein** | **eine** | **heiss** | **nein** | **weiss** |
|---|---|---|---|---|---|
| *ei-zen* | *ein* | *ei-ne* | *heiss* | *nein* | *veiss* |
| iron | a (an) | a (an) | hot | no | white |

**Ist der Hut braun? Nein, er ist weiss.**
**Ein Mann kauft ein Auto. Es ist rot.**
**Eine Frau kauft Kaffée und Tee.**
**Das Eisen ist heiss.**

**eu,** like *oi* in *oil*. Key *oi*

| **Freund** | **Deutsch** | **heute** | **neu** | **neun** |
|---|---|---|---|---|
| *froint* | *doitsh* | *hoi-te* | *noi* | *noin* |
| friend | German | today | new | nine |

**Wer lernt jetzt Deutsch?**
**Der Freund lernt jetzt Deutsch.**
**Karl ist heute neun Jahre alt.**
**Ist die Schule hier neu?**

## The Modified Vowels ä, ö, ü

Long ä, like *ay* in *day*. The letter ä is another way of spelling German long ē.

| | | | | |
|---|---|---|---|---|
| Bär | zählen | zählt | wählt | spät |
| *bayr* | *tsay-len* | *tsaylt* | *vaylt* | *shpayt* |
| bear | to count | counts | chooses | late |

**Das Kind zählt gut.**
**Ist der Bär ein Tier** (animal)?
**Ja, der Bär ist ein Tier.**
**Der Lehrer kommt heute spät.**
**Der Mann wählt ein Auto.**

Short ä is like *e* in *bet*. The letter ä is just another way of spelling German short ĕ.

| | | | | |
|---|---|---|---|---|
| März | Bäcker | bäckt | älter | wärmer |
| *mĕrtz* | *bĕck-er* | *bĕckt* | *ĕl-ter* | *vĕr-mer* |
| March | baker | bakes | older | warmer |

**Der Bäcker bäckt Brot.**
**Karl ist älter als** (than) **Maríe.**
**Florida ist wärmer als New York.**
**Der Monat März ist oft** (often) **kalt.**
**Hier ist es wärmer als in Kanada.**

Long ö. No equivalent sound in English. To make long ö, hold the lips firmly in the position for long ō (*oh*) and try to say ē (*ay*). The result will be long ö. (See Diagram.)

| | | | | |
|---|---|---|---|---|
| **Öl** | **schön** | **hören** | **wir hören** | **er hört** |
| oil | pretty | to hear | we hear | he hears |

**Die Schwester ist sehr schön.**
**Das Öl ist frisch und klar.**
**Wir hören die Musík** (*mōō-zeek*).
**Er hört die Musík.**
**Die Musík ist sehr schön.**
**Hier ist das Öl. Es ist klar.**

Short ö. No equivalent sound in English. Short ö is like long ö, but shorter in length. (See Diagram.)

| | | | |
|---|---|---|---|
| **Köln** | **Löffel** | **zwölf** | **wir öffnen** |
| Cologne | spoon | twelve | we open |

**Köln ist in Deutschland** (*doitsh-lant*).
**Wir öffnen jetzt die Tür.**
**Der Löffel ist gross.**
**Das Kind zählt von eins bis zwölf.**
**von** (*fŏn*) from, **bis** to

Long ü. No equivalent sound in English. It is like the French *u*. To make long ü, hold lips firmly in the position for ū (*ōō*) and try to say ī (*ēē*). The result will be long ü. (See Diagram.)

| | | | | | |
|---|---|---|---|---|---|
| **Tür** | **kühl** | **grün** | **fühlt** | **für** | **Schüler** |
| door | cool | green | feels | for | pupil |

**Eine Tür ist öffen** (open).
**Das Wetter ist kühl.**
**Das Gras ist grün.**
**Die Rose ist für die Mutter.**
**Der Ball ist für das Kind.**
**Der Schüler lernt Deutsch.**
**Er fühlt das Wasser. Es ist warm.**

Short ü. No equivalent sound in English. Short ü is like long ü, but shorter in length. (See Diagram.)

| | | | | |
|---|---|---|---|---|
| **dünn** | **fünf** | **füllt** | **küssen** | **wünschen** |
| thin | five | fills | to kiss | to wish |

**Das Kind ist fünf Jahre alt.**
**Die Mutter küsst das Kind.**
**Wer wünscht ein Glas Wasser?**
**Maríe füllt das Glas voll Wasser.**
**Das Glas ist dünn.**

Modified vowels are called **Umlaut** vowels. The dots above the letter indicate the modification (**Umlaut**).

## Front ch

Front **ch**. No equivalent in English. To make front **ch** press the tip of the tongue firmly against the lower teeth and try to say *ĭsh, ĕsh*. The result will be front **ch** in **ich** and **ĕch.** (See Diagram.)

| | | | | | |
|---|---|---|---|---|---|
| **ich** | **mich** | **nicht** | **Licht** | **reich** | **Milch** |
| I | me | not | light | rich | milk |

**Ich sprĕche Deutsch.**
**Er spricht kein Deutsch.**
**Ich stehe hier.**
**Er steht nicht hier.**
**Ich bin Studént.**
**Er ist kein** (no) **Studént** (*shtoo-dĕnt*).
**Ist die Frau reich?**

| | | | |
|---|---|---|---|
| ich bin | ich lĕrne | ich gehe | ich hābe |
| I am | I learn | I go | I have |

| | | |
|---|---|---|
| sprĕchen | ich sprĕche | er spricht |
| *shprĕ-chen* | *ich shprĕ-che* | *ayr shpricht* |
| to speak | I speak | he speaks |

Nein, sie ist nicht reich.
Ich habe kein (no) Auto.
Ich trinke Milch.
Ich habe das Licht.
Wir sprechen nicht Englisch.

## Back ch

Back **ch.** No equivalent sound in English. It is used after the vowels **a, o, u.** To make back **ch** place the tongue in position for **k,** and breathe out strongly as for **h.** This gives a sound like an outgoing snore. (See Diagram.)

| | | | | |
|---|---|---|---|---|
| **ăcht** | **Būch** | **Kū-chen** | **Tŏch-ter** | **sūcht** |
| eight | book | cake | daughter | looks for |

**Wer hat das Būch?**
**Ich habe das Būch.**
**Wie alt ist die Tŏchter?**
**Sie ist ăcht Jahre alt.**
**Ist der Kūchen warm?**
**Nein, er ist nicht warm.**
**Wer sūcht** (*zōōcht*) **mich?**
**Die Mutter sūcht dich** (you).

## Final g

At the end of a word **g** is pronounced like **k,** except after **i,** where **g** is pronounced like front **ch.**

| | | | |
|---|---|---|---|
| **richtig** right | **fertig** finished | **Tag** day | **Weg** way |
| (*rich-tich*) | (*fĕr-tich*) | (*tāk*) | (*vayk*) |

## Grammar Notes and Practical Exercises

**1. The indefinite article *ein* (a, an), *kein* (not a, no)**

Compare the forms of **der** with those of **ein.**

| | | |
|---|---|---|
| **Der Ball** ist hier. | **Die Tür** ist offen. | **Das Glas** ist voll. |
| The ball is here. | The door is open. | The glass is full. |
| **Ein Ball** ist hier. | **Eine Tür** ist offen. | **Ein Glas** ist voll. |
| A ball is here. | A door is open. | A glass is full. |

| | *masculine* | | *feminine* | | *neuter* | |
|---|---|---|---|---|---|---|
| *Nom.* | **der** | **ein** | **die** | **eine** | **das** | **ein** |

**Ein** has no ending in the nominative masculine and neuter. In the feminine the ending is **e.** **Kein** (not a, no) has the same case forms as **ein.**

| | | |
|---|---|---|
| **Kein Ball** ist hier. | **Keine Tür** ist offen. | **Kein Glas** ist voll. |
| No (not a) ball is here. | No (not a) door is open. | No (not a) glass is full. |

*Exercise No. 4.* In each sentence substitute for the definite article the correct form of the indefinite article, and of **kein.**

**Beispiel** (*bei-shpeel*): Example: **Das Kind** spielt Ball. **Ein** (**kein**) **Kind** spielt Ball.

1. **Der Plan** ist gut. 2. **Das Bett** ist neu. 3. **Das Auto** ist blau. 4. **Die Tochter** ist hier. 5. **Die Frau** kauft Tee. 6. **Der Bruder** lernt Deutsch. 7. **Die Schwester** lernt Englisch. 8. **Die Tür** ist hier. 9. **Das Glass** ist dort. 10. **Die Schule** ist neu. 11. **Das Haus** ist grün. 12. **Die Tochter** ist zwölf Jahre alt.

**2. Some German verb endings**

| | | | | | | | |
|---|---|---|---|---|---|---|---|
| a. | **gehen** | **kommen** | **lernen** | **kaufen** | **zählen** | **spielen** | **wundern** |
| | to go | to come | to learn | to buy | to count | to play | to wonder |

In the infinitive most German verbs end in **-en**. A few end in **-n**. That part of the verb to which the ending is added is called the *stem*. **geh-, komm-, lern-,** etc., are the stems of **gehen, kommen, lernen,** etc.

| | | | | | | |
|---|---|---|---|---|---|---|
| b. | **ich gehe** | I go | **ich lerne** | I learn | **ich zähle** | I count |
| | **ich komme** | I come | **ich kaufe** | I buy | **ich spiele** | I play |

When the subject is **ich** most German verbs end in **-e.**

| | | | | | | |
|---|---|---|---|---|---|---|
| c. | **er geht** | he goes | **er lernt** | he learns | **Hans zählt** | Jack counts |
| | **sie kommt** | she comes | **wer kauft** | who buys | **Anna spielt** | Anna plays |

When the subject is **er, sie** or **es**; a singular noun; **wer** or **was** – most German verbs end in **-t.**

| | | | | | | |
|---|---|---|---|---|---|---|
| d. | **wir gehen** | we go | **wir lernen** | we learn | **wir zählen** | we count |
| | **wir kommen** | we come | **wir kaufen** | we buy | **wir spielen** | we play |

When the subject is **wir**, all German verbs end in **-en** or **-n**, like the infinitive.

NOTE: The German verb has no special emphatic or progressive forms. Thus: **ich lerne** = I learn, I do learn, I am learning; **er kauft** = he buys, he is buying, he does buy; etc.

*Exercise No. 5.* Complete the verb in each sentence with the correct ending.

**Beispiel: 1. Der Bruder lernt Deutsch.**

**1. Der Bruder lern__ Deutsch. 2. Wir lern__ Englisch. 3. Sie kauf__ ein Buch. 4. Der Stuhl steh__ dort. 5. Ich spiel__ nicht Tennis. 6. Das Kind ha__ Brot und Butter. 7. Der Doktor komm__ heute. 8. Wer trink__ Kaffee? 9. Er trink__ Bier. 10. Der Schüler lern__ gut. 11. Wir spiel__ Ball. 12. Es steh__ dort. 13. Marie sing__ schön. 14. Sie sing__ sehr schön. 15 Wir hab__ kein Buch. 16. Er zähl__ von eins bis zehn. 17. Wer spiel__ Ball? 18. Was steh__ dort?**

**3. The negative *nicht***

| | |
|---|---|
| Der Mann ist **nicht** reich. | The man is *not* rich. |
| Ich gehe **nicht** nach Hause. | I am *not* going home. |
| Wir spielen **nicht** Tennis. | We do *not* play tennis. |

**nicht** corresponds to the English *not.*

**4. The formation of questions**

| | |
|---|---|
| **Lernt der Schüler** Deutsch? | Is the pupil learning German? |
| Ja, er lernt Deutsch. | Yes, he is learning German. |
| **Spricht die Frau** Englisch? | Does the woman speak English? |
| Nein, sie spricht nicht Englisch. | No, she does not speak English. |

In questions that require a **ja** (yes) or a **nein** (no) answer, the subject stands after the verb.

*Exercise No. 6.* Answer these questions in the negative.

**Beispiel: 1. Spielt das Kind Ball? Nein, es spielt nicht Ball.**

**1. Spielt das Kind Ball? 2. Geht der Schüler nach Hause? 3. Ist der Bruder zwölf Jahre alt? 4. Ist das Wetter kühl? 5. Kauft der Mann das Auto?[1] 6. Ist er älter als die Schwester? 7. Ist das Haus sehr alt? 8. Singt Marie schön? 9. Kommt der Doktor heute?[1] 10. Kommt Anna spät nach Hause?**

NOTE 1. Put **nicht** at the end of the answer.

# CHAPTER 4

## PART 1. THE GERMAN ALPHABET. SUMMARY OF LETTERS AND SOUNDS

## PART 2. IMPORTANT WORDS AND EXPRESSIONS FROM DAILY LIFE

You have learned the German letters and their sounds, and have practiced them in words and sentences. In practicing these letters and their sounds, you have acquired a small vocabulary of common words, and learned a few simple grammatical facts.

Part 1 of this chapter starts with the complete German alphabet in Roman print, and the names of the letters. German type will be taught later. (See Chapter 1, section 4.)

It is most important to memorize the German alphabet by practicing it aloud, since the names of the letters, with one exception (y), illustrate their sounds.

The alphabet is followed by a summary of vowel and consonant sounds with pronunciation key.

Part 2 includes some of the most important words and expressions used in daily life.

Practice all these words and expressions aloud. It is not necessary to memorize them at this point, except where memorization is indicated, for they will appear later many times. However, in practicing the words and expressions aloud you will memorize many of them without trying and greet them as old friends when you meet them later.

### Der Erste Teil (*erst-e teil*) The First Part

**Das Deutsche A B C** The German A B C

| | | | | | | | | | | | |
|---|---|---|---|---|---|---|---|---|---|---|---|
| **A** | **a** | (*ah*) | **H** | **h** | (*hah*) | **O** | **o** | (*oh*) | **U** | **u** | (*o͞o*) |
| **B** | **b** | (*bay*) | **I** | **i** | (*ee*) | **P** | **p** | (*pay*) | **V** | **v** | (*fow*) |
| **C** | **c** | (*tsay*) | **J** | **j** | (*yŏt*) | **Q** | **q** | (*ko͞o*) | **W** | **w** | (*vay*) |
| **D** | **d** | (*day*) | **K** | **k** | (*kah*) | **R** | **r** | (*ĕrr*) | **X** | **x** | (*ĭx*) |
| **E** | **e** | (*ay*) | **L** | **l** | (*ĕll*) | **S** | **s** | (*ĕss*) | **Y** | **y** | (*ĭpsĭlon*) |
| **F** | **f** | (*ĕff*) | **M** | **m** | (*ĕm*) | **T** | **t** | (*tay*) | **Z** | **z** | (*tsĕt*) |
| **G** | **g** | (*gay*) | **N** | **n** | (*ĕn*) | **ä** (**a-Umlaut**) | | | **ü** (**u-Umlaut**) | | **ö** (**o-Umlaut**) |

**Qu** appears in a few words, and is pronounced *kv*. Thus: **Quartier** (*kvahr-teer*) quarters.

**y** is found only in a few proper names. Thus: **Meyer** (also spelled **Meier** and **Mayer**) and **Bayern** (*bei-ern*) Bavaria.

### The Double Letter sz (ß)

The double letter **sz**, usually printed **ß**, is another spelling for **ss**. You will meet the symbol **ß** in modern German printed matter. When you do, pronounce it and write it as **ss**. Thus:

**Fusz** (**Fuß**) foot = **Fuss** **musz** (**muß**) must = **muss** **grosz** (**groß**) big = **gross**

This book uses only the spelling **ss** and not **sz** or the symbol **ß**.

### Summary of Vowel Sounds

| | *Long* | | | | | *Short* | | | | |
|---|---|---|---|---|---|---|---|---|---|---|
| *Ger. Vowel* | **ā** | **ē** | **ī** | **ō** | **ū** | **ă** | **ĕ** | **ĭ** | **ŏ** | **ŭ** |
| *Pron. Key* | *ah* | *ay* | *ee* | *oh* | *o͞o* | *ă* | *ĕ* | *ĭ* | *ŏ* | *o͝o* |

| | | | |
|---|---|---|---|
| **ā** | **Vater** (*fah-ter*) father | **ă** | **Mann** (*mănn*) man; **was** (*văs*) what |
| **ē** | **zehn** (*tsayn*) ten | **ĕ** | **Wetter** (*vĕt-ter*) weather |

| | | | |
|---|---|---|---|
| ī (ie) | **wir** (*veer*) we; **die** (*dee*) the | ĭ | **Winter** (*vĭn-ter*) winter |
| ō | **Brot** (*broht*) bread | ŏ | **Onkel** (*ŏn-kel*) uncle |
| ū | **Schule** (*shōō-le*) school | ŭ | **Butter** (*bŏŏ-ter*) butter |
| ā̈ | **zählen** (*tsay-len*) to count | ă̈ | **März** (*mĕrtz*) March |
| ō̈ | **hören** (*hō̈-ren*) to hear | ŏ̈ | **zwölf** (*tsvŏ̈lf*) twelve |
| ṻ | **fühlen** (*fṻh-len*) to feel | ŭ̈ | **füllen** (*fŭ̈l-len*) to fill |

Indefinite **e** **Rose** (*rroh-se*) **Garten** (*găr-ten*) **Mutter** (*mŏŏt-ter*)

## Summary of Consonant Sounds Needing Special Attention

| | | | |
|---|---|---|---|
| **v = f** | **voll** (*fŏll*) | **s** | (final) **Glas** (*glahs*) |
| **j** | **jung** (*yŏŏng*) | **ss** | **Wasser** (*văs-ser*) |
| **w** | **Wetter** (*vĕt-ter*) | **sz (ß)** | **Fuß = Fuss** (*fōōss*) foot |
| **l** | **lieben** (*lee-ben*) | **sch** | **Schuh** (*shōō*) shoe |
| **qu** | **quartíer** (*kvahr-teer*) | **sp** | (initial) **spielen** (*shpee-len*) |
| **r** | **rot** (*roht*) | **st** | (initial) **stehen** (*shtay-en*) |
| **z** | **zehn** (*tsayn*) | **ch** | (front) **ich, nicht** |
| **s** | (before a vowel) **Sohn** (*zohn*) | **ch** | (back) **ăcht, Buch** (*bōōch*) |

## Final b d g

At the end of a word:

| | | | |
|---|---|---|---|
| **d > t** | **Kind** (*kint*) child | **-ig > -ich** | **fertig** (*fĕr-tĭch*) finished |
| **b > p** | **Jakob** (*ya-kop*) Jacob | **-ag > -ak** | **Tag** (*tāk*) day |
| **g > k** | except after **i**, where **g** becomes front **ch** | **-eg > -ek** | **Weg** (*wēk*) way |

*Exercise No. 7.* Practice these words aloud.

| | | | | | | | | |
|---|---|---|---|---|---|---|---|---|
| **ja** *yah* | **Jahr** *yahr* | **Jahre** *yah-re* | **jung** *yŏŏng* | **Juni** *yōō-nee* | **Vater** *vah-ter* | **voll** *fŏll* | **vier** *feer* | **von** *fŏn* |
| **Wasser** *văs-ser* | **Winter** *vĭn-ter* | **Wind** *vĭnt* | **Welt** *vĕlt* | **was** *văs* | **wenn** *vĕnn* | **wir** *veer* | **wie** *vee* | **warm** *vărm* |
| **zehn** *tsayn* | **zwölf** *tsvŏ̈lf* | **März** *mĕrtz* | **Dezember** *dĕ-tsĕm-ber* | **zählen** *tsay-len* | **Zigarétte** *tsĭ-gă-rĕt-te* | | | |
| **Sohn** *zohn* | **September** *zĕp-tĕm-ber* | **Rose** *rroh-ze* | **Musík** *mōō-zeek* | **sagen** *zah-gen* | **singen** *zĭng-en* | **sitzen** *zĭ-tsen* | **sehen** *zay-en* | |
| **Schule** *shŏŏ-le* | **Schwester** *shvĕs-ter* | **Deutsch** *doitsh* | **Englisch** *ĕng-lish* | **wünschen** *vŭ̈n-shen* | **frisch** *frĭsh* | **Studént** *shtōō-dĕnt* | | |
| **Sport** *shpŏrt* | **spielen** *shpee-len* | **sprechen** *shprĕ-chen* | **er spricht** *ayr shprĭcht* | **Stock** *shtŏck* | **Stuhl** *shtōōl* | **stehen** *shtay-en* | | |

## Der Zweite Teil (*tsvei-te teil*) The Second Part

### Important Words and Expressions in Daily Life

A. **Bitte** (*bĭt-te*) Please

**Herr Schmidt** (*hĕrr shmĭtt*) Mr. Smith

**Frau Schmidt** (*frow schmĭtt*) Mrs. Smith

**Fräulein Schmidt** (*froi*-lein) Miss Smith

**Verzeihen Sie** (*vĕr-tsei-en zee*) Pardon

**Ich möchte** (*mŏ̈ch-te*) I should like

**Guten Tag** (*gōō-ten tāk*) Good day

**Danke** (*dănk-e*) Thanks
**Vielen Dank** (*fee-len dănk*) Many thanks
**Bitte schön** (*bĭt-te shȫn*) You're welcome
**Guten Morgen** (*gōō-ten mŏr-gen*) Good morning
**Guten Abend** (*gōō-ten ah-bent*) Good evening
**Gute Nacht** Good night

B. Read each heading aloud and complete it with the words listed under it.

**Wieviel kostet . . .** (*vee-feel kŏs-tet*) How much does . . . cost?

**Beispiel: Wieviel kostet der Bleistift?**

**de Bleistift** (*blei-*shtĭft) pencil
**die Feder** (*fay-der*) pen
**das Buch** (*bōōch*) book
**der Hut** (*hōōt*) hat
**das Hemd** (*hĕmt*) shirt
**die Bluse** (*blōō-ze*) blouse
**das Kleid** (*kleit*) dress
**die Kravátte** (*kră-vă-te*) necktie
**das Auto** (*ow-toh*) auto
**die Jacke** (*yă-ke*) jacket
**die Uhr** (*ōōr*) clock
**die Seife** (*zei-fe*) soap
**das Parfüm** (*păr-fūm*) perfume
**die Handtasche** (*hănt-tă-she*) handbag
**die Handschuhe** (*hănt-shōō-e*) gloves
**der Anzug** (*ăn-tsōōk*) suit

**Ich möchte** (*ĭch mŏch-te*)[1] I should like

**eine Tasse Kaffé** (*tăs-se kaf-fay*) a cup of coffee
**eine Tasse Tee** (*tăs-se tay*) a cup of tea
**ein Glas Wasser** (*glahs văs-ser*) a glass of water
**ein Zimmer mit Bad** (*tsĭm-mer mĭt baht*) a room with bath
**eine Zeitung** (*tzei-tōōng*) a newspaper
**eine Speisekarte** (*shpei-ze-kar-te*) a menu
**telefoníeren** (*tĕ-lĕ-foh-nee-ren*) to telephone
**essen** (*ĕs-sen*) to eat
**spaziéren gehen** (*shpa-tsee-ren gay-en*) to take a walk
**ins Kino gehen** (*ĭns kee-noh gay-en*) to go to the movies
**ins Theater gehen** (*ĭns tay-ah-ter gay-en*) to go to the theater
**ins Konzért gehen** (*ĭns kŏn-tsĕrt gay-en*) to go to the concert
**schlafen gehen** (*shlah-fen gay-en*) to go to sleep
**nach Hause gehen** (*nach how-ze gay-en*) to go home

NOTE 1. **ch** in **möchte** is soft as in **ich.**

**Bitte, können Sie mir sagen, wo . . . ist?** (*bĭt-te, kön-nen zee meer sah-gen, voh . . . ist*)
Please, can you tell me where . . . is?

**Beispiel: Bitte, können Sie mir sagen, wo die Karlstrasse ist?**

**die Karlstrasse** (*karl-shtrah-se*) Charles Street
**das Hotél Adler** (*hoh-tĕl ahd-ler*) Adler Hotel
**der Bahnhof** (*bahn-hohf*) station
**das Postamt** (*pŏst-ămt*) post office
**die Toilette** (*twah-lĕt-te*) toilet (ladies' or men's room)
**das Muséum** (*mōō-zay-ŏŏm*) museum
**das Telefon** (*tĕ-le-fohn*) telephone
**die Polizeiwache** (*pŏ-lĭ-tsei-vă-che*) police station
**der Wartesaal**[1] (*vahr-te-zahl*) waiting room
**der Parkplatz** (*părk-plăts*) parking lot

NOTE 1. **aa** is pronounced as long ā (*ah*). **Der Saal** (*zahl*) hall, room; **das Paar** (*pahr*) pair; **das Haar** (*hahr*) hair.

C. **Die Zahlen von eins bis einundzwanzig** (*dee tsah-len fŏn eins bĭs ein-ŏŏnt-tsvăn-tsĭch*). The numerals from one to twenty-one. Memorize:

1 **eins**
2 **zwei** (*tsvei*)
3 **drei**
4 **vier** (*feer*)
5 **fünf**
6 **sechs** (*zĕks*)[1]
7 **sieben** (*zee-ben*)
8 **acht**
9 **neun** (*noin*)
10 **zehn** (*tsayn*)
11 **elf**
12 **zwölf** (*tsvölf*)
13 **dreizehn**
14 **vierzehn**
15 **fünfzehn**
16 **sechzehn**
17 **siebzehn**
18 **achtzehn**
19 **neunzehn**
20 **zwanzig** (*tsvăn-tsĭch*)
21 **einundzwanzig**

NOTE 1. The combination **-chs** is pronounced *-ks.*

D. The days of the week

(der) **Sonntag** (*zŏn*-tāk) Sunday
(der) **Montag** (*mohn-tāk*) Monday
(der) **Dienstag** (*deen-stāk*) Tuesday
(der) **Mittwoch** (*mìtt-vŏch*) Wednesday
(der) **Donnerstag** (*dŏn-ner-stāk*) Thursday
(der) **Freitag** (*frei-tāk*) Friday
(der) **Samstag** (*sam-stāk*) Saturday
**der Tag** (*tāk*) day

**Gespräch** (*ge-shpraych*) Conversation

| | | |
|---|---|---|
| **Guten Tag.** | (*gōō-ten tāk*) | Good day. |
| **Guten Tag.** | (*gōō-ten tāk*) | Good day. |
| **Wie geht's?** | (*vee gayts*) | How are you? |
| **Gut, danke. Und dir?** | (*gōōt, dăn-ke ōōnt deer?*) | Well, thanks. And you? |
| **Danke, sehr gut.** | (*dăn-ke, sayr gut*) | Thanks, very well. |
| **Auf Wiedersehen!** | (*owf vee-der-zay-en*) | Good-by. |

# CHAPTER 5

## WER IST HERR CLARK? — WHO IS MR. CLARK?

You have acquired a good working knowledge of German pronunciation and are familiar with a considerable number of words and expressions. You are now ready for a closer study of the German language. Follow all directions for study, reading aloud and speaking. Remember: The only way to learn to speak a language is by speaking it.

This chapter will introduce you to Mr. Clark, a New York businessman who is as eager as you are to learn German. You will also meet his congenial teacher, Mr. Müller, a German by birth but now an American citizen. As he teaches Mr. Clark, he will also teach you in a pleasant and interesting way.

So, **Viel Glück** (Good Luck) and **Glückliche Reise** (Happy Voyage) as you accompany Mr. Clark on the road which leads to a practical knowledge of the German language.

*How to study each chapter*

Read the German text silently, referring to the English when necessary to get the meaning. Cover up the English text and read the German text silently. Practice aloud the words and expressions under **Wortschatz** (vocabulary).

Then read the German text aloud, pronouncing carefully. Finally, study "Grammar Notes and Practical Exercises."

Check your answers to each exercise in the "Answer Section."

## WER IST HERR CLARK?

1. **Robert Clark ist Kaufmann.**
2. **Er ist Amerikaner.**
3. **Er ist kein Deutscher.**
4. **Sein Büro ist in New York.**
5. **Er wohnt aber nicht in New York.**
6. **Der Vorort, wo die Familie Clark wohnt, ist nicht weit von New York.**

## WHO IS MR. CLARK?

1. Robert Clark is a merchant.
2. He is an American.
3. He is not a German.
4. His office is in New York.
5. However, he does not live in New York.
6. The suburb where the Clark family lives is not far from New York.

| | |
|---|---|
| 7. **Herr Clark ist verheiratet.** | 7. Mr. Clark is married. |
| 8. **Seine Frau heisst Helene Clark.** | 8. His wife's name is Helen Clark. |
| 9. **Herr und Frau Clark haben vier Kinder, zwei Knaben und zwei Mädchen.** | 9. Mr. and Mrs. Clark have four children, two boys and two girls. |
| 10. **Die Knaben heissen Karl und Wilhelm.** | 10. The boys are named Charles and William. |
| 11. **Die Mädchen heissen Marie und Anna.** | 11. The girls are named Mary and Anna. |
| 12. **Herr Clark ist vierzig Jahre alt.** | 12. Mr. Clark is forty years old. |
| 13. **Seine Frau ist sechsunddreissig Jahre alt.** | 13. His wife is thirty-six years old. |
| 14. **Karl ist zwölf Jahre alt.** | 14. Charles is twelve years old. |
| 15. **Wilhelm ist zehn Jahre alt.** | 15. William is ten years old. |
| 16. **Marie ist acht Jahre alt.** | 16. Mary is eight years old. |
| 17. **Anna ist fünf Jahre alt.** | 17. Anna is five years old. |
| 18. **Alle ausser Anna gehen zur Schule.** | 18. All except Anna go to school. |
| 19. **Anna geht nicht zur Schule.** | 19. Anna does not go to school. |
| 20. **Sie ist noch zu jung für die Schule.** | 20. She is still too young for school. |

## Wortschatz (*vŏrt-shătz*) Vocabulary

**der Amerikáner** (*ă-may-ree-kah-ner*) American; American; **Amérika** America
**das Büró** office
**der Herr** gentleman, sir, Mr.
**das Kind** (*kint*) child
**der Knabe** (*knah-be*) boy
**das Mädchen** (*mayt-chen*) girl
**das Jahr** (*yahr*) year
**wohnen** (*voh-nen*) to live
**jung** young; **alt** old
**verheíratet** (*fer-hei-rah-tet*) married
**weit** (*veit*) far; **nah** near
**noch** still; **noch nicht** not yet
**zu** (*tsōō*) too; **zu viel** too much
**für** for; **von** from
**aber** but; **und** (*ŏŏnt*) and
**sein** his (like **ein** and **kein**)
**alle** (*al-le*) all; **viele** many

## Die Familie (*fă-mee-lye*) The Family

| | | | | | |
|---|---|---|---|---|---|
| **der Vater** | father | **die Mutter** | mother | **die Eltern** | parents |
| **der Sohn** | son | **die Tochter** | daughter | **der Mann** | man, husband |
| **der Bruder** | brother | **die Schwester** | sister | **die Frau** | woman, wife |
| **der Onkel** | uncle | **die Tante** | aunt | **die Kinder** | children |
| **der Grossvater** | grandfather | | | **die Grossmutter** | grandmother |

## Deutsche Ausdrücke (*doit-she aus-drŭck-e*) German Expressions

**heissen** to be called, to be named
**Wie heissen Sie?** What is your name?
**Ich heisse Engel.** My name is Engel.
**Wie heisst er?** What is his name?
**Er heisst Müller.** His name is Müller.
**Was sind Sie von Berúf?** What are you by profession? What is your occupation (trade)?
**Ich bin Lehrer.** I am a teacher.
**Sie ist Lehrerin.**[1] She is a teacher.
**Herr B. ist Arzt.** Mr. B. is a doctor.
**Herr C. ist Kaufmann.** Mr. C. is a merchant.
**Frau C. ist Hausfrau.** Mrs. C. is a housewife.
**Herr K. ist Student.** Mr. K. is a student.
**zur Schule gehen** to go to school
**Wir gehen zur Schule.** We go to school.

NOTE 1. Masculine nouns denoting persons are often made feminine by adding **-in.**

**der Lehrer** *m.* **die Lehrerin** *f.* teacher
**der Schüler** *m.* **die Schülerin** *f.* pupil
**der Student** *m.* **die Studentin** *f.* student
**der Freund** *m.* **die Freundin** *f.* friend

## Grammar Notes and Practical Exercises

### 1. Noun plurals

German nouns do not form their plurals by adding **-s** or **-es**, as is the case with most English nouns. Here are some familiar nouns arranged in groups according to the way they form their plurals. Most German nouns form their plurals in one of the ways indicated below.

| | *Singular* | | *Plural* | | *Type of Plural* |
|---|---|---|---|---|---|
| Group I | **der Lehrer** | teacher | **die Lehrer** | teachers | — |
| | **der Bruder** | brother | **die Brüder** | brothers | ⸚ |
| | **das Mädchen** | girl | **die Mädchen** | girls | — |
| | **das Fräulein** | Miss, young lady | **die Fräulein** | young ladies | — |
| Group II | **der Hut** | hat | **die Hüte** | hats | **⸚e** |
| | **der Sohn** | son | **die Söhne** | sons | **⸚e** |
| | **das Jahr** | year | **die Jahre** | years | **—e** |
| Group III | **der Mann** | man | **die Männer** | men | **⸚er** |
| | **das Buch** | book | **die Bücher** | books | **⸚er** |
| | **das Kind** | child | **die Kinder** | children | **—er** |
| Group IV | **der Knabe** | boy | **die Knaben** | boys | **—n** |
| | **die Feder** | pen | **die Federn** | pens | **—n** |
| | **der Herr** | gentleman | **die Herren** | gentlemen | **—en** |

Nouns of Group I add no ending to form the plural. They generally add an **Umlaut** to **a, o** or **u** within the word.

Nouns of Group II add **-e**. They generally add an **Umlaut** to **a, o** or **u** within the word.

Nouns of Group III add **-er**. They always add an **Umlaut** to **a, o** or **u** within the word.

Nouns of Group IV add **-n** or **-en**. They never add an **Umlaut**.

The best way to learn noun plurals is to repeat aloud and write both singular and plural of nouns as they occur. Later you will learn a few helpful rules. Here is one: All nouns ending in **-chen** or **-lein** are neuter and do not change in the plural. Remember as models: **das Mädchen** *pl.* **die Mädchen**; **das Fräulein** *pl.* **die Fräulein.**

The definite article in the plural is **die** for all genders. The indefinite article **ein** has no plural, and the plural of **kein** is **keine.**

**Die Knaben** und **die Mädchen** sind dort. — The boys and the girls are there.

**Keine Knaben** und **keine Mädchen** sind dort. — No boys and no girls are there.

*Exercise No.* 8. Read the first sentence in each pair aloud. Read the second sentence in each pair, inserting the plural of the noun in heavy type.

**Beispiel: 1. Die Kinder** zählen vons eins bis zehn.

1. **Das Kind** zählt von eins bis zehn.
   Die _____ zählen von eins bis zehn.
2. **Der Knabe** wohnt nicht hier.
   Die _____ wohnen nicht hier.
3. **Das Buch** ist nicht neu.
   Die _____ sind nicht neu.
4. **Das Mädchen** singt schön.
   Die _____ singen schön.
5. **Der Lehrer** lehrt Deutsch und Englisch.
   Die _____ lehren Deutsch und Englisch.
6. Wo ist **die Feder** und **das Buch**?
   Wo sind die _____ und die _____?
7. **Das Fräulein** lernt jetzt Deutsch.
   Die _____ lernen jetzt Deutsch.
8. **Der Herr** spielt sehr gut Tennis.
   Die _____ spielen sehr gut Tennis.
9. **Der Hut** ist blau und weiss.
   Die _____ sind blau und weiss.
10. **Der Sohn** kommt heute nicht.
    Die _____ kommen heute nicht.
11. Wohnt **der Bruder** weit von hier?
    Wohnen die _____ weit von hier?
12. **Der Mann** hat ein Büro in New York.
    Die _____ haben ein Büro in New York.

**2. The present tense of *gehen* to go**

| *Singular* | | *Plural* | |
|---|---|---|---|
| **ich gehe** | I go | **wir gehen** | we go |
| **du gehst** | you go | **ihr geht** | you go |
| **er, sie, es geht** | he, she, it goes | **sie gehen** | they go |

*Polite form (P.F.), singular and plural:* **Sie gehen** you go.

a. The endings of nearly all German verbs in the present tense are like those of **gehen.**

b. **du gehst, ihr geht, Sie gehen,** are all translated *you go.*
We say **du** (familiar singular) in addressing a relative, a close friend or a child.
We say **ihr** (familiar plural) in addressing more than one relative, close friend or child.
We say **Sie** to all others whether singular or plural. This is called the polite form (P.F.) and is always capitalized.

| | |
|---|---|
| Karl, **du gehst** zu schnell. | Charles, you are going too fast. |
| Kinder, **ihr geht** zu langsam. | Children, you are going too slowly. |
| Herr Braun, **Sie gehen** zu früh. | Mr. Braun, you are going too early. |
| Wohin **gehen Sie**, meine Herren? | Where are you going, (my) gentlemen? |

c. The present tense may be translated in three ways.
**ich gehe** I go, do go, am going, **du gehst** you go, do go, are going; etc.

d. To form a question, invert subject and verb.
**Wohin gehen Sie?** Where are you going?
**Gehen die Kinder** zur Schule? Are the children going to school?

e. To form the negative, use **nicht** (not).
Sie geht nicht zur Schule. She does not go to school.
Gehen Sie nicht in die Stadt? Are you not going to the city?

**3. The imperative (command form)**

*Fam. Sing.* **Gehe(e)** nach Hause, Kind! Go home, child.
*Fam. Plur.* **Geht** nach Hause, Kinder! Go home, children.
*P.F. Sing.* **Gehen Sie** nach Hause, Herr Schmidt! Go home, Mr. Schmidt.
*P.F. Plur.* **Gehen Sie** nach Hause, meine Damen und Herren! Go home, ladies and gentlemen.

The *imperative singular, familiar* (**du** understood), ends in **-e**, which is often dropped.
The *imperative plural, familiar* (**ihr** understood), is like the verb form with **ihr** in the present tense.
The *imperative polite form, singular* and *plural,* is like the polite form in the present tense with **Sie** following the verb.

**4. Familiar verbs like *gehen* in the present tense**

| | | | | | |
|---|---|---|---|---|---|
| **singen** | **lernen** | **lehren** | **trinken** | **kommen** | **kaufen** |
| to sing | to learn | to teach | to drink | to come | to buy |
| **zählen** | **wohnen** | **hören** | **spielen** | **stehen** | **wünschen** |
| to count | to live | to hear | to play | to stand | to wish |

*Exercise No. 9.* Complete the verbs with the correct personal endings.

**1. Was kauf__ Sie, Fräulein Braun? Ich kauf__ Bücher. 2. Was kauf__ Herr Braun? Er kauf__ Hüte. 3. Komm__ die Mädchen heute? Nein, sie komm__ heute nicht. 4. Sing__ die Mädchen und die Knaben schön? Ja, sie sing__ sehr schön. 5. Spiel__ ihr heute Ball, Kinder? Nein, wir spiel__ heute Tennis. 6. Lern__ du Englisch, Anna? Ja, ich lern__ Englisch. 7. Wo wohn__ der Kaufmann? Er wohn__ nicht weit von hier. 8. Ich hör__ Musik. Wer spiel__? 9. Wo steh__ die Stühle? Sie steh__ dort. 10. Was trink__ du, Fritz? Ich trink__ Milch.**

*Exercise No. 10.* Complete each sentence with the correct imperative form of the given verb.

**Beispiel: 1. Lerne Deutsch, Karl!**

**1. (Lernen) ____ Deutsch, Karl!**
**2. (Gehen) ____ langsam, Kinder!**
**3. (Spielen) ____ nicht Ball hier, Knaben!**
**4. (Trinken) ____ die Milch, Anna!**
**5. (Singen) ____ nicht so laut, Fräulein!**
**6. (Kommen) ____ nicht spät, meine Herren!**
**7. (Stehen) ____ hier, Karl und Anna!**
**8. (Kaufen) Bitte ____ das Auto, Papa!**
**9. (Zählen) ____ von eins bis zehen, Kind!**
**10. (Kaufen) ____ die Bücher, Herr Braun!**

*Exercise No. 11.* **Fragen** Questions

Reread the text **Wer ist Herr Clark?** Then answer the following questions orally and in writing, referring to the text if necessary. Check your written answers in the "Answer Section." Follow this procedure with all **Fragen** exercises.

**1. Was ist Herr Clark von Beruf? 2. Ist er ein Deutscher? 3. Wo ist sein Büro? 4. Wohnt er in New York? 5. Was ist nicht weit von New York 6. Wie alt ist der Kaufmann? 7. Wie heisst seine Frau? 8. Wie alt ist sie? 9. Wieviel Kinder haben Herr und Frau Clark? 10. Wie heissen die zwei Knaben? 11. Wie alt sind sie? 12. Wie heissen die zwei Mädchen?**

## Question Words

**wer** who **was** what **wie** how **wieviel** how many **warum** why **wo** where

*Exercise No. 12.* **Übersetzen Sie ins Deutsche!** (Translate into German.)

1. This is a suburb. It is not far from New York. 2. Mr. C. and his (**seine**) family live here. 3. Mr. C. is a merchant. He is not a doctor. 4. The merchant has a wife and four children, two boys and two girls. 5. His wife's name is Helen. (His wife is called . . .) 6. The boys are older than the girls. 7. Anna is five years old. She does not go to school. 8. What is your name and where do you (**Sie**) live? 9. Are the children playing ball? They are not playing ball. 10. Go home, child. Go home, children. 11. Do not go, Mr. Schmidt. 12. Stand here, ladies and gentlemen.

# CHAPTER 6

## DIE WOHNUNG VON HERRN CLARK

**1. Die Wohnung von Herrn Clark ist ein Einfamilienhaus mit Garten.**
**2. Das Haus ist nicht gross.**
**3. Es ist aber schön und bequem.**
**4. Es hat sieben Zimmer: das Wohnzimmer, das Esszimmer, die Küche, drei Schlafzimmer und ein Arbeitszimmer für Herrn Clark.**
**5. Ausserdem hat das Haus zwei Badezimmer.**
**6. Das Wohnzimmer ist gross, hell und schön möbliert.**
**7. Es hat zwei Fenster.**
**8. Durch die Fenster sieht man einen Garten.**
**9. Das Esszimmer ist nicht so gross wie das Wohnzimmer.**
**10. Hier sieht man u. a. einen Tisch, ein Büfett und sechs Stühle.**
**11. Der Tisch ist rund.**

## THE HOME OF MR. CLARK

1. The home of Mr. Clark is a one-family house with a garden.
2. The house is not large.
3. It is, however, beautiful and comfortable.
4. It has seven rooms: the living room, the dining room, the kitchen, three bedrooms, and a study for Mr. Clark.
5. In addition, the house has two bathrooms.
6. The living room is large, bright and beautifully furnished.
7. It has two windows.
8. Through the windows one sees a garden.
9. The dining room is not as large as the living room.
10. Here one sees, among other things, a table, a a sideboard, and six chairs.
11. The table is round.

**12. Die sechs Stühle stehen um den Tisch.**
**13. Ein Schlafzimmer ist ziemlich gross.**
**14. Das ist für die Eltern.**
**15. Zwei Schlafzimmer sind etwas kleiner.**
**16. Das sind die Kinderschlafzimmer, eins für die zwei Knaben und eins für die zwei Mädchen.**
**17. Beide Kinderschlafzimmer haben zwei Bettchen, zwei Tischlein, zwei Stühle, einen Kleiderschrank, eine Kommode, und einige Bilder.**
**18. Ja, das Haus von Herrn Clark ist wirklich schön und bequem.**

12. The six chairs stand around the table.
13. One bedroom is rather large.
14. That is for the parents.
15. Two bedrooms are somewhat smaller.
16. Those are the children's bedrooms, one for the two boys and one for the two girls.
17. Both children's bedrooms have two little beds, two little tables, two chairs, a wardrobe, a chest of drawers and some pictures.
18. Yes, the house of Mr. Clark is really beautiful and comfortable.

## Wortschatz

**das Bett** bed; **das Bettchen**[1] little bed
**der Tisch** table; **das Tischlein**[1] little table
**das Büfett** sideboard, buffet
**die Kommóde** dresser, chest of drawers
**das Fenster** window; **die Tür** door
**die Wohnung** dwelling, apartment, home, house
**das Zimmer** room
**bequém** (*be-kvaym*) comfortable
**hell** light; **dunkel** dark
**klein** small; **kleiner** smaller
**kennen** to know, be acquainted with
**möblíert** (*mō-bleert*) furnished
**rund** (*rōōnt*) round
**wirklich** (*virk-lich*) really
**ziemlich** (*tseem-lich*) rather
**ausserdem** (*ow-ser-daym*) besides, in addition
**beide** both; **einige** several
**etwas** somewhat, something
**um** around; **mit** with
**so gross wie** as large as

NOTE 1. **-chen** or **-lein** added to a noun signifies "little," or "fondness for" the person or thing mentioned. Thus: **Brüderlein** little brother or dear brother; **Schwesterchen** little or dear sister.

## Das Einfamilienhaus (*ein-fa-mee-lyen-hows*) The One-Family House

**das Arbeitszimmer** (*ar-beits-tsim-mer*) workroom, study
**das Badezimmer** (*bah-de-tsim-mer*) bathroom
**das Esszimmer** (*ess-tsim-mer*) dining room
**das Schlafzimmer** (*shlahf-tsim-mer*) bedroom
**das Wohnzimmer** (*vohn-tsim-mer*) living room
**die Küche** (*kü-che*) kitchen
**der Hausflur** (*hows-flōōr*) vestibule

## Deutsche Ausdrücke

**Hier sieht man viele Häuser.** Here one sees many houses.
**Hier lernt man viel Deutsch.** Here you learn much German.
**Dort singt man oft.** There people often sing.

NOTE: **man** (one, you, people) is an indefinite pronoun.

## Grammar Notes and Practical Exercises

**1. More noun plurals. Practice singular and plural aloud.**

| | | | |
|---|---|---|---|
| GROUP I. *Singular* | **der Schüler** | **das Zimmer** | **das Fenster** |
| *Plural:* No ending | **die Schüler** | **die Zimmer** | **die Fenster** |
| GROUP II. *Singular* | **der Stuhl** | **der Tisch** | **die Wand** |
| *Plural:* Adds **-e** | **die Stühle** | **die Tische** | **die Wände** |
| GROUP III. *Singular* | **das Haus** | **das Buch** | **das Bild** |
| *Plural:* Adds **-er** | **die Häuser** | **die Bücher** | **die Bilder** |
| GROUP IV. *Singular* | **die Tür** | **die Frau** | **die Schule** |
| *Plural:* Adds **-n** or **-en** | **die Türen** | **die Frauen** | **die Schulen** |

*Exercise No. 13.* Change the subject nouns in these sentences to the plural. Be careful to make any necessary changes in the verbs.

**Beispiel: Das Zimmer** ist gross. **Die Zimmer** sind gross.

1. **Der Tisch** ist rund. 2. **Das Fenster** ist offen. 3. **Die Tür** ist nicht offen. 4. **Das Bild** ist schön. 5. **Das Fräulein** spielt nicht Tennis. 6. **Der Herr** lernt Englisch. 7. **Die Frau** singt schön. 8. **Der Schüler** spielt Ball. 9. **Der Stuhl** steht dort. 10. **Die Schule** ist nicht weit von hier.

## Grammar Notes and Practical Exercises

### 2. Present tense of *sehen* to see; *haben* to have

| | | | |
|---|---|---|---|
| **ich sehe** | **wir sehen** | **ich habe** | **wir haben** |
| **du siehst** | **ihr seht** | **du hast** | **ihr habt** |
| **er, sie, es sieht** | **sie sehen** | **er, sie, es hat** | **sie haben** |
| *P.F.* **Sie sehen** | | *P.F.* **Sie haben** | |
| *Imperative:* **sieh! seht! sehen Sie!** | | **habe! habt! haben Sie!** | |

The endings of **sehen** and **haben** are like those of **gehen.** Note however the change from **e** to **ie** in the second and third persons singular of **sehen** and in the familiar imperative singular. You will meet other verbs like **sehen.**

**Haben** drops the letter **b** in the second and third person singular.

### 3. The accusative case: nouns, definite and indefinite articles; *kein, wer, was*

The accusative case is the case of the direct object. In these examples observe how the noun, the definite and indefinite articles and the interrogative pronoun are expressed in the accusative.

| Wen sehen Sie? Ich sehe | | | *Whom* do you see? I see | | |
|---|---|---|---|---|---|
| den Mann | die Frau | das Kind | the man | the woman | the child |
| einen Mann | eine Frau | ein Kind | a man | a woman | a child |
| keinen Mann | keine Frau | kein Kind | no man | no woman | no child |
| die Männer | die Frauen | die Kinder | the men | the women | the children |
| keine Männer | keine Frauen | keine Kinder | no men | no women | no children |

| Was sehen Sie? Ich sehe | | | *What* do you see? I see | | |
|---|---|---|---|---|---|
| den Tisch | die Feder | das Buch | the table | the pen | the book |
| einen Tisch | eine Feder | ein Buch | a table | a pen | a book |
| keinen Tisch | keine Feder | kein Buch | no table | no pen | no book |
| die Tische | die Federn | die Bücher | the tables | the pens | the books |
| keine Tische | keine Federn | keine Bücher | no tables | no pens | no books |

### The Definite Article

| | *Singular* | | | *Plural* | | |
|---|---|---|---|---|---|---|
| | *masculine* | *feminine* | *neuter* | *masc.* | *fem.* | *neut.* |
| *Nom.* | der Mann | die Frau | das Kind | die Männer | (Frauen, | Kinder) |
| *Acc.* | den Mann | die Frau | das Kind | die Männer | (Frauen, | Kinder) |

## The Indefinite Article and *kein*

| | | | | |
|---|---|---|---|---|
| *Nom.* | **ein (kein)** | **eine (keine)** | **ein (kein)** | (No plural of **ein**) **keine** |
| *Acc.* | **einen (keinen)** | **eine (keine)** | **ein (kein)** | (No plural of **ein**) **keine** |

Note the ending **-en** in the masculine accusative singular of **der, ein** and **kein.**

Nouns are generally identical in the nominative and accusative singular and always identical in the nominative and accusative plural.

## Interrogative Pronouns — *wer, was*

| | | | | |
|---|---|---|---|---|
| *Nom.* | **Wer ist hier?** | **Was ist hier?** | *Who* is here? | *What* is here? |
| *Acc.* | **Wen sehen Sie?** | **Was sehen Sie?** | *Whom* do you see? | *What* do you see? |

*Exercise No. 14.* Practice aloud.

**Ich habe einen Bruder.**
**Hast du eine Schwester?**
**Der Herr hat zwei Brüder.**
**Er hat auch zwei Schwestern.**
**Wir haben einen Garten.**
**Habt ihr einen Garten, Kinder?**
**Die Mädchen haben einen Garten.**
**Haben Sie einen Garten, Herr Schmidt?**
**Ich sehe eine Feder.**
**Du siehst keine Uhr.**
**Er sieht das Haus.**
**Sie sieht das Haus nicht.**
**Was seht ihr, Kinder?**
**Wir sehen einen Tisch.**
**Wen sehen die Knaben?**
**Sie sehen den Lehrer.**

*Exercise No. 15.* Answer these questions with the accusative singular of the nouns in parenthesis.

**Beispiel: A. Er sieht den Tisch,** etc. **B. Ich sehe die Frau,** etc.

**A. Was sieht er?** Er sieht (der Tisch; das Tischlein; das Zimmer; der Stuhl; kein Ball; keine Schule; kein Schuh; kein Garten).

**B. Wen sehen Sie?** Ich sehe (die Frau; der Lehrer; das Mädchen; der Bruder; die Tante; die Schwester; der Kaufmann; der Sohn; eine Tochter; kein Schüler; ein Lehrer; ein Kind; keine Frau; kein Mädchen).

**4. The accusative case, third person pronoun.**

Sehen Sie **den Mann?**
Ich sehe **ihn** (him).

Sehen Sie **die Frau?**
Ich sehe **sie** (her).

Sehen Sie **das Kind?**
Ich sehe **es** (it).

Sehen Sie **die Männer, die Frauen, die Kinder?**
Ich sehe **sie** (them).

Sehen Sie **den Tisch?**
Ich sehe **ihn** (it).

Sehen Sie **die Feder?**
Ich sehe **sie** (it).

Sehen Sie **das Buch?**
Ich sehe **es** (it).

Sehen Sie **die Tische, die Türen, die Häuser?**
Ich sehe **sie** (them).

| | *masculine* | *feminine* | *neuter* | *plural m. f. n.* |
|---|---|---|---|---|
| *Nom.* | **er,** he, it | **sie,** she, it | **es,** it | **sie,** they |
| *Acc.* | **ihn,** him, it | **sie,** her, it | **es,** it | **sie,** them |

**5. Prepositions with the accusative**

**für** for; **durch** through; **gegen** against, toward; **um** around; and a few other prepositions always take the accusative case.

| | | | |
|---|---|---|---|
| **für die Mutter** | **durch den Garten** | **um den Tisch** | **gegen den Stuhl** |
| **für den Vater** | **durch die Tür** | **um die Schule** | **gegen das Fenster** |
| **für das Kind** | **durch das Haus** | **um das Haus** | **gegen die Tür** |
| **für die Kinder** | **durch die Gärten** | **um die Häuser** | **gegen die Tische** |

*Exercise No. 16.* Practice aloud. Translate.

**kennen** – to know, to be acquainted with a person or thing

**— Kennen Sie den Kaufmann, Robert Clark?**
**— Ich kenne ihn sehr gut.**
**— Kennen Sie Frau Clark?**
**— Ja, ich kenne sie.**

**— Kennen Sie die Kinder von Robert Clark?**
**— Nein, ich kenne sie nicht.**
**— Kennen Sie das Haus, wo er wohnt?**
**— Ich kenne es. Es ist ein Einfamilienhaus.**

*Exercise No. 17.* Complete the answers to each question with the correct third person pronoun. The pronoun must agree in number and gender with the noun.

**Beispiel:** 1. Ja, ich sehe **ihn.**

| | |
|---|---|
| **1. Sehen Sie den Garten dort?** | **Ja, ich sehe _____.** |
| **2. Sehen Sie das Einfamilienhaus dort?** | **Ja, wir sehen _____.** |
| **3. Ist der Hut für den Vater?** | **Ja, er ist für _____.** |
| **4. Sind die Blumen hier für die Mutter?** | **Ja, sie sind für _____.** |
| **5. Ist das Schlafzimmer für die Kinder?** | **Ja, es ist für _____.** |
| **6. Zählen die Lehrer die Schüler?** | **Ja, sie zählen _____.** |
| **7. Suchen Sie das Museum, Fräulein?** | **Ja, ich suche _____.** |
| **8. Stehen die Kinder um den Lehrer?** | **Nein, sie stehen nicht um _____.** |
| **9. Wünschen Sie die Zeitung, Herr?** | **Nein, ich wünsche _____ nicht.** |
| **10. Kauft der Herr den Tisch und die Stühle?** | **Nein, er kauft _____ nicht.** |

*Exercise No. 18.* **Fragen**

Reread the text **Die Wohnung von Herrn Clark.** Then answer the following questions orally and in writing.

**1. Was für[1] eine Wohnung hat Herr Clark? 2. Ist das Haus gross? 3. Ist das Haus bequem oder unbequem?[2] 4. Wieviel Zimmer hat das Haus? 5. Für wen ist das Arbeitszimmer? 6. Wieviel Badezimmer hat das Haus? 7. Ist das Wohnzimmer hell oder dunkel?[3] 8. Was sieht man durch die Fenster? 9. Was sieht man im Esszimmer? 10. Ist der Tisch rund oder viereckig?[4] 11. Wo stehen die Stühle? 12. Für wen ist das grosse[5] Schlafzimmer? 13. Was sehen wir im[6] Kinderschlafzimmer? 14. Haben die Mädchen ein Zimmer oder zwei?**

NOTES: 1. **was für** what kind of. 2. (*ōō-be-kvaym*) uncomfortable. 3. **dunkel** dark. 4. (*feer-ĕck-ĭch*) four-cornered, square. 5. Adjectives have special endings when they precede the noun. You will learn more about this later. 6. **im** = in the.

*Exercise No. 19.* **Übersetzen Sie!**

1. The dwelling of Mr. C. is not large. It (**Sie**) has a garden. 2. Do you (**Sie**) see the garden? 3. We see the table. Six chairs are standing around the table. 4. One bedroom is for the boys. One little table is for the girls. 5. They have a wardrobe and a dresser. 6. The rooms are not large, but they are comfortable. 7. The room has a table and a chair, but it has not a dresser. 8. Have you (**du**) a brother and a sister? I have two brothers, but I have no sisters.

# CHAPTER 7

## WARUM LERNT HERR CLARK DEUTSCH?

1. Wir wissen schon, Robert Clark ist ein Kaufmann in New York.
2. Er ist nämlich Importhändler.
3. Er importiert Kunstegegenstände und andere Dinge aus Deutschland.
4. Er hat einen Vertreter in München.
5. Der Vertreter heisst Heinrich Schiller.
6. Im Sommer will Herr Clark eine Reise nach Deutschland machen.
7. Er will seinen Vertreter besuchen.
8. Er will mit ihm über Geschäftssachen reden.
9. Er will auch interessante Plätze in Deutschland besuchen.
10. Aber Herr Clark spricht kein Deutsch.
11. Sein Vertreter spricht kein Englisch.
12. Deswegen lernt Herr Clark Deutsch.
13. Herr Clark hat einen Deutschlehrer.
14. Er heisst Karl Müller.
15. Er spricht fliessend Deutsch.
16. Er wohnt nicht weit von Herrn Clark.
17. Jeden Dienstag und jeden Donnerstag hat Herr Clark eine Deutschstunde.
18. Die Deutschstunde ist fast immer bei Herrn Clark.
19. Herr Clark ist intelligent und fleissig.
20. Schnell lernt er, wie viele Dinge auf Deutsch heissen.
21. Der Lehrer, Herr Müller, fragt: Was ist dies? Was ist das?
22. Der Schüler, Herr Clark, antwortet: Dies ist ein Bleistift. Dies ist eine Feder. Das ist ein Buch, ein Heft, die Tinte, usw.
23. Der Lehrer fragt: Was sehen Sie?
24. Der Schüler antwortet: Ich sehe einen Bleistift, eine Feder, ein Buch, usw.
25. Der Lehrer fragt: Wie heissen Sie? Was sind Sie von Beruf?
26. Der Schüler antwortet: Ich heisse Robert Clark. Ich bin Kaufmann.
27. Der Schüler lernt auch dieses Gespräch:
    — Guten Tag. Wie geht es Ihnen?
    — Danke, sehr gut. Und Ihnen?
    — Danke, sehr gut. Auf Wiedersehen.

## WHY IS MR. CLARK LEARNING GERMAN?

1. We already know Robert Clark is a merchant in New York.
2. He is, that is to say, an importer.
3. He imports art objects and other things from Germany.
4. He has an agent in Munich.
5. The agent's name is Henry Schiller.
6. In the summer Mr. Clark wants to take a trip to Germany.
7. He wants to visit his agent.
8. He wants to talk with him about business matters.
9. He also wants to visit interesting places in Germany.
10. But Mr. Clark speaks no German.
11. His agents speaks no English.
12. Therefore Mr. Clark is learning German.
13. Mr. Clark has a German teacher.
14. His name is Karl Müller.
15. He speaks German fluently.
16. He lives not far from Mr. Clark.
17. Every Tuesday and Thursday Mr. Clark has a German lesson.
18. The German lesson is almost always at Mr. Clark's home.
19. Mr. Clark is intelligent and diligent.
20. He learns quickly how many things are called in German.
21. The teacher, Mr. Müller, asks: What is this? What is that?
22. The pupil, Mr. Clark, answers: This is a pencil. This is a pen. That is a book, a notebook, the ink, etc.
23. The teacher asks: What do you see?
24. The pupil answers: I see a pencil, a pen, a book, etc.
25. The teacher asks: What is your name? What is your occupation?
26. The pupil answers: My name is Robert Clark. I am a merchant.
27. The pupil also learns this conversation:
    — Good day. How are you?
    — Thanks, very well. And you?
    — Thanks, very well. Good-by.

## Wortschatz

Beginning with this vocabulary, the plural of all nouns is indicated.

**der Bleistift** (*blei-shtift*) *pl.* **-e** pencil
**die Feder** *pl.* **-n** pen; **die Tinte** *pl.* **-n** ink
**die Füllfeder** *pl.* **-n** fountain pen
**der Importhändler** *pl.* **-** importer
**der Vertreter** (*fĕr-tray-ter*) *pl.* **-** agent
**das Ding** *pl.* **-e** thing
**die Stunde** *pl.* **-n** hour, lesson
**die Deutschstunde** German lesson
**besúchen** (*be-zoo-chen*) to visit
**fragen** to ask; **antworten** to answer
**machen** to do, to make
**wissen** to know (facts)

**andere** others; **einige** some, a few
**fleissig** industrious
**intelligént** (*een-tĕl-lĭ-gĕnt*) (hard *g*) intelligent
**interessánt** (*een-te-res-sănt*) interesting
**fast** almost
**fliessend** fluent, fluently
**immer** always; **nimmer** never
**schnell** quick, quickly
**schon** already
**deswegen** (*dĕs-vay-gen*) therefore
**bei** at the house (home) of
**nämlich** namely, that is to say

## Gegenteile (*gay-gen-tei-le*) Opposites

Das Gegenteil von **fleissig** ist **faul.**
The opposite of *industrious* is *lazy.*
Das Gegenteil von **immer** ist **nimmer.**
The opposite of *always* is *never.*

Karl ist nicht **faul**, sondern[1] **fleissig.**
Charles is not *lazy*, but *industrious.*
Die Schule is nicht **gross**, sondern **klein.**
The school is not *large*, but *small.*

NOTE 1. Use **sondern** (but) in the sense of *but on the contrary.* Otherwise use **aber.** Thus:

Die Wohnung ist nicht gross, **aber** sie ist bequem. The dwelling is not large, *but* it is comfortable.

## Compound Nouns

German is fond of compound nouns. You have met a number of them in Chapter 6: **das Badezimmer, das Esszimmer, das Einfamilienhaus,** etc. If you know the meaning of each part of the compound you can usually get the meaning of the whole. The gender of the last noun in the compound is the gender of the whole word. Practice the following aloud:

**die Deutschstunde** *pl.* **-n**
(*doitsh-shtŏŏn-de*)
the German lesson

**die Geschäftssache** *pl.* **-n**
(*ge-shăfts-za-che*)
the business matter

**der Kunstgegenstand** *pl.* **⸚e**
(*kŏŏnst-gay-gen-shtand*)
the art object

## Deutsche Ausdrücke

**Eine Reise machen** to take (make) a trip
**Wann machen Sie eine Reise nach Berlin?**
**Wie heisst das auf deutsch =**
**Wie sagt man das auf deutsch? =**
How do you say that in German?
**auf deutsch** in German; **auf englisch** in English; **auf französisch** in French
**usw. = und so weiter =** and so forth

**jeden Dienstag** every Tuesday
**jeden Donnerstag** every Thursday
**bei Herrn Clark** at Mr. Clark's house
**Wie geht's (dir)?** How are you?
(Used in addressing a friend, child or relative.)
**Wie geht es Ihnen?** How are you?
(Used in addressing anyone else.)

## Grammar Notes and Practical Exercises

**1. Present tense of *antworten, reden, sprechen, sein***

| | | | |
|---|---|---|---|
| **antworten** | **reden** | **sprechen** | **sein** |
| *to answer* | *to talk* | *to speak* | *to be* |
| **ich antworte** | **ich rede** | **ich spreche** | **ich bin** |
| **du antwortest** | **du redest** | **du sprichst** | **du bist** |
| **er, sie, es antwortet** | **er, sie, es redet** | **er, sie, es spricht** | **er, sie, es ist** |
| **wir antworten** | **wir reden** | **wir sprechen** | **wir sind** |
| **ihr antwortet** | **ihr redet** | **ihr sprecht** | **ihr seid** |
| **sie antworten** | **sie reden** | **sie sprechen** | **sie sind** |
| *P.F.* **Sie antworten** | *P.F.* **Sie reden** | *P.F.* **Sie sprechen** | *P.F.* **Sie sind** |

a. When the stem of a verb ends in **-t** or **-d** (**antwort-en, red-en**) the letter **-e** is inserted before **-st** and **-t** for ease of pronunciation.

b. Short **-ĕ** in the stem of some verbs becomes **i** in the **du** and **er, sie, es** forms (**du sprichst, er spricht**), and in the imperative familiar singular (***sprich!***).

*Exercise No. 20.* **Kurze Dialóge** Brief Dialogues. Read aloud.

1. **— Wer fragt?**
   **— Der Lehrer fragt.**
   **— Wer antwortet?**
   **— Die Schüler antworten.**
2. **— Sprechen Sie Deutsch?**
   **— Ja, ich spreche Deutsch.**
   **— Spricht das Fräulein Deutsch?**
   **— Nein, sie spricht nur[1] Englisch.**
3. **— Spricht man hier Deutsch?**
   **— Ja, hier spricht man Deutsch.**
   **— Spricht man hier Französisch?**
   **— Nein, hier spricht man kein Französisch.**
4. **— Ist Herr Clark Lehrer oder Arzt?[2]**
   **— Er ist weder[3] Lehrer noch[3] Arzt.**
   **— Was ist er denn?[4]**
   **— Er ist Kaufmann.**

NOTES: 1. **nur** only. 2. **Arzt** (*ărtst*) doctor. 3. **weder** (*vay-der*) . . . **noch**, neither . . . nor. 4. **denn** then (often used for emphasis). The word for *then* (time) is **dann. Dann** geht er nach Hause. *Then* he goes home.

**2. Word order — normal and inverted**

In normal word order the verb follows the subject. *Subject – Verb.*

**Herr Clark lernt** schnell. **Er hat** einen Vertreter in München.

In inverted word order the subject follows the verb. *Verb – Subject.*

In German, inverted word order is very common. It is used:

a. In questions.

**Lernt Herr Clark** schnell? **Hat er** einen Vertreter in München?

b. In the polite form of the imperative.

Bitte, **antworten Sie** auf deutsch! Please answer in German.

c. When a simple sentence or independent clause begins with some word or words other than the subject.

**Schnell** lernt Herr Clark Deutsch. **In München** hat er einen Vertreter. **Jeden Donnerstag** hat er eine Deutschstunde. **Hier** spricht man Deutsch.

The words: **und** (and), **aber** (but), **oder** (or), which are called co-ordinating conjunctions, do not cause inverted word order.

**Ich lerne Deutsch, und er lernt Französisch. Herr Clark ist Kaufmann, aber Herr Braun ist Lehrer.**

**3. Word order — position of infinitives**

The infinitive is placed at the end of a simple sentence or independent clause.

| | |
|---|---|
| Er will seinen Vertreter **besuchen.** | He wants to visit his agent. |
| Er wil eine Reise **machen.** | He wants to take a trip. |

*Exercise No. 21.* Read these sentences, putting the words in heavy type first.

**Beispiel: In München hat der Kaufmann einen Vertreter.**

1. Der Kaufmann hat einen Vertreter **in München.** 2. Er lernt **deswegen** Deutsch. 3. Herr Clark hat **jeden Dienstag** eine Deutschstunde. 4. Der Lehrer wohnt **nicht weit von hier.** 5. Man spricht **hier** Deutsch. 6. Wir sehen einen Garten **durch die Fenster.** 7. Sechs Stühle stehen **um den Tisch.** 8. Die Kinder gehen **heute** nicht zur Schule.

*Exercise No. 22.* Complete each sentence by translating the English words in parenthesis.

**Beispiel 1. Ich will den Lehrer fragen.**

1. **Ich will den Lehrer** (to ask).
2. **Ich will den Vater** (to visit).
3. **Ich will schnell** (to answer).
4. **Ich will fliessend Deutsch** (to speak).
5. **Ich will nicht zu laut** (to talk).
6. **Er will** (a hat) **kaufen.**
7. **Er will** (art objects) **importieren.**
8. **Er will nicht** (far from here) **wohnen.**
9. **Er will** (the merchant) **sehen.**
10. **Er will** (industrious) **sein.**

*Exercise No. 23.* **Fragen**

Reread the text: **Warum lernt Herr Clark Deutsch?** Then answer the following questions.

**1. Wer ist Kaufmann? 2. Was importiert er? 3. Wo hat er einen Vertreter? 4. Ist München in Deutschland? 5. Wen will Herr Clark besuchen? 6. Worüber[1] will er mit ihm reden? 7. Spricht der Vertreter Englisch? 8. Wer hat einen Deutschlehrer? 9. Wie heisst sein Lehrer? 10. Wie alt ist der Lehrer? 11. Wo wohnt er? 12. Wann[2] hat Herr Clark eine Deutschstunde? 13.Wo ist fast immer die Deutschstunde? 14. Wer ist intelligent und fleissig? 15. Wie lernt er?**

NOTES: 1. **worüber** about what. 2. **Wann** when?

*Exercise No. 24.* **Übersetzen Sie!**

1. Who speaks German? Mr. M. speaks German. 2. Do you (**Sie**) speak German? No, I do not speak German. 3. Who asks: What is this? And what is that? 4. Does Mr. C. answer well? Is he intelligent and industrious? 5. Whom does Mr. C. want to visit? He wants to visit his representative in Munich. 6. I want to take a trip to Germany. Therefore I am learning German. 7. Mr. C. is neither (**weder**) a teacher nor (**noch**) a doctor. He is a merchant. 8. The boys are not lazy but (**sondern**) industrious.

# CHAPTER 8

## DINGE, DINGE, DINGE, ÜBERALL DINGE

## THINGS, THINGS, THINGS, EVERYWHERE THINGS

| | |
|---|---|
| 1. **Das Arbeitszimmer von Herrn Clark.** | 1. The study of Mr. Clark. |
| 2. **Das Zimmer ist nicht gross.** | 2. The room is not big. |
| 3. **Im Zimmer sehen wir ein Pult, einen Stuhl vor dem Pult, einen Lehnstuhl, ein Sofa und viele Bücherbretter mit Büchern.** | 3. In the room we see a desk, a chair in front of the desk, an easy chair, a sofa and many bookshelves with books. |

4. An der Wand sehen wir eine Landkarte von Deutschland (Westdeutschland und Ostdeutschland).
5. Heute abend ist der Lehrer wieder beim Kaufmann. Der Lehrer sitzt auf dem Sofa. Der Kaufmann sitzt im Lehnstuhl.
6. Der Lehrer, Herr Müller, redet.
7. M.: Überall sind viele, viele Dinge — im Hause, im Park, auf der Strasse, in der Schule, usw.

   Hier in Amerika spricht man Englisch und nennt die Dinge auf englisch; in Frankreich nennt man die Dinge auf französisch; in Spanien nennt man die Dinge auf spanisch; in Italien nennt man die Dinge auf italienisch; und. . . .
8. C.: Jawohl, und in Deutschland spricht man Deutsch, und man muss die Dinge auf deutsch nennen!
9. M.: Ausgezeichnet! Sie lernen schnell. Nennen Sie mir nun einige Dinge hier im Zimmer!
10. C.: Das ist ja leicht. Dies ist ein Lehnstuhl; das ist ein Sofa; das sind Bücherbretter; das ist ein Pult; und. . . .
11. M.: Gut. Nun sagen Sie mir, bitte: Was liegt auf dem Pult?
12. C.: Ein Bleistift, eine Füllfeder, einige Briefe und Papiere liegen dort.
13. M.: Was macht man mit Bleistift und Feder?
14. C.: Man schreibt damit.
15. Da reicht der Lehrer dem Kaufmann ein Buch und fragt: „Was für ein Buch ist dies?"
16. Der Kaufmann antwortet: „Das ist ein Wörterbuch."
17. Der Lehrer gibt dem Kaufmann andere Dinge und fragt immer wieder: Was ist dies? Und was ist das? Und Herr Clark antwortet immer schnell und richtig.
18. Endlich sagt der Lehrer zum Kaufmann: „Das ist für heute abend genug. Ich muss jetzt gehen. Wir haben am Donnerstag wieder eine Stunde, nicht wahr?"
19. „Stimmt," antwortet Herr Clark.
20. Beide Herren gehen aus dem Zimmer. Herr Clark geht mit Herrn Müller zur Tür, gibt ihm die Hand und sagt zu ihm: „Bis Donnerstag, auf Wiedersehen!"

4. On the wall we see a map of Germany (West Germany and East Germany).
5. This evening the teacher is again at the home of the merchant. The teacher is sitting on the sofa. The merchant is sitting in the easy chair.
6. The teacher, Mr. Müller, is speaking.
7. M.: Everywhere there are many, many things — in the house, in the park, on the street, in the school, etc.

   Here in America one speaks English and gives the names of things in English; in France one gives the names of things in French; in Spain one gives the names of things in Spanish; in Italy one gives the names of things in Italian; and . . .
8. C.: Yes indeed, and in Germany one speaks German and one must give the names of things in German.
9. M.: Splendid. You learn quickly. Now tell me the names of some things here in the room.
10. C.: That is indeed easy. This is an easy chair; that is a sofa; those are bookshelves; that is a desk; and . . .
11. M.: Good. Now tell me please: What is lying on the desk?
12. C.: A pencil, a fountain pen, a few letters and papers are lying there.
13. M.: What does one do with pencil and pen?
14. C.: One writes with them.
15. Then the teacher hands the merchant a book and asks: "What kind of a book is this?"
16. The merchant answers: "That is a dictionary."
17. The teacher gives other things to the merchant and asks again and again: What is this? and what is that? And Mr. Clark always answers quickly and correctly.
18. Finally the teacher says to the merchant: "That is enough for this evening. I must go now. On Thursday we again have a lesson, don't we?"
19. "That's right," answers Mr. Clark.
20. Both gentlemen go out of the room. Mr. Clark goes with Mr. Müller to the door, shakes hands with him, and says to him: "Till Thursday, good-by."

## Wortschatz

der Brief *pl.* -e the letter
das Papiér (*pa-peer*) paper
der Lehnstuhl *pl.* ⸗e easy chair
da there; dann then
endlich (*ent-lich*) finally
nun now; jetzt now

**das Pult** *pl.* **-e** desk; **das Sofa** *pl.* **-s**[1] sofa
**die Landkarte** *pl.* **-n** map
**das Bücherbrett** *pl.* **-er** bookcase
**geben** to give; **reichen** to hand
**nennen** to name, tell the name of
**leicht** easy; **schwer** difficult

**überáll** (*über-ăll*) everywhere
**wieder** again; **immer wieder** again and again
**jedesmal** everytime
**mir** me, to me, for me (*dat. of* **ich**)
**bis** until
**damit** with it, with them

NOTE 1. A few German words borrowed from English or French have a plural in **-s**.
**das Auto die Autos; das Büro die Büros; das Sofa die Sofas**

## Einige Länder and Sprachen von Europa (*oi-roh-pă*)

Some Countries and Languages of Europe

| | | | | |
|---|---|---|---|---|
| das Land | Deutschland *doitsh-lant* | Frankreich *frănk-reich* | Spanien *spah-nyen* | Italien *ee-tah-lyen* |
| die Sprache | Deutsch *doitsh* | Französisch *frăn-tsö-zish* | Spanisch *shpah-nish* | Italienisch *ee-tă-lyay-nish* |

## Deutsche Ausdrücke

**heute abend** this evening
**heute morgen** this morning
**ja** indeed (*for emphasis*)
**Das ist ja leicht.** That is indeed easy.
**Stimmt!** (*shtimmt*) That's correct.
**Was für ein** what kind of
**Was für ein Mann ist er?**

**Er gibt ihm die Hand.**
He shakes hands with him.
**Nicht wahr?** Isn't it true?
**Er kommt heute, nicht wahr?**
He is coming today, isn't he?
**Er spricht Deutsch, nicht wahr?**
He speaks German, doesn't he?

## Grammar Notes and Practical Exercises

**1. Present tense of *geben* to give; *müssen* to have to, must**

| | | | |
|---|---|---|---|
| **ich gebe** | **wir geben** | **ich muss** | **wir müssen** |
| **du gibst** | **ihr gebt** | **du musst** | **ihr müsst** |
| **er, sie es gibt** | **sie (Sie) geben** | **er, sie es muss** | **sie (Sie) müssen** |

*Imperative:* **gib! gebt! geben Sie!**

a. Note the change from **e** to **i** in the second and third person singular of **geben**, and in the imperative singular.

b. Note the irregular of **müssen**, with no **e-** ending in the first and third persons, singular.

**2. The dative or "to" case: nouns, definite and indefinite articles**

In the sentence: I give the man the book, the direct object is *the book* and the indirect object is *the man*, with "to" understood. Another way of saying this sentence is: I give the book *to* the man.

In German the indirect object is in the *dative* or "to" case. The direct object is of course in the *accusative* case. In the following sentences note the formation of articles and nouns in the dative case, singular and plural.

| | |
|---|---|
| Ich gebe **dem (einem) Mann** das Buch. | I give *the (a) man* the book. |
| Ich gebe **der (einer) Frau** die Feder. | I give *the (a) woman* the pen. |
| Ich gebe **dem (einem) Kind** den Ball. | I give *the (a) child* the ball. |
| Ich gebe { **den Männern** / **den Frauen** / **den Kindern** } die Bücher. | I give { *the men* / *the women* / *the children* } the books. |

**Definite Article**

| | *Singular* | | | *Plural* |
|---|---|---|---|---|
| | *masc.* | *fem.* | *neut.* | *m.f.n.* |
| *Nom.* | der | die | das | die |
| *Dat.* | dem | der | dem | den |
| *Acc.* | den | die | das | die |

**Indefinite Article**

| | *Singular* | | | *Plural* |
|---|---|---|---|---|
| | *masc.* | *fem.* | *neut.* | *m.f.n.* |
| *Nom.* | ein | eine | ein | keine (no) |
| *Dat.* | einem | einer | einem | keinen |
| *Acc.* | einen | eine | ein | keine |

a. The dative case endings of the definite and indefinite articles (and **kein**) in the singular are: masculine and neuter, **-em**; feminine, **-er**; in the plural: **-en.**

b. Nouns usually show no change in the dative singular. However, most masculine and all neuter monosyllables may add **-e.**

c. The dative plural of nouns always ends in **-n.** If the nom. plur. ends in **-n**, of course no **-n** is added. Thus:

| | | | | | |
|---|---|---|---|---|---|
| *Plur. Nom.* | **die Schüler** | **die Kinder** | **die Söhne** | **die Mädchen** | **die Knaben** |
| *Plur. Dat.* | **den Schülern** | **den Kindern** | **den Söhnen** | **den Mädchen** | **den Knaben** |

d. The indirect (dative) object must always precede the direct object noun.

**3. Some common verbs that may take indirect objects**

| | | | | | | | |
|---|---|---|---|---|---|---|---|
| **geben** | to give | **bringen** | to bring | **reichen** | to hand | **schreiben** | to write |
| **zeigen** | to show | **senden** | to send | **kaufen** | to buy | **schenken** | to present |

*Exercise No. 25.* Complete the answer to each question with the dative of the noun in parenthesis.

**Beispiel: 1. Er reicht dem Lehrer** das Buch.

| | |
|---|---|
| **1. Wem reicht er das Buch?** | **Er reicht ____ das Buch. (der Lehrer)** |
| **2. Wem geben Sie einen Ball?** | **Wir geben ____ einen Ball. (das Kind)** |
| **3. Wem gibt er die Hand?** | **Er gibt ____ die Hand. (der Freund)** |
| **4. Wem schenkt die Mutter eine Uhr?** | **Sie schenkt ____ eine Uhr. (die Tochter)** |
| **5. Wem schreiben die Kinder einen Brief?** | **Sie schreiben ____ einen Brief. (die Mutter)** |
| **6. Wem bringt der Vater Bilder?** | **Er bringt ____ Bilder. (die Kinder)** |
| **7. Wem zeigt er die Landkarte?** | **Er zeigt ____ die Landkarte. (die Schüler)** |
| **8. Wem kauft[1] die Mutter die Hüte?** | **Sie kauft ____ die Hüte. (die Mädchen)** |

NOTE 1. **kaufen** to buy (something, *accusative*; for somebody, *dative*).

**4. Dative: Third person pronouns; interrogative *wem*? to whom?**

| | |
|---|---|
| Wem geben Sie die Bücher? | *To whom* are you giving the books? |
| Ich gebe **ihm** (**dem Mann**) die Bücher. | I am giving *him* (*the man*) the books. |
| Ich gebe **ihr** (**der Frau**) die Bücher. | I am giving *her* (*the woman*) the books. |
| Ich gebe **ihm** (**dem Kind**) die Bücher. | I am giving *him* (*the child*) the books. |
| Ich gebe **ihnen** {**den Männern** / **den Frauen** / **den Kindern**} die Bücher. | I am giving *them* {*the men* / *the women* / *the children*} the books. |

**The Interrogative *wer***

| | | |
|---|---|---|
| *Nom.* | wer | who |
| *Dat.* | wem | (to) *whom* |
| *Acc.* | wen | whom |

**Third Person Pronouns**

| | *Singular* | | | *Plural* |
|---|---|---|---|---|
| *Nom.* | er | sie | es | sie |
| *Dat.* | ihm | ihr | ihm | ihnen |
| *Acc.* | ihn | sie | es | sie |

*Exercise No. 26.* Complete the answer to each question with the dative case of the correct third person pronoun.

**Beispiel: 1.** Ja, ich gebe **ihnen** den Ball.

| | |
|---|---|
| 1. Gibst du **den Kindern** den Ball? | **Ja, ich gebe ____ den Ball.** |
| 2. Senden Sie **den Frauen** die Blumen? | **Ja, wir senden ____ die Blumen.** |
| 3. Kaufen Sie **der Tochter** ein Kleid? | **Ja, ich kaufe ____ ein Kleid.** |
| 4. Schreibt er **dem Lehrer** einen Brief? | **Nein, er schreibt ____ keinen Brief.** |
| 5. Zeigt er **den Schülern** die Bilder? | **Ja, er zeigt ____ die Bilder.** |
| 6. Schenkst du **dem Vater** eine Uhr? | **Ja, ich schenke ____ eine Uhr.** |
| 7. Bringt sie **der Schwester** das Kleid? | **Ja, sie bringt ____ das Kleid.** |
| 8. Sendet er **der Mutter** den Hut? | **Nein, er sendet ____ den Hut nicht.** |

## Grammar Notes and Practical Exercises

### 5. Prepositions with the dative

The following prepositions *always* take the dative case. Memorize them!

| | | | |
|---|---|---|---|
| **aus** | out of | **nach** | after, to, toward |
| **ausser** | except, outside of | **seit** | since, for |
| **bei** | by, at, at the house of, with | **von** | from, about, of |
| **mit** | with | **zu** | to (usually with persons) |

These contractions are very common:

**bei dem = beim** **von dem = vom** **zu dem = zum** **zu der = zur**

The prepositions **an** at, on, up against; **auf** on, upon, on top of; **in** in; and **vor** before, in front of, are used in this chapter with the dative case.

| | | | |
|---|---|---|---|
| **an der Wand** | on the wall | **vor dem Pult** | in front of the desk |
| **auf dem Pult** | on the desk | **in dem Zimmer** | in the room |
| **auf der Strasse** | on the street | **in dem Lehnstuhl** | in the armchair |
| **auf dem Sofa** | on the sofa | **in der Schule** | in the school |

In Chapter 9 you will learn more about these prepositions and others like them, which *sometimes* take the dative and *sometimes* the accusative.

*Exercise No. 27.* Read these sentences aloud. Translate them.

1. **Der Lehrer ist wieder beim Kaufmann.**
2. **Jeden Dienstag geht er zum Kaufmann.**
3. **Das Haus von Herrn C. hat sieben Zimmer.**
4. **Die Herren gehen aus dem Zimmer.**
5. **Herr C. geht mit ihm zur Tür.**
6. **Er sagt zum Lehrer: „Auf Wiedersehen!"**
7. **Zwei von den Kindern sind Knaben.**
8. **Zwei von ihnen sind Mädchen.**
9. **Alle ausser Anna gehen zur Schule.**
10. **Im Sommer reist Herr C. nach München.**
11. **Was gebt ihr der Mutter zu Weihnachten?**[1]
12. **Wir geben ihr ein Halstuch.**[2]
13. **Warum gehen Sie nicht zum Arzt?**
14. **Wir kommen eben**[3] **vom Arzt.**

NOTES: 1. **Zu Weihnachten** (*vei-nach-ten*) for Christmas 2. **das Halstuch** scarf 3. just now

*Exercise No. 28.* Complete these phrases with the correct dative case endings.

| | | |
|---|---|---|
| 1. **aus d__ Hause** | 6. **mit ein__ Feder** | 11. **von d__ Bilder__** (*pl.*) |
| 2. **bei d__ Lehrer** | 7. **zu d__ Kaufmann** | 12. **zu d__ Kinder__** (*pl.*) |
| 3. **mit ein__ Buch** | 8. **von d__ Mutter** | 13. **von d__ Herr__** (*pl.*) |
| 4. **von d__ Schule** | 9. **bei d__ Arzt** | 14. **seit zwei Jahr__** (*pl.*) |
| 5. **nach ein__ Stunde** | 10. **mit d__ Schüler__** (*pl.*) | 15. **sei zwei Monat__** (*pl.*) |

*Exercise No. 29.* **Fragen**

Reread the text: **Dinge, Dinge Überall Dinge.** Then answer these questions.

**1. Ist das Zimmer von Herrn Clark gross? 2. Was sehen wir an der Wand? 3. Wo steht ein Stuhl? 4. Wer ist heute abend wieder beim Kaufmann? 5. Wo sitzt der Lehrer. 6. Wo sitzt der Kaufmann? 7. Was sieht man überall? 8. Wo spricht man Englisch? 9. Wo muss man Deutsch sprechen? 10. Was liegt auf dem Pult? 11. Womit (with what) schreibt man? 12. Was reicht der Lehrer dem Kaufmann? 13. Wann haben die Herren wieder eine Deutschstunde? 14. Wer geht mit Herrn Müller zur Tür? 15. Wie heisst „Wörterbuch" auf englisch?**

*Exercise No. 30.* **Übersetzen Sie!**

1. This evening the teacher is again at the house of (**bei**) the merchant. 2. Mr. C. is sitting in the armchair. 3. The teacher hands him a pencil and asks in German, "What does one do (**macht man**) with a pencil?" 4. "One writes with it," answers Mr. C. 5. Finally Mr. M. says to the merchant, "That is enough for this evening." 6. He goes with him to the door. 7. To whom are you sending the pictures? 8. They are coming out of the study.

# CHAPTER 9

## STADT UND VORSTADT

**1. Die Herren Clark und Müller gehen in das Arbeitszimmer. Herr Müller setzt sich auf das Sofa. Herr Clark stellt ein Tischlein vor das Sofa und setzt sich dann in den Lehnstuhl. Auf dem Tischlein ist ein Aschenbecher. Neben dem Aschenbecher sind Zigaretten und Feuerzeug.**

**2. Herr Müller legt seine Zigarette auf den Aschenbecher und beginnt zu reden.**

**3. M.: Sie wohnen in der Vorstadt, aber Ihr Geschäft und Ihr Büro sind in der Stadt. Jeden Wochentag fahren Sie mit dem Zug in die Stadt, um das Geschäft zu führen. Sagen Sie doch mal: Wohnen Sie gern in der Vorstadt?**

**4. C.: Zwar wohne ich gern in der Vorstadt. Dennoch habe ich die Stadt auch gern.**

**5. M.: Warum haben Sie die Stadt gern?**

**6. C.: In der Stadt gibt es Bibliotheken, Theater, Museen, Universitäten, usw.**

**7. M.: Es gibt auch Fabriken, Lagerhäuser, Lärm, Rauch und auf den Strassen Menschenmassen, die hin und her laufen.**

**8. C.: Sehr richtig! Deswegen wohne ich lieber in der Vorstadt. Hier ist das Leben still und gemütlich.**

**9. M.: Hat Frau Clark das Leben in der Vorstadt gern?**

**10. C.: Sie hat es sehr gern. Dann und wann fährt**

## CITY AND SUBURBS

1. Mr. Clark and Mr. Müller go into the study. Mr. Müller sits down on the sofa. Mr. Clark puts a little table in front of the sofa and then seats himself in an easy chair. On the little table is an ashtray. Next to the ashtray are cigarettes and a lighter.

2. Mr. Müller puts his cigarette on the ashtray and begins to talk.

3. M.: You live in the suburbs, but your business and your office are in the city. Every weekday you ride by train into the city in order to do business. Tell me then: Do you like to live in the suburbs?

4. C.: To be sure, I like to live in the suburbs. Nevertheless I also like the city.

5. M.: Why do you like the city?

6. C.: In the city there are libraries, theaters, museums, universities, etc.

7. M.: There are also factories, warehouses, noise, smoke, and on the streets crowds of people who are running back and forth.

8. C.: Very correct. Therefore I prefer to live in the suburbs. Here life is quiet and comfortable.

9. M.: Does Mrs. Clark like life in the suburbs?

10. C.: She likes it very much. Now and then she

**sie in die Stadt, um Freunde zu besuchen, oder in den grossen Läden Einkäufe zu machen.**

rides into the city in order to visit friends or to shop in the big stores.

**11. M.: Gibt es auch gute Schulen in der Vorstadt?**

11. M.: Are there also good schools in the suburbs?

**12. C.: Die Schulen sind viel besser als in der Stadt, und die Kinder lieben ihre Lehrer und Lehrerinnen.**

12. C.: The schools are much better than in the city, and the children love their teachers (men and women).

**13. M.: Das Leben in der Vorstadt scheint recht schön zu sein!**

13. M.: Life in the suburbs seems to be really beautiful.

**14. C.: Da haben Sie recht, Herr Müller.**

14. C.: There you are right, Mr. Müller.

**15. M.: Ich muss Sie loben, Herr Clark. Sie machen ja grosse Fortschritte im Deutschen.**

15. M.: I must praise you, Mr. Clark. You are indeed making great progress in German.

**16. C.: Es ist sehr nett von Ihnen,[1] das zu sagen.**

16. C.: It's very nice of you to say that.

NOTE 1. **Ihnen dative case of Sie. It is like the dative of sie (they), but always capitalized.**

## Wortschatz

**der Aschenbecher** *pl.* **-** ashtray
**das Feuerzeug** *pl.* **-e** lighter
**die Stadt** *pl.* **¨-e** city
**die Zigarette** *pl.* **-n** cigarette
**die Fabrík** *pl.* **-en** factory
**das Lagerhaus** *pl.* **¨-er** warehouse
**das Geschäft** *pl.* **-e** business
**der Laden** *pl.* **¨-** store, shop
**der Mensch** *pl.* **-en** human being, man
**die Menschenmasse** *pl.* **-n** crowd of people
**das Leben** *pl.* **-** life; **die Zeit** *pl.* **-en** time
**der Lärm** noise; **der Rauch** smoke
**das Muséum** *pl.* **Muséen** museum
**die Universität** (*ōō-nee-vĕr-zee-tēt*) *pl.* **-en** university
**die Bibliothék** (*bee-blee-oh-tēk*) *pl.* **-en** library
**das Theáter** (*tay-ah-ter*) *pl.* **-** theater
**ins Theater gehen** to go to the theater
**der Zug** *pl.* **¨-e** train
**beginnen** to begin; **scheinen** to seem
**führen** to lead; **das Geschäft führen** to carry on (do) business
**legen** to put; **loben** to praise
**besser** better; **besser als** better than
**gemütlich** pleasant, comfortable
**nett** nice; **nett von Ihnen** nice of you
**hin und her** back and forth
**dann und wann** now and then

## gern gladly lieber more gladly, preferably

A verb + **gern** indicates *liking* for a particular thing or action.
A verb + **lieber** indicates *preference* for a particular thing or action.

**Ich habe die Stadt gern, aber ich habe die Vorstadt lieber.** — I like the city, but I prefer the suburbs.

**Er geht gern ins Kino, aber er geht lieber ins Theater oder ins Konzert.** — He likes to go to the movies, but he prefers to go to the theater or to a concert.

## Es gibt there is, there are

**Es gibt** (*lit.* it gives) + an object means *there is* or *there are.*

**Es gibt viel Lärm in der Strasse.** — There is much noise in the street.
**Es gibt viele Theater in der Stadt.** — There are many theaters in the city.
**Was gibt's Neues? Es gibt nichts Neues.** — What's new? There's nothing new.

In the sense of *to be present* (or *absent*) use **es ist** or **es sind.**

**Es ist kein Arzt da.** — There is no doctor there.
**Es sind heute fünf Schüler abwesend.** — There are five pupils absent today.

## Deutsche Ausdrücke

**zwar = es ist wahr** = it is true
**Sie haben recht.** You are right.
**Sie haben unrecht.** You are wrong.
**Er macht Fortschritte.** He makes progress.
**Sie macht Einkäufe.** She shops, goes shopping (makes purchases).

**um . . . zu** in order to
**Sie geht in die Stadt, um Einkäufe zu machen.** She goes to the city to shop.
**Ich arbeite, um Geld zu verdienen.** I work in order to earn money.

## Grammar Notes and Practical Exercises

**1. Present tense of *laufen* to run; *fahren* to ride**

| | | | |
|---|---|---|---|
| **ich laufe** | **wir laufen** | **ich fahre** | **wir fahren** |
| **du läufst** | **ihr lauft** | **du fährst** | **ihr fahrt** |
| **er, sie, es läuft** | **sie (Sie) laufen** | **er sie, es fährt** | **sie (Sie) fahren** |

*Imperative:* **laufe! lauft! laufen Sie!** **fahre! fahrt! fahren Sie!**

Some verbs add an *Umlaut* to the vowel a in the second and third person singular. This *Umlaut* does not appear in the imperative.

**2. Prepositions with the dative or accusative**

You have already learned:

The prepositions **durch, für, gegen, um** always take the accusative case.

The prepositions **aus, ausser, bei, mit, nach, seit, von, zu** always take the dative case.

You will now learn nine prepositions, which sometimes take the dative and sometimes the accusative case. They are usually called the "doubtful prepositions." Memorize them!

| | | | | | |
|---|---|---|---|---|---|
| **an** | on, at, up against | **in** | in, into | **unter** | under, among |
| **auf** | on, upon, on top of | **neben** | next to, near | **vor** | before, in front of |
| **hinter** | behind | **über** | over, above | **zwischen** | between |

Some common contractions are:

**an dem = am** **an das = ans** **auf das = aufs** **in dem = im** **in das = ins**

Study the following sentences and you will easily discover the rule which will tell you when to use the dative and when the accusative after the doubtful prepositions.

| **Wo? Where (place where)** *Dative* | **Wohin? Where (place to which)** *Accusative* |
|---|---|
| 1. Das Bild ist **an der Wand.**<br>The picture is on the wall. | 1. Er hängt das Bild **an die Wand.**<br>He hangs the picture on the wall. |
| 2. Herr M. sitzt **auf dem Stuhl.**<br>Mr. M. is sitting on the chair. | 2. Herr C. setzt sich **auf den Stuhl.**<br>Mr. C. seats himself on the chair. |
| 3. Der Garten ist **hinter dem Haus.**<br>The garden is behind the house. | 3. Hans läuft **hinter das Haus.**<br>Hans runs behind the house. |
| 4. Das Büro ist **in der Stadt.**<br>The office is in the city. | 4. Jeden Tag fährt er **in die Stadt.**<br>Every day he rides into the city. |
| 5. Das Tischlein ist **neben dem Sofa.**<br>The little table is next to the sofa. | 5. Er stellt das Tischlein **neben das Sofa.**<br>He puts the little table next to the sofa. |
| 6. Das Porträt hängt **über dem Klavier.**<br>The portrait hangs over the piano. | 6. Er hängt es **über das Klavier.**<br>He hangs it over the piano. |
| 7. Der Ball liegt **unter dem Bett.**<br>The ball is lying under the bed. | 7. Der Ball rollt **unter das Bett.**<br>The ball rolls under the bed. |
| 8. Das Kind steht **vor der Tür.**<br>The child stands before the door. | 8. Das Kind springt **vor die Tür.**<br>The child jumps in front of the door. |

9. **Der Stuhl steht zwischen den Fenstern.** The chair stands between the windows.

9. **Er stellt ihn zwischen die Fenster.** He puts it between the windows.

The doubtful prepositions take the dative case when they indicate *place where.* They answer the question wo? Wo steht der Stuhl? Where is the chair standing?

They take the accusative when they indicate *place to which.* They answer the question **wohin. Wohin** stellt er den Stuhl? Where is he putting the chair?

*Exercise No. 31.* Practice aloud.

**Wo ist der Kaufmann? Er ist im (in dem) Arbeitszimmer (im Büro; im Theater; im Konzert; in der Fabrik; in der Vorstadt; im Garten).**

**Wohin geht der Kaufmann? Er geht ins (in das) Arbeitszimmer (ins Büro; ins Theater; ins Konzert; in die Fabrik; in die Vorstadt; in den Garten).**

**Wo ist der Knabe? Er ist im (in dem) Hause (im Park; im Garten; im Wasser; in der Schule; auf dem Gras).**

**Wohin läuft der Knabe? Er läuft ins (in das) Haus (in den Park; in den Garten; ins Wasser; in die Schule; auf das Gras).**

**Wo liegt der Ball? Er liegt unter dem Bett (neben dem Klavier; hinter der Tür; zwischen den Fenstern; vor dem Mädchen; auf der Strasse).**

**Wohin rollt der Ball? Er rollt unter das Bett (neben das Klavier; hinter die Tür; zwischen die Fenster; vor das Mädchen; auf die Strasse).**

*Exercise No. 32.* Fill in the missing dative or accusative endings.

**Beispiel:** 1. Das Auto fährt vor die Schule.

**1. Das Auto fährt vor d__ Schule. 2. Die Herren sitzen oben in d__ Arbeitszimmer. 3. Hängen Sie das Bild dort an d__ Wand! 4. In d__ Stadt gibt es viele Bibliotheken. 5. Er muss jeden Wochentag in d__ Stadt fahren. 6. Der Kaufmann setzt sich neben d__ Lehrer. 7. Die Kinder spielen nicht auf d__ Strasse. 8. Die Papiere liegen hier unter d__ Bücher__. 9. Er stellt den Aschenbecher auf d__ Tisch. 10. Was steht dort hinter d__ Tür? 11. Er hängt den Hut hinter d__ Tür. 12. Das Bild hängt zwischen d__ Fenster__ (*pl.*).**

**3. *da(r)* and *wo(r)* combined with prepositions**

| | |
|---|---|
| Liegt das Buch auf dem Tisch? | Is the book lying on the table? |
| Ja, es liegt **darauf.** | Yes, it is lying *on it.* |
| Schreiben sie **mit den Federn?** | Are they writing with the pens? |
| Ja, sie schreiben **damit.** | Yes, they are writing *with them.* |
| **Worauf** liegt das Buch? | *On what* is the book lying? |
| Es liegt auf dem Tisch. | It is lying on the table. |

**4. Some common combinations of *da(r)* and *wo(r)* + a preposition**

| | | | | | |
|---|---|---|---|---|---|
| **damit** | with it, with them | **darin** | in it, in them | **worauf** | on what |
| **darauf** | on it, on them | **womit** | with what | **wofür** | for what |
| **dafür** | for it, for them | **davon** | from, of, about it (them) | **worin** | in what |
| | | **wovon** | from, of, about what | | |

Compare the above forms with the old English words *therewith, wherewith, therein, wherein,* etc.

da(r) and wo(r) + *a preposition* refer only to things, never to persons. When prepositions are used with persons, personal pronouns must be used. Thus:

| | | | |
|---|---|---|---|
| **mit wem** | with whom | **womit** | with what |
| **mit ihm (ihr, etc.)** | with him (her, etc.) | **damit** | with it or them (things) |
| **von wem** | from whom | **wovon** | from what |
| **von ihm (ihr, etc.)** | from him (her, etc.) | **davon** | from it or them (things) |

*Exercise No. 33.* **Fragen**

Reread the text: **Stadt und Vorstadt.** Then answer these questions.

**1. Wohin gehen Herr Clark und Herr Müller? 2. Wohin setzt sich Herr Müller? 3. Wohin setzt sich Herr Clark? 4. Wohin stellt Herr Clark ein Tischlein? 5. Was steht darauf? 6. Was steht neben dem Aschenbecher? 7. Wohin legt der Lehrer seine Zigarette? 8. Wo wohnt der Kaufmann? 9. Wohin fährt er jeden Arbeitstag? 10. Wo ist sein Büro? 11. Wohnt er lieber in der Vorstadt als in der Stadt? 12. Wer geht dann und wann in die Stadt? 13. Wie ist das Leben in der Vorstadt? 14. Wo sind die Schulen besser, in der Stadt oder in der Vorstadt? 15. Wer macht grosse Fortschritte im Deutschen?**

*Exercise No. 34.* **Übersetzen Sie!**

1. We go into the study. 2. A sofa and an easy chair are in the study. 3. In front of the sofa is a little table. 4. On (an) the wall are pictures. 5. You are right, a map is hanging between the two windows. 6. Mr. M. is sitting in the easy chair. 7. Mr. C. sits down on the sofa. 8. Put your cigarette on the ashtray. 9. We do not live in the city. 10. I ride into the city every weekday.

# CHAPTER 10

## DAS WOHNZIMMER DES KAUFMANNS

## THE LIVING ROOM OF THE MERCHANT

| | |
|---|---|
| **1. Wir wissen schon, die Wohnung des Kaufmanns ist nicht gross. Sie ist doch nett und bequem. Die Zimmer der Wohnung sind alle schön möbliert. Wir kennen schon das Arbeitszimmer. Sehen wir uns nun das Wohnzimmer näher an!** | 1. We already know the home of the merchant is not large. It is, however, nice and comfortable. The rooms of the dwelling are all beautifully furnished. We are already acquainted with the study. Let us now have a closer look at the living room. |
| **2. Das Wohnzimmer hat zwei grosse Fenster.** | 2. The living room has two large windows. |
| **3. In einer Ecke des Zimmers, neben einem Fenster, steht ein Klavier. Eine Photographie der vier Kinder von Herrn Clark steht auf dem Klavier. Ausser dem Klavier sind im Zimmer ein Sofa, mehrere Stühle, zwei Tischlein, drei Lampen, ein Radio, ein Fernsehapparat, einige Bilder. An der Wand hinter dem Klavier hängt das Porträt einer Frau.** | 3. In a corner of the room, near a window, stands a piano. A photograph of Mr. Clark's four children stands on the piano. Besides the piano there are in the room a sofa, several chairs, two little tables, three lamps, a radio, a television, and some pictures. On the wall behind the piano hangs the portrait of a woman. |
| **4. Heute abend sitzen die Herren Clark and Müller während des Deutschunterrichts im Wohnzimmer. Sie plaudern. Hier ist ein Teil des Gesprächs.** | 4. This evening Mr. Clark and Mr. Müller are sitting in the living room during the German lesson. They are chatting. Here is part of the conversation. |
| **5. M.: Wessen Porträt hängt dort an der Wand hinter dem Klavier?** | 5. M.: Whose portrait hangs there on the wall behind the piano? |
| **6. C.: Das ist das Porträt meiner Frau.** | 6. C.: That is the portrait of my wife. |
| **7. M.: Spielt Frau Clark Klavier?** | 7. M.: Does Mrs. Clark play the piano? |
| **8. C.: Ja, sie spielt Klavier und zwar sehr gut.** | 8. C.: Yes, she plays the piano, and indeed very well. |
| **9. M.: Spielen Sie auch Klavier?** | 9. M.: Do you also play the piano? |

| | |
|---|---|
| **10. C.: Leider nicht. Ich schwärme für Musik, spiele aber kein Musikinstrument. Während des Winters gehen wir oft ins Konzert.** | 10. C.: Unfortunately not. I'm enthusiastic about music, but I don't play any musical instrument. During the winter we often go to concerts. |
| **11. M.: Sie sind sicher Kunstliebhaber.** | 11. M.: You are, I am sure, an art lover. |
| **12. C.: Das versteht sich. Ich bin ja der Chef einer Firma, die[1] Kunstgegenstände importiert, nicht wahr?** | 12. C.: That goes without saying. I am the head of a firm which imports art objects, am I not. |
| **13. M.: Und Sie finden das Geschäft interessant?** | 13. M.: And you find the business interesting? |
| **14. C.: Ausserordentlich interessant.** | 14. C.: Extremely interesting. |
| **15. M.: Nun, ich möchte mit Ihnen über das Geschäft weitersprechen, aber ich muss gehen, denn es ist schon spät.** | 15. M.: Well, I should like to talk further with you about the business, but I must go, for it is already late. |
| **16. Sie geben sich die Hand und sagen: „Auf Wiedersehen!"** | 16. They shake hands and say: "Good-by." |

NOTE 1. *die* (*which*) is used here as a relative pronoun and agrees with its antecedent **Firma** in number and gender. It is in the nominative case, subject of the relative clause. Observe that in subordinate clauses the verb stands last.

## Wortschatz

**der Chef** *pl.* -s head, manager
**die Firma** *pl.* -en firm
**das Musíkinstrument**[1] *pl.* -e musical instrument
**das Klaviér** (*kla-veer*) *pl.* -e piano
**das Radio** *pl.* -s radio
**der Fernsehapparát** *pl.* -e[2] television set
**die Kunst** *pl.* ¨e art
**der Kunstliebhaber** *pl.* - art lover
**das Porträt** *pl.* -s portrait
**die Photographíe** *pl.* -n[3] photograph
**die Ecke** *pl.* -n corner
**die Lampe** *pl.* -n lamp
**der Deutschunterricht**[4] German instruction
**finden** to find
**hängen** to hang

**schwärmen für** to be enthusiastic about
**verstéhen** to understand
**mehrere** (*may-re-re*) several
**nah** near; **näher** nearer
**nun** now
**spät** late; **früh** early
**ausserórdentlich**[5] extremely
**doch** nevertheless, however
**sicher** sure, surely, I am sure
**uns** us, to us, for us (dat. & acc. of **wir**)
**mein** my (like **ein, kein**)
**denn** for, because
**Ich muss gehen, denn es ist schon spät.**
**über** over, about (in the sense of about, **über** always take the *acc.*)

NOTES: 1. ***mōō-zeek-ins-trōō-ment.*** 2. ***fĕrn-zay-ăp-pă-raht.*** 3. ***foh-toh-gră-fee.*** 4. ***doitsch-ōōn-ter-rĭcht.*** 5. ***ows-ser-ŏr-dent-lĭch.***

## Deutsche Ausdrücke

**das versteht sich** that goes without saying (that is understood)
**möchte** should like, would like
**Ich möchte darüber weiter sprechen.**
I should like to talk further about it.

**Wir möchten ein neues Auto kaufen.**
We would like to buy a new auto.
**leider** unfortunately
**Ich kann leider nicht gehen.**
Unfortunately I cannot go.

## Grammar Notes and Practical Exercises

**1. Present tense of *kennen* to know, to be acquainted with a person or a thing; *wissen* to know (facts)**

| | | | |
|---|---|---|---|
| **ich kenne** | **wir kennen** | **ich weiss** | **wir wissen** |
| **du kennst** | **ihr kennt** | **du weisst** | **ihr wisst** |
| **er, sie, es kennt** | **sie (Sie) kennen** | **er, sie, es weiss** | **sie (Sie) wissen** |

The present of **kennen** is regular. Note carefully the irregular singular of **wissen.**
**kennen** means *to know* in the sense of to be acquainted with, to be familiar with.
**wissen** means to know facts.

| | |
|---|---|
| **Ich kenne den Mann.** | I know (am acquainted with) the man. |
| **Wir kennen das Haus.** | We know (are acquainted with) the house. |
| **Ich weiss, wo er wohnt.** | I know where he lives. |
| **Er weiss die Addresse.** | He knows the address. |

*Exercise No. 35.* Practice aloud.

**1. — Kennst du den Mann?**
**— Ich kenne ihn gut.**
**— Weisst du, wo er wohnt?**
**— Das weiss ich nicht.**

**2. — Kennst du dieses Haus?**
**— Ja, es ist die Wohnung eines Kaufmanns.**
**— Weisst du vielleicht, wie er heisst?**
**— Ja, er heisst Robert Clark.**

**3. — Wissen Sie, was er verkauft?**
**— Er verkauft Kunstgegenstände.**
**— Wo ist sein Geschäft?**
**— Ich weiss es nicht.**

**4. — Kennen Sie dieses Fräulein?**
**— Natürlich kenne ich sie.**[1]
**— Wissen Sie, wie alt sie ist?**
**— Das weiss ich nicht.**

NOTE 1. The pronoun **sie** is commonly used for **das Fräulein** and **das Mädchen.**

**2. The genitive case**

The genitive case is another name for the possessive case.
In English possession is expressed by *'s* and *s'*, and by the preposition *of.*

The man's house (the house of the man) is new.
The pupils' books (the books of the pupils) are old.

In the following sentences note the formation of the article and noun in the genitive case.

| | |
|---|---|
| Das Haus **des Mannes** ist neu. | The house *of the man* (the man's house) is new. |
| Das Kleid **der Frau** ist weiss. | The dress *of the woman* (the woman's dress) is white. |
| Der Ball **des Kindes** ist rot. | The ball *of the child* (the child's ball) is red. |
| Die Hüte **der Männer, der Frauen und der Kinder** sind schön. | The hats *of the men, women* and *children* are pretty. (The men's, women's and children's hats are pretty.) |

| | **Definite Article** | | | | | **Indefinite Article** | | | |
|---|---|---|---|---|---|---|---|---|---|
| | ***Singular*** | | | ***Plural*** | | ***Singular*** | | | ***Plural*** |
| | *masc.* | *fem.* | *neut.* | *m.f.n.* | | *masc.* | *fem.* | *neut.* | *m.f.n.* |
| *Nom.* | **der** | **die** | **das** | **die** | *Nom.* | **ein** | **eine** | **ein** | **keine** |
| *Gen.* | **des** | **der** | **des** | **der** | *Gen.* | **eines** | **einer** | **eines** | **keiner** |
| *Dat.* | **dem** | **der** | **dem** | **den** | *Dat.* | **einem** | **einer** | **einem** | **keinen** |
| *Acc.* | **den** | **die** | **das** | **die** | *Acc.* | **einen** | **eine** | **ein** | **keine** |

a. The genitive case endings of the definite and indefinite articles (and **kein**) in the singular are: masculine and neuter **-es**; feminine **-er**; in the plural **-er.**

b. Most masculine and neuter nouns add **-s** or **-es** in the genitive singular.[1] One-syllable nouns often add **-es.**[1]

| | | | | | |
|---|---|---|---|---|---|
| *N.* | **der Lehrer** | **das Mädchen** | **der Hut** | **der Mann** | **das Kind** |
| *G.* | **des Lehrers** | **des Mädchens** | **des Hutes** | **des Mannes** | **des Kindes** |

c. Feminine nouns add no endings in the singular.

| | | | | | |
|---|---|---|---|---|---|
| *N.* | **die Mutter** | **die Schwester** | **die Tochter** | **die Tür** | **die Wand** |
| *G.* | **der Mutter** | **der Schwester** | **der Tochter** | **der Tür** | **der Wand** |

d. The nominative plural of the noun remains unchanged in the genitive plural.

| | | | | | |
|---|---|---|---|---|---|
| *Nom. Plur.* | **die Lehrer** | **die Hüte** | **die Männer** | **die Schwestern** | **die Mädchen** |
| *Gen. Plur.* | **der Lehrer** | **der Hüte** | **der Männer** | **der Schwestern** | **der Mädchen** |

e. The noun in the genitive case usually follows the noun it possesses.

**ein Teil des Gesprächs** **die Zimmer des Hauses** **Das Porträt einer Frau**

f. A phrase with **von** is often used instead of a genitive. Thus:

**die Wohnung von Herrn**[1] **Clark = die Wohnung des Herrn**[1] **Clark**

NOTE 1. A few masculine and neuter nouns add **-n** or **-en** in the genitive case. Such nouns add **-n** or **-en** in all other cases, singular and plural. Nouns of this type you have met are: **der Knabe**, *gen.* **des Knaben**, *pl.* **die Knaben; der Herr**, *gen.* **des Herrn**, *pl.* **die Herren; der Student**, *gen.* **des Studenten**, *pl.* **die Studenten.**

### 3. The interrogative pronoun *wer* in the genitive case

| | |
|---|---|
| Wessen Hut ist grau? | Whose hat is gray? |
| Der Hut des Lehrers ist grau. | The teacher's hat is gray. |
| Wessen Hüte sind schön? | Whose hats are pretty? |
| Die Hüte der Frauen sind schön. | The women's hats are pretty. |

*Nom.* **wer** who *Gen.* **wessen** whose *Dat.* **wem** to whom *Acc.* **wen** whom

### 4. Genitive prepositions

Very few prepositions take the genitive case. The most common are: **während** during; **wegen** on account of; **anstatt (statt)** instead of. Thus: **während der Nacht** during the night.

*Exercise No. 36.* Practice aloud.

**1. Wessen Wohnung ist nicht gross? Die Wohnung des Kaufmanns (des Lehrers, der Lehrerin, das Arztes, des Schülers, der Schülerin, des Freundes, der Freundin, der Frauen, der Herren) ist nicht gross.**
**2. Wessen Porträt hängt an der Wand? Das Porträt des Vaters (der Mutter, des Kindes, des Onkels, der Tante, des Bruders, der Schwester, der Kinder) hängt an der Wand.**
**3. Wessen Hüte liegen auf dem Sofa? Die Hüte der Knaben (der Mädchen, der Kinder, der Schüler, der Schülerinnen, der Lehrer, der Lehrerinnen) liegen auf dem Sofa.**

*Exercise No. 37.* Complete these sentences with the missing genitive case endings.

**1. Wo ist die Wohnung d___ Kaufmann___? 2. Die Farbe d___ Klavier___ ist schwarz. 3. Die Farbe d___ Automobil___ (*sing.*) ist blau. 4. Die Farbe d___ Kleid___ (*pl.*) ist grün. 5. Die Farbe d___ Tinte ist schwarz. 6. Die Farbe d___ Bleistift___ (*pl.*) ist rot. 7. Dort hängt das Porträt ein___ Frau. 8. Hier hängt das Porträt ein___ Mann___. Die Farben d___ Landkarte sind grün, grau und braun. 10. Wo ist die Wohnung d___ Arzt___? 11. Ich arbeite während d___ Tag___, aber er arbeitet während d___ Nacht. 12. Wegen d___ Lärm___ kann ich nicht arbeiten.**

*Exercise No. 38.* Fragen

Reread the text: **Das Wohnzimmer des Kaufmanns.** Then answer these questions.

**1. Was wissen wir schon? 2. Was kennen wir schon? 3. Wo steht ein Klavier? 4. Liegt ein Notenblatt darauf? 5. Wessen Photographie steht auf dem Klavier? 6. Wessen Porträt hängt über dem Klavier? 7. Wo sitzen die Herren während der Deutschstunde? 8. Wessen Frau spielt sehr gut Klavier? 9. Wohin gehen Herr und Frau Clark oft im Winter? 10. Ist das Geschäft des Kaufmanns interessant? 11. Ist er der Chef der Firma?**

*Exercise No. 39.* **Übersetzen Sie!**

1. Are you acquainted with the merchant's firm? 2. Mr. C. is the head of the firm. 3. We know where the merchant lives. 4. His house is in the suburbs. 5. The rooms of the house are not large. 6. A piano is in a corner of the living room. 7. A photograph of the children is on the piano. 8. The color of the piano is black. 9. On (**an**) the wall is the portrait of (**von**) Mrs. C. 10. The boys' room (the room of the boys) is larger than the girls' room (room of the girls).

# CHAPTER 11

## REVIEW OF CHAPTERS 1–10

### Summary of Some Common Nouns (Singular and Plural)

Practice these nouns aloud, in the singular and plural.

GROUP I No Ending Added

| | | | | | |
|---|---|---|---|---|---|
| **der Vater** | **die Väter** | **der Onkel** | **die Onkel** | **das Zimmer** | **die Zimmer** |
| **der Bruder** | **die Brüder** | **der Garten** | **die Gärten** | **das Theater** | **die Theater** |
| **der Lehrer** | **die Lehrer** | **das Mädchen** | **die Mädchen** | **die Mutter** | **die Mütter** |
| **der Schüler** | **die Schüler** | **das Fräulein** | **die Fräulein** | **die Tochter** | **die Töchter** |

GROUP II Adds -e

| | | | | | |
|---|---|---|---|---|---|
| **der Sohn** | **die Söhne** | **der Bleistift** | **die Bleistifte** | **die Stadt** | **die Städte** |
| **der Hut** | **die Hüte** | **der Tisch** | **die Tische** | **das Ding** | **die Dinge** |
| **der Stuhl** | **die Stühle** | **die Hand** | **die Hände** | **das Jahr** | **die Jahre** |
| **der Tag** | **die Tage** | **die Wand** | **die Wände** | **das Papier** | **die Papiere** |

GROUP III Adds -er

| | | | | | |
|---|---|---|---|---|---|
| **der Mann** | **die Männer** | **das Haus** | **die Häuser** | **das Buch** | **die Bücher** |
| **das Kind** | **die Kinder** | **das Bild** | **die Bilder** | **das Land** | **die Länder** |

GROUP IV Adds -n or -en

| | | | | | |
|---|---|---|---|---|---|
| **der Herr** | **die Herren** | **die Schule** | **die Schulen** | **die Stunde** | **die Stunden** |
| **der Mensch** | **die Menschen** | **die Tante** | **die Tanten** | **die Schwester** | **die Schwestern** |
| **der Knabe** | **die Knaben** | **die Strasse** | **die Strassen** | **die Lehrerin** | **die Lehrerinnen** |

### Verbs

| | | |
|---|---|---|
| **1. gehen** | **16. hören** | **31. er spricht** |
| **2. kommen** | **17. spielen** | **32. geben** |
| **3. machen** | **18. schreiben** | **33. er gibt** |
| **4. stehen** | **19. sagen** | **34. fahren** |
| **5. sitzen** | **20. fragen** | **35. er fährt** |
| **6. liegen** | **21. antworten** | **36. laufen** |
| **7. legen** | **22. er antwortet** | **37. er läuft** |
| **8. reichen** | **23. kennen** | **38. haben** |
| **9. wohnen** | **24. reden** | **39. er hat** |
| **10. senden** | **25. er redet** | **40. sein** |
| **11. hängen** | **26. zählen** | **41. er ist** |
| **12. besuchen** | **27. bringen** | **42. wissen** |
| **13. plaudern** | **28. sehen** | **43. er weiss** |
| **14. lernen** | **29. er sieht** | **44. müssen** |
| **15. lehren** | **30. sprechen** | **45. er muss** |

| | | |
|---|---|---|
| 1. to go | 16. to hear | 31. he speaks |
| 2. to come | 17. to play | 32. to give |
| 3. to make | 18. to write | 33. he gives |
| 4. to stand | 19. to say | 34. to ride |
| 5. to sit | 20. to ask | 35. he rides |
| 6. to lie | 21. to answer | 36. to run |
| 7. to put | 22. he answers | 37. he runs |
| 8. to hand | 23. to know (persons) | 38. to have |
| 9. to live (dwell) | 24. to talk | 39. he has |
| 10. to send | 25. he talks | 40. to be |
| 11. to hang | 26. to count | 41. he is |
| 12. to visit | 27. to bring | 42. to know (facts) |
| 13. to chat | 28. to see | 43. he knows |
| 14. to learn | 29. he sees | 44. to have to |
| 15. to teach | 30. to speak | 45. he must |

## Prepositions — *Memorize in the Numbered Order*

### With Dative Only

| | | | | | |
|---|---|---|---|---|---|
| **1. aus** | **4. mit** | **7. von** | 1. out of | 4. with | 7. from, of |
| **2. ausser** | **5. nach** | **8. zu** | 2. besides, except | 5. after, to | 8. to |
| **3. bei** | **6. seit** | | 3. at the house of | 6. since | |

### With Accusative Only

| | | | | | |
|---|---|---|---|---|---|
| **1. bis** | **3. für** | **5. ohne** | 1. until | 3. for | 5. without |
| **2. durch** | **4. gegen** | **6. um** | 2. through | 4. against, toward | 6. around |

### With Dative (place where) With Accusative (place to which)

| | | | | | |
|---|---|---|---|---|---|
| **1. an** | **4. in** | **7. unter** | 1. at, on (up against) | 4. in, into | 7. under |
| **2. auf** | **5. neben** | **8. vor** | 2. on, on top of | 5. near, next to | 8. before |
| **3. hinter** | **6. über** | **9. zwischen** | 3. behind | 6. over, above | 9. between |

### With Genitive Only

| | | | | | |
|---|---|---|---|---|---|
| **1. während** | **2. wegen** | **3. anstatt (statt)** | 1. during | 2. on account of | 3. instead of |

### Expressions

1. **Hier spricht man Deutsch.** — 1. Here one speaks (they, people speak) German.
2. **Wie heissen Sie?** — 2. What is your name?
3. **Ich heisse Schmidt.** — 3. My name is Schmidt.
4. **Er macht eine Reise.** — 4. He is taking a trip.
5. **mal = einmal** — 5. once, just
6. **Sagen Sie mal . . . !** — 6. Just tell me. . . .
7. **Sehen wir uns mal das Haus an!** — 7. Just let us take a look at the house.
8. **Ich wohne gern hier.** — 8. I like to live here.
9. **auf deutsch (auf englisch)** — 9. in German (in English)
10. **Er wohnt lieber in der Stadt.** — 10. He prefers to live in the city.
11. **Sie macht Einkäufe.** — 11. She goes shopping.
12. **also** — 12. so, and so, thus
13. **Stimmt!** — 13. That's correct.
14. **Er macht Fortschritte.** — 14. He makes progress.
15. **Jawohl!** — 15. Yes, indeed.
16. **Er gibt ihm die Hand.** — 16. He shakes hands with him.
17. **Sie ist zu Hause.** — 17. She is at home.
18. **Ich gehe nach Hause.** — 18. I am going home.

*Exercise No. 40.* Select the words from Column II which best complete the sentences begun in Column I.

**Beispiel: (1d) Ich bin ein Importeur von Kunstgegenständen aus Deutschland.**

| I | II |
|---|---|
| **1. Ich bin ein Importeur von** | **a. sind dort auf dem Aschenbecher.** |
| **2. Jeden Dienstag sitzt Herr Müller** | **b. dort auf den Aschenbecher.** |
| **3. Nennt man in Deutschland die Dinge** | **c. denn da ist es still und gemütlich.** |
| **4. Legen Sie, bitte, Ihre Zigarette** | **d. Kunstgegenständen aus Deutschland.** |
| **5. Während des Deutschunterrichts** | **e. leider spiele ich kein Musikinstrument.** |
| **6. Ich wohne lieber in der Vorstadt,** | **f. auf deutsch oder auf englisch?** |
| **7. Die Zigaretten und das Feuerzeug** | **g. im Arbeitszimmer beim Kaufmann.** |
| **8. Ich schwärme für die Musik, aber** | **h. eine Reise nach Deutschland machen.** |
| **9. Im Sommer möchte ich** | **i. und das Haus des Kaufmanns an!** |
| **10. Sehen wir uns nun den Garten** | **j. rauchen die Herren Zigaretten.** |

*Exercise No. 41.* Make compound nouns of the following pairs of nouns. Translate them. Remember: The gender of the compound noun is that of the last noun in the compound. Thus: **die Hand + der Schuh = der Handschuh** glove (*lit.* handshoe)

1. **das Haus + die Tür**
2. **die Wand + die Uhr**
3. **der Schlaf + das Zimmer**
4. **die Bilder + das Buch**
5. **der Garten + das Haus**
6. **das Deutsch + der Lehrer**
7. **die Wörter + das Buch**
8. **das Geschäft(s) + die Reise**
9. **die Musik + das Instrument**
10. **der Vater + das Land**

## Grammar Review and Practical Exercises

**1. Noun declensions**

You have learned the forms and uses of four cases of nouns with the definite and indefinite article and **kein.**

To decline a noun with its article means to give all four cases in the singular and plural. This is called a declension, and is a handy method for summarizing and remembering the case forms. Here are the declensions of some familiar nouns.

| | *Singular* | *Plural* | *Singular* | *Plural* |
|---|---|---|---|---|
| *Nom.* | **der (ein) Vater** | **die (keine) Väter** | **der (ein) Sohn** | **die (keine) Söhne** |
| *Gen.* | **des (eines) Vaters** | **der (keiner) Väter** | **des (eines) Sohnes** | **der (keiner) Söhne** |
| *Dat.* | **dem (einem) Vater** | **den (keinen) Vätern** | **dem (einem) Sohn(e)** | **den (keinen) Söhnen** |
| *Acc.* | **den (einen) Vater** | **die (keine) Väter** | **den (einen) Sohn** | **die (keine) Söhne** |

| | *Singular* | *Plural* | *Singular* | *Plural* |
|---|---|---|---|---|
| *Nom.* | **das (ein) Kind** | **die (keine) Kinder** | **die (eine) Frau** | **die (keine) Frauen** |
| *Gen.* | **des (eines) Kindes** | **der (keiner) Kinder** | **der (einer) Frau** | **der (keiner) Frauen** |
| *Dat.* | **dem (einem) Kind(e)** | **den (keinen) Kindern** | **der (einer) Frau** | **den (keinen) Frauen** |
| *Acc.* | **das (ein) Kind** | **die (keine) Kinder** | **die (eine) Frau** | **die (keine) Frauen** |

**2. Rules of noun declension**

*In the Singular*

a. Feminine nouns take no endings in the singular.
b. Most masculine and all neuter nouns add **-s** or **-es** in the genitive singular; usually **-s** with nouns of more than one syllable and **-es** with one-syllable nouns.
c. Masculine and neuter nouns of one syllable may add **-e** in the dative singular.
d. The nominative and accusative singular are usually alike.

*In the Plural*

a. The nominative plural of nouns must be memorized.
b. The genitive and accusative plural are like the nominative.
c. The dative plural must add **-n** unless the nominative plural already ends in **-n** (**den Vätern, den Söhnen, den Kindern, den Frauen**).

*Exercise No. 42.* Practice aloud.

Wer ist hier? *Who* is here?

*Nom. Sing.* Der Vater (**der Sohn, das Kind, die Frau**) ist hier.
*Nom. Plur.* Die Väter (**die Söhne, die Kinder, die Frauen**) sind hier.

**Wessen** Bücher liegen dort? *Whose* books are lying there?

*Gen. Sing.* Die Bücher **des Vaters** (**des Sohnes, des Kindes, der Frau**) liegen dort.
*Gen. Plur.* Die Bücher **der Väter** ( **der Söhne, der Kinder, der Frauen**) liegen dort.

**Wem** geben Sie die Bücher? To *whom* are you giving the books?

*Dat. Sing.* Ich gebe **dem Vater** (**dem Sohn, dem Kind[e], der Frau**) die Bücher.
*Dat. Plur.* Ich gebe **den Vätern** (**den Söhnen, den Kindern, den Frauen**) die Bücher.

**Wen** sehen Sie dort? *Whom* do you see there?

*Acc. Sing.* Ich sehe **den Vater** (**den Sohn, das Kind, die Frau**) dort.
*Acc. Plur.* Ich sehe **die Väter** (**die Söhne, die Kinder, die Frauen**) dort.

**3. Masculine nouns with *-n* or *-en* endings**

A few masculine nouns add **-n** (or **-en**) to the nominative to form all other cases, singular and plural. Thus:

| | *Singular* | *Plural* | *Singular* | *Plural* | *Singular* | *Plural* |
|---|---|---|---|---|---|---|
| *Nom.* | **der Knabe** | **die Knaben** | **der Student** | **die Studenten** | **der Herr** | **die Herren** |
| *Gen.* | **des Knaben** | **der Knaben** | **des Stundenten** | **der Studenten** | **des Herrn** | **der Herren** |
| *Dat.* | **dem Knaben** | **den Knaben** | **dem Studenten** | **den Studenten** | **dem Herrn** | **den Herren** |
| *Acc.* | **den Knaben** | **die Knaben** | **den Studenten** | **die Studenten** | **den Herrn** | **die Herren** |

*Exercise No. 43.* Complete these sentences with the correct case endings.

**Beispiel: 1. Die Wohnung des Kaufmanns ist nicht gross.**

**1. D__ Wohnung d__ Kaufmann__ ist nicht gross. 2. Herr Clark hat ein__ Wohnung in d__ Vorstadt. 3. D__ Zimmer d__ Wohnung sind schön möbliert. 4. D__ Freund__ d__ Kinder kommen heute. 5. Sehen wir nun d__ Wände d__ Zimmer__ (*sing.*) an. 6. Einige Bild__ hängen an d__ Wänden. 7. In d__ Esszimmer sehen wir ein__ Tisch. 8. D__ Tisch ist rund. 9. Um d__ Tisch stehen sechs Stühle. 10. D__ Lehrer sitzt auf ein__ Stuhl. 11. D__ Kaufmann setzt sich auf d__ Sofa. 12. Über d__ Klavier hängt das Porträt ein__ Frau. 13. Herr Clark hat ein__ Vertreter in München. 14. Er will d__ Vertreter besuchen. 15. München ist ein__ Stadt in Westdeutschland.**

*Exercise No. 44.* Answer each question using the proper case of the noun in parenthesis. Use plural of noun where indicated.

**Beispiel: 1. Der Lehrer hat eine Wohnung in der Stadt.**

**1. Wer hat eine Wohnung in der Stadt? (der Lehrer) 2. Wessen Kinder spielen im Garten? (der Kaufmann) 3. Wem bringst du den Hut? (die Schwester) 4. Wen lieben die Kinder? (die Lehrerin, *pl.*) 5. Was suchen die Knaben? (der Ball) 6. Zu wem spricht der Lehrer? (der Schüler, *pl.*) 7. Wessen Porträt hängt im Wohnzimmer? (die Frau) 8. Womit schreibt der Knabe? (der Bleistift) 9. Womit schreibt das Mädchen? (die Feder) 10. Wen fragt der Vater? (das Kind, *pl.*) 11. Wem geben Sie die Briefe? (die Mutter)**

## Zwei Dialoge

Read each dialogue silently several times, using the English translation to make certain of the meaning. Practice the German text aloud many times. Follow this procedure with all dialogues.

### WO IST DIE THOMASTRASSE?

| | |
|---|---|
| 1. **Verzeihen Sie, mein Herr, können Sie mir sagen, wo die Thomastrasse ist?** | 1. Pardon me, sir, can you tell me where Thoma Street is? |
| 2. **Gehen Sie immer gerade aus, Fräulein.** | 2. Continue straight ahead, Miss. |
| 3. **Ist es weit?** | 3. Is it far? |
| 4. **Nein, Fräulein, es ist nur eine kurze Strecke.** | 4. No, Miss, it's only a short distance. |
| 5. **Danke vielmals.** | 5. Thank you very much. |
| 6. **Bitte schön, Fräulein.** | 6. Don't mention it, Miss. |

### WO HÄLT DER BUS AN?

| | |
|---|---|
| 1. **Bitte, mein Herr, wo hält der Bus an?** | 1. Please, sir, where does the bus stop? |
| 2. **Er hält dort an der Ecke an, Fräulein.** | 2. It stops on the corner over there, Miss. |
| 3. **Ich danke Ihnen sehr, mein Herr.** | 3. Thank you very much, sir. |
| 4. **Bitte sehr.** | 4. You're very welcome. |

*Exercise No. 45.* **Das erste Lesestück** (The first reading selection)

How to read the **Lesestück**

Read the passage silently from beginning to end to get the meaning as a whole. Reread the passage. Most of the new words are given in the footnotes. Look up the meaning of any other words you may not know in the German–English vocabulary at the end this book.

Read the passage silently a third time. Then translate it and check your translation with that given in the "Answer Section."

Follow this procedure in all other reading selections.

## HERR CLARK LERNT DEUTSCH

**Herr Clark ist ein Kaufmann. Er importiert Kunstgegenstände aus Deutschland. Sein Büro ist in einem Wolkenkratzer in der Stadt New York. Seine Wohnung aber ist nicht in der Stadt, sondern[1] in einem Vorort nicht weit davon.[2] Jeden Wochentag fährt Herr Clark mit dem Zug in die Stadt und führt dort sein Geschäft.**

**Die Firma des Herrn Clark hat einen Vertreter in Deutschland. Er heisst Heinrich Schiller und wohnt in der Stadt München. Im Frühling dieses[3] Jahres macht Herr Clark eine Reise nach Deutschland, um Herrn Schiller zu besuchen.[4] Er will mit seinem Vertreter über wichtige[5] Geschäftssachen reden. Leider[6] spricht Herr Schiller kein Englisch, und Herr Clark spricht kein Deutsch. Deswegen beginnt Herr Clark, Deutsch zu lernen.**

**Herr Clark hat einen guten Lehrer. Dieser ist ein Deutscher von Geburt[7] und heisst Karl Müller. Jeden Dienstag und Donnerstag kommt der Lehrer in die Wohnung seines Schülers, um ihm eine Deutschstunde zu geben.[8] Herr Clark ist fleissig und intelligent und lernt schnell. Während der ersten Stunde lernt er diese deutschen Ausdrücke auswendig[9]: Guten Tag; Wie geht es Ihnen? Vielen Dank; Bitte schön; Auf Wiedersehen; u.s.w. (und so weiter). Er weiss schon die deutschen Namen für viele Dinge in seinem Wohnzimmer und kann auf diese Fragen richtig antworten: Was ist dies? Was ist das? Wo ist das? Warum ist das? usw.**

**Herr Müller ist mit dem Fortschritt[10] seines Schülers sehr zufrieden,[11] und er sagt: „Sehr gut. Das ist genug für heute. Ich komme Donnerstag wieder. Auf Wiedersehen."**

NOTES: 1. but rather. 2. **davon** from it. 3. of this. 4. **um . . . zu besuchen** in order to visit. 5. important. 6. unfortunately. 7. by birth. 8. **um . . . geben** in order to give. 9. by heart. 10. progress. 11. satisfied.

*Exercise No. 46.* **Das zweite Lesestück** (The second reading selection)

## DEUTSCHLAND

**Deutschland liegt in Mitteleuropa.[1] Seit dem Ende des Zweiten Weltkriegs[2] ist Deutschland in zwei Teile geteilt,[3] Westdeutschland[4] und Ostdeutschland.[5] Die Elbe trennt[6] die zwei Teile Deutschlands.**

**Westdeutschland ist die Bundesrepublik Deutschland.[7] Ostdeutschland ist die Deutsche Demokratische Republik.[8]**

**Die Hauptstadt von Westdeutschland ist Bonn. Die Hauptstadt[9] von Ostdeutschland ist Ost-Berlin.**

**Unter[10] den grossen Städten in Westdeutschland sind Köln, München, Stuttgart, Frankfurt, Düsseldorf und die grossen Hafenstädte,[11] Hamburg und Bremen. Unter den grossen Städten in Ostdeutschland sind Leipzig, Dresden, Chemnitz.**

NOTES: 1. Central Europe. 2. **der Zweite Weltkrieg** the Second World War. 3. divided. 4. West Germany 5. East Germany. 6. separates. 7. the Federal Republic of Germany. 8. the German Democratic Republic. 9. capital. 10. among. 11. seaport cities.

# CHAPTER 12

## EIN FREUND BESUCHT HERRN CLARK

**Wilhelm Engel ist ein Freund von Herrn Clark. Sein Büro ist im selben Gebäude wie das Büro des Herrn Clark.**

William Engel is a friend of Mr. Clark. His office is in the same building as the office of Mr. Clark.

**Herr Engel spricht fliessend Deutsch. Er weiss, sein Freund studiert seit einigen Monaten Deutsch, und er will erfahren, was für Fortschritte er macht.**

Mr. Engel speaks German fluently. He knows his friend has been studying German for some months and he wants to find out what progress he is making.

**Eines Tages sitzt Herr Clark an seinem Schreibtisch und liest Briefe. Plötzlich öffnet jemand die Tür und tritt ins Büro.**

One day Mr. Clark is sitting at his desk and reading letters. Suddenly someone opens the door and steps into the office.

**Es ist sein Freund Wilhelm Engel.**

It is his friend William Engel.

**Herr Engel beginnt sofort Deutsch zu sprechen, und Herr Clark antwortet ihm[1] auf deutsch.**

Mr. Engel begins immediately to speak German, and Mr. Clark answers him in German.

**E.: Wie geht's, mein Freund?**

E.: How are you, my friend?

**C.: Sehr gut, danke. Und dir?**

C.: Very well, thanks. And you?

**E.: Sehr gut. Ich höre, du[2] lernst seit einigen Monaten Deutsch.**

E.: Very well. I hear you have been studying German for several months.

**C.: Das ist wahr. Ich beabsichtige nämlich, im Sommer eine Reise nach Deutschland zu machen.**

C.: That is true. I intend, you know, to take a trip to Germany in the summer.

**E.: Geschäftsreise oder Vergnügungsreise?**

E.: A business trip or a pleasure trip?

**C.: Beides. Ich will den Vertreter unserer Firma in München besuchen und mit ihm unsere Geschäftsangelegenheiten besprechen. Dann hoffe ich, andere Städte und interessante Plätze in Deutschland, Österreich und in der Schweiz zu besuchen.**

C.: Both. I want to visit the representative of our firm in Munich and discuss our business matters with him. Then I hope to visit other cities and interesting places in Germany, in Austria and in Switzerland.

**E.: Spricht euer Vertreter kein Englisch?**

E.: Doesn't your agent speak any English?

**C.: Ich glaube, nein. Ich hoffe, mit ihm Deutsch zu sprechen.**

C.: I think not. I hope to speak German with him.

**E.: Fährst du mit dem Dampfer, oder fliegst du?**

E.: Will you travel by steamship or will you fly?

**C.: Ich fliege.**

C.: I shall fly.

**E.: Hast du schon die Flugfahrkarte gekauft und einen Platz reserviert?**

E.: Have you already bought the flight ticket and reserved a place?

**C.: Noch nicht. Aber morgen gehe ich ins Auskunftsbüro der Fluglinie, um einen Platz zu reservieren, und Einzelheiten über den Fahrplan zu erfahren.**

C.: Not yet. But tomorrow I am going to the information bureau of the airline to reserve a seat and find out details about the timetable.

**E.: Donnerwetter! Du sprichst ja wunderbar Deutsch!**

E.: The dickens! You speak German splendidly.

**C.: Es ist sehr nett von dir,[3] das zu sagen. Ich hoffe, noch besser zu sprechen.**

C.: It is very nice of you to say that. I hope to speak even better.

**E.: Nun, glückliche Reise!**

E.: Well, happy voyage!

**Sie geben sich die Hand. Herr Engel verlässt das Büro.**

They shake hands. Mr. Engel leaves the office.

NOTES: 1. **Antworten** and a number of other verbs take a dative object. 2. As Mr. Clark and Mr. Engel are very good friends, they use the familiar **du. Sie duzen** (*doo-tsen*) **sich.** They say **du** to each other. 3. **dir** is the dative case of **du.**

## Wortschatz

**der Fahrplan** *pl.* **≐e** timetable
**das Gebäude** *pl.* **-** building
**die Einzelheit** *pl.* **-en** detail
**beábsichtigen** to intend
**bespréchen** to discuss
**erfáhren** to find out; **fliegen** to fly
**glauben** to believe; **hoffen** to hope
**lesen** to read; **studieren** to study
**treten** to step; **er tritt ins Zimmer**
**reserviéren** to reserve
**verlássen** to leave, to go away from
**noch** still, yet; **noch nicht** not yet
**wunderbar** wonderful
**plötzlich** suddenly
**sofort** immediately, at once
**selb** same; **im selben Gebäude** in the same building
**jemand** somebody; **niemand** nobody
**dir** you, to you (*dative of* **du**)
**mir** me, to me (*dative of* **ich**)

## Practice aloud.

**das Auskunftsbüro**
*ows-kŏŏnfts-bü-roh*
information office

**die Flugfahrkarte**
*flōōk-fahr-kăr-te*
flight ticket

**die Fluglinie**
*flōōk-lee-nye*
airline

**die Vergnügungsreise**
*fer-gnü-gŏongs-rei-ze*
pleasure trip

**die Geschäftsreise**
*ge-shăfts-rei-se*
business trip

**die Geschäftsangelegenheit**
*ge-shăfts-ăn-ge-lay-gen-heit*
business matter

## Deutsche Ausdrücke

**eines Tages, eines Morgens, eines Nachmittags, eines Abends** one day, one morning, one afternoon, one evening
**Glückliche Reise!** Happy voyage!
**Karl antwortet ihm (ihr, mir, dir, Ihnen) auf deutsch.** Charles answers him (her, me, you *fam.*, you *pol.*) in German.
The verb **antworten** takes a dative object.
**Donnerwetter!** (*dŏn-ner-vĕt-ter*) The dickens!
**seit wann?** since when? **wie lange?** how long? **Seit wann (wie lange) studiert er Deutsch? Er studiert Deutsch seit einem Jahr.** Since when has he been studying German? He has been studying German since (for) a year.
An action begun in the past and continuing in the present is expressed in German by the present tense, in English by the present perfect.

## Grammar Notes and Practical Exercises

**1. Present tense of *lesen* to read, *treten* to step, *wollen* to want**

| | | | | | |
|---|---|---|---|---|---|
| **ich lese** | **wir lesen** | **ich trete** | **wir treten** | **ich will** | **wir wollen** |
| **du liest** | **ihr lest** | **du trittst** | **ihr tretet** | **du willst** | **ihr wollt** |
| **er liest** | **sie (Sie) lesen** | **er tritt** | **sie (Sie) treten** | **er will** | **sie (Sie) wollen** |
| *Imperative:* **lies! lest! lesen Sie!** | | **tritt! tretet! treten Sie!** | | | |

a. **lesen** is like **sehen (ich sehe, du siehst,** etc.), and **treten** is like **sprechen (ich spreche, du sprichst,** etc.).
b. The singular of **wollen** is irregular. The **ich** and **er, sie, es** forms have no endings. Compare with **müssen** (Chapter 8, Grammar Note 1) and **wissen** (Chapter 10, Grammar Note 1).

*Exercise No. 47.* Practice aloud.

**Ich will Deutsch lernen.**
**Willst du eine Reise machen?**
**Er will seinen Freund besuchen.**
**Sie will ein Kleid kaufen.**
**Was wollen Sie tun?**
**Wir wollen ins Theater gehen.**
**Wollt ihr das Buch lesen?**
**Die Kinder wollen ins Kino gehen.**
**Sie wollen jetzt nicht spielen.**
**Wollen Sie mit uns gehen?**

**2. Possessive adjectives (*ein*-words)**

For every personal pronoun there is a corresponding possessive adjective.

| *Pers. Pron.* | | *Possessive Adjective* | | | | *Pers. Pron.* | | *Possessive Adjective* | | | |
|---|---|---|---|---|---|---|---|---|---|---|---|
| | | *masc.* | *fem.* | *neut.* | | | | *masc.* | *fem.* | *neut.* | |
| **ich** | I | **mein** | **meine** | **mein** | my | **wir** | we | **unser** | **uns(e)re** | **unser** | our |
| **du** | you | **dein** | **deine** | **dein** | your | **ihr** | you | **euer** | **eu(e)re** | **euer** | your |
| **er** | he | **sein** | **seine** | **sein** | his | **sie** | they | **ihr** | **ihre** | **ihr** | their |
| **sie** | she | **ihr** | **ihre** | **ihr** | her | **Sie** | you | **Ihr** | **Ihre** | **Ihr** | your |
| **es** | it | **sein** | **seine** | **sein** | its | | | | | | |

The possessive adjectives agree in number, gender, and case with the nouns they possess. In these sentences compare the endings of the possessive adjective with those of **ein** and **kein.**

1. **Ein** Bleistift liegt auf dem Pult.
   **Mein** Bleistift liegt auf dem Pult.
2. **Eine** Feder liegt auf dem Tisch.
   **Deine** Feder liegt auf dem Tisch.
3. **Ein** Buch liegt auf dem Stuhl.
   **Sein** Buch liegt auf dem Stuhl.
4. **Keine** Bilder sind an der Wand.
   **Uns(e)re** Bilder sind an der Wand.
5. Seht ihr **einen** Lehrer, Kinder?
   Seht ihr **eu(e)ren** Lehrer, Kinder?
6. Die Farbe **eines** Bleistifts ist schwarz.
   Die Farbe **meines** Bleistifts ist schwarz.
7. Die Farbe **einer** Feder ist rot.
   Die Farbe **ihrer** Feder ist rot.
8. Karl spielt mit **keinen** Kindern.
   Karl spielt mit **uns(e)ren** Kindern.
9. Haben Sie **einen** Hut, Herr Schmidt?
   Haben Sie **Ihren** Hut, Herr Schmidt?
10. **Keine** Mädchen lernen Französisch.
    **Uns(e)re** Mädchen lernen Französisch.

a. The endings of the possessive adjectives are exactly like those of **ein** and **kein.** Possessive adjectives and **kein** are called **ein**-words.

**ein, kein**

| | *Singular* | | | *Plural* |
|---|---|---|---|---|
| | *masc.* | *fem.* | *neut.* | *m.f.n.* |
| *N.* | **ein** | **eine** | **ein** | **keine** |
| *G.* | **eines** | **einer** | **eines** | **keiner** |
| *D.* | **einem** | **einer** | **einem** | **keinen** |
| *A.* | **einen** | **eine** | **ein** | **keine** |

**ein-word unser**

| | *Singular* | | | *Plural* |
|---|---|---|---|---|
| | *masc.* | *fem.* | *neut.* | *m.f.n.* |
| *N.* | **unser** | **uns(e)re**[1] | **unser** | **uns(e)re** |
| *G.* | **uns(e)res** | **uns(e)rer** | **uns(e)res** | **uns(e)rer** |
| *D.* | **uns(e)rem** | **uns(e)rer** | **uns(e)rem** | **uns(e)ren** |
| *A.* | **uns(e)ren** | **uns(e)re** | **unser** | **uns(e)re** |

NOTE 1. (e) means that the letter **e** may be omitted.

b. Note carefully that **ein, kein** and all **ein**-words have no endings in the nominative masculine singular, and in the nominative and accusative neuter singular. The other endings are like those of **der.**

c. Just as there are three words for you (**du, ihr, Sie**), so there are three words for your (**dein, euer, Ihr**).

Use a form of **dein** (your) in speaking to a person whom you would address with **du** (you).

Use a form of **euer** (your) in speaking to persons whom you would address with **ihr** (you).

Use a form of **Ihr** (your), always capitalized, in speaking to one or more persons whom you would address with **Sie** (you).

**Hast du deine Bücher, Karl?** — Have you your books, Charles?
**Habt ihr eure Bücher, Kinder?** — Have you your books, children?
**Haben Sie Ihre Bücher, meine Damen und Herren?** — Have you your books, ladies and gentlemen?

*Exercise No. 48.* Practice aloud. Translate.

1. **— Wo wohnt der Vertreter Ihrer Firma?**
   **— Der Vertreter unsrer Firma wohnt in München.**
   **— Seit wann wohnt er dort?**
   **— Er wohnt seit einem Jahr dort.**
2. **— Wessen Porträt ist das?**
   **— Es ist das Porträt meiner Frau.**
   **— Ist dies die Photographie Ihrer Kinder?**
   **— Ja, dies ist die Photographie unsrer vier Kinder.**

3. — Ist deine Wohnung in der Stadt?
— Nein, meine Wohnung ist in der Vorstadt.
— Und wo ist dein Büro?
— Mein Büro ist in der Stadt.

4. — Wo ist eure Schule, Kinder?
— Unsre Schule ist in der Karlstrasse.
— Geht ihr dahin[1] zu Fuss?[2]
— Nein, wir fahren mit dem Autobus.

NOTES: 1. dahin there (to that place). 2. zu Fuss gehen to go on foot, to walk.

*Exercise No. 49.* Complete these sentences by translating the words in parenthesis.

1. Wo ist die Wohnung (of your) Freundes, Karl? 2. Wo sind (your) Eltern, Kinder? 3. Wo ist (your) Büro, Herr Clark? 4. Die Farbe (of her) Kleider ist blau. 5. Die Farbe (of his) Hutes ist grau. 6. Die Farbe (of their) Hauses ist weiss. 7. Wir gehen mit (our) Eltern ins Kino. 8. Das Bild (of your) Kinder ist sehr schön, Frau Clark. 9. Er will (my) Automobil kaufen. 10. Sie will (her) Freundinnen besuchen. 11. Wir wollen mit (our) Lehrer sprechen. 12. Wollen Sie mir (your) Hut geben?

*Exercise No. 50.* Fragen

Reread the text: Ein Freund besucht Herrn Clark. Then answer these questions.

1. Wer ist Herr Engel? 2. Wo ist sein Büro? 3. Spricht er Deutsch? 4. Was will er erfahren? 5. Wo sitzt Herr Clark eines Tages? 6. Was liest er? 7. Wer tritt plötzlich in sein Büro? 8. Beginnt Herr Engel sofort, auf deutsch zu sprechen? 9. Antwortet Herr Clark seinem Freund auf englisch? 10. Wie lange studiert Herr Clark schon Deutsch? 11. Wann beabsichtigt Herr Clark, eine Reise nach Deutschland zu machen? 12. Fährt er nach Deutschland mit dem Dampfer oder fliegt er? 13. Wohin geht er morgen? 14. Was tun[1] die Herren am Ende[2] des Gesprächs?

NOTES: 1. tun to do – ich tue, du tust, er tut, wir tun, ihr tut, sie tun. 2. das Ende the end; am Ende at the end.

*Exercise No. 51.* Übersetzen Sie!

1. Mr. Engel, a friend of (von) Mr. Clark, steps into his office. 2. He asks in German, "How long have you (du) been studying German?" 3. I want to take a trip to Germany. 4. Why do you want to go to Germany? 5. Our firm has an agent in Munich. 6. Doesn't the agent of your firm speak English? 7. The agent of our firm does not speak English. 8. Mr. Clark, do you (Sie) live in the city? No, my house is in the suburbs.

# CHAPTER 13

## NUMMERN, NUMMERN, UND WIEDER NUMMERN

1. Sie wissen, Herr Clark, dass die Namen von Dingen und Personen sehr wichtig sind.[1] Sie wissen auch, dass es unmöglich ist,[1] einen Satz ohne Verben zu bilden.
2. Das ist wahr, Herr Müller.
3. Nun, es gibt Wörter, die ebenso wichtig sind wie Hauptwörter und Verben. Ja, es ist nicht möglich, an unsere moderne Zivilisation zu denken ohne diese Wörter. Raten Sie einmal, welche Wörter ich meine.
4. Ich glaube, Sie meinen Nummern.

1. You know, Mr. Clark, that the names of things and persons are very important. You also know that it is impossible to form a sentence without a verb.
2. That is true, Mr. Müller.
3. Well, there are words which are just as important as nouns and verbs. Indeed, it is not possible to think of our modern civilization without these words. Just guess which words I mean.
4. I believe you mean numbers.

5. **Sie haben recht. Nun, vielleicht nennen Sie mir einige Fälle im modernen Leben, wo man Nummern braucht.**
6. **Gewiss. Nichts ist leichter. Wir brauchen Nummern zum Kaufen und Verkaufen.**
7. **Ha, ha, ha! Jeder Geschäftsmann denkt immer an Kaufen und Verkaufen. Aber ohne Geld sind die Nummern nicht viel wert, nicht wahr?**
8. **Richtig. Wir brauchen auch die Nummern, das Datum anzugeben, die Stunden des Tages, die Temperatur, Quantitäten, u.s.w. Wir brauchen sie zum Telephonieren; für das Radio; für alle Wissenschaften und für tausend andere Dinge mehr.**
9. **Nummern, Nummern und wieder Nummern. Ja, Herr Clark, man kann ohne Nummern nicht auskommen. Aber es ist eine sache, die Nummern auf deutsch zu kennen; es ist eine andere sache, sie rasch und richtig im täglichen Leben zu gebrauchen.**
10. **Sie haben recht. Ich will alles tun, was möglich ist, die Nummern zu verstehen, und richtig zu gebrauchen.**
11. **Indessen will ich Ihnen sagen, dass Sie im Studium des Deutschen rasche Fortschritte machen.**[1]
12. **Sie sind sehr gütig, Herr Müller.**
13. **Ach nein. Es ist die Wahrheit. Nun genug für heute. Auf Wiedersehen!**
14. **Bis zum nächsten Donnerstag, Herr Müller.**

5. You are right. Now you will perhaps mention to me some cases in modern life where one needs numbers.
6. Certainly. Nothing is easier. We need numbers for buying and selling.
7. Ha, ha, ha! Every businessman always thinks of buying and selling. But without money, numbers are not worth much, are they?
8. Right. We also need numbers to indicate the date, the hours of the day, the temperature, quantities, etc. We need them for telephoning; for the radio; for all the sciences and for a thousand other things.
9. Numbers, numbers, and again numbers. Yes, Mr. Clark, one cannot get along without numbers. But it is one thing to be familiar with numbers in German; it is another thing to be able to use them quickly and correctly in daily life.
10. You are right. I will do everything that is possible to understand numbers and use them correctly.
11. In the meantime I want to say to you that you are making rapid progress in the study of German.
12. You are very kind, Mr. Müller.
13. Oh no. It is the truth. Well, enough for today. Good-by.
14. Until next Thursday, Mr. Müller.

NOTE 1. Observe the position of the verb at the end of the subordinate clause introduced by dass. This type of word order will be explained in Chapter 14.

## Wortschatz

**die Nummer** *pl.* **-n** number
**das Datum** *pl.* **die Daten** date
**die Quantität** (*kvăn-ti-tāt*) *pl.* **-en** quantity
**die Temperatúr** temperature
**der Fall** *pl.* **⸚e** case
**das Hauptwort** *pl.* **⸚er** noun
**das Verb** *pl.* **-en** verb
**die Persón** *pl.* **-en** person
**die Zivilisatión**[1] *pl.* **-en** civilization
**angeben** to mention, state
**brauchen** to need
**gebrauchen** to use
**denken (an)** + *acc.*, to think (of)
**meinen** to mean
**raten** to guess
**gut** good; **gütig** kind
**gewiss** (*ge-viss*) = **sicher** sure, surely
**möglich** possible; **unmöglich** impossible
**modérn** modern; **únmodern** not modern
**rasch** = **schnell** quick, quickly
**viel** much; **nichts** nothing
**wichtig** important; **unwichtig** unimportant
**ebenso** (*ay-ben-zoh*) just as
**indessen** in the meantime
**ohne** (*prep.* + *acc.*) without
**also, so** thus, therefore, well, then

NOTE 1. The ending **-tion** in German is pronounced *-tsyōn*. Nouns in *-tion* are always feminine: **die Natión** (*na-tsyōn*); **die Zivilisatión** (*tsee-vee-lee-ză-tsyōn*); **die Statión** (*stă-tsyōn*); **die Lektión** (*lĕk-tsyōn*); **die Portión** (*pŏr-tsyōn*).

## Infinitives Used as Nouns

Infinitives may be used as nouns. Such nouns are always neuter.

| | | |
|---|---|---|
| **kaufen** to buy | **verkaufen** to sell | **telephonieren** to telephone |
| **das Kaufen** the buying | **das Verkaufen** the selling | **das Telephonieren** the telephoning |
| **zum Kaufen** for buying | **zum Verkaufen** for selling | **zum Telephonieren** for telephoning |

**Zum Kaufen braucht man Geld.**
For buying one needs money.

## Deutsche Ausdrücke

**viel wert** worth a great deal
**nicht viel wert** not worth much
**Bis zum nächsten Dienstag, Donnerstag, usw.**
Until next Tuesday, Thursday, etc.

**ohne etwas auszukommen** to get along without something
**Es ist unmöglich, ohne Geld auszukommen.** It is impossible to get along without money.

## Grammar Notes and Practical Exercises

**1. Die Zahlen von 1 bis 100. The numerals from 1 to 100**

| | | | | | | | |
|---|---|---|---|---|---|---|---|
| 1 | **eins** | 11 | **elf** | 21 | **einundzwanzig** | 53 | **dreiundfünfzig** |
| 2 | **zwei** | 12 | **zwölf** | 22 | **zweiundzwanzig** | 60 | **sechzig** (*zĕch-tsich*) |
| 3 | **drei** | 13 | **dreizehn** | 23 | **dreiundzwanzig** | 64 | **vierundsechzig** |
| 4 | **vier** | 14 | **vierzehn** | 24 | **vierundzwanzig** | 70 | **siebzig** (*zeep-tsich*) |
| 5 | **fünf** | 15 | **fünfzehn** | 25 | **fünfundzwanzig** | 75 | **fünfundsiebzig** |
| 6 | **sechs** | 16 | **sechzehn** | 30 | **dreissig** (*dreis-sich*) | 80 | **achtzig** (*acht-tsĭch*) |
| 7 | **sieben** | 17 | **siebzehn** | 31 | **einunddreissig** | 85 | **fünfundachtzig** |
| 8 | **acht** | 18 | **achtzehn** | 40 | **vierzig** (*fir-tsich*) | 90 | **neunzig** (*noin-tsĭch*) |
| 9 | **neun** | 19 | **neunzehn** | 42 | **zweiundvierzig** | 95 | **fünfundneunzig** |
| 10 | **zehn** | 20 | **zwanzig** | 50 | **fünfzig** (*fünf-tsich*) | 100 | **hundert** (*hŏŏn-dert*) |

For the pronunciation of numbers 1 to 21, see Chapter 4, the Second Part, section C.

*Exercise No. 52.* Read each expression aloud. Then write out the numbers in German.

a. **30 Stühle**
b. **10 Bücher**
c. **50 Studenten**
d. **12 Häuser**
e. **7 Städte**
f. **60 Schüler**
g. **70 Schülerinnen**
h. **19 Knaben**
i. **14 Mädchen**
j. **31 Bilder**
k. **25 Freunde**
l. **43 Freundinnen**
m. **89 Männer**
n. **90 Kinder**
o. **100 Menschen**
p. **39 Briefe**
q. **28 Lehrer**
r. **36 Lehrerinnen**
s. **15 Strassen**
t. **12 Wörter**

*Exercise No. 53.* Read each sentence aloud. Then answer in a complete sentence, giving the number in German.

**Beispiel: 1. Die Woche hat sieben Tage.**

**1. Wieviel[1] Tage hat die Woche? 2. Wieviel Monate hat das Jahr? 3. Wieviel Stunden hat der Tag? 4. Wieviel Minuten hat die Stunde? 5. Wieviel Sekunden hat die Minute? 6. Wieviel Tage hat der Monat September? 7. Wieviel Tage hat der Monat Juli? 8. Wieviele Staaten[2] sind in den Vereinigten Staaten? 9. Wie alt ist der Vater? (40 Jahre) 10. Wie alt ist die Mutter? (36 Jahre) 11. Wieviel ist ein Dutzend?[3] 12. Wieviele Finger hat die Hand?**

NOTES: 1. **wieviel** how much or how many. 2. **der Staat** (*shtaht*) *pl.* **die Staaten** state; **die Vereinigten Staaten** the United States. 3. **das Dutzend** (*dŏŏt-tsent*) dozen.

**2. Present tense of *können* to be able, can; *tun* to do**

| | | | |
|---|---|---|---|
| **ich kann** | **wir können** | **ich tue** | **wir tun** |
| **du kannst** | **ihr könnt** | **du tust** | **ihr tut** |
| **er, sie, es kann** | **sie (Sie) können** | **er, sie, es tut** | **sie (Sie) tun** |

Note the irregular singular of **können**. Compare with the singular of **müssen** (Chapter 8, Grammar Note 1); **wissen** (Chapter 10, Grammar Note 1); **wollen** (Chapter 12, Grammar Note 1).

*Exercise No. 54.* Practice aloud.

**Ich kann das nicht schreiben.**
**Du kannst das nicht lernen.**
**Er kann das nicht kaufen.**
**Sie kann das nicht finden.**
**Wir können das nicht glauben.**
**Ihr könnt das nicht bringen.**
**Können die Eltern heute kommen?**
**Können Sie morgen kommen?**

*Exercise No. 55.* Practice aloud.

— **Was tun Sie?**
— **Ich schreibe einen Brief.**
— **Was tut Hans?**
— **Er spielt Klavier.**
— **Was tust du, mein Kind?**
— **Ich höre Radio.**
— **Was tut Marie?**
— **Sie spielt mit ihrer Puppe** (doll).

**3. The *der*-words, *dieser, jener, jeder, welcher, aller***

A number of words take almost the same endings as **der** and are called **der**-words. Five of these are: **dieser** this (*pl.* these); **jener** that (*pl.* those); **jeder** each, every; **welcher** which, what; and **aller** all. In the following sentences compare the endings of **dieser** with those of **der**.

**Der** Bleistift ist rot.
**Dieser** Bleistift ist rot.
**Die** Feder ist schwarz.
**Diese** Feder ist schwarz.
**Das** Buch ist neu.
**Dieses** Buch ist neu.
Sehen Sie **das** Buch?
Sehen Sie **dieses** Buch?
Ich gebe **dem** Lehrer das Papier.
Ich gebe **diesem** Lehrer das Papier.
Die Farbe **des** Bleistifts ist rot.
Die Farbe **dieses** Bleistifts ist rot.
**Die** Lehrer sind meine Freunde.
**Diese** Lehrer sind meine Freunde.
Karl spielt mit **den** Knaben.
Karl spielt mit **diesen** Knaben.

**The Definite Article — *der***

| | *Singular* masc. | fem. | neut. | *Plural* m.f.n. |
|---|---|---|---|---|
| *N.* | **der** | **die** | **das** | **die** |
| *G.* | **des** | **der** | **des** | **der** |
| *D.* | **dem** | **der** | **dem** | **den** |
| *A.* | **den** | **die** | **das** | **die** |

**The *der*-word — *dieser***

| | *Singular* masc. | fem. | neut. | *Plural* m.f.n. |
|---|---|---|---|---|
| *N.* | **dieser** | **diese** | **dieses** | **diese** |
| *G.* | **dieses** | **dieser** | **dieses** | **dieser** |
| *D.* | **diesem** | **dieser** | **diesem** | **diesen** |
| *A.* | **diesen** | **diese** | **dieses** | **diese** |

The endings of **dieser** are like those of **der** except in the neuter nominative and accusative, where **-es** takes the place of **-as.**

The endings of other **der**-words (**jener, jeder, welcher, aller**) are exactly like those of **dieser.**

Like **der**, the **der**-words agree in number, gender and case with their nouns: **dieses Buch, jenes Buch, jeder Knabe, welche Frau, alle Menschen.**

*Exercise No. 56.* Substitute the correct form of **dieser** and **jener** for the definite article in heavy type.

**Beispiel: 1. Dieser (jener)** Kaufmann wohnt in der Vorstadt.

1. **Der** Kaufmann wohnt in der Vorstadt.
2. Die Wohnung **des** Kaufmanns ist nicht gross.
3. Sein Büro ist in **dem** Wolkenkratzer.
4. Sehen Sie **die** Landkarte von Deutschland?

5. Hinter **dem** Hause ist ein Garten. 6. Wir müssen **die** Wörter schreiben. 7. Geben Sie **den** Mädchen die Hüte! 8. Ich verstehe **das** Wort nicht. 9. Die Eltern **der** Kinder sind heute in der Schule. 10. Der Vater **der** Frau ist Arzt.

*Exercise No. 57.* Make a question of each statement using the correct form of **welcher** in place of the form of **dieser.**

**Beispiel: 1. Welches Haus hat keinen Garten?**

1. **Dieses** Haus hat keinen Garten. 2. **Dieser** Mann hat die Vorstadt nicht gern. 3. **Dieser** Lehrer hat zwanzig Schüler in seiner Klasse. 4. **Dieses** Schlafzimmer ist für die Mädchen. 5. Er muss mit **diesem** Bleistift schreiben. 6. Alle Schüler können **diese** Bücher lesen. 7. Der Schüler weiss **diese** Wörter. 8. Wir kennen **diese** Herren nicht. 9. Sie muss **diese** Wörter schreiben. 10. Sie will mit **diesen** Kindern sprechen.

*Exercise No. 58.* **Fragen**

Reread the text: **Nummern, Nummern und wieder Nummern.** Then answer these questions.

**1. Wie heisst dieses Kapitel? 2. Was für Wörter sind ebenso wichtig wie die Verben und Hauptwörter? 3. Kann man im modernen Leben ohne Nummern auskommen? 4. Gibt es viele Fälle, wo man Nummern gebraucht? 5. An was denkt der Kaufmann zuerst? 6. Kann man ohne Geld kaufen und verkaufen? 7. Geben Sie zwei andere Fälle an, wo man im täglichen Leben Nummern gebraucht! 8. Wer will die Nummern schnell und richtig gebrauchen?**

*Exercise No. 59.* **Übersetzen Sie!**

1. How much does this hat cost? (25 marks) 2. How many students has this class? (15 students) 3. How old is that house? (100 years) 4. A week has seven days and a year has twelve months. 5. The month of July has thirty-one days. 6. Can you count from 1 to 100? 7. Which car are you buying? I am buying that car. 8. I cannot read those words.

# CHAPTER 14

## DAS GELDSYSTEM IN DEUTSCHLAND

**1. Voriges Mal, Herr Clark, sagten wir, dass es sehr schwer ist, an die moderne Zivilisation zu denken ohne Nummern, das heisst, ohne Mathematik. Es ist ebenso schwer, an eine Reise zu denken ohne Mathematik. Man braucht Mathematik sehr oft auf einer Reise, nicht wahr?**

1. Last time, Mr. Clark, we said that it is very difficult to think of modern civilization without numbers, that is to say without mathematics. It is just as difficult to think of a trip without mathematics. One uses mathematics very often on a trip, doesn't one?

**2. Das weiss jeder Reisende. Man gebraucht Mathematik, um Geld zu wechseln, um Fahrkarten zu kaufen, um für Mahlzeiten und Hotelrechnungen zu zahlen, um Gepäck zu wiegen, um Entfernungen zu schätzen, um einzukaufen in den grossen Warenhäusern, in den Läden und auf dem Markt.**

2. Every traveler knows that. One uses mathematics in order to change money, to buy travel tickets, to pay for meals and hotel bills, in order to weigh baggage, to estimate distances, to make purchases in the big department stores, in the shops and in the markets.

**3. Kennen Sie das Geldsystem Deutschlands, Herr Clark?**

3. Do you know the monetary system of Germany, Mr. Clark?

**4. Das versteht sich! Ich kenne es gründlich. Ich bin doch Importeur von deutschen Kunstge-**

4. That goes without saying! I know it thoroughly. I am an importer of German art objects, am

**genständen, nicht wahr? Die Geldeinheit in Deutschland ist die Mark. Der amerikanische Dollar ist ungefähr vier Mark wert.**

I not? The monetary unit in Germany is the mark. The American dollar is worth about four marks.

5. **Wenn Sie zehn Dollars gegen Mark wechseln, wieviel Mark bekommen Sie?**

5. If you change ten dollars for marks, how many marks do you get?

6. **Ich bekomme ungefähr vierzig Mark.**

6. I get about forty marks.

7. **Wenn Sie hundert Dollars gegen Mark wechseln, wieviel Mark bekommen Sie dann?**

7. If you change one hundred dollars into marks, how many marks do you get then?

8. **Ich bekomme ungefähr vierhundert Mark.**

8. I get about four hundred marks.

9. **Richtig! Und nun weiter: Sie gehen zum Bahnhof. Sie wollen zwei Fahrkarten kaufen. Jede Karte kostet sechzehn Mark, und Sie geben dem Beamten am Kartenschalter einen Fünfzigmarkschein. Wieviel Mark gibt er Ihnen zurück?**

9. Right. And now to continue: You go to the railroad station. You want to buy two tickets. Each ticket costs sixteen marks, and you give the employee at the ticket window a fifty-mark bill. How many marks does he give you back?

10. **Zweimal sechzehn macht zweiunddreissig. Fünfzig weniger zweiunddreissig macht achtzehn. Er gibt mir achtzehn Mark zurück.**

10. Two times sixteen makes thirty-two. Fifty minus thirty-two makes eighteen. He gives me back eighteen marks.

11. **Sehr gut. Nächstes Mal sprechen wir weiter über diese wichtige Sache. Sie kennen ja das deutsche Sprichwort: Übung macht den Meister.**

11. Very good. Next time we will speak further about this important matter. You know of course the German proverb: Practice makes the master.

12. **Jawohl. Das englische Sprichwort heisst: Practice makes perfect.**

12. Yes, indeed. The English proverb is: Practice makes perfect.

## Wortschatz

**der Bahnhof** *pl.* **⸚e** railroad station
**der Kartenschalter** *pl.* **-** ticket window
**der Beámte** *pl.* **-n** employee (civil service)
**die Fahrkarte** *pl.* **-n** ticket
**der Reisende** *pl.* **-n** traveler
**das Gepäck** baggage
**die Rechnung** *pl.* **-en** bill, account
**die Entférnung** *pl.* **-en** distance
**der Zehnmarkschein** ten-mark bill
**die Mathematík** mathematics
**die Mahlzeit** *pl.* **-en** meal
**die Sache** *pl.* **-n** thing
**der Markt** *pl.* **⸚e** market
**bekommen** to receive, to get
**schätzen** to gauge, to measure, to estimate
**wiegen** to weigh (something)
**wechseln** (*věk-seln*) to change
**gründlich** thoroughly
**ungefähr** about, approximately
**weit** far; **weiter** further

## Ein Sprichwort

**Übung macht den Meister.** Practice makes perfect (*lit.* makes the master).

## Das Deutsche Geldsystem The German Monetary System

The monetary unit in Germany is the German mark. The **Deutsche Mark, DM = 100 Pfennig.** The U.S. $1.00 equals about 4 DM.

## Deutsche Ausdrücke

**nächstes Mal** next time
**voriges Mal** last time
**diesmal** this time
**auf dem Markt** in the market
**Geld wechseln** to change money
**Ich will hundert Dollars gegen Mark wechseln.** I want to change one hundred dollars into marks.

## Grammar Notes and Practical Exercises

**1. Die Zahlen über hundert.** Read all numbers aloud.

**100 hundert**
**200 zweihundert**
**300 dreihundert**
**900 neunhundert**
**1000 tausend**
**2000 zweitausend**
**3000 dreitausend**
**100000 hunderttausend**
**eine Million**
**zwei Millionen**
**drei Millionen**
**hundert Millionen**
**156 hundertsechsundfünfzig**
**529 fünfhundertneunundzwanzig**
**875 achthundertfünfundsiebzig**
**1265 tausendzweihundertundfünfundsechzig**
**1929 tausendneunhundertneunundzwanzig**
**5697 fünftausendsechshundertsiebenundneunzig**

### Im Jahre In the Year

**1492 vierzehnhundertzweiundneunzig**
**1809 achtzehnhundertneun**
**1776 siebzehnhundertsechsundsiebzig**
**1964 neunzehnhundertvierundsechzig**

*Exercise No. 60.* Write out these numbers in German.

**a. 500** **b. 625** **c. 746** **d. 247** **e. 136** **f. 999** **g. 1,640** **h. 5,320** **i. im Jahre 1620** **j. im Jahre 1970**

**2. Subordinate word order — the subordinating conjunctions *dass, wenn***

You are familiar with normal and inverted word order. (See Chapter 7, Grammar Note 2.)

Normal: Subject – Verb. **Frau Clark fährt heute** in die Stadt.

Inverted: Verb – Subject. Heute **fährt Frau Clark** in die Stadt.

Normal and inverted word order are found in simple sentences and main clauses.

Subordinate word order, as the name indicates, is found only in subordinate clauses.

Compare the position of the verb in the simple sentences, paragraph A, with the position of the verb when these sentences are changed to subordinate clauses, paragraph B.

A. 1. Die Wohnung des Kaufmanns **ist** nicht gross.
2. Ein Porträt **hängt** über dem Klavier.
3. Sie **fährt** mit dem Auto in die Stadt.
4. Wir **machen** eine Reise.

B. 1. Ich weiss, dass die Wohnung des Kaufmanns nicht gross **ist.**
2. Wir wissen, dass ein Porträt über dem Klavier **hängt.**
3. Frau Clark besucht ihre Freundinnen, wenn sie mit dem Auto in die Stadt **fährt.**
4. Wir brauchen Geld, wenn wir eine Reise **machen.**
5. Wenn wir eine Reise **machen, brauchen wir** viel Geld.

In subordinate clauses the verb must stand last. This is called subordinate or transposed word order.

The conjunctions **dass** (that) and **wenn** (when, if) are called subordinating conjunctions. They introduce subordinate clauses.

The subordinate clause may precede the main clause. In that case the main clause has inverted word order (Sentence 5).

**3. The coordinating conjunctions *und, aber, oder, denn***

The conjunctions **und** *and*; **aber** *but, however*; **oder** *or*; and **denn** *for, because*; have no effect on word order. They are called coordinating conjunctions.

Karl lernt Englisch, **und** Wilhelm lernt Französisch.
Das Haus des Herrn Clark ist nicht gross, **aber** es ist sehr bequem.
Er hat die Vorstadt sehr gern, **denn** es ist still und gemütlich dort.

*Exercise No. 61.* Read each sentence to yourself. Read it aloud several times. By such repetition you will get a "feeling" for the correct word order.

**1. Jeder Schüler weiss, dass die Verben und Hauptwörter wichtig sind. 2. Wir wissen, dass Herr Clark ein Importeur von Kunstgegenständen ist. 3. Wenn er nach Hause kommt, spielt er mit seinen Kindern. 4. Herr Müller sagt, dass sein Schüler grosse Fortschritte macht. 5. Man kann nicht reisen, wenn man kein Geld hat. 6. Wenn die Kinder in der Schule sind, ist es im Hause sehr still. 7. Sie gehen zu Fuss zur Schule, wenn das Wetter schön ist. 8. Wenn das Wetter schön ist, gehen sie zu Fuss zur Schule. 9. Ich glaube, dass dieser Hut zehn Mark kostet. 10. Sie wissen ja, dass unsre Firma einen Vertreter in München hat. 11. Jeder Reisende weiss, dass wir auf einer Reise Mathematik gebrauchen. 12. Wenn man hundert Dollars gegen Mark wechselt, bekommt man ungefähr 400 Mark. 13. Wir wissen, dass der Dollar ungefähr vier Mark wert ist. 14. Anna geht in den Kindergarten, denn sie ist zu jung für die Schule. 15. Ich möchte eine Reise nach Europa machen, aber ich habe nicht genug Geld.**

*Exercise No. 62.* Combine each of the sentences using the conjunction indicated. Make any necessary changes in word order. Subordinate clauses are always set off by commas.

**Beispiel: 1.** Die Schüler sitzen sehr still, wenn der Lehrer ins Zimmer **kommt.**

**1. Die Schüler sitzen sehr still. (wenn) Der Lehrer kommt ins Zimmer.**
**2. Die Kinder gehen zu Fuss zur Schule. (wenn) Das Wetter ist schön.**
**3. Wir wissen es.[1] (dass) Dieser Kaufmann hat einen Vertreter in München.**
**4. Mein Freund lernt schnell. (denn) Er ist intelligent und fleissig.**
**5. (Wenn)[2] Ich bin in München. Ich will[2] mit diesem Mann reden.**
**6. Ich weiss es.[1] (dass) Sie machen im Sommer eine Reise nach Deutschland.**
**7. Wir möchten dieses Auto kaufen. (aber) Es ist viel zu teuer.**
**8. Man muss die Dinge auf deutsch nennen. (wenn) Man ist in Deutschland.**
**9. Ich kann heute nicht gehen. (denn) Ich habe viel zu tun.**
**10. Unsere Freunde gehen ins Kino. (und) Wir müssen zu Hause bleiben.[3]**

NOTES: 1. Omit es in the combined sentence. 2. See Grammar Note 2B. 3. **bleiben** to remain.

*Exercise No. 63.* **Fragen**

Review the numbers 1–1000. Then answer these questions in complete sentences.

**1. Wieviel Pfennig hat eine Mark? 2. Wieviel Mark ist der Dollar wert? 3. Etwas kostet 150 DM. Wenn Sie dem Verkäufer einen 500 Markschein (Fünfhundertmarkschein) geben, wieviel Geld bekommen Sie zurück? 4. Ein Automobil kostet 5790 DM. Wenn Sie dem Autohändler[1] einen Scheck für sechstausend Mark geben, wieviel Geld gibt er Ihnen zurück? 5. Sie haben in Ihrem Geldbeutel[2] zwei Tausendmarkscheine; einen 500 Markschein (Fünfhundertmarkschein); drei Hundertmarkscheine; 3.50 DM (drei Mark fünfzig Pfennig). Wieviel Geld haben Sie im ganzen?[3] 6. Ein Anzug kostet 210 (zweihundertzehn) DM. Wenn Sie dem Verkäufer dreihundert Mark geben, wieviel bekommen Sie zurück? 7. Wieviel ist eine Million geteilt durch zehn?**

NOTES: 1. **der Autohändler** automobile dealer. 2. **der Geldbeutel** purse. 3. **Im ganzen** in all.

*Exercise No. 64.* **Übersetzen Sie!**

1. Every traveler needs money. 2. He must use mathematics when he changes money. 3. Can you change this 500-mark bill? No, I have only 450 marks. 4. One dollar is worth about four marks, and one mark has 100 pennies (**Pfennig**). 5. I need some (**etwas**) money. Can you (**du**) lend me 1000 marks? 6. The monetary system of Germany is easy to learn. 7. This car costs 6763 marks. 8. I know that the monetary system of Germany is easy.

# CHAPTER 15

## ARITHMETISCHE PROBLEME IM RESTAURANT, AUF DEM BAHNHOF, IM LADEN

1. **Reden wir heute abend etwas mehr über den Gebrauch von Mathematik auf der Reise, Herr Clark. Wir speisen im Restaurant; wir sind vier. Die Mahlzeiten kosten wie folgt: 12 Mark, 9 Mark, 11 Mark und 8 Mark. Wir lassen dem Kellner 15% als Trinkgeld.[1] Was ist die Rechung für alle zusammen? Und wieviel das Trinkgeld?**

1. Let us talk a little more this evening about the use of mathematics on a trip, Mr. Clark. We are eating in a restaurant; we are four. The meals cost as follows: 12 marks, 9 marks, 11 marks and 8 marks. We leave the waiter 15% as a tip. What is the bill for all together? And how much is the tip?

2. **Die Summe für alle beträgt vierzig Mark. Das Trinkgeld ist sechs Mark.**

2. The amount for all is forty marks. The tip is six marks.

3. **Sehr gut. Nun bin ich auf dem Bahnhof und trage einen schweren Handkoffer. Er wiegt dreissig Kilo. Wieviel ist das Gewicht des schweren Handkoffers in Pfund?**

3. Very good. Now I am at the station and I am carrying a heavy suitcase. It weighs thirty kilos. What is the weight of the heavy suitcase in pounds?

4. **Das ist nicht schwer. Ein Kilo ist ungefähr 2.2 (zwei Punkt zwei) Pfund. Man multipliziert 30 (dreissig) mit 2.2 (zwei und zwei Zehntel). Der Handkoffer wiegt 66 (sechsundsechzig) Pfund.**

4. That is not difficult. One kilo is about 2.2 pounds. One multiplies 30 by 2.2 (2 and 2/10ths). The suitcase weighs 66 pounds.

5. **Richtig. In Deutschland und in den anderen Ländern auf dem europäischen Kontinent rechnet man die Entfernung nicht in Meilen sondern in Kilometern. Wissen Sie, wie man Kilometer in Meilen umrechnet?**

5. Correct. In Germany and in other countries on the European continent, one measures distance not in miles but in kilometers. Do you know how one converts kilometers into miles?

6. **Gewiss. Ich dividiere durch acht und multipliziere dann mit fünf. 80 (achtzig) Kilometer also gleichen 50 (fünfzig) Meilen. Das ist doch leicht, nicht wahr?**

6. Certainly. I divide by eight and then multiply by five. Thus, 80 kilometers equals 50 miles. That is really easy, isn't it?

7. **Sie rechnen schnell und gut, Herr Clark. Nun noch ein Problem, das letzte. Sie gehen in einen grossen Laden. Sie kaufen ein Paar Handschuhe für sich selbst zu zwölf Mark, zwei Paar Handschuhe für Ihre Frau zu sechzehn Mark das Paar, zwei Ledergürtel für die Knaben zu sechs Mark das Stück, und zwei seidene Taschentücher für die Mädchen zu vier Mark. Was ist der Betrag von allen Ihren Einkäufen?**

7. You figure quickly and well, Mr. Clark. Now one more problem, the last. You go into a large store. You buy a pair of gloves for yourself for twelve marks, two pairs of gloves for your wife at sixteen marks a pair, two leather belts for the boys at six marks a piece, and two silk handkerchiefs for the girls at four marks. What is the total of all your purchases?

8. **64 (vierundsechzig) Mark. Wenn ich der Verkäuferin einen Hundertmarkschein gebe, dann bekomme ich 36 (sechsunddreissig) Mark zurück.**

8. Sixty-four marks. If I give the saleswoman a hundred mark bill, then I receive 36 marks back.

9. **Ausgezeichnet! Nun genug Mathematik für**

9. Excellent. Well, enough mathematics for to-

NOTE 1. In Germany the tip is usually included in the bill as a charge for service (**Bedienungszuschlag**).

**heute. Am Donnerstag müssen wir über die Tageszeit sprechen. Das ist ein sehr wichtiges Thema.** — day. On Thursday we must speak about the time of day. That is a very important topic.

10. **Schön. Ich erwarte ein interessantes Gespräch.** — 10. Good. I expect an interesting conversation.
11. **Also, bis Donnerstag, Herr Clark.** — 11. Until Thursday then, Mr. Clark.

## Wortschatz

**das Problém** (*prŏ-blaym*) *pl.* **-e** problem
**der Betrág** (*be-trāhk*) *pl.* **⸚e** amount, sum, total
**das Gewícht** *pl.* **-e** weight
**das Restauránt** (*rĕs-tow-rant*) *pl.* **-s** restaurant
**der Kellner** *pl.* **-** waiter
**das Trinkgeld** *pl.* **-er** tip
**der Ledergürtel** *pl.* **-** leather belt
**der Handschuh** *pl.* **-e** glove
**das Taschentuch** *pl.* **⸚er** handkerchief
**das Stück** *pl.* **-e** piece; **das Pfund** *pl.* **-e** pound
**die Meile** *pl.* **-n** mile
**der Gebráuch** *pl.* **⸚e** use, custom
**die Tageszeit** *pl.* **-en** time of day

**wiegen** to weigh (**es wiegt** it weighs)
**betrágen** to amount to
**dividíeren durch** to divide by
**multiplizíeren mit** to multiply by
**erwárten** to expect, to await
**rechnen** to figure, calculate
**um-rechnen** to convert, to change
**speisen** to eat, dine
**letzt** last; **erst** first
**seiden** silk, silken
**schwer** heavy, hard; **leicht** light, easy
**zusámmen** together
**selbst** self; **ich selbst** I myself

## The Doer

The word for the *doer* in German is often formed by adding **-er** to the verb stem. Sometimes an **Umlaut** is also added.

| | | | | | | | |
|---|---|---|---|---|---|---|---|
| **arbeiten** | to work | **lehren** | to teach | **lesen** | to read | **verkaufen** | to sell |
| **Arbeiter** | worker | **Lehrer** | teacher | **Leser** | reader | **Verkäufer** | seller |

## Deutsche Ausdrücke

**ein Paar** (*noun*) a pair; **Ich kaufe ein Paar Schuhe, ein Paar Handschuhe, ein Paar Strümpfe, ein Paar Socken.** I am buying a pair of shoes, a pair of gloves, a pair of stockings, a pair of socks.

**ein paar** (*adj.*) a few (like **einige** a few). **Ich habe ein paar (einige) alte Anzüge.** I have a couple of (a few) old suits.

**Sechzehn Marks das Stück.** Sixteen marks a piece. German says *the* piece.

## Grammar Notes and Practical Exercises

**1. Present tense of *tragen* to carry, *lassen* to leave**

| | | | |
|---|---|---|---|
| **ich trage** | **wir tragen** | **ich lasse** | **wir lassen** |
| **du trägst** | **ihr tragt** | **du lässt** | **ihr lasst** |
| **er, sie, es trägt** | **sie (Sie) tragen** | **er, sie, es lässt** | **sie (Sie) lassen** |

*Imperative:* **trage! tragt! tragen Sie!** — **lasse! lasst! lassen Sie!**

Note the vowel change of **a** to **ä** in second and third person singular.

**2. About adjective endings**

Predicate adjectives have no endings. Thus: Der Mann ist **gross**. Die Frau ist **jung**. Das Kind ist **klein**. When adjectives *precede* nouns they always have endings. The pattern of endings depends upon:

A. Whether the adjective is preceded by a **der**-word (**der, dieser, jener, jeder, welcher, aller**).

B. Whether the adjective is preceded by an **ein**-word (**ein, kein, mein, dein, sein, unser, euer, ihr, Ihr**).

C. Whether no **der**-word or **ein**-word precedes the adjective.

**A.** Adjectives preceded by a **der-word** (**dieser, jener, jeder, welcher, aller**)

| | |
|---|---|
| Der (Dieser) junge Mann ist mein Bruder. | Ich kenne den (diesen) jungen Mann. |
| Die (Diese) junge Frau ist meine Schwester. | Ich kenne die (diese) junge Frau. |
| Das (Dieses) gute Kind ist acht Jahre alt. | Ich kenne das (dieses) gute Kind. |

NOTE WELL! When any **der-word** precedes an adjective, the adjective ends in **-e** in the nominative (*m.f.n.*) and in the accusative (*f.n.*). In all other cases singular and plural the ending is **-en.** Thus:

***Singular***

| | | | | | | |
|---|---|---|---|---|---|---|
| *N.* | der (dieser) | gute Mann | die (jene) | junge Frau | das (jenes) | gute Kind |
| *G.* | des (dieses) | guten Mannes | der (jener) | jungen Frau | des (jenes) | guten Kindes |
| *D.* | dem (diesem) | guten Mann(e) | der (jener) | jungen Frau | dem (jenem) | guten Kind(e) |
| *A.* | den (diesen) | guten Mann | die (jene) | junge Frau | das (jenes) | gute Kind |

***Plural***

| | | | | | | |
|---|---|---|---|---|---|---|
| *N.* | die (diese) | guten Männer | die (jene) | jungen Frauen | die (jene) | guten Kinder |
| *G.* | der (dieser) | guten Männer | der (jener) | jungen Frauen | der (jener) | guten Kinder |
| *D.* | den (diesen) | guten Männern | den (jenen) | jungen Frauen | den (jenen) | guten Kindern |
| *A.* | die (diese) | guten Männer | die (jene) | jungen Frauen | die (jene) | guten Kinder |

*Exercise No. 65.* Complete these sentences with the correct adjective endings.

**Beispiel: 1. Der kleine Mann trägt den schweren Koffer.**

**1. Der klein___ Mann trägt den schwer___ Koffer. 2. Das Gewicht des schwer___ Koffers ist 66 Pfund. 3. Was ist in diesem schwer___ Koffer? 4. Die schwer___ Koffer stehen im gross___ Wartesaal des Bahnhofs. 5. Der rund___ Tisch steht in dem Esszimmer. 6. Um diesen rund___ Tisch stehen sechs Stühle. 7. Ich schreibe mit dem rot___ Bleistift. 8. Haben Sie die neu___ Hefte? 9. Jene deutsch___ Bücher sind sehr interessant. 10. Nennen Sie die Farben dieser deutsch___ Landkarte! 11. Welche englisch___ Bücher lesen Sie?**

**B.** Adjectives preceded by **ein-words** (**ein, kein, mein, dein, sein, unser, euer, ihr, Ihr**).

***Singular***

| | | | | | | |
|---|---|---|---|---|---|---|
| *N.* | ein (kein) | guter Sohn | eine (unsere) | gute Tochter | ein (Ihr) | gutes Buch |
| *G.* | eines (keines) | guten Sohnes | einer (unserer) | guten Tochter | eines (Ihres) | guten Buches |
| *D.* | einem (keinem) | guten Sohn(e) | einer (unserer) | guten Tochter | einem (Ihrem) | guten Buch(e) |
| *A.* | einen (keinen) | guten Sohn | eine (unsere) | gute Tochter | ein (Ihr) | gutes Buch |

***Plural***

| | | | | | | |
|---|---|---|---|---|---|---|
| *N.* | keine | guten Söhne | unsere | guten Töchter | Ihre | guten Bücher |
| *G.* | keiner | guten Söhne | unserer | guten Töchter | Ihrer | guten Bücher |
| *D.* | keinen | guten Söhnen | unseren | guten Töchtern | Ihren | guten Büchern |
| *A.* | keine | guten Söhne | unsere | guten Töchter | Ihre | guten Bücher |

NOTE WELL! In the dative plural: **der-words, ein-words**, adjectives and nouns all end in the letter **-n.** After any **ein**-word the endings of the adjective are exactly like the adjective endings after a **der**-word, except in the *singular nominative masculine*, and in the *singular nominative and accusative neuter.* In these cases the adjective must have the endings which the **ein**-word lacks.

| | |
|---|---|
| dieser gute Mann | dieses gute Kind |
| ein guter Mann | ein gutes Kind |

*Exercise No. 66.* Complete these sentences with the correct adjective endings.

**1. Herr Clark ist eine amerikanisch___ Kaufmann. 2. Sein Büro ist in der Stadt, aber seine Wohnung ist in einem klein___ Vorort.[1] 3. Er wohnt in einem schön___ Einfamilienhaus. 4. Hinter dem Haus ist ein klein___ Garten. 5. Die Kinder des Kaufmanns spielen gern in ihrem klein___ Garten. 6. Herr Clark hat in der gross___ Stadt München einen tüchtig___[2] Vertreter. 7. Im Sommer will der Kaufmann eine kurz___ Reise nach Deutschland machen. 8. Er will seinen**

**deutsch___ Vertreter in München besuchen. Bestellung³ an die Firma von Herrn Clark.** **9. Jeden Monat sendet dieser Vertreter eine gross___** **10. Ein schwer___ Koffer steht im Wartesaal.**

NOTES: 1. **der Vorort** suburb. 2. **tüchtig** able, diligent. 3. **die Bestellung** order.

C. Adjectives not preceded by **ein**-words or **der**-words.

In these sentences compare the endings of the adjectives with those of **dieser.**

| | | |
|---|---|---|
| Dieser Kaffee ist teuer. | Diese Milch ist gut. | Dieses Wasser ist klar. |
| **Guter** Kaffee ist teuer. | **Frische** Milch ist gut. | **Frisches** Wasser ist klar. |
| Ich habe **diesen** Kaffee gern. | Ich trinke **diese** Milch. | Trinken Sie **dieses** Wasser? |
| Ich habe **guten** Kaffee gern. | Ich trinke **frische** Milch. | Trinken Sie **frisches** Wasser? |

When an adjective is not preceded by an **ein**-word or **der**-word it has the same endings as **dieser**, except in the genitive singular, masculine and neuter, where **-en** takes the place of **-es.**

| | |
|---|---|
| die Farbe **dieses Weines (dieses Bieres)** | the color of this wine (of this beer) |
| die Farbe **guten Weines (guten Bieres)** | the color of good wine (of good beer) |

*Exercise No. 67.* **Fragen**

Reread the text: **Arithmetische Probleme im Restaurant, auf dem Bahnhof, im Laden.** Then answer these questions.

**1. Worüber** (about what) **wollen die Herren heute reden? 2. Wieviele Personen speisen im Restaurant? 3. Wieviel beträgt die Rechnung für alle? 4. Wieviel lassen Sie dem Kellner als Trinkgeld? 5. Was für einen Handkoffer trägt der Herr? 6. Wieviel wiegt dieser schwere Handkoffer? 7. Auf dem europäischen Kontinent rechnet man die Entfernung in Meilen oder in Kilometern? 8. Wohin geht Herr Clark, um Einkäufe zu machen? 9. Was ist der Betrag von allen Einkäufen im Laden? 10. Was ist das Thema für Donnerstag? 11. Ist das ein wichtiges oder unwichtiges Thema? 12. Was für ein Gespräch erwartet Herr Clark?**

*Exercise No. 68.* **Übersetzen Sie!**

1. This suitcase is heavy. It is a heavy suitcase. He is carrying a heavy suitcase. 2. This store is large. They always buy in this large store. 3. This conversation is interesting. I am expecting an interesting conversation. 4. These gloves are very beautiful. I am buying these beautiful gloves. 5. She is buying a silk handkerchief. 6. This problem is difficult. This is a difficult problem. 7. There are (**Es gibt**) large stores in this city. 8. The hat is new. She is buying a new hat.

# CHAPTER 16

## WIEVIEL UHR IST ES?

| | |
|---|---|
| **1. Herr Müller redet.** | 1. Mr. Müller is speaking. |
| **2. Die Tageszeit! Jedermann will wissen: Wieviel Uhr ist es? Um wieviel Uhr kommt das Flugzeug an? Um wieviel Uhr fährt der Zug ab? Um wieviel Uhr beginnt die Prüfung? Um wieviel Uhr fängt die Vorstellung an? Um wieviel Uhr stehen Sie auf? usw.** | 2. The time of day! Everybody wants to know: What time is it? At what time does the plane arrive? At what time does the train leave? At what time does the examination begin? At what time does the performance begin? At what time do you get up? etc. |
| **3. Also, Herr Clark, ich spiele die Rolle des Beam-** | 3. Well, Mr. Clark, I'll play the role of the em- |

ten am Kartenschalter auf dem Bahnhof zu Frankfurt. Sie spielen, als Übung, die Rolle des Reisenden. Sie wollen eine Fahrkarte kaufen. Sie wünschen Auskunft. Bitte, wollen Sie anfangen?

4. Der Reisende, Hr. C. Der Beamte, Hr. M.
— Eine Fahrkarte zweiter Klasse nach Köln, bitte.
— Einfach oder Rückfahrkarte?
— Geben Sie mir eine Rückfahrkarte, bitte. Wieviel kostet das?
— Achtunddreissig Mark.
(Der Beamte gibt dem Reisenden die Fahrkarte. Dieser[1] zahlt.)
— Um wieviel Uhr geht der Zug von Frankfurt ab, und wie spät kommt er in Köln an?
— Es gibt einige Züge täglich nach Köln. Ein guter Zug geht um 14 (vierzehn) Uhr ab und kommt um 16.50 Uhr (sechzehn Uhr fünfzig) in Köln an.
— Ich danke Ihnen[2] sehr.
—Bitte schön.

5. Herr Müller: Grossartig, Herr Clark! Sie spielen Ihre Rolle wunderbar.

Jetzt spiele ich die Rolle des Angestellten an der Kasse im Kino. Sie spielen die Rolle des Touristen. Sie wünschen Auskunft über die Vorstellung. Bitte fangen Sie an!

6. Der Tourist, Hr. C. Der Angestellte, Hr. M.
— Bitte, sagen Sie mir: Um wieviel Uhr fängt die Vorstellung an.
— Wir haben drei Vorstellungen. Die erste beginnt um 4.20 (vier Uhr zwanzig) nachmittags; die zweite um 6.50 (sechs Uhr fünfzig); und die dritte um 9.10 (neun Uhr zehn) abends.
— Gibt es auch einen Film mit den letzten Neuigkeiten?
— Sie meinen die Wochenschau. Natürlich. Zwanzig Minuten vor dem Hauptfilm.
— Was ist der Preis für ein Billet?
— Das Billet kostet zwei Mark.
— Bitte, geben Sie mir zwei Billete für die dritte Vorstellung.
(Der Angestellte gibt dem Touristen die Billete. Dieser[1] zahlt.)

7. Herr M.: Ausgezeichnet! Ich muss es wieder sagen. Sie spielen Ihre Rolle wunderbar.

8. Herr C.: Danke bestens. Es war für mich eine interessante und wertvolle Übung.

ployee in the ticket office at the railroad station in Frankfort. You will play, for practice, the role of the traveler. You want to buy a ticket. You wish information. Please, will you begin?

4. The traveler, Mr. C. The employee, Mr. M.
— A second class ticket for Cologne, please.
— One-way or round-trip?
— Give me a round-trip ticket, please. How much does that cost?
— Thirty-eight marks.
(The employee gives the traveler the ticket. The latter pays.)
— At what time does the train leave Frankfort, and at what time does it arrive in Cologne?
— There are several trains daily for Cologne. A good train leaves at 14 o'clock and arrives in Cologne at 16:50 o'clock.
— I thank you very much.
— Don't mention it.

5. Mr. Müller: Splendid, Mr. Clark! You play your role wonderfully.

Now I shall play the role of the employee in the cashier's booth at the movies. You will play the role of the tourist. You wish information about the performance. Please, begin.

6. The tourist, Mr. C. The employee, Mr. M.
— Please tell me at what time the performance begins.
— We have three performances. The first begins at 4:20 P.M.; the second at 6:50; and the third at 9:10 in the evening.
— Is there also a film with the latest news?
— You mean the newsreel (*lit.* weekly review). Of course. Twenty minutes before the main film.
— What is the price of a ticket?
— A ticket costs two marks.
— Please give me two tickets for the third performance.
(The employee gives the tourist the tickets. The latter pays.)

7. Mr. M.: Splendid! I must say it again, you play your role wonderfully.

8. Mr. C.: Thanks a lot. It was an interesting and valuable exercise for me.

NOTES: 1. **Dieser** (the latter) refers to the last one mentioned, i.e. **der Tourist.** The first one mentioned, **der Angestellte**, would be referred to as **jener** (the former). 2. **Ihnen,** dative of **Sie.** The verb **danken** takes a dative object. You will meet other verbs that take a dative object.

## Wortschatz

**der Reisende** *pl.* **-n** traveler
**der Beámte** *pl.* **-n** employee (civil service)
**der Angestellte** *pl.* **-n** employee
**das Billét** (*bil-yĕt*) pl. **-e** ticket
**der Preis** *pl.* **-e** price, cost
**der Film** *pl.* **-e** film, movie
**die Wochenschau** newsreel (weekly review)
**die Neuigkeiten** news
**die Rolle** *pl.* **-n** role
**die Übung** *pl.* **-en** practice, exercise
**die Prüfung** *pl.* **-en** test, examination
**ab-fahren** to leave, to ride off, depart
**an-fangen** to begin
**an-kommen** to arrive
**ab-gehen** to leave, to go off, depart
**auf-stehen** to get up
**wünschen** to wish; **zahlen** to pay
**als** as; **als Übung** as (for) practice
**wertvoll** valuable
**jedermann** everyman, everybody

## Words Dealing with Travel

**der Bahnhof** *pl.* **⸚e** railroad station
  **auf dem Bahnhof** at the railroad station
**der Flughafen** *pl.* **⸚** airport
**das Flugzeug** *pl.* **-e** airplane
**der Dampfer** *pl.* **-** steamer
**der Zug** *pl.* **⸚e** train
**der Wartesaal** *pl.* **-säle** waiting room
**Ich reise mit dem Dampfer (dem Zug, dem Autobus, dem Flugzeug).** I travel by steamer (train, autobus, plane).
**Ich fliege morgen nach Frankfurt.** I fly to Frankfurt tomorrow.
**eine Fahrkarte erster (zweiter, dritter) Klasse** a first (second, third) class ticket
**eine einfache Fahrkarte, eine Rückfahrkarte** a one-way ticket, a round-trip ticket
**Wann kommt der Zug von Köln an?** When does the train from Cologne arrive?
**Wann fährt der Zug von Köln ab?** When does the train leave Cologne?
**Der Zug von Hamburg hat fünf Minuten Verspätung.** The train from Hamburg is five minutes late.

## Deutsche Ausdrücke

**Bitte** please, stands for **ich bitte** I ask, I request; **bitten um** to ask for, to request; **Ich bitte um eine Antwort.** I ask for an answer.
**Bitte schön.** Don't mention it.
**Ich wünsche Auskunft.** I want information.
**Ausgezeichnet!** Excellent!
**Grossartig!** Splendid!
**Wunderbar!** Wonderful!

## Grammar Notes and Practical Exercises

**1. Time of day**

| | |
|---|---|
| **Wieviel Uhr ist es? or Wie spät ist es?** | What time is it? |
| **1.00 Es ist ein Uhr or Es ist eins.** | It is one o'clock. |
| **2.00 Es ist zwei Uhr or Es ist zwei.** | It is two o'clock. |
| **3.00 drei Uhr; 4.00 vier Uhr; usw.** | three o'clock; four o'clock; etc. |
| **3.10 zehn Minuten nach drei** | ten minutes after three |
| **3.15 ein Viertel nach drei** | a quarter past three |
| **3.30 halb vier** | half past three |
| **3.45 ein Viertel vor vier** | a quarter to four |
| **3.50 zehn Minuten vor vier** | ten minutes to four |
| **Um wieviel Uhr? Um eins; um ein Viertel nach zehn; usw.** | At what time? At one; at a quarter past ten; etc. |

In general, the method of expressing clock time is the same in English and German. **vor** = to and **nach** = after, past. But watch for the half hours! They are figured with reference to the next hour. Thus: 9:30 = **halb zehn** (half an hour toward ten); 12:30 = **halb eins;**[1] etc.

NOTE 1. The quarter hours may also be figured in the same way. Thus 3:15 = **(ein) Viertel** (toward) **vier**; 3:45 = **drei Viertel vier**; etc.

In train and plane timetables, also in theater announcements, time is usually indicated by the 24-hour clock beginning with midnight (24.00). This eliminates the need for A.M. and P.M. and for the German expressions: **morgens** in the morning, **nachmittags** in the afternoon, and **abends** in the evening. Thus:

| | |
|---|---|
| **6.30 (sechs Uhr dreissig)** = 6:30 A.M. | **14.00 (vierzehn Uhr)** = 2:00 P.M. |
| **10.15 (zehn Uhr fünfzehn)** = 10:15 A.M. | **17.20 (siebzehn Uhr zwanzig)** = 5:20 P.M. |
| **12.00 (zwölf Uhr)** = 12:00 noon | **23.10 (dreiundzwanzig Uhr zehn)** = 11:10 P.M. |

*Exercise No. 69.* Say and write the German for these time expressions, using the 12-hour clock.

**Beispiel: 10.15 = ein Viertel nach zehn; 4:55 = fünf Minuten vor fünf.**

| | | | | | |
|---|---|---|---|---|---|
| **a. 1.15** | **c. 8.15** | **e. 3.20** | **g. 11.00** | **i. 12.30** | **k. 9.45** |
| **b. 5.10** | **d. 2.45** | **f. 3.55** | **h. 4.20** | **j. 7.30** | **l. 10.23** |

*Exercise No. 70.* Read these sentences giving the time according to the 24-hour clock.

**Beispiel: 1.** Ein guter Zug geht um **einundzwanzig** Uhr 10 ab.

**1. Ein guter Zug geht um 21.10 ab. 2. Dieser Zug kommt um 17.25 in Köln an. 3. Der Schnellzug nach Bremen fährt um 15.14 ab. 4. Der Zug von Hamburg hat zehn Minuten Verspätung. Er kommt gegen 8.25 an. 5. Es gibt Züge nach Bonn um 6.25 und 18.50. 6. Das Flugzeug verlässt den Flughafen in New York um 19.00 Uhr. Es kommt um 10.10 am Flughafen in München an. 7. Die Opernvorstellung beginnt heute abend um 19.30. 8. Die erste Vorstellung im Kino beginnt um 14.30. 9. Die letzte Vorstellung fängt um 22.30 an.**

**2. Separable verbs.** Present tense of **aufstehen** to stand up, to get up

I get up early every day. You get up early every day, etc.

| | |
|---|---|
| **Ich stehe** jeden Tag früh **auf.** | **Wir stehen** jeden Tag früh **auf.** |
| **Du stehst** jeden Tag früh **auf.** | **Ihr steht** jeden Tag früh **auf.** |
| **Er steht** jeden Tag früh **auf.** | **Sie stehen** jeden Tag früh **auf.** |

*Imperative:* **Stehe** jeden Tag früh **auf! Steht** jeden Tag früh **auf! Stehen Sie** jeden Tag früh **auf!**

a. Verbs often have prefixes which may separate from the verb itself. Such prefixes are called *separable prefixes* and the verbs to which they are attached are called *separable verbs.*

The stress in separable verbs is always on the prefix. The meaning of a separable verb is usually the meaning of the simple verb plus the meaning of the prefix. Thus: **auf-stehen** to stand up, to get up; **ab-gehen** to go away, to leave; **ab-fahren** to go (ride) away, to leave; **zurück-geben** to give back; **zurück-kommen** to come back; **an-fangen** to begin. A hyphen is used in the vocabularies to indicate separable prefixes.

b. The separable prefix goes to the end of a simple sentence or main clause in the present tense and in the imperative.

| | |
|---|---|
| **Sie gibt** uns fünf Mark **zurück.** | She gives us back five marks. |
| Wann **geht** der Schnellzug **ab?** | When does the express train leave? |
| **Steht** um sieben Uhr **auf,** Kinder! | Get up at seven o'clock, children. |

*Exercise No. 71.* Complete these sentences with the present tense of the verbs in parenthesis or with the imperative (impv.) if so indicated.

**Beispiel: 1. Um 8 Uhr fangen wir die Prüfung an.**

**1. (anfangen) Um 8 Uhr ____ wir die Prüfung ____.**
**2. (zurückgeben) Er ____ uns fünf Mark ____.**
**3. (abfahren) Wer ____ morgen früh um 6 Uhr ____?**
**4. (aufstehen) Warum ____ Sie so früh ____?**
**5. (zurückkommen) Wann ____ du vom Kino ____?**
**6. (anfangen) Wir ____ die Arbeit um 9 Uhr ____.**
**7. (ankommen) Wie spät ____ der Zug von Köln ____?**
**8. (anfangen, *impv.*) ____ Sie die Arbeit jetzt ____!**
**9. (aufstehen, *impv.*) ____ sofort ____, Kinder!**
**10. (zurückkommen, *impv.*) ____ bald ____, Marie!**

**3. First and second person pronouns (nominative, dative and accusative)**

| | ***Singular*** | | | | ***Plural*** | | | | ***Polite: Sing. & Plur.*** | |
|---|---|---|---|---|---|---|---|---|---|---|
| *N.* | **ich** | I | **du** | you | **wir** | we | **ihr** | you | **Sie** | you |
| *D.* | **mir** | (to) me | **dir** | (to) you | **uns** | (to) us | **euch** | (to) you | **Ihnen** | (to) you |
| *A.* | **mich** | me | **dich** | you | **uns** | us | **euch** | you | **Sie** | you |

NOTE: The polite form is like the third person plural: *N.* **sie**, *D.* **ihnen**, *A.* **sie**; but all cases of the polite form must be capitalized.

*Exercise No. 72.* Complete the sentences by translating the pronouns in parenthesis.

**1. Dieses Billet ist für** (me). **2. Bitte, bringen Sie** (me) **den Handkoffer. 3. Ist dieser Brief für** (you), **Herr Braun? 4. Bitte, sagen Sie** (us), **was Sie wollen! 5. Ich möchte** (you) **diese neuen Bilder zeigen, Herr Braun. 6. Wir können** (you) **nicht alles sagen, Kinder. 7. Wir sprechen eben von** (you), **Karl. 8. Die Mutter sucht** (you), **Wilhelm. 9. Verstehen Sie** (me)? **10. Wir verstehen** (you, *pol.*) **nicht. 11. Geben Sie** (me) **die Fahrkarte zurück!**

*Exercise No. 73.* **Fragen**

Reread the text: **Wieviel Uhr ist es?** Then answer these questions.

**1. Wer will wissen, wieviel Uhr es ist? 2. Wer spielt die Rolle des Reisenden auf dem Bahnhof zu Frankfurt? 3. Was will der Reisende kaufen? 4. Wieviel kostet die Fahrkarte nach Köln? 5. Kauft er eine Fahrkarte erster oder zweiter Klasse? 6. Gibt es nur einen Zug nach Köln? 7. Welche Rolle spielt Herr Clark im Kino? 8. Was wünscht der Tourist? 9. Wieviele Vorstellungen gibt es? 10. Wann fängt die letzte Vorstellung an? 11. Wie heisst der Film mit den letzten Neuigkeiten? 12. Wieviele Billete kauft der Tourist?**

*Exercise No. 74.* **Übersetzen Sie!**

1. What time is it? It is a quarter past nine. 2. Thank you. Don't mention it. 3. At what time does the last performance begin? 4. The last performance begins at half past nine. 5. What is the price of a ticket? 6. The tourist pays for two tickets. 7. Are you traveling by plane or by train? 8. I am traveling neither (**weder**) by train nor (**noch**) by plane. I am traveling by car. 9. At what time does the plane leave for Hamburg? It leaves at 18:20. 10. The bus from Düsseldorf arrives at 14:10.

# CHAPTER 17

## REVIEW OF CHAPTERS 12–16

### SUMMARY OF NOUNS (SINGULAR AND PLURAL)

Practice these nouns aloud, singular and plural. Thus: **der Kellner, die Kellner; der Preis, die Preise.**

| | | | | | | | |
|---|---|---|---|---|---|---|---|
| **der Kellner** | *pl.* **-** | **der Markt** | *pl.* **¨-e** | **das Trinkgeld** | *pl.* **-er** | **die Wahrheit** | *pl.* **-en** |
| **der Verkäufer** | *pl.* **-** | **das Gepäck** | *pl.* **-e** | **das Taschentuch** | *pl.* **¨-er** | **die Prüfung** | *pl.* **-en** |
| **der Schalter** | *pl.* **-** | **das Billet** | *pl.* **-e** | **die Sache** | *pl.* **-n** | **die Rechnung** | *pl.* **-en** |
| **der Preis** | *pl.* **-e** | **das Flugzeug** | *pl.* **-e** | **die Meile** | *pl.* **-n** | **die Übung** | *pl.* **-en** |
| **der Zug** | *pl.* **¨-e** | **das Problem** | *pl.* **-e** | **die Summe** | *pl.* **-n** | **die Vorstellung** | *pl.* **-en** |
| **der Film** | *pl.* **-e** | **der Bahnhof** | *pl.* **¨-e** | **die Fahrkarte** | *pl.* **-n** | **die Verkäuferin** | *pl.* **-nen** |
| **das Paar** | *pl.* **-e** | **das Wort** | *pl.* **¨-er** | **die Person** | *pl.* **-en** | **die Mahlzeit** | *pl.* **-en** |
| **das Stück** | *pl.* **-e** | **das Ei** | *pl.* **-er** | **die Nummer** | *pl.* **-n** | **die Gelegenheit** | *pl.* **-en** |

**Some rules for gender:**

All nouns ending in **-chen** or **-lein** are neuter (**das Mädchen, das Fräulein**).

All nouns ending in **-heit, -ung, -in** are feminine (**die Wahrheit, die Übung, die Lehrerin**).

Nearly all nouns ending in **-e**, denoting things, are feminine (**die Schule, die Sache, die Meile**).

**Some rules for plurals:**

Nouns in **-chen** and **-lein** do not change in the plural (**das Mädchen** *pl.* **-; das Fräulein** *pl.* **-**).

Feminine nouns of more than one syllable add **-n** or **-en** (**die Schwester** *pl.* **-n, die Übung** *pl.* **-en**). Exceptions – only two (**die Mutter** *pl.* **¨-; die Tochter** *pl.* **¨-**). Nouns with **-in** double the **-n** in the plural (**die Lehrerin, die Lehrerinnen**).

## Verbs

| | | | | | |
|---|---|---|---|---|---|
| **1. fliegen** | **8. reservieren** | **15. bekommen** | 1. to fly | 8. to reserve | 15. to receive |
| **2. glauben** | **9. studieren** | **16 verstehen** | 2. to believe | 9. to study | 16. to understand |
| **3. hoffen** | **10. speisen** | **17. erwarten** | 3. to hope | 10. to dine | 17. to await |
| **4. brauchen** | **11. rechnen** | **18. wollen** | 4. to need | 11. to figure | 18. to want |
| **5. zahlen** | **12. denken (an)** | **19. er will** | 5. to pay | 12. to think | 19. he wants |
| **6. wünschen** | + *acc.* | **20. können** | 6. to wish | (of) | 20. to be able |
| **7. bleiben** | **13. verlassen** | **21. er kann** | 7. to remain | 13. to leave | 21. he can |
| | **14. gebrauchen** | | | 14. to use | |

Verbs with stem change (**e > ie, e > i,** and **a > ä**) in second and third person singular.

| | | | | | |
|---|---|---|---|---|---|
| **sehen** | **lesen** | **sprechen** | **treten** | **geben** | **zurückgeben** |
| to see | to read | to speak | to step | to give | to give back |
| **ich sehe** | **lese** | **spreche** | **trete** | **gebe** | **gebe zurück** |
| **du siehst** | **liest** | **sprichst** | **trittst** | **gibst** | **gibst zurück** |
| **er sieht** | **liest** | **spricht** | **tritt** | **gibt** | **gibt zurück** |

| | | | | | |
|---|---|---|---|---|---|
| **fahren** | **tragen** | **lassen**[1] | **verlassen**[2] | **laufen** | **anfangen** |
| to ride | to carry | to leave | to leave | to run | to begin |
| **ich fahre** | **trage** | **lasse** | **verlasse** | **laufe** | **fange an** |
| **du fährst** | **trägst** | **lässt** | **verlässt** | **läufst** | **fängst an** |
| **er fährt** | **trägt** | **lässt** | **verlässt** | **läuft** | **fängt an** |

NOTES: 1. **Er lässt ein Trinkgeld.** He leaves a tip. 2. **Er verlässt die Stadt.** He leaves (goes away from) the city.

## Expressions

| | | | |
|---|---|---|---|
| **1. Glückliche Reise!** | Happy voyage! | **11. Fangen wir an!** | Let's begin! |
| **2. Donnerwetter!** | The dickens! | **12. Dollars gegen Mark wechseln** | to change dollars for marks |
| **3. eines Tages** | one day | **13. Sie geben sich die Hand** | They shake hands |
| **4. eines Morgens** | one morning | **14. alles, was möglich ist** | everything that is possible |
| **5. eines Abends** | one evening | **15. Seit wann sind Sie hier?** | Since when have you been here? |
| **6. Es freut mich** | I am glad | **16. Es ist nicht viel wert.** | It is not worth much. |
| **7. Es freut uns** | We are glad | | |
| **8. denken (an) +** *acc.* | to think (of) | | |
| **9. zu Fuss gehen** | to go on foot (walk) | | |
| **10. Wir gehen zu Fuss** | We go on foot (walk) | | |

*Exercise No. 75.* Complete these sentences by translating the words in parenthesis.

**1. Ich möchte** (to change marks for dollars). **2. Sein alter Freund wünscht ihm eine** (happy voyage). **3. Herr Clark** (is making great progress), **denn er ist fleissig und intelligent. 4. Was wünschen Sie? Ich wünsche** (information) **über die Vorstellungen. 4. Wir gehen zur Station** (on foot), **wenn das Wetter schön ist. 6. An wen denken Sie?** (I am thinking of) **meinen alten Schulfreund. 7.** (One evening) **sitzen wir im Arbeitszimmer und sprechen über die Tageszeit. 8.** (Since when) **studieren Sie Deutsch? 9.** (I have been studying) **seit zwei Jahren Deutsch. 10.** (I shake hands with him) **und sage: Auf Wiedersehen. 11.** (I am glad), **dich zu sehen. 12.** (Let's begin). **Es ist schon spät.**

*Exercise No. 76.* **Kurze Gespräche**

Practice these short conversations aloud. Translate them.

1. **— Was lesen Sie? — Ich lese die deutsche Zeitung.**[1] **— Was liest er? — Er liest eine englische Zeitung.**
2. **— Was gibst du der Mutter zum Geburtstag?**[2] **— Ich gebe ihr ein seidenes**[3] **Taschentuch. — Was gibt ihr Karl? — Er gibt ihr ein schönes Halstuch.**[4]
3. **— Spricht Herr Kurz Englisch und Französisch? — Er spricht weder Englisch noch Französisch. Er spricht nur Deutsch.**
4. **— Welchen Anzug trägt**[5] **er heute? — Er trägt seinen neuen, braunen Anzug.**
5. **— Um wieviel Uhr verlässt er jeden Tag das Haus? — Er verlässt das Haus um punkt sieben Uhr.**
6. **— Wie lange bleiben Sie hier in dieser Stadt? — Ich bleibe ein ganzes**[6] **Jahr hier.**
7. **— Haben Sie einen grossen Handkoffer? — Ich habe einen grossen und einen kleinen. — Leihen**[7] **Sie mir, bitte, den grossen. — Gerne.**[8]
8. **Was für ein**[9] **hübsches Kleid! — Was für ein schöner Garten! — Was für eine schöne Frau!**

NOTES: 1. **die Zeitung** the newspaper. 2. **der Geburtstag** birthday; **zum Geburtstag** for (her) birthday. 3. **seiden** silk. 4. **das Halstuch** scarf. 5. **tragen** to carry or to wear. 6. **ganz** whole. 7. **leihen** to lend. 8. **gerne** gladly. 9. **Was für ein . . . !** What a . . . !

*Exercise No. 77.* Select the words from Column II which best complete the sentences in Column I.

| I | II |
|---|---|
| 1. Frau Clark geht in den grossen Laden | a. Geschäftsreise nach Europa zu machen. |
| 2. In Deutschland rechnet man das | b. um punkt halb sieben auf. |
| 3. Ich beabsichtige, im Sommer eine | c. und jetzt will ich einen grauen kaufen. |
| 4. Jedermann weiss, dass man ohne | d. wenn sie immer fleissig sind. |
| 5. Ich stehe jeden Tag ausser Sonntag | e. und kauft neue Kleider für die Kinder. |
| 6. Wenn Sie im Juni nach Europa reisen, | f. Gewicht nicht in Pfund sondern in Kilos. |
| 7. Wissen Sie, um wieviel Uhr | g. dass Sie eine ganze Woche hier bleiben. |
| 8. Ich habe einen blauen Anzug, | h. Geld nicht auskommen kann. |
| 9. Es freut uns zu erfahren, | i. der Zug von Hamburg ankommt? |
| 10. Alle Schüler können Deutsch lernen, | j. müssen Sie sofort einen Platz reservieren. |

## Grammar Review and Practical Exercises

**1. Review adjective endings** (See Chapter 15, Grammar Notes 2a, b, c)

*Exercise No. 78.* Complete these sentences with the correct case of the adjective expression in parenthesis.

**Beispiel:** 1. Wir kaufen der Mutter **ein seidenes Halstuch.**

**1. Wir kaufen der Mutter** (ein seidenes Halstuch). **2. Ich schreibe mit** (der rote Bleistift).

**3. Er trägt (ein schwerer Handkoffer). 4. Er trägt (der schwere Handkoffer in den Wartesaal). 5. Das Porträt (eine schöne Frau) hängt über dem Klavier. 6. Herr Müller ist der Vertreter (dieser amerikanische Kaufmann). 7. Die Zigaretten liegen auf (jener kleine Tisch). 8. Die Stühle stehen um (der runde Tisch). 9. Was für (ein schönes Mädchen)! 10. Deutschland ist auf (der europäische Kontinent). 11. Der Vertreter (diese grosse Firma) heisst Müller. 12. Die Herren sitzen in (das gemütliche Zimmer) des Kaufmanns. 13. Ich will (kein altes Auto) kaufen. 14. Das Gewicht (unser schwerer Koffer) ist 66 Pfund. 15. Er will (sein deutscher Vertreter) in München besuchen.**

*Exercise No. 79.* Change the adjective expressions in heavy type to the plural. Change the verb whenever necessary.

**Beispiel: 1. Die jungen Männer** sitzen in dem Arbeitszimmer.

1. **Der junge Mann sitzt** in dem Arbeitszimmer. 2. **Dieses schöne Bild** kostet 100 DM. 3. Wir sprachen eben von **unsrem deutschen Lehrer.** 4. Kennen Sie **dieses kleine Mädchen?** 5. Wo ist die Wohnung **deiner neuen Freundin?** 6. **Die deutsche Übung** ist nicht schwer. 7. Wo ist **das neue Heft?** 8. Ich habe **kein deutsches Buch.** 9. Wo wohnen die Eltern **jenes hübschen Kindes?** 10. Das können Sie in **der deutschen Zeitung lesen.** 11. **Lieber** (dear) **Freund.** 12. **Liebe Freundin.**

**2. Summary of first, second, and third person pronouns — nominative, dative, accusative**

| | Singular | | | | | Plural | | | Sing. & Plur. |
|---|---|---|---|---|---|---|---|---|---|
| | *1st* | *2nd* | *3rd* | | | *1st* | *2nd* | *3rd* | *Polite* |
| *N.* | **ich** | **du** | **er** | **sie** | **es** | **wir** | **ihr** | **sie** | **Sie** |
| *D.* | **mir** | **dir** | **ihm** | **ihr** | **ihm** | **uns** | **euch** | **ihnen** | **Ihnen** |
| *A.* | **mich** | **dich** | **ihn** | **sie** | **es** | **uns** | **euch** | **sie** | **Sie** |

*Exercise No. 80.* Read each question. Complete each answer by translating the pronouns in parentheses.

**Beispiel: 1. Herr Müller lehrt uns Deutsch.**

**1. Wer lehrt euch Deutsch?**
**2. Kennen Sie Herrn Braun?**
**3. Wo erwartet mich der Professor?**
**4. Ist Doktor Schulz bei Ihnen?**
**5. Schreibst Du dem Onkel einen Brief?**
**6. Was gebt ihr der Mutter zum Geburtstag?**
**7. Für wen ist dieser neue Anzug?**
**8. Kannst du mir zehn Mark leihen?**
**9. Haben Sie meine deutsche Zeitung?**
**10. Wo ist der Aschenbecher?**
**11. Wo ist die Füllfeder?**
**12. Wo ist mein deutsches Heft?**

**1. Herr Müller lehrt (us) Deutsch.**
**2. Wir kennen (him) sehr gut.**
**3. Er erwartet (you *pol.*) im Arbeitszimmer.**
**4. Ja, er ist bei (us).**
**5. Ja, ich schreibe (him) einen langen Brief.**
**6. Wir geben (her) eine goldene Uhr.**
**7. Er ist für (you), Herr Engel.**
**8. Ich kann (you *fam.*) nur fünf Mark leihen.**
**9. Nein, ich habe (it) nicht.**
**10. (It) ist auf dem kleinen Tisch.**
**11. (It) ist auf dem grossen Pult.**
**12. (It) ist in diesem Schlafzimmer.**

## Der erste Dialog

## IHRE UHR GEHT NACH

**— Sie kommen ja zu spät. Die Vorstellung fängt schon an.**

**— Entschuldigen Sie, dass ich spät komme. Wegen des Verkehrs musste mein Taxi sehr langsam fahren.**

## The First Dialogue

## YOUR WATCH IS SLOW

— Why, you're late. The performance is already beginning.

— Excuse me for being late. On account of the traffic my taxi had to go very slowly.

— **Wie spät ist es nach Ihrer Uhr?**
— **Halb neun.**
— **Ihre Uhr geht nach. Es ist schon zwanzig Minuten vor neun.**
— **Ich glaube, Ihre Uhr geht ein bisschen vor. Auf der Uhr da drüben ist es erst fünfundzwanzig Minuten vor neun.**

— What time is it by your watch?
— Half past eight.
— Your watch is slow. It is already twenty minutes to nine.
— I believe your watch is a little fast. On the clock over there it is only twenty-five minutes to nine.

## Der zweite Dialog

### IM AUTO BUS – WO MUSS MAN AUSSTEIGEN?

— **Entschuldigen Sie, bitte. Wo muss ich aussteigen, um nach dem Hauptpostamt zu kommen? (nach dem Bahnhof, nach der Frauenkirche, nach der amerikanischen Gesandtschaft, usw.)**
— **Sie müssen am Odeonsplatz aussteigen. usw.**
— **Ist es weit von hier?**
— **Nein, nicht sehr weit. Ich werde die Haltestelle ausrufen.**

## The Second Dialogue

### IN THE BUS – WHERE MUST ONE GET OFF?

— Excuse me, please. Where must I get off for the main post office? (the railroad station, the Church of Our Lady, the American Embassy, etc.)
— You must get off at Odeon Place. etc.
— Is it far from here?
— No, not very far. I will call out the stop.

*Exercise No. 81.* **Lesestück**

## KARL STUDIERT MATHEMATIK NICHT GERN

**Karl kommt eines Tages aus der Schule und sagt zu seiner Mutter: „Ich lerne Mathematik nicht gern. Sie ist zu schwer. Warum müssen wir so viele Übungen und Aufgaben[1] machen? Wir haben doch Rechenmaschinen,[2] nicht wahr? Nun also?“[3]**

**Die Mutter sieht ihren Sohn an und sagt: „Du hast unrecht, mein Kind. Man kann nichts tun ohne Mathematik. Man gebraucht Mathematik nicht nur[4] im täglichen Leben sondern auch[4] auf allen Gebieten[5] der Wissenschaft.“ Die Mutter hört auf[6] zu sprechen, denn sie sieht, ihr Sohn gibt nicht acht[7] auf das, was sie sagt.**

**„Sage einmal, lieber Junge, interessiert dich das Baseballspiel nicht?“**

**„Ach was, Mutter! Du machst Spass.“[8]**

**„Nun also, wenn die Dodgers achtzig Spiele gewinnen[9] und dreissig verlieren,[10] weisst du welchen Prozentsatz[11] der Spiele sie gewinnen?“**

**Karl antwortet: „Für den Prozentsatz der Spiele brauche ich keine Mathematik. Ich finde doch alles ausgerechnet[12] in der Zeitung. Du hast aber recht, Mutter. Ich muss besser studieren. Ich hoffe eines Tages auf eine Universität zu gehen,[13] und deswegen muss ich die Schulprüfungen gut bestehen,[14] nicht nur in Mathematik, sondern auch in den anderen Fächern.“[15]**

NOTES: 1. **die Aufgabe** task, assignment. 2. calculating machines. 3. well then. 4. **nicht nur . . . sondern auch** not only . . . but also. 5. **auf . . . Wissenschaft** in all fields of science. 6. **auf-hören** to stop. 7. **achtgeben auf** to pay attention to. 8. You're joking. 9. win. 10. lose. 11. percentage. 12. figured out. 13. **auf . . . gehen** to go to a university. 14. **eine Prüfung bestehen** to pass an examination. 15. **das Fach** subject.

# CHAPTER 18

## DER WERKTAG DES HERRN CLARK

1. Herr Clark, darf ich Sie fragen, wie Sie einen Werktag verbringen?
2. Gewiss. Wenn ich in mein Büro gehe, muss ich um sechs Uhr aufstehen. Ich wasche mich, rasiere mich und ziehe mich an. Das dauert ungefähr eine halbe Stunde. Gegen sieben setze ich mich an den Tisch im Esszimmer zum Frühstück.
3. Und Ihre Frau steht auch so früh auf?
4. Ja, Meine Frau steht früh auf, und wir frühstücken zusammen. Ich habe das natürlich sehr gern. Wir haben eine gute Gelegenheit, uns über die Kinder zu unterhalten, sowie auch über andere Dinge.
5. Was essen Sie zum Frühstück?
6. Gewöhnlich habe ich Orangensaft, Semmeln, Eier und Kaffee.
7. Wie ich sehe, essen Sie ein nahrhaftes Frühstück. Und dann nach dem Frühstück?
8. Um halb acht bin ich bereit im Auto nach der Station zu fahren, wo ich den Zug nehme. Manchmal stehen die Kinder früh genug auf, um mich zu küssen, ehe ich weggehe.
9. Um wieviel Uhr erreichen Sie Ihr Büro?
10. Ich erreiche das Büro um neun Uhr. Im Büro lese ich zuerst die Post, dann diktiere ich meiner Stenographin einige Briefe und führe Telephongespräche mit verschiedenen Kunden. Ich tue im allgemeinen alles, was ein Geschäftsmann zu tun hat.
11. Wie spät nehmen Sie Ihr Mittagessen?
12. Fast immer um ein Uhr. Ich gebrauche nur ungefähr zwanzig Minuten zum Essen.
13. Das ist sehr wenig! In Deutschland macht man es anders mit dem Essen. Die Deutschen verbringen viel Zeit bei den Mahlzeiten, besonders beim Mittagessen. Das ist für sie die Hauptmahlzeit. Aber davon sprechen wir ein anderes Mal. Was tun Sie nach dem Mittagessen?
14. Oft besuchen mich Kunden. Von Zeit zu Zeit gehe ich zu den Kunden.
15. Um wieviel Uhr beenden Sie Ihr Tagewerk?
16. Ich verlasse Punkt fünf mein Büro. Ich komme um ein Viertel nach sechs nach Hause. Ich

1. Mr. Clark, may I ask you how you spend a working day?
2. Certainly. When I go to my office I must get up at six o'clock. I wash myself, shave and dress. That takes about half an hour. Toward seven o'clock I sit down at the table in the dining room for breakfast.
3. And your wife also gets up so early?
4. Yes. My wife gets up early and we breakfast together. Naturally I like that very much. We have a good opportunity to talk about the children and also about other things.
5. What do you eat for breakfast?
6. Usually I have orange juice, rolls and eggs and coffee.
7. As I see, you eat a nutritious breakfast. And then after breakfast?
8. At half past seven I am ready to ride to the station in my car, where I take the train. Sometimes the children get up early enough to kiss me before I go.
9. At what time do you reach your office?
10. I reach the office at nine o'clock. In the office I read the mail first of all, then I dictate some letters to my stenographer and carry on telephone conversations with various customers. In general I do everything that a businessman has to do.
11. When do you have lunch? (*Lit.* midday meal.)
12. Almost always at one o'clock. I take only twenty minutes for lunch.
13. That is very little! In Germany they do it differently in the matter of eating. The Germans spend much time at meals, especially at the midday meal (dinner). That is for them the main meal. But we'll speak about that another time. What do you do after lunch?
14. Often customers come to visit me. From time to time I go to the customers.
15. At what time do you finish your day's work?
16. I leave my office at five o'clock sharp. I get home at a quarter past six. I play with the chil-

**spiele ein wenig mit den Kindern, bevor wir uns an den Tisch zum Abendessen setzen.**

17. **Nach einem solchen Tag sind Sie wohl etwas müde.**
18. **Jawohl, Herr Müller. Und ich freue mich sehr, zu Hause zu sein.**

dren a little, before we sit down at the table for supper.

17. After such a day you surely are somewhat tired.
18. Yes indeed, Mr. Müller. And I am very happy to be at home.

## Wortschatz

**die Hauptmahlzeit** *pl.* **-en** chief meal
**das Frühstück** *pl.* **-e** breakfast
**das Mittagessen** *pl.* **-** dinner, noon meal
**das Abendessen** *pl.* **-** supper, evening meal
**die Post** mail; **der Kunde** *pl.* **-n** customer
**die Stenográphin** *pl.* **-nen** stenographer
**die Zeit** *pl.* **-en** time; **das Mal** time (*See* **„Deutsche Ausdrücke"** below.)
**beénden** to finish, to complete
**dauern** to last, to take (time)
**diktiéren** to dictate
**erréichen** to reach
**essen (ich esse, du isst, er isst)** to eat
**telephoníeren** to telephone
**verbríngen** to spend (time)
**weg-gehen** to go away; **er geht heute weg**
**beréit** ready; **müde** tired
**halb** (*halp*) half; **eine halbe Stunde**
**verschíeden** various; **nur** only
**natürlich** naturally, of course
**besónders** especially; **anders** otherwise
**sowíe** and also, as well as
**solch** such
**bevór = ehe** (*subordinate conj.*) before; **Er küsst die Kinder, bevor (ehe) er morgens weggeht.**

## Einige Lebensmittel Some Foods

**das Brot** bread
**das Brötchen** *pl.* **-** roll
**die Semmel** *pl.* **-n** roll
**die Butter** butter
**die Milch** milk
**die Sahne** cream
**das Ei,** *pl.* **-er** egg
**der Kuchen** *pl.* **-** cake
**das Fleisch** meat
**das Gemüse** vegetable
**die Frucht** *pl.* **⸚e** fruit
**der Fisch** *pl.* **-e** fish
**der Orangensaft** (*oh-răn-zhen-zăft*) orange juice

## Deutsche Ausdrücke

**das Mal** time; **das erste Mal, das zweite Mal** the first time, the second time
**-mal** is used in many compounds to express "number of times" or "definite point of time." Thus: **einmal** one time, once; **zweimal** two times, twice; **dreimal** three times; **manchmal** sometimes; **keinmal** no time; **diesmal** this time; **letztesmal** last time.
**zum Frühstück** for breakfast
**zum Abendessen** for supper
**zum Mittagessen** for dinner
**wohl** indeed, surely, is used for emphasis. **Sie sind wohl müde nach einem solchen Tag.** You are surely tired after such a day.
**dauern** to last, to take (time)
**Die Prüfung dauerte zwei Stunden.** The examination lasted two hours.

## Grammar Notes and Practical Exercises

1. **Present tense of *nehmen* to take; *dürfen* to be permitted, may**

| | | | |
|---|---|---|---|
| **ich nehme** | **wir nehmen** | **ich darf** | **wir dürfen** |
| **du nimmst** | **ihr nehmt** | **du darfst** | **ihr dürft** |
| **er, sie, es nimmt** | **sie (Sie) nehmen** | **er, sie, es darf** | **sie (Sie) dürfen** |

*Imperative:* **nimm! nehmt! nehmen Sie!**

*Exercise No. 82.* Read aloud. Translate.

**1. Darf ich Sie fragen, wie alt Sie sind? 2. Darf ich Sie um Ihren Namen bitten? 3. Darf ich das Zimmer verlassen? 4. Darf ich Ihnen das Brot reichen? 5. Darf ich Sie um Feuer[1] bitten? 6. Darf ich Ihnen meine Freundin vorstellen?[2] 7. Dürfen wir hereinkommen?[3] 8. Um halb drei dürfen sie die Schule verlassen. 9. Die Kinder dürfen nicht auf der Strasse spielen. 10. Es darf niemand[4] in dieses Zimmer eintreten.[5] 11. Darf ich Ihnen eine Zigarette anbieten?[6] 12. Keiner[7] darf hereinkommen.**

NOTES: 1. **das Feuer** fire, a light for smoking. 2. **vor-stellen** to introduce. 3. **herein-kommen** to come in. 4. **niemand** nobody. 5. **ein-treten** to step into. 6. **an-bieten** to offer. 7. **keiner=niemand.**

**2. Reflexive verbs. Present tense of *sich setzen* to seat oneself, to sit down**

| | | | |
|---|---|---|---|
| ich setze **mich** | I seat *myself* | wir setzen **uns** | we seat *ourselves* |
| du setzt **dich** | you seat *yourself* | ihr setzt **euch** | you seat *yourselves* |
| er setzt **sich** | he seats *himself* | sie setzen **sich** | they seat *themselves* |
| sie setzt **sich** | she seats *herself* | Sie setzen **sich** | you seat *yourself* / you seat *yourselves* |
| es setzt **sich** | it seats *itself* | | |

*Imperative:* Setze **dich**, Hans! Setzt **euch**, Kinder! Setzen Sie **sich**, meine Herren!

The reflexive pronouns in the first and second person are like the accusative of the personal pronouns (**mich, dich, uns, euch**).

For the third person and the polite form, the reflexive pronoun is **sich** in both the singular and plural. Thus **sich** may mean *oneself, himself, herself, itself, themselves, yourself* (*pol.*), *yourselves* (*pol.*). The polite **sich** is not capitalized.

**3. Some common reflexive verbs**

Note that German reflexive verbs are not always translated by English reflexive verbs.

| | | | |
|---|---|---|---|
| **sich waschen** | to wash oneself | **ich wasche mich** | **du wäschst dich** |
| **sich rasiéren** | to shave oneself | **ich rasiere mich** | **er rasiert sich** |
| **sich anziehen** | to dress oneself | **ich ziehe mich an** | **sie zieht sich an** |
| **sich freuen** | to be glad (happy) | **ich freue mich** | **wir freuen uns** |
| **sich unterhálten** | to converse | **ich unterhalte mich** | **sie unterhalten sich** |
| **sich amüsiéren** | to amuse (enjoy) oneself, to have a good time | **ich amüsiere mich** | **Sie amüsieren sich** |

*Exercise No. 83.* Read the following questions and answers aloud. Translate them.

**1. Um wieviel Uhr stehst du auf?**
**Ich stehe um sieben Uhr auf.**
**2. Ziehst du dich schnell an?**
**Ja, ich ziehe mich schnell an.**
**3. Sind Sie müde am Ende des Tages?**
**Ich bin sehr müde.**
**4. Amüsieren sich die Kinder im Park?**
**Sie amüsieren sich sehr.**
**5. Worüber unterhalten sich die Eltern beim Frühstück?**
**Sie unterhalten sich über die Kinder.**
**6. Um wieviel Uhr setzen Sie sich zum Frühstück?**
**Wir setzen uns um halb acht zum Frühstück.**
**7. Raisieren Sie sich jeden Morgen?**
**Ja, ich rasiere mich fast jeden Morgen.**

*Exercise No. 84.* Complete each German sentence with the correct reflexive pronoun.

**Beispiel: 1. Ziehe dich an, Karl! Zieht euch an, Kinder!**

1. Get dressed, Charles. Get dressed, children. **1. Ziehe ____ an, Karl! Zieht ____ an, Kinder!**
2. How will you enjoy yourselves this evening? **2. Wie amüsieren Sie ____ heute abend?**

3. I don't feel well today. — 3. **Ich fühle ____ heute nicht wohl.**
4. The boy is already shaving himself. — 4. **Der Junge rasiert ____ schon.**
5. They are conversing about the weather. — 5. **Sie unterhalten ____ über das Wetter.**
6. Is he tired after work? — 6. **Ist er ____ müde nach der Arbeit?**
7. We must dress quickly. — 7. **Wir müssen ____ schnell anziehen.**
8. At ten o'clock we sit down at the table. — 8. **Um zehn Uhr setzen wir ____ an den Tisch.**
9. Why don't you sit down? — 9. **Warum zetzen Sie ____ nicht?**
10. William, wash and dress yourself. — 10. **Wilhelm wasch ____ und zieh ____ an!**
11. Please sit down in the dining room. — 11. **Bitte, setzen Sie ____ in das Esszimmer!**
12. We are glad when papa arrives. — 12. **Wir freuen ____, wenn Papa ankommt.**

**4. Separable verbs in subordinate clauses**

In subordinate clauses separable verbs, like simple verbs, must stand last. However, note that the prefix does *not* separate from the verb in subordinate word order.

Normal word order: **Der Zug fährt um 7.45 ab. Herr Clark geht morgens weg.**

Subordinate word order: **Ich weiss, dass der Zug um 7.45 abfährt. Herr Clark küsst die Kinder, bevor er morgens weggeht.**

*Exercise No. 85.* Read aloud and translate.

**1. Herr Clark steht jeden Werktag früh auf. 2. Er wäscht und rasiert sich sehr schnell. 3. Er zieht sich schnell an. 4. Herr Clark und seine Frau frühstücken zusammen. 5. Er fährt nach der Station mit dem Auto. 6. Der Zug kommt bald[1] an. 7. Herr Clark steigt mit vielen anderen Leuten in den Zug ein. 8. Der Zug fährt in einigen Minuten ab. 9. Der Zug kommt in einer halben[2] Stunde in New York an. 10. Alle Passagiere steigen aus. 11. Herr Clark geht zu Fuss in sein Büro. 12. Er arbeitet tüchtig[3] den ganzen Tag.[4]**

NOTES: 1. **bald** (*bălt*) soon. 2. **halb** (*hălp*) half. 3. **tüchtig** (*tŭch-tĭch*) diligently. 4. Duration of time and definite time are expressed by the accusative: **den ganzen Tag** all day, **jeden Tag** every day.

*Exercise No. 86.* Make a subordinate clause out of each sentence in Exercise No. 85 by beginning with **Wir wissen, dass . . .**

**Beispiel: Wir wissen, (1) dass Herr Clark jeden Werktag früh aufsteht; (2) dass er sich sehr schnell wäscht und rasiert; usw.**

*Exercise No. 87.* **Fragen**

Reread the text: **Der Werktag des Herrn Clark.** Then answer these questions.

**1. Um wieviel Uhr muss Herr Clark aufstehen, wenn er in sein Büro geht? 2. Wieviel Zeit gebraucht er, um sich zu waschen, zu rasieren und anzuziehen? 3. Um wieviel Uhr setzt er sich zum Frühstück? 4. Frühstückt er allein oder mit seiner Frau? 5. Unterhalten sie sich während des Frühstücks über die Kinder? 6. Was hat Herr Clark gewöhnlich zum Frühstück? 7. Stehen die Kinder immer auf, bevor er weggeht? 8. Fährt er nach der Station im Auto oder geht er zu Fuss? 9. Was liest er, sobald[1] er im Büro ankommt? 10. Mit wem telephoniert er? 11. Wieviel Zeit gebraucht er zum Mittagessen? 12. Um wieviel Uhr verlässt er sein Büro? 13. Um wieviel Uhr kommt er nach Hause? 14. Ist er sich müde am Ende des Tages? 15. Freut er sich, zu Hause zu sein?**

NOTE 1. **sobald** (*subordinate conjunction*) as soon as. Note the subordinate word order.

*Exercise No. 88.* **Übersetzen Sie!**

1. The children get up early and dress themselves quickly. 2. They are not permitted to play before breakfast. 3. We sit down to breakfast at 7 o'clock in the morning. 4. They sit down for supper at 6 o'clock in the evening. 5. When do you sit down to dinner? 6. I work very hard and feel tired at the end (**am Ende**) of the day. 7. After supper they converse about the children. 8. We are glad to see you (**Sie**).

# CHAPTER 19

## DIE KLEINE ANNA WAR KRANK

1. **Es war im Monat Februar. Es schneite, und das Wetter war sehr kalt, als Herr Müller zur Wohnung des Herrn Clark kam und klingelte. Karl, der ältere Sohn des Kaufmanns, kam zur Tür und öffnete sie.**
2. **Er sagte: „Guten Abend, Herr Müller, Kommen Sie herein! Geben Sie mir, bitte, Ihren Hut und Überzieher! Papa wartet auf Sie im Arbeitszimmer."**
3. **Herr Müller erwiderte: „Danke schön"; gab ihm Hut und Überzieher und ging ins Arbeitszimmer, wo Herr Clark ihn erwartete.**
4. **Sie begannen sofort zu plaudern.**
5. **Wie geht es Ihnen heute, Herr Müller?**
6. **Sehr gut, danke. Und Ihnen? Und was macht Ihre Familie?**
7. **Mir geht's gut, danke. Aber unsere kleine Anna ist krank.**
8. **Das tut mir sehr leid. Was fehlt ihr?**
9. **Sie hat Halsschmerzen und Fieber. Der Doktor sagt, Anna hat die Grippe. Sie soll so viel wie möglich ruhen und viel Fruchtsaft trinken. Er verschrieb ihr auch eine Medizin. Heute abend geht es ihr ein wenig besser. Sie schläft jetzt ruhig.**
10. **Es freut mich, das zu hören. Sagen Sie mir, bitte, geht Anna zur Schule?**
11. **Sie geht in den Kindergarten, denn sie ist noch zu jung für die Schule. Sie ist erst fünf Jahre alt.**
12. **Die Herren redeten noch eine Weile über Herrn Clarks Familie, über die Schulen in der Vorstadt und über andere Dinge.**
13. **Endlich sagte Herr Müller: „Es ist Zeit, dass ich gehe. Hoffentlich fühlt sich die kleine Anna bald wohlauf und munter."**
14. **Herr Clark dankte ihm, ging mit ihm zur Tür und half ihm mit dem Überzieher.**
15. **Sie gaben sich die Hand und sagten: „Auf Wiedersehen!"**

1. It was in the month of February. It was snowing and the weather was very cold when Mr. Müller came to the home of Mr. Clark and rang the doorbell. Charles, the older son of the merchant, came to the door and opened it.
2. He said: "Good evening, Mr. Müller. Come in! Please give me your hat and overcoat. Papa is waiting for you in the study."
3. Mr. Müller answered: "Thank you kindly," gave him his hat and overcoat and went into the study, where Mr. Clark was waiting for him.
4. They began to chat immediately.
5. How are you today, Mr. Müller?
6. Very well, thank you. And you? And how is your family?
7. I'm fine, thank you. But our little Anna is sick.
8. I'm very sorry. What ails her?
9. She has a sore throat and fever. The doctor says Anna has the grippe. She is to rest as much as possible and drink a lot of fruit juice. He also prescribed a medicine for her. This evening she feels a little better. She is now sleeping quietly.
10. I am glad to hear that. Tell me, please, does Anna go to school?
11. She goes to kindergarten, because she is still too young for school. She is only five years old.
12. The men talked a while longer about Mr. Clark's family, about the schools in the suburbs and other things.
13. Finally Mr. Müller said: "It is time for me to go. I hope little Anna will soon feel well and lively."
14. Mr. Clark thanked him, went with him to the door, and helped him with his overcoat.
15. They shook hands and said "Good-by."

### Wortschatz

**der Überzieher** *pl.* **-** overcoat
**die Medizín** *pl.* **-en** medicine
**eine Weile** a while

**alt** old; **älter** older
**krank** sick; **die Krankheit** *pl.* **-en** sickness
**gesúnd** well; **die Gesúndheit** health

**danken** + *dat. object* to thank
**erwarten** to await, expect
**helfen** + *dat. object* to help
**warten auf** + *acc.* to wait for
**heréin-kommen** to come in
**klingeln** to ring
**ruhen** to rest
**verschréiben** (*past* **verschrieb**) to prescribe

**ruhig** still quiet, quietly
**munter** cheerful; **traurig** sad
**hoffentlich** I hope
**als** when (*subordinate conj.*, used with past tense).
**Als er ins Haus hereinkam, grüsste ihn Karl.** When he came into the house, Charles greeted him.

## Sprichwort

**Es geht nichts über die Gesundheit.** Nothing is better than health.

## Deutsche Ausdrücke

**Was fehlt ihm? — Er hat Zahnweh (Kopfweh).** What is the matter with him? — He has a toothache (a headache).
**Was fehlt ihr? — Sie hat die Grippe.** What is the matter with her? — She has the grippe.
**Was fehlt Ihnen? — Ich habe Schnupfen.** What is the matter with you? — I have a cold.
**Das tut mir leid.** I am sorry.
**Das tut uns leid.** We are sorry.
**Er war krank. Jetzt geht es ihm besser.** He was sick. Now he is feeling better.
**Ich war krank. Jetzt geht es mir besser.** I was sick. Now I am feeling better.
**Wir rufen den Arzt.** We call the doctor.
**Er verschrieb eine Medizin.** He prescribed a medicine.

## Grammar Notes and Practical Exercises

**1. Present tense of *schlafen* to sleep, *sollen* shall, to be supposed to, to be said to**

| | | | |
|---|---|---|---|
| **ich schlafe** | **wir schlafen** | **ich soll** | **wir sollen** |
| **du schläfst** | **ihr schlaft** | **du sollst** | **ihr sollt** |
| **er, sie, es schläft** | **sie (Sie) schlafen** | **er, sie, es soll** | **sie (Sie) sollen** |

*Imperative:* **schlafe! schlaft! schlafen Sie!**

Note the irregular singular of sollen.

*Exercise No. 89.* Repeat each German sentence aloud several times.

1. **Ännchen soll viel Fruchtsaft trinken.**
2. **Wir sollen auf den Arzt warten.**
3. **Sollen wir diese Aufgabe machen?**
4. **Sie sollen sehr reich sein.**
5. **Sollen wir fahren oder zu Fuss gehen?**
6. **Was soll ich damit machen?**
7. **Du darfst gehen, aber um vier Uhr musst du zurück sein.**
8. **„Du sollst nicht stehlen!“**[1]

1. Annie is to drink much fruit juice.
2. We are to wait for the doctor.
3. Shall we do this assignment?
4. They are said to be very rich.
5. Shall we ride or go on foot?
6. What shall I do with it?
7. You may go, but you must be back at four o'clock.
8. "Thou shalt not steal."

NOTE 1. **sollen** may be used in place of the imperative, as in the Ten Commandments.

**2. Regular and irregular verbs in English**

Regular verbs form their past tense by adding **-ed** to the verb stem. Irregular verbs form their past tense by changing the stem vowel. Thus:

**Regular**

| | | | |
|---|---|---|---|
| *Infinitive* | to learn | to work | to talk |
| *Past* | I learned | I worked | I talked |

**Irregular**

| | | | |
|---|---|---|---|
| *Infinitive* | to come | to give | to see |
| *Past* | I came | I gave | I saw |

In German there are likewise regular verbs called **weak verbs**, and irregular verbs called **strong verbs.**

**3. The past tense of weak (regular) verbs in German.**

| **lernen** to learn | | **antworten** to answer | |
|---|---|---|---|
| I learned, you learned, etc. | | I answered, you answered, etc. | |
| **ich lernte** | **wir lernten** | **Ich antwortete** | **wir antworteten** |
| **du lerntest** | **ihr lerntet** | **du antwortetest** | **ihr antwortetet** |
| **er, sie, es lernte** | **sie (Sie) lernten** | **er, sie, es antwortete** | **sie (Sie) antworteten** |

A weak verb forms its past tense by adding **-te** or **-ete** to the infinitive stem, without any vowel change in the stem. The ending **-ete** is necessary for reasons of pronunciation when the stem ends in **-d, -t** or **-fn.** Thus:

**antworten antwortete reden redete öffnen öffnete**

The personal endings of the past tense of weak verbs are like those of the present, except that the third person singular, like the first person, ends in **-e.**

The past tense may be translated in three ways. Thus: **ich lernte:** I learned, I was learning, I did learn; you learned, etc.

**4. Some familiar weak verbs, present and past**

| *Infinitive* | *Present* | *Past* | *Infinitive* | *Present* | *Past* |
|---|---|---|---|---|---|
| **sagen** | **ich sage** | **ich sagte** | **arbeiten** | **ich arbeite** | **ich arbeitete** |
| **fragen** | **ich frage** | **ich fragte** | **reden** | **ich rede** | **ich redete** |
| **machen** | **ich mache** | **ich machte** | **öffnen** | **ich öffne** | **ich öffnete** |
| **danken** | **ich danke** | **ich dankte** | **kaufen** | **ich kaufe** | **ich kaufte** |
| **wohnen** | **ich wohne** | **ich wohnte** | **sich setzen** | **ich setze mich** | **ich setzte mich** |
| **warten** | **ich warte** | **ich wartete** | **haben** | **ich habe** | **ich hatte**[1] |

NOTE 1. The past tense of **haben** drops **-b** from the stem and doubles the **-t.** Thus: **ich hatte, du hattest; er hatte, wir hatten; ihr hattet, sie hatten.**

*Exercise No. 90.* Change these sentences to the past tense.

**Beispiel: 1. Der ältere Sohn des Kaufmanns öffnete die Tür.**

**1. Der ältere Sohn des Kaufmanns öffnet die Tür. 2. Was sagt der Junge? 3. Was antwortet Herr Müller? 4. Sein Vater wartet auf Herrn Müller im Arbeitszimmer. 5. Sie reden über das Wetter. 6. Ich mache grosse Fortschritte. 7. Ich lerne Deutsch. 8. Wir setzen uns um acht Uhr an den Tisch im Esszimmer. 9. Sie kauft ein paar Handschuhe. 10. Wohnst du in der Vorstadt? 11. Ich wohne in der Stadt. 12. Habt ihr einen guten Lehrer? 13. Wir haben eine gute Lehrerin. 14. Was fragt der Tourist? 15. Diese Leute arbeiten in der Fabrik.**

**5. The past tense of strong (irregular) verbs.**

| **kommen** to come | | **gehen** to go | |
|---|---|---|---|
| I came, was coming, did come, etc. | | I went, was going, did go, etc. | |
| **ich kam** | **wir kamen** | **ich ging** | **wir gingen** |
| **du kamst** | **ihr kamt** | **du gingst** | **ihr gingt** |
| **er sie, es kam** | **sie (Sie) kamen** | **er, sie, es ging** | **sie (Sie )gingen** |

A strong verb forms its past tense by changing the stem vowel, sometimes along with consonant changes. You must learn **kommen — kam, gehen — ging, stehen — stand,** just as little school children must learn *come — came, go — went, stand — stood,* etc.

The personal endings of the past tense of a strong verb are like those of the present, except that the first and third persons singular have no endings.

**6. Some familiar strong verbs, present and past**

| *Infinitive* | *Present* | *Past* | *Infinitive* | *Present* | *Past* |
|---|---|---|---|---|---|
| **schreiben** | **er schreibt** | **er schrieb** | **sprechen** | **er spricht**[1] | **er sprach** |
| **beginnen** | **er beginnt** | **er begann** | **geben** | **er gibt** | **er gab** |
| **stehen** | **er steht** | **er stand** | **nehmen** | **er nimmt** | **er nahm** |
| **sitzen** | **er sitzt** | **er sass** | **fahren** | **er fährt**[1] | **er fuhr** |
| **sehen** | **er sieht**[1] | **er sah** | **tragen** | **er trägt** | **er trug** |
| **lesen** | **er liest** | **er las** | **laufen** | **er läuft** | **er lief** |
| **helfen** | **er hilft**[1] | **er half** | **sein** | **er ist** | **er war**[2] |

NOTES: 1. Only strong verbs have the vowel changes **e > ie, e > i** and **a > ä** in the present tense, second and third person singular. 2. The complete past of **sein** to be: **ich war, du warst, er war; wir waren, ihr wart, sie waren.**

**7. Expressions referring to past time**

**gestern** yesterday
**gestern abend** last night
**gestern früh** yesterday morning
**vorgestern** the day before yesterday
**vor einer Woche** a week ago
**vor einem Monat** a month ago
**vor zwei Jahren** two years ago
**vor** + *the dative* of a noun of time = ago

*Exercise No. 91.* Change these sentences to the past tense.

**Beispiel: 1. Ich stand um sieben Uhr auf.**

**1. Ich stehe um sieben Uhr auf. 2. Die Kinder stehen manchmal früh auf. 3. Wie spät nehmen Sie das Mittagessen? 4. Wir fahren nach der Stadt mit dem Auto. 5. Es gibt jeden Tag drei Vorstellungen. 6. Um wieviel Uhr kommt der Zug in Bonn an? 7. Um wieviel Uhr geht der Zug von Hamburg ab? 8. Er trägt den Koffer in den Wartesaal. 9. Viele Leute stehen auf dem Bahnsteig. 10. Die Herren sitzen den ganzen Tag im Arbeitszimmer. 11. In der deutschen Klasse sprechen wir immer Deutsch. 12. Schreibst du einen Brief an Frau Braun?**

*Exercise No. 92.* Reread the text: **Die kleine Anna war krank.** Then answer these questions.

**1. Was ist der Titel[1] dieses Kapitels?[2] 2. In welchem Monat war es? 3. Wie war das Wetter? 4. Wer kam zur Wohnung des Herrn Clark? 5. Wer öffnete ihm die Tür? 6. Was gab der Lehrer dem Jungen? 7. Wo wartete Herr Clark auf den Lehrer? 8. Wer war krank? 9. Was fehlte ihr? 10. Hatte sie die Grippe? 11. Was sollte** (should) **Anna trinken? 12. Ging es ihr am Abend besser? 13. Worüber redeten die Herren eine Weile? 14. Wer ging mit Herrn Müller zur Tür? 15. Was sagten sie, als sie sich die Hand gaben?**

NOTES: 1. **der Titel** *pl.* **-** title, heading. 2. **das Kapitel** *pl.* **-** chapter.

*Exercise No. 93.* **Übersetzen Sie!**

1. It was the month of March. 2. I came to the house of Mr. C. and his older son opened the door. 3. He said, "Good evening, come in." 4. I gave him my hat and raincoat. 5. Mr. C. was waiting for me in his study. 6. We sat down and began to talk. 7. Little Anna was sick. 8. What was the matter with her? **(Was fehlte . . . ?)** 9. Anna had the grippe. 10. She had fever and a headache.

# CHAPTER 20

## WELCH SCHRECKLICHES WETTER!

| | |
|---|---|
| 1. Es war im Monat März. Es regnete mit Kannen, als Herr Müller das Haus des Herrn Clark erreichte. Er klingelte und Wilhelm, der jüngere Sohn, öffnete die Tür. Herr Müller trat ein. | 1. It was the month of March. It was raining bucketfuls when Mr. Müller reached Mr. Clark's house. He rang the doorbell, and William, the younger son, opened the door. Mr. Müller entered. |
| 2. Wilhelm sagte zu ihm: „Guten Abend, Herr Müller. Welch schreckliches Wetter! Kommen Sie herein, kommen Sie ins Haus. Sie sind durch und durch nass. Bitte, geben Sie mir Ihren Regenmantel und Ihren Hut. Stellen Sie Ihren Regenschirm in den Schirmständer. Ihre Gummischuhe können Sie im Hausflur lassen.“ | 2. William said to him: "Good evening, Mr. Müller. What terrible weather! Come in, come into the house. You are wet through and through. Please give me your raincoat and your hat. Put your umbrella into the umbrella stand. You can leave your rubbers in the vestibule." |
| 3. Herr Müller gab ihm seinen Hut und seinen Regenmantel und antwortete: „Danke schön. Es regnet sehr stark, aber kalt ist es nicht. Ich erkälte mich sicher nicht. Ist dein Papa zu Hause?“ | 3. Mr. Müller gave him his hat and raincoat, and answered: "Thank you. It is raining very hard, but it is not cold. I'll surely not catch cold. Is your father at home?" |
| 4. Jawohl. Er wartet auf Sie im Wohnzimmer. Da ist er schon! | 4. Yes indeed. He is waiting for you in the living room. Here he is now! |
| 5. Guten Abend, Herr Müller. Es freut mich, Sie zu sehen, aber es ist nicht gut, bei solch schrecklichem Wetter auszugehen. Kommen Sie doch ins Esszimmer und trinken Sie eine Tasse Tee mit Rum, um sich ein wenig zu wärmen. | 5. Good evening, Mr. Müller. I am glad to see you, but it is not good to go out in such terrible weather. Do come into the dining room and drink a cup of tea with rum in order to warm yourself a bit. |
| 6. Danke, danke vielmals, Herr Clark. Eigentlich ist mir wirklich etwas kalt. Trinken wir eine Tasse Tee! Und während wir den Tee trinken, können wir über das Wetter sprechen. Das ist ein vielbesprochenes Thema und ist besonders passend für diesen Abend. | 6. Thanks, many thanks, Mr. Clark. I really feel somewhat cold. Let's drink a cup of tea. And while we drink the tea we can speak about the weather. That is a much discussed topic and it is especially fitting for this evening. |
| 7. Die Herren gingen ins Esszimmer und sprachen mit lebhaften Stimmen. Sie setzten sich, und Frau Clark brachte ihnen auf einem Servierbrett zwei Tassen mit Untertassen, eine Teekanne, eine Zuckerdose, einige Teelöffel und eine Torte. Sie stellte alles auf den Tisch. Sie nahm eine Flasche Rum vom Büfett herunter und stellte sie neben die Teekanne. Dann verliess sie das Esszimmer. | 7. The men went into the dining room talking in lively voices. They sat down and Mrs. Clark brought them a tray, two cups and saucers, a teapot, a sugar bowl, some teaspoons and a cake. She put everything on the table. She took down a bottle of rum from the buffet and put it next to the teapot. Then she left the dining room. |
| 8. „Bitte, Herr Müller, ich schenke Ihnen ein,“ sagte Herr Clark. Er goss den Tee in die Tassen ein und dazu für jeden eine kräftige Portion Rum. | 8. "Please, Mr. Müller, let me serve you," said Mr. Clark. He poured the tea into the cups and along with it a goodly portion of rum for each. |
| 9. Während sie den Tee mit Rum tranken, sprachen sie lebhaft weiter. | 9. While they were drinking the tea with rum, they continued to speak in a lively manner. |
| 10. Draussen regnete es noch immer weiter. | 10. Outside it continued to rain. |

## Wortschatz

**die Flasche** *pl.* **-n** bottle
**der Gummischuh** *pl.* **-e** rubber
**der Regenmantel** *pl.* **⸚** raincoat
**der Regenschirm** *pl.* **-e** (rain) umbrella
**der Schirmständer** *pl.* **-** umbrella stand
**die Torte** *pl.* **-n** cake, tart
**das Servíerbrett** *pl.* **-er** tray
**aus-gehen** to go out
**ein-schenken** to serve
**sich erkälten** to catch cold
**stellen** to put
**sich wärmen** to warm oneself
**bringen** (*past* **brachte**) to bring
**jung** young; **jünger** younger
**kräftig** strong, goodly; **schwach** weak
**lebhaft** lively
**nass** wet; **trocken** dry
**stark** strong; **es regnet stark** it is raining heavily
**passend** suitable, fitting
**schrecklich** terrible
**vielbesprochen** (*veel-be-shprŏ-chen*) much talked of
**dazu** in addition, along with it
**während** (*sub. conj.*) while

## Das Tischgeschirr Tableware

**das Messer** *pl.* **-** knife
**die Gabel** *pl.* **-n** fork; **der Löffel** *pl.* **-** spoon
**der Teelöffel** *pl.* **-** teaspoon
**der Esslöffel** *pl.* **-** tablespoon
**die Tasse** *pl.* **-n** cup
**die Untertasse** *pl.* **-n** saucer
**die Zuckerdose** *pl.* **-n** sugarbowl
**die Teekanne** *pl.* **-n** teapot
**der Krug** *pl.* **⸚e** pitcher
**der Teller** *pl.* **-** dish, plate

## Das Wetter

**Wie ist das Wetter?** How is the weather?
**Das Wetter ist schön; warm; kalt; kühl; windig; stürmisch.** The weather is nice; warm; cold; cool; windy; stormy.
**Es regnet heute. Es regnete gestern.** It is raining today. It rained yesterday.
**Es schneit. Es schneite gestern.** It is snowing. It snowed yesterday.
**Es regnet mit Kannen (in Strömen).** It is raining buckets (in streams).
**Es regnete immer weiter.** It continued to rain.
**Ist dir (Ihnen) kalt? Mir ist kalt.** Are you cold? I am cold.
**Ist ihm warm? Ihm ist warm.** Is he warm? He is warm.
**Ist ihr kalt? Ihr ist nicht kalt.** Is she cold? She is not cold.
Note carefully! In German we do not say: I am cold (warm); You are cold (warm), etc.; but *literally:* To me (to you, to him, to her, etc.) it is cold (warm).

## Grammar Notes and Practical Exercises

**1. Some familiar separable verbs, infinitive, present and past**

| *Infinitive* | | *Present* (er) | *Past* (er) |
|---|---|---|---|
| **auf-stehen** | to get up, stand up | **er steht . . . auf** | **er stand . . . auf** |
| **an-kommen** | to arrive | **er kommt . . . an** | **er kam . . . an** |
| **ab-gehen** | to go off, leave | **er geht . . . ab** | **er ging . . . ab** |
| **ab-fahren** | to ride off, leave | **er fährt . . . ab** | **er fuhr . . . ab** |
| **an-fangen** | to begin | **er fängt . . . an** | **er fing . . . an** |
| **ein-treten** | to step in, enter | **er tritt . . . ein** | **er trat . . . ein** |
| **ein-steigen** | to get on (train) | **er steigt . . . ein** | **er stieg . . . ein** |
| **aus-steigen** | to get off (train) | **er steigt . . . aus** | **er stieg . . . aus** |
| **sich an-ziehen** | to dress oneself | **er zieht sich . . . an** | **er zog sich . . . an** |
| **weiter-sprechen** | to go on speaking | **er spricht . . . weiter** | **er sprach . . . weiter** |
| **zurück-gehen** | to go back | **er geht . . . zurück** | **er ging . . . zurück** |

| | | | |
|---|---|---|---|
| **zurück-geben** | to give back | **er gibt . . . zurück** | **er gab . . . zurück** |
| **ein-giessen** | to pour in | **er giesst . . . ein** | **er goss . . . ein** |
| **herab-nehmen** | to take down | **er nimmt . . . herab** | **er nahm . . . herab** |

a. The separable prefix of a verb stands at the end of a simple sentence or main clause in the present and past tenses.

**Ich ziehe mich schnell an.** I dress (myself) quickly.

**Ich zog mich schnell an.** I dressed (myself) quickly.

b. In subordinate clauses the separable verb stands last in the present and past tenses; but the prefix does not separate from the verb.

Wir steigen aus, sobald der Zug **ankommt.** — We get off as soon as the train arrives.

Wir stiegen aus, sobald der Zug **ankam.** — We got off as soon as the train arrived.

**2. *hin* and *her***

**hin-** and **her-** are often attached to separable prefixes.

**hin** shows that the action is *away* from the observer or *away* from some given point.

**her** shows that the action is *toward* the observer or *toward* some given point. Thus:

Someone outside the house says:

**Der Doktor geht ins Haus hinein.** (away from the observer)

**Der Doktor kommt aus dem Haus heraus.** (toward the observer)

Someone inside the house says:

**Kommen Sie herein!** Come in! (toward the speaker)

**Gehen Sie hinaus!** Go out! (away from the speaker)

*Exercise No. 94.* Change these sentences from the present to the past tense.

Beispiel: **1. Sie sprachen lebhaft weiter.**

**1. Sie sprechen lebhaft weiter. 2. Stehen Sie früh auf? 3. Um wieviel Uhr kommt der Zug von Bonn an? 4. Um wieviel Uhr fährt der Zug nach Frankfurt ab? 5. Die dritte Vorstellung fängt um neun Uhr an. 6. Viele Passagiere steigen aus. 7. Andere Passagiere steigen ein. 8. Wir ziehen uns die neuen Anzüge an. 9. Ich gebe Ihnen zehn Mark zurück. 10. Ich nehme die Flasche vom Büfett herab. 11. Er tritt eben ein. 12. Wir gehen ins Museum hinein.**

**3. More subordinating conjunctions.**

**bevor, ehe** before; **während** while; **sobald** as soon as; **ob** whether; **weil** because; **bis** until

*Practice the German sentences aloud.*

| | |
|---|---|
| **Herr Clark küsste die Kinder, bevor er wegging.** | Mr. Clark kissed the children before he left. |
| **Während wir den Tee trinken, können wir über das Wetter sprechen.** | While we are drinking tea we can talk about the weather. |
| **Er liest die Post, sobald er im Büro ankommt.** | He reads the mail as soon as he arrives at the office. |
| **Weisst du, ob er meine Füllfeder hat?** | Do you know whether he has my fountain pen? |
| **Er lernt Deutsch, weil er Deutschland besuchen will.** | He is learning German because he wants to visit Germany. |
| **Alle warteten, bis er nach Hause kam.** | All waited until he came home. |

**4. wann, als, wenn**

**wann** (when) is used in direct and indirect questions.

**Wann kommt er? Weisst du wann er kommt?** When is he coming? Do you know when he is coming?

**Als** (when) is used with verbs in any past tense.

**Als er das Haus erreichte, regnete es.** When he reached the house it was raining.

**Wenn** (when) is used with verbs in the present or future.

**Wenn Sie kommen, dann gehe ich.** When you come, then I'll go.

**wenn** (whenever, if) is used with any tense of the verb.

**Wenn ich ihn sah, war er immer müde.** Whenever I saw him, he was always tired.

**Wenn man Geld hat, kann man reisen.** If one has money, one can travel.

*Exercise No. 95.* Combine each pair of sentences using the conjunction in parenthesis.

Warning: In subordinate clauses the verb stands last!

**Beispiel: 1. Sie kauften die Billette, während wir draussen warteten.**

**1. Sie kaufte die Billette. (während) Wir warteten draussen. 2. Die Familie setzte sich zum Abendessen. (sobald) Herr Clark kam nach Hause. 3. Am Abend ist er sehr müde. (weil) Er arbeitet fleissig den ganzen Tag. 4. Wissen Sie? (ob) Der Zug kommt pünktlich an. 5. Ein Freund trat ins Zimmer. (als) Herr Clark diktierte seiner Stenographin Briefe. 6. (Als) Herr Müller erreichte Herrn Clarks Wohnung. Es regnete[1] mit Kannen. 7. Wir können dieses Auto nicht kaufen. (weil) Es kostet zu viel. 8. Alle Passagiere steigen aus. (wenn) Der Zug kommt in Hamburg an. 9. (Wenn) Papa kommt nach Hause. Die Kinder freuen sich.[1] 10. (Während) Du spielst. Ich muss[1] arbeiten.**

NOTE 1. Remember: when the subordinate clause comes first, the main clause must have inverted word order.

*Exercise No. 96.* **Fragen**

Reread the text: **Welch schreckliches Wetter!** Then answer these questions.

**1. Was ist der Titel dieses Kapitels? 2. Wie war das Wetter, als Herr Müller die Wohnung des Kaufmanns erreichte? 3. Wer öffnete ihm die Tür? 4. Was gab der Lehrer dem Jungen? 5. Wer erschien,[1] als Wilhelm mit dem Lehrer sprach? 6. Was sollte[2] Herr Müller trinken, um sich zu wärmen? 7. Welches Thema war besonders passend für diesen Abend? 8. In welches Zimmer gingen die zwei Herren? 9. Wer brachte Ihnen zwei Tassen mit Untertassen, eine Teekanne, usw.? 10. Was nahm sie vom Büfett herunter? 11. Wohin stellte sie die Flasche Rum? 12. Blieb[3] Frau Clark im Esszimmer? 13. Worüber sprachen die Herren, als sie den Tee mit Rum tranken?**

NOTES: 1. **erscheinen** to appear (*past* **erschien**). 2. should, ought. 3. **bleiben** to remain (*past* **blieb**).

*Exercise No. 97.* **Übersetzen Sie!**

1. It was raining, but Mr. M. went out anyway (**doch**). 2. When he reached the house, he was wet through and through. 3. The younger son of Mr. C. opened the door and said, "Come in quickly." 4. Mr. M. stepped in quickly. 5. Now Mr. C. came into the vestibule (**die Hausflur**). 6. He said to his teacher, "Come into the dining room and drink a cup of tea with rum. We can talk about the weather while we are drinking tea." 8. The two stepped into the dining room.

# CHAPTER 21

## DAS KLIMA DEUTSCHLANDS

1. **Die beiden Herren sassen immer noch im Esszimmer. Sie redeten weiter, während sie Tee mit Rum tranken. Draussen regnete es noch. Herr Müller fühlte sich wohl. Es war ihm nicht mehr kalt.**

1. The two gentlemen were still seated in the dining room. They continued to speak while they were drinking tea and rum. Outside it was still raining. Mr. Müller was feeling fine. He did not feel cold any more.

**2. Er sagte zu seinem Schüler: „Hier in New York geht das Klima von einem Extrém zum anderen."**

**3. Das stimmt, Herr Müller. Im Sommer ist es heiss. Manchmal sehr heiss. Im Winter ist es kalt. Es wird manchmal sogar sehr kalt. Von Zeit zu Zeit bekommen wir auch Schnee.**

**4. Aber der Frühling ist schön, nicht wahr, Herr Clark?**

**5. Gewiss. Im Frühling wird das Wetter recht schön. Der Monat März ist zwar oft stürmisch, so wie heute abend, aber im April fällt ein warmer Regen. Im Mai werden die Wiesen und Felder grün. Im Juni ist der Himmel blau, und die Sonne scheint hell und klar. Wie der amerikanische Dichter Lowell schrieb:**

**Und was ist so schön wie ein Tag im Juni?**

**Welche Jahreszeit gefällt Ihnen am besten, Herr Müller?**

**6. Mir gefällt am besten der Herbst. Ich mag die kühle, frische Luft. Ich mag den klaren Himmel. Auf dem Lande nehmen die Bäume viele Farben an. Und Sie, Herr Clark, welche Jahreszeit haben Sie am liebsten?**

**7. Ich habe den Frühling am liebsten, wo alles grünt. Aber reden wir ein wenig von dem Klima Deutschlands. Gibt es in Deutschland einen grossen Unterschied zwischen den Jahreszeiten?**

**8. Sie sind ganz verschieden, aber es gibt nicht solche plötzlichen Veränderungen, wie es hier der Fall ist.**

**9. Das muss doch schön sein. Aber der Winter ist kalt, nicht wahr?**

**10. Der Winter ist wohl kalt, besonders im nördlichen Teil, aber im allgemeinen mildert der atlantische Golfstrom die Kälte. Im Sommer ist es beinahe überall in Deutschland sehr angenehm. Aber am schönsten ist gewöhnlich der Frühling. Dann gehen die Deutschen am liebsten spazieren. Wenn die Kinder den Kuckuck im Walde hören, freuen sie sich und singen:**

**Kuckuck! Kuckuck! ruft durch den Wald;**
**Lasset[1] uns singen, tanzen und springen,**
**Frühling, Frühling, wird[2] es nun bald.**

**11. Das ist ein schönes Lied, Herr Müller.**

**12. Ja, und der Frühling ist eine schöne Jahreszeit, Herr Clark.**

2. He said to his pupil: "Here in New York the climate goes from one extreme to another."

3. That's right, Mr. Müller. In summer it is hot. Sometimes it is very hot. In winter it is cold. Sometimes it even becomes very cold. From time to time we also get snow.

4. But spring is beautiful, isn't it Mr. Clark?

5. Certainly, in the spring the weather becomes really beautiful. The month of March is often stormy to be sure, just as this evening; but in April a warm rain falls. In May the meadows and fields become green. In June the sky is blue and the sun shines bright and clear. As the American poet Lowell wrote:

And what is so rare as a day in June?

What season do you like best, Mr. Müller?

6. I like the autumn best. I like the cool fresh air; I like the clear sky. In the country the trees take on many colors. And you, Mr. Clark, what season do you like best?

7. I like spring best when everything becomes green. But let us talk a little about the climate of Germany. Is there in Germany a great difference between the seasons?

8. They are quite different, but there are no such sudden changes as is the case here.

9. That must be nice indeed. But the winter is cold, isn't it?

10. The winter is cold to be sure, especially in the northern part, but in general the Atlantic Gulf Stream lessens the cold. In summer it is very comfortable nearly everywhere in Germany. But spring is usually most beautiful. Then the Germans like best of all to go walking. When the children hear the cuckoo in the woods, they are happy and they sing:

Cuckoo! Cuckoo! resounds through the woods.
Let us sing, dance and leap;
Spring, spring is coming soon.

11. That is a beautiful song, Mr. Müller.

12. Yes, and spring is a beautiful season, Mr. Clark.

NOTES: 1. lasset, poetic form of lasst. 2. *Lit.* es wird = it is becoming.

## Wortschatz

**die Kälte** cold; **die Hitze** heat
**der Schnee** snow; **der Regen** rain
**die Luft** air; **der Himmel** sky
**das Feld** *pl.* **-er** field
**der Wald** *pl.* **⸚er** forest
**die Wiese** *pl.* **-n** meadow
**die Veränderung** *pl.* **-en** change
**der Unterschied** *pl.* **-e** difference
**an-nehmen** (*past* **nahm . . . an**) to take on
**gefällen** + *dat. object* (*past* **gefiel**) to please
**singen** (*past* **sang**) to sing
**tanzen** to dance
**spaziéren gehen** to take a walk
**angenehm** pleasant
**beináhe = fast** almost
**sogár** even
**am schönsten** most beautiful
**am besten** best
**weder . . . noch** neither . . . nor

## Die Jahreszeiten The Seasons

| | | | |
|---|---|---|---|
| **der Frühling** | **der Sommer** | **der Herbst** | **der Winter** |
| **im Frühling** | **im Sommer** | **im Herbst** | **im Winter** |

## Die Monate des Jahres

| | | |
|---|---|---|
| (der) **Januar** (*yă-nōō-ār*) | (der) **Mai** (*mai*) | (der) **September** (*zĕp-tĕm-ber*) |
| (der) **Februar** (*fay-brōō-ār*) | (der) **Juni** (*yōō-nee*) | (der) **Oktober** (*ŏk-toh-ber*) |
| (der) **März** (*mĕrtz*) | (der) **Juli** (*yōō-lee*) | (der) **November** (*noh-vĕm-ber*) |
| (der) **April** (*ă-preel*) | (der) **August** (*ow-gŏŏst*) | (der) **Dezember** (*day-tsĕm-ber*) |

## Deutsche Ausdrücke

You have learned that a verb plus **gern** means to like a thing or action; a verb plus **lieber** means to prefer a thing or action. Note now that a verb plus **am liebsten** means to like a thing or action best of all.

**Ich habe den Herbst gern. Er hat den Sommer lieber. Sie hat den Frühling am liebsten.** I like autumn. He prefers summer. She likes spring best of all.

**spazíeren-gehen** to go for a walk

**Sie geht gern spazieren. Ich spiele lieber Tennis. Er spielt am liebsten Fussball.** She likes to go walking. I prefer to play tennis. He likes best of all to play football.

## Grammar Notes and Practical Exercises

**1. Present tense of *werden* to become, to get; *mögen* to like, to care to, may**

| I become, you become, etc. | | I like, you like, etc. | |
|---|---|---|---|
| **ich werde** | **wir werden** | **ich mag** | **wir mögen** |
| **du wirst** | **ihr werdet** | **du magst** | **ihr mögt** |
| **er, sie, es wird** | **sie (Sie) werden** | **er, sie, es mag** | **sie (Sie) mögen** |

*Exercise No. 98.* Practice the German sentences aloud.

A. **1. Ich werde hungrig. 2. Wirst du hungrig? 3. Er wird müde. 4. Werden Sie müde? 5. Wir werden ungeduldig.**[1] **6. Werden Sie ungeduldig? 7. Ihr werdet zu laut, Jungen. 8. Der Lehrer wird böse.**[2] **9. Es wird kalt. 10. Es wird dunkel.**

A. 1. I am getting hungry. 2. Are you getting hungry? 3. He is getting tired. 4. Are you getting tired? 5. We are getting impatient. 6. Are you getting impatient? 7. You are getting too noisy, boys. 8. The teacher is getting angry. 9. It is becoming cold. 10. It is becoming dark.

NOTES: 1. **geduldig** patient; **ungeduldig** impatient. 2. **böse** angry.

**B. 1. Ich mag den klaren Himmel. 2. Magst du nicht die gesunde, frische Luft? 3. Sie mag mich nicht. 4. Wir mögen nicht spielen. 5. Es mag sein, dass er kein Geld hat. 6. Er mag sagen, was er will, wir glauben ihm nicht.**

B. 1. I like the clear sky. 2. Don't you like the healthful, fresh air? 3. She doesn't like me. 4. We don't care to play. 5. It may be that he has no money. 6. He may say what he wants, we don't believe him.

Note that **mögen** (to like) is equivalent to the expressions of *verbs* + **gern(e)**. **Gern(e)** can also be used with **mögen**.

**Ich mag diesen Lehrer. = Ich habe diesen Lehrer gern.** = I like this teacher.

**Ich mag nicht (gern) spielen. = Ich spiele nicht gern.** = I don't like to play.

**2. Inseparable verbs. Present tense of *bekommen* to receive and *erfahren* to find out**

| I receive, you receive, etc. | | I find out, you find out, etc. | |
|---|---|---|---|
| **ich bekomme** | **wir bekommen** | **ich erfahre** | **wir erfahren** |
| **du bekommst** | **ihr bekommt** | **du erfährst** | **ihr erfahrt** |
| **er, sie, es bekommt** | **sie (Sie) bekommen** | **er, sie, es erfährt** | **sie (Sie) erfahren** |

Simple verbs may add prefixes which *do not* separate from the verb as do the separable prefixes. Such prefixes are called *inseparable prefixes*, and the verbs to which they are attached are called *inseparable verbs*. The prefixes **be-, emp-, ent-, er-, ge-, ver-, zer-** are always inseparable. Here are examples of inseparable verbs most of which you already know. The stress is always on the verb, never on the inseparable prefix.

| *Simple Verbs* | *Inseparable Verbs* | *Simple Verbs* | *Inseparable Verbs* |
|---|---|---|---|
| **suchen** to seek | **besúchen** to visit | **warten** to wait | **erwárten** to await |
| **kommen** to come | **bekómmen** to receive | **zählen** to count | **erzählen** to relate |
| **sprechen** to speak | **bespréchen** to discuss | **fallen** to fall | **gefállen** to please |
| **tragen** to carry | **betrágen** to amount to | **kaufen** to buy | **verkáufen** to sell |
| **stehen** to stand | **entstéhen** to arise | **schreiben** to write | **verschréiben** to prescribe |
| **fahren** to ride | **erfáhren** to find out | **stehen** to stand | **verstéhen** to understand |
| **lassen** to leave (something), to let, to relinquish | **verlássen** to leave (to go away from) | **brechen** to break | **zerbréchen** to break to pieces |

The meaning of the inseparable prefix is generally not obvious as is the case with the separable prefixes. However, **zer-** clearly indicates "to pieces."

The past tense of inseparable verbs is formed in the same way as that of the simple verbs. Thus:

| | | | | | | |
|---|---|---|---|---|---|---|
| *Infin.* | **besuchen** | **bekommen** | **besprechen** | **betragen** | **entstehen** | **erfahren** |
| *Past* | **besuchte** | **bekam** | **besprach** | **betrug** | **entstand** | **erfuhr** |
| *Infin.* | **erwarten** | **gefallen** | **verkaufen** | **verschreiben** | **verstehen** | **zerbrechen** |
| *Past* | **erwartete** | **gefiel** | **verkaufte** | **verschrieb** | **verstand** | **zerbrach** |

*Exercise No. 99.* Change these sentences to the past tense.

**Beispiel: 1. Ich besuchte Herrn Clark in seinem Büro.**

**1. Ich besuche Herrn Clark in seinem Büro. 2. Er erwartet mich dort um elf Uhr. 3. Wir beginnen sofort Deutsch zu sprechen. 4. Er versteht mich, und ich verstehe ihn. 5. Wir besprechen wichtige Geschäftssachen. 6. Ich erfahre, dass er grosse Fortschritte im Deutschen macht. 7. Um zwölf Uhr gehen wir in ein Restaurant zum Mittagessen. 8. Die Rechnung für die zwei Mahlzeiten beträgt $4.50 (vier Dollars fünfzig Cents). 9. Während wir die Rechnung bezahlen,[1] entsteht ein grosser Lärm auf der Strasse. 10. Wir gehen auf die Strasse hinaus, um zu sehen, was los ist.[2]**

NOTES: 1. **bezahlen** to pay (*past.* **bezahlte**). 2. **Was ist los?** What's the matter?

**3. Verbs that take a dative object**

Certain German verbs take a dative object.

| | | |
|---|---|---|
| **antworten:** | **Er antwortete *mir* nicht.** | He did not answer *me*. |
| **danken:** | **Ich danke *Ihnen* für die Bücher.** | I thank *you* for the books. |
| **helfen:** | **Wir halfen *ihr* mit der Aufgabe.** | We helped *her* with the assignment. |
| **glauben:** | **Ich kann *ihm* nicht glauben.** | I cannot believe *him*. |
| **verzeihen:** | **Verzeihen Sie (*mir*).** | Pardon (*me*). |
| **gehören:** | **Dieses Buch gehört *dem Lehrer*.** | This book belongs *to the teacher*. |
| **fehlen:** | **Was fehlte *dem Kind*?** | What was the matter with *the child*? (*Lit.* What was lacking *to the child*?) |
| **gefallen:** | **Das gefällt *dir* nicht.** | That doesn't please *you*. |

The verb **gefallen** + *a dat.* to please, is another way of expressing "liking."

**Das gefällt *uns* am besten.** = That pleases *us* best. = *We* like that best.

*Exercise No. 100.* Complete these sentences by translating the English words.

**1. Warum antworteten Sie** (her) **nicht?** **2. Was fehlt** (your *fam.* father)? **3. Diese schöne Wohnung** (belongs to) **dem Kaufmann.** **4. Helfen Sie** (them) **bitte mit ihren Aufgaben!** **5.** (Pardon me), **dass ich spät komme!** **6. Ich danke** (you *pol.*) **vielmals.** **7. Er sagt, dass es wahr ist, aber wir** (don't believe him). **8.** (To whom) **gehört dieses neue Auto?** **9. Es gehört** (us). **10. Der neue Mantel gefällt** (my sister) **nicht.** **11.** (We like) **unser neues Zimmer.** Translate: Our new room pleases us. **12. Gefallen** (them) **diese Kleider?**

*Exercise No. 101.* **Fragen**

Reread the text: **Das Klima Deutschlands.** Then answer these questions.

**1. Was taten die Herren, während sie Tee mit Rum tranken? 2. Wie fühlte sich Herr Müller? 3. War es ihm noch kalt? 4. Wie ist der Winter in New York? 5. Bekommt man oft Schnee? 6. Wie wird das Wetter im Frühling? 7. Was für ein Regen fällt? 8. Welche Jahreszeit gefällt Herrn Müller am besten? 9. Was mag er im Herbst? 10. Welche Jahreszeit hat Herr Clark am liebsten? 11. Welche Jahreszeit ist am schönsten in Deutschland? 12. Was tun die Deutschen am liebsten im Frühling? 13. Was tun die Kinder, wenn sie den Kuckuck hören? 14. Nennen Sie die vier Jahreszeiten!**

*Exercise No. 102.* **Übersetzen Sie!**

1. The four seasons are spring, summer, autumn and winter. 2. I like spring. She prefers summer. He likes autumn best of all. 3. In the spring I like to go walking. 4. In the summer he likes to play tennis. 5. In the autumn they like to play football. 6. In the winter they like to go skiing (**Schilaufen**). 7. It is now spring and the days are getting longer (**länger**). 8. They are discussing the climate of Germany.

# CHAPTER 22

## EINE ANGENEHME ÜBERRASCHUNG!

| | |
|---|---|
| **Der Kaufmann erzählt seinem Lehrer von einer angenehmen Überraschung.** | The merchant tells his teacher about a pleasant surprise. |
| **— Herr Müller, ich hatte heute eine höchst angenehme Überraschung, von der ich Ihnen erzählen will.** | — Mr. Müller, today I had a most pleasant surprise, about which I want to tell you. |
| **— Bitte, erzählen Sie davon, Herr Clark.** | — Please tell me about it, Mr. Clark. |
| **— Um halb zwölf war ich im Begriff, meiner Ste-** | — At half past eleven I was about to dictate a let- |

nographin einen Brief zu diktieren, als meine Frau und Kinder plötzlich in mein Büro traten. Ich stand auf und sagte: „Was für eine Überraschung!"

ter to my stenographer, when my wife and children suddenly entered my office. I got up and said: "What a surprise!"

Es war das erste Mal, dass meine Familie in mein Büro kam, und die Kinder bewunderten alle die Dinge, die sie im Büro sahen: die Schreibmaschinen, allerlei deutsche Gegenstände und Muster deutscher Keramik; die illustrierten Zeitschriften, die auf dem Tische lagen; und besonders die vielen bunten Plakate an den Wänden.

It was the first time that my family came to my office, and the children admired everything that they saw in the office: the typewriters, all sorts of German objects and samples of German ceramics; the illustrated magazines which were lying on the table; and especially the many colored posters on the walls.

Die kleine Anna, die erst fünf Jahre alt ist, war besonders neugierig und fragte allerlei über „Papas Büro."

Little Anna, who is only five years old, was especially curious and asked many questions about "Papa's office."

Das Büro, das ich seit zwei Jahren bewohne, ist im einunddreissigsten Stock eines Wolkenkratzers. Die Kinder schauten zum Fenster hinaus und sahen den blauen Himmel, der heute wolkenlos war, und die Sonne, die so hell schien. Sie sahen die Automobile, die auf der Strasse vorbeifuhren. Von dem einunddreissigsten Stock schienen diese ganz klein zu sein.

The office, which I have been occupying for two years, is on the thirty-first story of a skyscraper. The children looked out of the window and saw the blue sky, which was cloudless today, and the sun, which was shining so brightly. They saw the automobiles which were riding past on the street. From the thirty-first floor these seemed to be quite small.

Als der Besuch zu Ende war, gingen wir alle in ein Restaurant, das sich nicht weit von meinem Büro befindet. Alle assen mit gutem Appetit, besonders Karl, mein älterer Junge, der immer riesigen Appetit hat.

When the visit was at an end, we all went to a restaurant which is located not far from my office. All ate with a good appetite, especially Charles, my older son, who always has a huge appetite.

— Herr Clark, das war wohl eine schöne Überraschung, die Sie heute hatten.

— Mr. Clark, that was indeed a nice surprise which you had today.

— Jawohl, sie machte mir grosse Freude.

— Yes indeed, it gave me great pleasure.

## Wortschatz

die Überráschung *pl.* -en surprise
der Wolkenkratzer *pl.* - skyscraper
der Stock floor (story of building); stick
die Schreibmaschine *pl.* -n typewriter
das Plakát *pl.* -e poster
das Muster *pl.* - sample
die Kerámik ceramics, pottery
liegen (*past* lag) to lie
essen (*past* ass) to eat
vorbéi-fahren (*past* fuhr . . . vorbei) to ride past

bewóhnen to occupy
bewúndern to admire
erzählen to relate, tell
hináus-schauen to look out
illustríert illustrated
bunt colored, many colored
neugierig curious
riesig huge, gigantic
höchst highly
wolkenlos cloudless

## Deutsche Ausdrücke

im Begriff sein to be about to
Ich war im Begriff, einen Brief zu schreiben. I was about to write a letter.
Ich habe Appetít. I have an appetite.
Ich habe Hunger (Ich bin hungrig). I am hungry.
Ich habe Durst (Ich bin durstig). I am thirsty.

Das macht mir Freude. That gives me pleasure.
sich befinden to be located
Wo befindet sich das Büro? Where is the office located? Es befindet sich in einem Wolkenkratzer. It is (located) in a skyscraper.

## Sprichwörter

| | |
|---|---|
| **Der Appetit kommt mit dem Essen.** | Appetite comes with eating. |
| **Der Mensch ist, was er isst.** | Man is what he eats. |

**1. Present and past of *essen* to eat**

| *Present* | | *Past* | |
|---|---|---|---|
| **ich esse** | **wir essen** | **ich ass** | **wir assen** |
| **du isst** | **ihr esst** | **du assest** | **ihr asst** |
| **er, sie, es isst** | **sie (Sie) essen** | **er, sie, es ass** | **sie (Sie) assen** |

*Imperative:* **iss! esst! essen Sie!**

**2. The relative pronouns *der, welcher***

| | |
|---|---|
| **Der Mann, *der* dort steht, ist mein Bruder.** | The man *who* stands there is my brother. |
| **Die Frau, *die* dort steht, ist meine Schwester.** | The woman *who* stands there is my sister. |
| **Das Bild, *das* dort hängt, ist sehr alt.** | The picture *which* hangs there is very old. |
| **Der Mann, *den* Sie dort sehen, ist ein Arzt.** | The man *whom* you see there is a doctor. |
| **Die Frau, *die* Sie dort sehen, ist Lehrerin.** | The woman *whom* you see there is a teacher. |
| **Das Bild, *das* Sie dort sehen, ist teuer.** | The picture *that* you see there is expensive. |
| **Die Feder, mit *der* ich schrieb, war nicht gut.** | The pen with *which* I wrote was not good. |

The relative pronouns in English are: *who (whom) that, which.*

The relative pronouns in German are **der** and **welcher.** The forms of **der** are preferable.

The antecedent of a relative pronoun is the noun (or pronoun) to which it refers.

The relative pronoun agrees in number and gender with its antecedent, but it gets its case from its use in the relative clause; if it is the subject of the clause, it is nominative; if it is the object it is accusative; if it is the indirect object it is dative; if it shows possession it is genitive; if it is after a preposition it has the case the preposition requires.

All relative clauses are subordinate clauses, and therefore they must have subordinate word order, i.e. the verb stands at the end of the clause. A relative pronoun may never be omitted in German. A relative clause must be set off by commas.

### Forms of the Relative Pronoun *der*

| | ***Singular*** | | | ***Plural*** | |
|---|---|---|---|---|---|
| | *masc.* | *fem.* | *neut.* | *m.f.n.* | *Meaning* |
| *Nom.* | **der** | **die** | **das** | **die** | who, which |
| *Gen.* | **dessen** | **deren** | **dessen** | **deren** | whose, of which |
| *Dat.* | **dem** | **der** | **dem** | **denen** | (to) whom, which |
| *Acc.* | **den** | **die** | **das** | **die** | whom, that, which |

### The Relative Pronoun *welcher*

| | ***Singular*** | | | ***Plural*** | |
|---|---|---|---|---|---|
| | *masc.* | *fem.* | *neut.* | *m.f.n.* | *Meaning* |
| *Nom.* | **welcher** | **welche** | **welches** | **welche** | who, that, which |
| *Dat.* | **welchem** | **welcher** | **welchem** | **welchen** | (to) whom, which |
| *Acc.* | **welchen** | **welche** | **welches** | **welche** | whom, that, which |

The relative pronoun **der** is like the definite article **der**, except in the genitive case singular and plural, and in the dative plural – these cases add a syllable.

The relative pronoun **welcher** (who, that, which) is like the **der**-word **welcher**, except that it is never used in the genitive case.

*Exercise No. 103.* Read each sentence aloud. Translate it. Note particularly the relative pronouns.

The **welcher** form (in parenthesis) is allowable, but the **der** form is preferable.

1. Die Kinder bewunderten alle Dinge, **die (welche)** sie im Büro sahen. 2. Das Büro, **das (welches)** Herr Clark seit zwei Jahren bewohnt, befindet sich in einem grossen Wolkenkratzer. 3. Die Autos, **die (welche)** unten auf der Strasse vorbeifuhren, schienen sehr klein zu sein. 4. Herr Clark hatte heute eine angenehme Überraschung, von **der (welcher)** er seinem Lehrer erzählen will. 5. Kennen Sie den Herrn, **der (welcher)** gestern ins Büro hereinkam? 6. Ja, er ist der deutsche Freund, von **dem (welchem)** Herr Clark uns erzählte. 7. Dieser Freund wohnt in einem Vorort, **dessen** Einwohner meistens[1] in der Stadt arbeiten. 8. Die Bilder, von **denen (welchen)** wir gestern sprachen, sind sehr teuer. 9. Gefällt dir der Mantel, **den (welchen)** ich gestern kaufte? 10. Frau Clark, **deren** Tochter krank ist, lässt den Doktor kommen.[2] 11. Die Schüler, **deren** Bücher und Hefte hier liegen, sollen sie sofort wegnehmen. 12. Die kleine Anna, **die (welche)** erst fünf Jahre alt ist, hatte die Grippe.

NOTES: 1. for the most part. 2. sends for the doctor.

*Exercise No. 104.* Complete these sentences with the correct form of the relative pronoun **(der, die, das)**.

**Beispiel: 1.** Wo ist der Student, **dessen** Bücher und Hefte hier liegen?

**1. Wo ist der Student,** (whose) **Bücher und Hefte hier liegen? 2. Die kleine Anna,** (who) **erst fünf Jahre alt ist, bewunderte alles. 3. Hier ist der Bleistift,** (which) **Sie suchten. 4. Wo sind die Leute, mit** (whom) **Sie sprachen? 5. Die Kinder sahen den blauen Himmel,** (that) **wolkenlos war. 6. Das Restaurant,** (which) **sie besuchten, war nicht weit vom Büro. 7. Das war wirklich eine angenehme Überraschung,** (which) **wir heute hatten. 8. Die Kinder,** (who) **sehr hungrig waren, assen mit gutem Appetit. 9. Wo wohnt der Junge,** (to whom) **du die Bilder sendest? 10. Der Herr, für** (whom) **er arbeitete, heisst Schmidt.**

**3. *wo(r)* + a preposition used in place of a relative pronoun with a preposition**

Relative pronouns preceded by a preposition may be replaced by **(wo)r** plus a preposition if the antecedent is a thing or things. These combinations cannot be used if the antecedents are persons. Thus:

Die Feder, **womit** (= **mit der**) ich schrieb, ist nicht gut.
The pen with which I was writing is not good.
Es war ein kleiner Tisch, **worauf** (= **auf dem**) die Zeitungen lagen.
It was a small table on which the newspapers were lying.
*but:* Der Herr, **mit dem** ich sprach, ist mein Deutschlehrer.
The man with whom I was speaking is my German teacher.

*Exercise No. 105.* In each sentence substitute for the relative pronoun preceded by a preposition one of the following: **womit, worauf, woran, worin, wodurch, wovon.**

**Beispiel: 1.** Die Stühle, **worauf** wir sassen, waren sehr unbequem.

1. Die Stühle, **auf denen** wir sassen, waren sehr unbequem. 2. Das Restaurant, **von dem** ich Ihnen erzählte, befindet sich fünf Strassen von hier. 3. Die Tische, **an denen** wir zu Mittag assen, waren im Garten. 4. Der Autobus, **mit dem** wir nach der Stadt fuhren, war gross und bequem. 5. Der Zug, **auf welchen** wir warteten, hatte eine Stunde Verspätung. 6. Kennen Sie alle die Bücher, **von denen** er sprach? 7. Der Wolkenkratzer, **in dem** sein Büro sich befindet, hat fünfzig Stock. 8. Der Vorort, **durch den** wir schnell fuhren, hatte schöne, alte Häuser.

**4. *Wer* and *was* as relative pronouns**

a. **wer** is used as a relative pronoun in the sense of *he who* or *whoever*.

**Wer** viele Freunde hat, ist glücklich. *He who* has many friends is happy.

**Wer jetzt gehen will, kann gehen.** — *Whoever* wants to go now may go.

b. **was** is used as a relative pronoun in the sense of *what, that which, whatever.* It is also used after such antecedents as **alles** all, **nichts** nothing, **etwas** something, **viel** or **vieles** much.

**Alles, was sie sahen, war ihnen neu.** — *All that* they saw was new to them.
**Was er auch sagt, ich glaube ihm nicht.** — *Whatever* he says, I don't believe him.

*Memorize these proverbs* (**Sprichwörter**).

**Alles ist nicht Gold, was glänzt.** — All that glitters is not gold.
**Wer A sagt, muss auch B sagen.** — He who says A must also say B.
**Wer zuletzt lacht, lacht am besten.** — He who laughs last, laughs best.

*Exercise No. 106.* Reread the text: **Eine angenehme Überraschung!** Then answer these questions.

**1. Wovon erzählte der Kaufmann seinem Lehrer? 2. Was war er im Begriff zu tun, als seine Frau und Kinder ins Büro eintraten? 3. Was tat er, als er die Familie eintreten sah? 4. Was lag auf einem Tisch in seinem Büro? 5. Was bewunderten die Kinder besonders? 6. Wer war besonders neugierig? 7. Wie lange bewohnt Herr Clark schon dieses Büro? 8. In welchem Stock des Wolkenkratzers befindet sich das Büro? 9. Was sahen die Kinder auf der Strasse, als sie zum Fenster hinausschauten? 10. Wohin gingen alle, als der Besuch zu Ende war? 11. Wo befindet sich dieses Restaurant? 12. Wie assen alle? 13. Wer hat immer riesigen Appetit? 14. Freute sich Herr Clark über den Besuch seiner Familie? 15. Was bedeutet[1] auf englisch das Sprichwort: „Der Appetit kommt mit dem Essen?"**

NOTE 1. **bedeuten** to mean. **Was bedeutet . . . ?** What is the meaning of . . . ?

*Exercise No. 107.* **Übersetzen Sie!**

1. One day the family of Mr. C. visited him in his office. It was a surprise! 2. The children admired all the things that they saw in his office. 3. They admired the colored posters which were on the walls and the magazines which were lying on the table. 4. It was almost one o'clock and the children were hungry. 5. Mr. C. said, "I know a good restaurant which is not far from here." 6. Charles, who always has a huge appetite, said, "Let's go!"

# CHAPTER 23

## REVIEW OF CHAPTERS 18–22

### Weak (Regular) Verbs. No Vowel Change

| *Infinitive* | | *Past Tense* | *Infinitive* | | *Past Tense* |
|---|---|---|---|---|---|
| 1. **dauern** | to last | **es dauerte** | 14. **schneien** | to snow | **es schneite** |
| 2. **machen** | to make | **ich (er) machte** | 15. **kaufen** | to buy | **ich (er) kaufte** |
| 3. **spielen** | to play | **ich (er) spielte** | 16. **öffnen** | to open | **ich (er) öffnete** |
| 4. **brauchen** | to need | **ich (er) brauchte** | 17. **reden** | to talk | **ich (er) redete** |
| 5. **stellen** | to put | **ich (er) stellte** | 18. **antworten** | to answer | **ich (er) antwortete** |
| 6. **fragen** | to ask | **ich (er) fragte** | 19. **besuchen** | to visit | **ich (er) besuchte** |
| 7. **sagen** | to say | **ich (er) sagte** | 20. **erzählen** | to relate | **ich (er) erzählte** |
| 8. **wohnen** | to live | **ich (er) wohnte** | 21. **arbeiten** | to work | **ich (er) arbeitete** |
| 9. **danken** | to thank | **ich (er) dankte** | 22. **plaudern** | to chat | **ich (er) plauderte** |
| 10. **lernen** | to learn | **ich (er) lernte** | 23. **verkaufen** | to sell | **ich (er) verkaufte** |
| 11. **lehren** | to teach | **ich (er) lehrte** | 24. **bewohnen** | to occupy | **ich (er) bewohnte** |
| 12. **ruhen** | to rest | **ich (er) ruhte** | 25. **verdienen** | to earn | **ich (er) verdiente** |
| 13. **regnen** | to rain | **es regnete** | 26. **erwarten** | to await | **ich (er) erwartete** |

## Strong (Irregular) Verbs. Vowel Changes

| *Infinitive* | | *Present* | *Past* | *Infinitive* | | *Present* | *Past* |
|---|---|---|---|---|---|---|---|
| 1. **gehen** | to go | **er geht** | **er ging** | 12. **liegen** | to lie | **er liegt** | **er lag** |
| 2. **kommen** | to come | **er kommt** | **er kam** | 13. **trinken** | to drink | **er trinkt** | **er trank** |
| 3. **stehen** | to stand | **er steht** | **er stand** | 14. **beginnen** | to begin | **er beginnt** | **er begann** |
| 4. **sehen** | to see | **er sieht** | **er sah** | 15. **finden** | to find | **er findet** | **er fand** |
| 5. **lesen** | to read | **er liest** | **er las** | 16. **scheinen** | to shine | **er scheint** | **er schien** |
| 6. **nehmen** | to take | **er nimmt** | **er nahm** | 17. **schreiben** | to write | **er schreibt** | **er schrieb** |
| 7. **geben** | to give | **er gibt** | **er gab** | 18. **tragen** | to carry | **er trägt** | **er trug** |
| 8. **sitzen** | to sit | **er sitzt** | **er sass** | 19. **fahren** | to ride | **er fährt** | **er fuhr** |
| 9. **sprechen** | to speak | **er spricht** | **er sprach** | 20. **waschen** | to wash | **er wäscht** | **er wusch** |
| 10. **treten** | to step | **er tritt** | **er trat** | 21. **laufen** | to run | **er läuft** | **er lief** |
| 11. **essen** | to eat | **er isst** | **er ass** | 22. **tun** | to do | **er tut** | **er tat** |

## Past Tense of *sein* and *haben*

| | | | |
|---|---|---|---|
| **ich war** | **wir waren** | **ich hatte** | **wir hatten** |
| **du warst** | **ihr wart** | **du hattest** | **ihr hattet** |
| **er, sie, es war** | **sie (Sie) waren** | **er, sie, es hatte** | **sie (Sie) hatten** |

## Expressions

1. **im allgemeinen** in general
2. **vor einem Monat (einem Jahr, einer Woche, sechs Jahren)** a month (a year, a week, six years) ago
3. **Er war im Begriff zu gehen.** He was about to go.
4. **Was macht Ihre (deine) Familie?** How is your family?
5. **Es freut mich, das zu hören.** I am glad to hear that.
6. **Das macht mir viel Freude.** That gives me much pleasure. That makes me very happy.
7. **Sie war krank. Jetzt geht es ihr besser.** She was sick. Now she is feeling better.
8. **Was fehlt dir (ihm, ihr, Ihnen)?** What is the matter with you (him, her, you *pol.*)?
9. **Ich habe Kopfschmerzen.** I have a headache.
10. **Das tut mir leid.** I am sorry.
11. **Wo befindet sich das Büro?** Where is the office located?
12. **Ich habe den Sommer gern.** I like summer.
13. **Er hat den Herbst lieber.** He prefers autumn.
14. **Sie hat den Frühling am liebsten.** She likes spring best.
15. **den Doktor kommen lassen** to send for the doctor **Ich lasse den Doktor kommen.**
16. **zum Frühstück (Mittagessen, Abendessen)** for breakfast (dinner, supper)
17. **Was ist los?** What's the matter? What's up?

*Exercise No. 108.* Complete these sentences by translating the words in parenthesis.

**1.** (I am sorry to hear), **dass Ihr Bruder krank ist.** **2. Sagen Sie mir:** (What is the matter with him?) **3. Er hat** (a headache and fever). **4. Sie war krank,** (but now she is feeling better). **5.** (Five years ago) **wohnten wir in einem kleinen Vorort.** **6. Ich habe Tee gern, aber** (I prefer coffee). **7. Mein Büro** (is located) **in einem grossen Wolkenkratzer.** **8.** (It gave me great pleasure) **zu erfahren, dass Sie Deutsch lernen.** **9. Wir mussten** (to send for the doctor). **10. Was essen Sie gewöhnlich** (for supper)? **11.** (We are sorry), **dass Sie nicht kommen können.**

*Exercise No. 109.* From Group II select the opposite of each word in Group I.

GROUP I

1. **Gesundheit**
2. **weggehen**
3. **hinausgehen**
4. **immer**
5. **jemand**
6. **sich setzen**
7. **es tut mir leid**
8. **nichts**
9. **hin**
10. **etwas**
11. **das gefällt mir nicht**
12. **mir ist warm**

GROUP II

a. **hereinkommen**
b. **nichts**
c. **zurückkommen**
d. **alles**
e. **her**
f. **niemand, keiner**
g. **nimmer**
h. **mir ist kalt**
i. **Krankheit**
j. **es macht mir Freude**
k. **Ich habe das gern**
l. **aufstehen**

*Exercise No. 110.* Select the group of words in Column II which best complete each of the sentences begun in Column I.

**Beispiel: (1c) Das Wetter ist gar nicht kalt, aber mir ist kalt.**

| I | II |
|---|---|
| 1. Das Wetter ist gar nicht[1] kalt, | a. stand Herr Clark auf und begrüsste ihn. |
| 2. Nehmen Sie meinen Regenschirm, | b. dass Herr Clark vier Kinder hat. |
| 3. Während sie über das Wetter sprachen, | c. aber mir ist kalt. |
| 4. Wir mussten den ganzen Sommer arbeiten, | d. der Zug von Hamburg pünktlich ankommt? |
| 5. Tee mit Rum ist ein Getränk,[2] | e. denn es regnet mit Kannen. |
| 6. Als der Freund ins Büro trat, | f. um genug Reisegeld zu verdienen. |
| 7. Die Mutter liess den Doktor kommen, | g. das Sie sicherlich erwärmt. |
| 8. Können Sie mir sagen, ob | h. brachte ihnen Frau Clark Tee mit Rum. |
| 9. Bevor Herr Clark den Zug nahm, | i. weil Anna Kopfschmerzen hatte. |
| 10. Die Leser dieses Buches wissen, | j. als der Vater früh heimkam.[3] |
| 11. Die Kinder freuten sich sehr, | k. kaufte er den Kindern Zuckerwerk.[4] |

NOTES: 1. **gar nicht** not at all. 2. **das Getränk** beverage. 3. **heim-kommen = nach Hause kommen.** 4. candy.

## Grammar Review and Exercises

### 1. The modal auxiliaries — present tense

You are familiar with the following six verbs, which are called "modal auxiliaries."

| | | | |
|---|---|---|---|
| **dürfen** | to be permitted, may | **müssen** | to have to, must |
| **können** | to be able, can | **wollen** | to want, to desire |
| **mögen** | to like, care to, may | **sollen** | to be supposed to, to be said to, shall |

### Present Tense of the Modal Auxiliaries

| | | | | | |
|---|---|---|---|---|---|
| **ich darf** | **kann** | **mag** | **muss** | **soll** | **will** |
| **du darfst** | **kannst** | **magst** | **musst** | **sollst** | **willst** |
| **er, sie, es darf** | **kann** | **mag** | **muss** | **soll** | **will** |
| **wir dürfen** | **können** | **mögen** | **müssen** | **sollen** | **wollen** |
| **ihr dürft** | **könnt** | **mögt** | **müsst** | **sollt** | **wollt** |
| **sie, Sie dürfen** | **können** | **mögen** | **müssen** | **sollen** | **wollen** |

All six modal auxiliaries are irregular in the singular of the present tense.

*Exercise No. 111.* Fill in the correct present-tense form of the verb in parenthesis.

**Beispiel: 1. Herr Clark muss eine Reise machen.**

**1. Herr Clark (müssen) eine Reise machen. 2. Ich (wollen) meinen Vertreter besuchen. 3. (Können) er Deutsch sprechen? 4. Wir (müssen) früh aufstehen. 5. Der Zug (sollen) pünktlich um neun Uhr ankommen. 6. Ich (mögen) nicht spielen, denn ich bin müde. 7. (Dürfen) ich hereinkommen? 8. Er (wollen) sich ein paar Schuhe kaufen. 9. (Können) Sie mir zehn Mark leihen? 10. Wann (sollen) ich da sein? 11. (Dürfen) er das Zimmer verlassen? 12. Ich (müssen) einen Brief schreiben. 13. Wir (wollen) ins Kino gehen. 14. (Können) du mitkommen? 15. Wieviel Trinkgeld (sollen) ich geben? 16. (Wollen) du einen Regenmantel kaufen? 17. Was (können) ich für Sie tun? 18. Er (mögen) die kühle, frische Luft.**

### 2. The modal auxiliaries — past tense

| | | | | | |
|---|---|---|---|---|---|
| **ich durfte** | **konnte** | **mochte** | **musste** | **sollte** | **wollte** |
| **du durftest** | **konntest** | **mochtest** | **musstest** | **solltest** | **wolltest** |
| **er, sie, es durfte** | **konnte** | **mochte** | **musste** | **sollte** | **wollte** |
| **wir durften** | **konnten** | **mochten** | **mussten** | **sollten** | **wollten** |
| **ihr durftet** | **konntet** | **mochtet** | **musstet** | **solltet** | **wolltet** |
| **sie, Sie durften** | **konnten** | **mochten** | **mussten** | **sollten** | **wollten** |

The modal auxiliaries form their past tense like weak (regular) verbs by adding **-te** to the stem. Note, however, that the four verbs that have an **Umlaut** in the infinitive drop it in the past tense; also that **mögen** becomes **mochte.**

The meanings of the past tense of the modals are:

| | | | |
|---|---|---|---|
| **ich (er) durfte** | I (he) was allowed | **ich (er) musste** | I (he)) had to, was compelled to |
| **ich (er) konnte** | I (he) was able, could | **ich (er) sollte** | I (he) was to, was supposed to, ought to, should |
| **ich (er) mochte** | I (he) liked, cared to | **ich (er) wollte** | I (he) wanted, desired |

Note that **ich mochte** = **I** liked. **Ich möchte** (I should like) is an expression which you have met many times.

### Grammar Review and Exercises

*Exercise No. 112.* Translate the verb in parenthesis.

**Beispiel: 1. Ich wollte nach München fahren.**

**1.** (I wanted) **nach München fahren.** **2.** (We were to) **bis Seite**[1] **50 (fünfzig) lesen.** **3.** (I was able) **ihm nur einen Dollar leihen.** **4.** (We did not care to) **ins Kino gehen.** **5.** (We could not) **ohne das Wörterbuch auskommen.**[2] **6. Niemand** (was permitted) **im Theater rauchen.** **7. Die Jungen** (were not allowed) **auf der Strasse Fussball spielen.** **8.** (I liked) **die frische, klare Luft des Vororts.** **9. Alle** (wanted) **das deutsche Museum besuchen.** **10.** (We were to) **zu Fuss gehen.**

NOTES: 1. **die Seite** *pl.* **-n** page. 2. **aus-kommen** to get along.

**3. Subordinate word order** (Review Chapter 14, Grammar Note 2; Chapter 20, Grammar Note 4.)

Subordinate conjunctions: **dass** that; **weil** because; **ehe, bevor** before; **sobald** as soon as; **während** while; **bis** until; **wenn** if, or when (*with present tense*); **als** when (*with past tense*); **ob** whether. In subordinate clauses the verb must stand last.

*Exercise No. 113.* Combine each pair of sentences with the conjunctions indicated.

**Beispiel: 1. Ich muss Ihnen sagen, dass ich nicht gehen kann.**

**1. Ich muss es Ihnen sagen. (dass) Ich kann nicht gehen. 2. Wir können unsere Aufgaben nicht machen.**[1] **(wenn) Die Kinder machen so viel Lärm. 3. Niemand durfte reden. (als) Wir machten das Examen.**[2] **4. Er will nicht warten. (bis) Der Doktor kommt nach Hause. 5. Wir konnten nicht spazieren gehen. (weil) Es regnete mit Kannen. 6. Sie mag nicht Tennis spielen. (weil) Sie ist müde. 7. Du darfst nach Hause gehen. (sobald) Du bist mit der Arbeit fertig. 8. Die Kinder sollen sich die Hände waschen.**[3] **(bevor) Sie setzen sich an den Tisch. 9. Ich musste arbeiten. (während) Alle amüsierten sich. 10. Alle Schüler mussten aufstehen. (als) Der Lehrer trat ins Zimmer herein. 11. Ich weiss nicht, (ob) Der Autobus fährt um sieben Uhr ab. 12. Weisst du? (ob) Wir haben eine Aufgabe für morgen.**

NOTES: 1. **eine Aufgabe machen** to do an assignment. 2. **ein Examen machen** to take an examination. 3. The children are to wash their hands. (*Lit.* to wash to themselves the hands.)

### Grammar Review and Exercises

**4. Past tense of weak and strong verbs** (Chapter 19, Grammar Notes 4, 6; Chapter 20, Grammar Note 1.)

*Exercise No. 114.* Change this passage to the past tense.

**Beispiel: 1. Ich stand jeden Werktag früh auf.**

**1. Ich stehe jeden Werktag früh auf. 2. Ich wasche und rasiere mich. 3. Ich ziehe mich schnell an. 4. Meine Frau und ich frühstücken zusammen. 5. Nach dem Frühstück fahre ich nach der Station mit dem Auto. 6. Viele Leute warten schon auf dem Bahnsteig.**[1] **7. Der Zug kommt bald an. 8. Ich steige mit vielen anderen Passagieren in den Zug ein. 9. Der Zug fährt in einigen Minuten ab. 10. Auf dem Zug versuchen**[2] **einige Passagiere ein bisschen**[3] **zu schlafen.**

NOTES: 1. **der Bahnsteig** *pl.* **-e** platform. 2. **versuchen** to try. 3. **ein bisschen** a little, a little bit.

**11. Andere lesen Zeitungen, Bücher oder Zeitschriften. 12. In einer halben Stunde kommt der Zug in New York an, und alle Passagiere steigen aus.**

### 5. Expressions of definite time and duration of time

Nouns used in expressions of definite time or duration of time (*without prepositions*) are in the accusative case.

| | |
|---|---|
| **Jeden Werktag arbeitet er acht Stunden.** | He works eight hours every workday. |
| **Er arbeitete nur einen Monat hier.** | He worked here only a month. |

| | | | | | |
|---|---|---|---|---|---|
| **jeden Tag** | every day | **einen Tag** | for one day | **den ganzen Tag** | the whole day |
| **jede Woche** | every week | **eine Woche** | for one week | **die ganze Woche** | the whole week |
| **jedes Jahr** | every year | **ein Jahr** | for one year | **das ganze Jahr** | the whole year |

## Der erste Dialog

## ZWEI FREUNDE BEGEGNEN SICH AUF DER STRASSE

**— Wie geht's, mein Freund?**
**— Ich fühle mich nicht wohl.**
**— Was fehlt dir?**
**— Ich habe Kopfschmerzen.**
**— Das tut mir leid. Warum nimmst du denn nicht etwas Aspirin?**
**— Das tue ich, sobald ich nach Hause komme.**

## The First Dialogue

## TWO FRIENDS MEET ON THE STREET

— How are you, my friend?
— I don't feel well.
— What's the matter with you?
— I have a headache.
— I'm sorry to hear that. Well, why don't you take some aspirin?
— I'll do that as soon as I get home.

## Der zweite Dialog

## The Second Dialogue

## ICH HABE HUNGER

**— Wollen wir etwas essen?**
**— Mit Vergnügen. Ich habe Hunger. Kennen Sie ein gutes Restaurant?**
**— Eine kurze Strecke gerade aus ist ein Restaurant mit guter deutscher Küche.**
**— Gut. Gehen wir dahin.**

— Shall we eat something?
— With pleasure. I'm hungry. Do you know a good restaurant?
— A short distance straight ahead there is a restaurant serving good German cooking.
— Fine. Let's go there.

*Exercise No. 115.* **Lesestück**

## HERR CLARK WAR KRANK

**Am Donnerstag, den zwanzigsten April, um acht Uhr abends erreichte Herr Müller das Haus seines Schülers. Der ältere Sohn, ein Junge von zwölf Jahren, öffnete die Tür und grüsste[1] den Lehrer höflich.[2] Sie gingen in das Wohnzimmer, wo Herr Clark gewöhnlich seinen Lehrer erwartete.**

**Aber heute Abend war er nicht da. Frau Clark war auch nicht da. Herr Müller wunderte sich[3] sehr und fragte den Jungen: „Wo ist denn dein Papa?" Der Sohn antwortete traurig:[4] „Der Papa ist krank. Er ist im Bett, denn er hat eine Erkältung[5] mit Fieber. Mutter versuchte Sie anzurufen, um Ihnen zu sagen, Sie sollten heute Abend nicht kommen. Das Telephonfräulein[6] sagte aber, Ihr Telephon ist ausser Ordnung."[7]**

**Der Lehrer sagte: „Es tut mir leid, dass Herr Clark krank ist. Ich wünsche ihm gute Besserung.[8] Wenn er nächste Woche wieder gesund und munter[9] ist, können wir zwei Stunden nacheinander[10] studieren. Also bis auf den nächsten Dienstag. Adieu, Junge." Der Knabe erwiderte: „Adieu, Herr Müller."**

NOTES: 1. **grüssen** to greet. 2. politely. 3. **sich wundern** to wonder, be surprised. 4. sadly. 5. a cold. 6. telephone operator. 7. out of order. 8. recovery. 9. cheerful. 10. one after the other, in succession.

# CHAPTER 24

## MÖGEN SIE DAS KINO?

1. **Eines Abends**[1] **war Herr Clark allein zu Hause, als Herr Müller bei ihm eintrat. Frau Clark war im Kino mit den Kindern. Daher war ein Gespräch über das Kino und das Theater sehr passend. Das Gespräch folgt.**
2. **Herr Clark, Sie wissen nun, wie man um Auskunft über die Vorstellungen im Kino bittet. Sagen Sie mir aber: Mögen Sie das Kino?**
3. **Dann und wann sehe ich gern einen guten Film, aber im allgemeinen habe ich kein Interesse für das Kino. Es ist eigentlich nicht nach meinem Geschmack.**
4. **Dann gehen Sie lieber ins Theater?**
5. **Ohne Zweifel. Meine Frau und ich haben es viel lieber. Wir besuchen das Theater von Zeit zu Zeit und geniessen ein gutes Lustspiel, ein Drama oder eine Operette.**
6. **Wenn Sie das Theater besuchen, sitzen Sie lieber in einer Loge, im Parkett, oder im Rang (Balkon)?**
7. **Wir sitzen lieber im Parkett, aber das ist meistens zu teuer für uns. Deswegen sitzen wir gewöhnlich im ersten Rang, erste, zweite, dritte Reihe, oder sogar weiter hinten.**
8. **Und Ihre Kinder? Gehen sie auch lieber ins Theater?**
9. **Ach nein! Die ziehen es nicht vor. Sie lieben Schauspiele und Musikfilme in Naturfarben, die für uns sehr langweilig sind.**
10. **Die Kinder kennen die „Filmstars" nicht wahr?**
11. **Natürlich. Sie kennen sie alle sehr wohl. Sie kennen auch die berühmten Schauspieler und Schauspielerinnen vom Fernsehen.**
12. **Gibt es ein Filmtheater in der Nähe Ihrer Wohnung?**
13. **Jawohl. Wir haben ein Kino ganz in der Nähe. Wir können in zehn Minuten zu Fuss dahingehen.**
14. **Welche Plätze haben die Kinder lieber im Kino, die Plätze in den ersten Reihen oder die Plätze weiter hinten?**

1. One evening Mr. Clark was at home alone when Mr. Müller came into his house. Mrs. Clark was at the movies with the children. Therefore a conversation about the movies and the theater was quite apropos. The conversation follows.
2. Mr. Clark, you already know how to ask for information about performances at the movies. But tell me: Do you like the movies?
3. Now and then I like to see a good film, but in general I have no interest in the movies. They are really not to my taste.
4. Then you prefer to go to the theater?
5. Without doubt. My wife and I like it much better. We go to the theater from time to time and enjoy a good comedy, a drama or a musical comedy.
6. When you go to the theater, do you prefer to sit in a box, in the orchestra or in the balcony?
7. We prefer to sit in the orchestra, but that is for the most part too expensive for us. Therefore we usually sit in the first balcony, first, second, third row, or even farther back.
8. And your children. Do they, too, prefer to go to the theater?
9. Oh no! They do not prefer it. They love plays and musicals in color, which are very tiresome for us.
10. The children know the stars of the movies, don't they?
11. Of course. They know them all very well. They also know the famous actors and actresses of television.
12. Is there a movie theater near your home?
13. Yes indeed. We have a movie theater very near us. We can walk there in ten minutes.
14. Which seats do the children prefer at the movies, the seats in the first rows or the seats farther back?

NOTE 1. The genitive case may be used to express indefinite time: **eines Tages** one day, **eines Abends** one evening.

15. **Sie sitzen gerne in der zwölften, dreizehnten, vierzehnten oder fünfzehnten Reihe. Von da kann man gut sehen und hören.**
16. **Und was tun Sie, wenn die meisten Plätze besetzt sind?**
17. **Dann nehmen wir eben irgendwelche freien Plätze, ob vorne oder hinten oder an der Seite. Aber wir mögen solche Plätze nicht. Daher kommen wir immer zeitig.**
18. **Herrlich, Herr Clark! Ihr Fortschritt ist erstaunlich.**
19. **Dafür kann ich Ihnen danken, Herr Müller.**

15. They like to sit in the twelfth, thirteenth, fourteenth or fifteenth row. From there one can see and hear well.
16. And what do you do if most of the seats are occupied?
17. Then we take any vacant seats whatever, whether in front or rear or at the side. But we don't like such seats. Therefore we always come early.
18. Splendid, Mr. Clark! Your progress is amazing.
19. For this I can thank you, Mr. Müller.

## Wortschatz

**der Balkón, der Rang** balcony
**das Drama** *pl.* **-en** drama
**die Eintrittskarte** *pl.* **-n** admission ticket
**das Interésse** *pl.* **-n** interest
**die Loge** *pl.* **-n** box (in theater)
**das Lustspiel** *pl.* **-e** comedy
**die Operétte** *pl.* **-n** light opera, musical comedy
**das Parkétt** *pl.* **-e** orchestra (part of theater)
**der Platz** *pl.* **⸚e** seat, place
**die Reihe** *pl.* **-en** row

**der Schauspieler** *pl.* **-** actor
**dahin-gehen** to go there (*past* **er ging . . . dahin**)
**geniessen** to enjoy (*past* **er genoss**)
**vor-ziehen** to prefer (*past* **er zog . . . vor**)
**berühmt** famous
**besétzt** occupied; **frei** vacant, free
**erstáunlich** astonishing
**eigentlich** really
**hinten** in back; **vorne** in front
**irgenwelche** any . . . whatsoever

## Deutsche Ausdrücke

**ohne Zweifel** without doubt
**nach meinem Geschmack** to my taste
**Was spielt heute abend (morgen, diese Woche)?** What is playing this evening (tomorrow, this week)?
**Sind noch Plätze für heute abend zu haben?** Are there any seats left (to be had) for this evening?
**Nur noch im ersten Balkon.** Only in the first balcony.
**Ich möchte zwei Plätze im Parkett.** I should like two seats in the orchestra.
**Das Parkett ist ausverkauft.** The orchestra is sold out.
**Die Plätze sind alle besetzt.** All the seats are taken.
**Es sind keine Plätze frei.** No seats are vacant.

## Grammar Notes and Practical Exercises

### 1. The ordinal numerals

The cardinal numerals are 1, 2, 3, 4, etc. The ordinal numerals are the first, second, third, fourth, etc. Learn the ordinals in German.

| | | | | | |
|---|---|---|---|---|---|
| **der erste** | 1st | **der neunte** | 9th | **der vierzigste** | 40th |
| **der zweite** | 2nd | **der zehnte** | 10th | **der fünfzigste** | 50th |
| **der dritte** | 3rd | **der elfte** | 11th | **der sechzigste** | 60th |
| **der vierte** | 4th | **der zwölfte** | 12th | **der siebzigste** | 70th |
| **der fünfte** | 5th | **der dreizehnte** | 13th | **der achtzigste** | 80th |
| **der sechste** | 6th | **der neunzehnte** | 19th | **der neunzigste** | 90th |
| **der siebente (siebte)** | 7th | **der zwanzigste** | 20th | **der hundertste** | 100th |
| **der achte** | 8th | **der dreissigste** | 30th | **der letzte** | last |

Ordinal numerals are formed by adding **-te** to the cardinal numerals up to 19, and **-ste** to those above 19. **der erste** and **der dritte** are irregular.

Ordinal numerals are adjectives and take case endings like other adjectives. Thus:

| | | | |
|---|---|---|---|
| *N.* | **der erste Tag** | **die zweite Woche** | **das dritte Jahr** |
| *G.* | **des ersten Tages** | **der zweiten Woche** | **des dritten Jahres** |
| *D.* | **dem ersten Tag** | **der zweiten Woche** | **dem dritten Jahr** |
| *A.* | **den ersten Tag** | **die zweite Woche** | **das dritte Jahr** |

*Exercise No. 116.* Read aloud.

1. **Die Woche hat sieben Tage. In Deutschland ist der Montag der erste Tag der Woche und der Sonntag der siebente. In Amerika ist der Sonntag der erste Tag der Woche und der Samstag der siebente.**
2. **Das Jahr hat vier Jahreszeiten. Die erste Jahreszeit ist der Frühling; die zweite ist der Sommer; die dritte ist der Herbst; die vierte ist der Winter.**
3. **Das Jahr hat zwölf Monate. Der erste Monat ist der Januar; der zwölfte ist der Dezember. Der letzte Monat des Jahres ist der Dezember.**
4. **Wo sitzen Sie am liebsten? Ich sitze am liebsten in der vierten Reihe des Parketts. Wo sitzt Heinrich am liebsten? Er sitzt am liebsten in der ersten Reihe des ersten Ranges.**

2. *Das Datum.* The date

| | |
|---|---|
| **Der wievielte** (*vee-féel-te*) **ist heute?** | What date is today? |
| **Den wievielten haben wir heute?** | What date have we today? |
| **Heute ist der 1. Mai (der erste Mai).** | Today is May 1. |
| **Gestern war der 30. April (der dreissigste April).** | Yesterday was April 30. |
| **Vorgestern war der 29. April (der neunundzwanzigste April).** | The day before yesterday was April 29. |
| **Lincolns Geburtstag ist am 12. Februar (am zwölften Februar).** | Lincoln's birthday is on February 12. |

A period (.) after a numeral is an abbreviation of the ordinal. Thus: **der 1. Mai** = **der erste Mai; der 8. Juni** = **der achte Juni.**

*On* a certain date = **am** + ordinal + month. Thus: **am 1. Mai (am ersten Mai)** = May 1; **am 31. Dezember (am einunddreissigsten Dezember)** = December 31; **am 12. Februar (am zwölften Februar)** = February 12.

*Exercise No. 117.* Read each sentence aloud. Write out in full each date.

**Beispiel: 1. am zweiundzwanzigsten Februar.**

**1. Washingtons**[1] **Geburtstag ist am 22. Februar. 2. Herrn Clarks Geburtstag ist am 27. August. 3. Karls Geburtstag ist am 19. Juni. 4. Wilhelms Geburtstag ist am 20. Januar. 5. Annas Geburtstag ist am 9. Juli. 6. Maries Geburtstag ist am 10. Mai. 7. Frau Clarks Geburtstag ist am 22. März. 8. Der Frühling beginnt am 21. März. 9. Der 1. Januar ist Neujahrstag. 10. Heute lernen wir das 24. Kapitel.**

NOTE 1. In the case of names the genitive of possession is commonly used *before* the noun. The ending **s** corresponds here to the English *'s* and is used with both masculine and feminine names. Thus: **Washingtons (Lincolns, Karls, Annas, Frau Clarks, Herrn Clarks) Geburtstag.**

*Exercise No. 118.* **Fragen**

Lesen Sie noch einmal den Text: **Mögen Sie das Kino?** und dann beantworten Sie diese Fragen!

**1. Wer war eines Abends allein zu Hause? 2. Wer trat bei ihm ein? 3. Warum war ein Gespräch über das Kino und das Theater an diesem Abend sehr passend? 4. Was sieht Herr Clark dann und wann gern? 5. Was aber ist eigentlich nicht nach seinem Geschmack? 6. Geht er lieber ins Theater oder ins Kino? 7. Was geniessen Herr und Frau Clark? 8. Warum sitzen sie gewöhnlich nicht im Parkett? 9. In welcher Reihe des ersten Ranges sitzen sie gewöhnlich? 10. Was ziehen die Kinder vor, das Theater oder das Kino? 11. Wo befindet sich das Filmtheater, in der Nähe oder weit vom Hause der Familie Clark? 12. Gehen sie zu Fuss dahin, oder fahren sie? 13. In welcher Reihe sitzen sie gerne? 14. Wessen Fortschritt im Studium der deutschen Sprache ist erstaunlich?**

# CHAPTER 25

## WICHTIGE DATEN IN DER GESCHICHTE DEUTSCHLANDS

**1. Herr Clark, Sie haben die deutschen Zahlen gut gelernt. Sie wissen schon, wie man richtig und rasch rechnet. Heute üben wir Zahlen in Form von historischen Daten. Ich zitiere wichtige Daten in der deutschen Geschichte. Sie müssen für jedes Datum ein wichtiges Ereignis angeben.**

**2. Schön. Also fangen wir an. Ich bin bereit.**

**3. Also, was geschah im Jahre 9 A.D. (neun Jahre nach Christi Geburt)?**

**4. Das ist altdeutsche Geschichte. Die Antwort ist: die Hermanns-Schlacht. In dieser Schlacht hat der deutsche Held Hermann ein römisches Heer geschlagen.**

**5. Gut. Und jetzt kommen einige moderne Daten: der 18. (achtzehnte) Januar 1871.**

**6. Wie nett von Ihnen. Das ist kinderleicht. Der 18. Januar 1871 (achtzehnhunderteinundsiebzig) ist das Datum der Vereinigung Deutschlands. Aus vielen Staaten hat man ein neues deutsches Reich gebildet.**

**7. Richtig. Wer war der erste Kanzler des neuen deutschen Reiches?**

**8. Das war Otto von Bismarck, „der eiserne Kanzler" und „der Mann von Blut und Eisen."**

**9. Sehr gut. Was geschah am 11. (elften) November 1918 (neunzehnhundertachtzehn)?**

**10. An jenem Tage fand der Waffenstillstand des ersten Weltkrieges statt.**

**11. Richtig. Nun, der 18. (achtzehnte) März 1933 (neunzehnhundertdreiunddreissig).**

**12. Das ist für Deutschland und für die Welt ein**

1. Mr. Clark, you have learned German numerals well. You already know how one calculates quickly and correctly. Today we shall practice numerals in the form of historical dates. I shall cite some important dates in German history. You must mention an important event for each date.

2. Good. Let's begin. I am ready.

3. Well, what happened in the year 9 A.D. (nine years after the birth of Christ)?

4. That's ancient German history. The answer is: the Hermann Battle. In this battle the German hero Hermann defeated a Roman army.

5. Good. And now come some modern dates: January 18, 1871.

6. How nice of you. That is too easy. January 18, 1871, is the date of the unification of Germany. From many states they formed a new German empire.

7. Right. Who was the first chancellor of the new German empire?

8. That was Otto von Bismarck, "the Iron Chancellor" and "the man of blood and iron."

9. Very good. What happened on November 11, 1918?

10. On that day the Armistice of the First World War took place.

11. Right. Now March 11, 1933.

12. That is a bad date for Germany and the world.

schlechtes Datum. Es bezeichnet den Anfang der Diktatur Hitlers und seiner Nazis oder „Braunhemden."

It denotes the beginning of the dictatorship of Hitler and his Nazis or "Brownshirts."

13. Richtig. Lassen Sie uns nun mit den Fragen fertig werden. Noch ein Datum: der 30. (dreissigste) April 1945.

13. Correct. Let us now finish with the questions. One more date: April 30, 1945.

14. Das ist ein sehr gutes Datum. Es bezeichnet den Niedergang und den Tod Adolf Hitlers.

14. That is a very good date. It denotes the fall and death of Adolph Hitler.

15. Sehr gut. Es ist klar, Sie kennen die Geschichte Deutschlands ebenso gut wie das Geldsystem. Wir haben eine interessante Stunde gehabt. Sie haben alle meine Fragen richtig beantwortet.

15. Very good. It is evident that you know the history of Germany as well as its monetary system. We have had an interesting lesson. You have answered all my questions correctly.

16. Vielen Dank. Ich habe deutsche Geschichte in der Schule gelernt, und wie Sie sehen, habe ich nicht alles vergessen.

16. Many thanks. I learned German history in school, and as you see I have not forgotten everything.

## Wortschatz

**der Anfang** *pl.* **⸚e** beginning
**das Ende** *pl.* **-en** end
**das Blut** blood; **das Eisen** iron
**das Heer** (*hayr*) *pl.* **-e** army
**der Krieg** *pl.* **-e** war; **der Frieden** peace
**der Staat** (*shtaht*) *pl.* **-en** state
**die Stadt** (*shtătt*) *pl.* **⸚e** city
**an-geben** to mention, indicate
**bezeichnen** to denote, indicate
**schlagen** to hit, beat, defeat
**statt-finden** to take place
**vergéssen** to forget
**zitíeren** to cite
**altdeutsch** old (ancient) German
**eisern** iron (*adj.*)
**histórisch** historical
**römisch** Roman (*adj.*)

## Deutsche Ausdrücke

**mit Vergnügen** with pleasure
**es ist mir klar** it is evident (clear) to me
**es ist ihm (ihr, Ihnen, etc.) klar** it is evident to him (to her, to you, etc.)
**A.D. = nach Christi Gebúrt** after the birth of Christ (also *n. Chr.*)
**A.Ch. = vor Christi Gebúrt** before the birth of Christ (also *v. Chr.*)

## Grammar Notes and Practical Exercises

**1. The present perfect tense**

The present perfect tense in English is formed by the auxiliary verb *have* + the past participle of a verb. Thus: *I have learned; you have worked; he has seen; they have spoken.* Observe the present perfect tense in German:

**lernen** to learn

*I have learned the numerals well.*
*You have learned the numerals well; etc.*

**Ich habe** die Zahlen gut **gelernt.**
**Du hast** die Zahlen gut **gelernt.**
**Er hat** die Zahlen gut **gelernt.**
**Wir haben** die Zahlen gut **gelernt.**
**Ihr habt** die Zahlen gut **gelernt.**
**Sie haben** die Zahlen gut **gelernt.**

**sehen** to see

*I have not seen the new film.*
*You have not seen the new film; etc.*

**Ich habe** den neuen Film nicht **gesehen.**
**Du hast** den neuen Film nicht **gesehen.**
**Er hat** den neuen Film nicht **gesehen.**
**Wir haben** den neuen Film nicht **gesehen.**
**Ihr habt** den neuen Film nicht **gesehen.**
**Sie haben** den neuen Film nicht **gesehen.**

a. The present perfect tense of most verbs in German is formed by the auxiliary **haben** + the past participle of the main verb.

b. The past participle stands at the end of a simple sentence or main clause.

**2. Formation of the past participle**

| *Weak (Regular) Verbs* | | *Strong (Irregular) Verbs* | |
|---|---|---|---|
| ich habe **gelernt** | I have *learned* | **habe ich geschrieben?** | have I *written*? |
| du hast **gearbeitet** | you have *worked* | **hast du gelesen?** | have you *read*? |
| er hat **gerechnet** | he has *figured* | **hat sie gesprochen?** | has she *spoken*? |
| wir haben **gekauft** | we have *bought* | **haben wir gestanden?** | have we *stood*? |
| ihr habt **gemacht** | you have *made* | **habt ihr gesehen?** | have you *seen*? |
| sie haben **aufgemacht** | they have *opened* | **haben sie angesehen?** | have they *looked at*? |
| Sie haben **verkauft** | you have *sold* | **haben Sie verstanden?** | have you *understood*? |

a. The past participle of weak verbs is formed by adding **-t** or **-et** to the infinitive stem and prefixing **ge-**. The ending **-et** is used when the stem ends in **-t** or **-d**, and after certain consonant groups, for ease in pronunciation (**ge-arbeit-et, ge-red-et, ge-rechn-et, ge-öffn-et**).

b. The past participle of strong verbs has the ending **-en** and the prefix **ge-**.

c. Verbs with separable prefixes form their past participles like the simple verbs, and the prefix **ge-** stands between the separable prefix and the verb (**aufgemacht, angesehen**).

d. Verbs with inseparable prefixes (**be-, emp-, ent-, er-, ge-, ver-, zer-**) do not add the prefix **ge-** to the past participle (**verkauft, verstanden**).

*Exercise No. 119.* Complete these sentences with the past participle of the verb in parenthesis.

**Beispiel: 1. Er hat die neuen Wörter gelernt.**

1. **Er hat die neuen Wörter (lernen).**
2. **Ich habe ihn heute nicht (sehen).**
3. **Sie haben gut (antworten).**
4. **Hat Heinrich schwer (arbeiten)?**
5. **Er hat gestern einen Brief (schreiben).**
6. **Hast du das Porträt (ansehen)?**
7. **Der Tisch hat hier (stehen).**
8. **Die Schüler haben gut (rechnen).**
9. **Die Knaben haben zu viel (reden).**
10. **Niemand hat Deutsch (sprechen).**
11. **Was haben Sie ihnen (verkaufen)?**
12. **Sie hat einen neuen Hut (kaufen).**

**3. The prinicipal parts of verbs**

**Weak Verbs (Regular). No Vowel Change in Stem Vowel**

| *Infinitive* | *Present* (er, sie, es) | *Past* (ich, er, sie, es) | *Present Perfect* (er, sie, es) |
|---|---|---|---|
| **lernen** | **er lernt** | **lernte** | **hat gelernt** |
| **fragen** | **er fragt** | **fragte** | **hat gefragt** |
| **reden** | **er redet** | **redete** | **hat geredet** |
| **antworten** | **er antwortet** | **antwortete** | **hat geantwortet** |
| **verkaufen** | **er verkauft** | **verkaufte** | **hat verkauft** |
| **haben** | **er hat** | **hatte** | **hat gehabt** |

**Strong Verbs (Irregular). The Stem Vowel Changes**

| | | | |
|---|---|---|---|
| **schreiben** to write | **er schreibt** | **schrieb** | **hat geschrieben** |
| **geben** to give | **er gibt** | **gab** | **hat gegeben** |
| **an-geben** to mention | **er gibt . . . an** | **gab . . . an** | **hat angegeben** |
| **lesen** to read | **er liest** | **las** | **hat gelesen** |
| **sehen** to see | **er sieht** | **sah** | **hat gesehen** |
| **an-sehen** to look at | **er sieht . . . an** | **sah . . . an** | **hat angesehen** |
| **sprechen** to speak | **er spricht** | **sprach** | **hat gesprochen** |
| **vergessen** to forget | **er vergisst** | **vergass** | **hat vergessen** |
| **nehmen** to take | **er nimmt** | **nahm** | **hat genommen** |
| **sitzen** to sit | **er sitzt** | **sass** | **hat gesessen** |

| | | | |
|---|---|---|---|
| **liegen** to lie | **er liegt** | **lag** | **hat gelegen** |
| **stehen** to stand | **er steht** | **stand** | **hat gestanden** |
| **verstehen** to understand | **er versteht** | **verstand** | **hat verstanden** |
| **finden** to find | **er findet** | **fand** | **hat gefunden** |
| **statt-finden** to take place | **er findet . . . statt** | **fand . . . statt** | **hat stattgefunden** |
| **trinken** to drink | **er trinkt** | **trank** | **hat getrunken** |
| **schlagen** to hit, defeat | **er schlägt** | **schlug** | **hat geschlagen** |

All weak verbs have a like pattern, so that it is not necessary to memorize the principal parts of each verb separately.

The principal parts of strong verbs have vowel changes and must be memorized. A foreigner learning English has a similar problem. He must learn the irregular verb forms such as: *speak, spoke, spoken; give, gave, given; write, wrote, written;* etc.

**4. Use of the past and present perfect tenses**

In German both the past and present perfect are used to express past time.

**Er kaufte sich gestern einen Hut.**
**Er hat sich gestern einen Hut gekauft.** } He bought himself a hat yesterday.

In conversation the present perfect is generally used.

| | |
|---|---|
| **Haben Sie dem Heinrich geschrieben?** | Have you written to Henry? |
| **Ja, ich habe ihm gestern geschrieben.** | Yes, I wrote to him yesterday. |

However, to narrate a sequence of events, the past tense is preferable.

| | |
|---|---|
| **Ich stand um sieben Uhr auf.** | I got up at seven o'clock. |
| **Ich zog mich schnell an.** | I dressed quickly. |
| **Ich frühstückte, usw.** | I had breakfast, etc. |

*Exercise No. 120.* Change these sentences to the present perfect tense.

Beispiel: 1. Herr Clark **hat** einen Brief an seinen Vertreter **geschrieben.**

**1. Herr Clark schreibt einen Brief an seinen Vertreter. 2. Wir geben dem Vater eine Füllfeder zum Geburtstag. 3. Ich trinke ein Glas Bier beim Mittagessen. 4. Ich lese die Geschichte Deutschlands. 5. Die Kinder sitzen vor dem Fernsehapparat. 6. Sie antwortet richtig auf alle Fragen. 7. Was fragt der Lehrer? 8. Arbeiten Sie den ganzen Tag? 9. Jeden Abend hören wir ein Musikprogramm. 10. Was sehen die Kinder im Büro des Vaters? 11. Ich beantworte alle Fragen.**

*Exercise No. 121.* Practice these short dialogues aloud.

1. **— Hat der Lehrer schwere Fragen an Herrn Clark gestellt? — Jawohl. Er hat einige sehr schwere Fragen an ihn gestellt. — Hat Herr Clark richtig geantwortet? — Ja, er hat auf alle Fragen richtig geantwortet.**

2. **— Haben Sie einen Brief an Ihren Freund geschrieben? — Ich habe ihm vor zwei Wochen geschrieben. — Haben Sie schon eine Antwort bekommen? — Eben heute habe ich eine lange Antwort bekommen, aber ich habe sie noch nicht gelesen.**

1. — Did the teacher ask Mr. Clark difficult questions? — Yes, indeed. He asked him several very difficult questions. — Did Mr. Clark answer correctly? — Yes, he answered all the questions correctly.

2. — Have you written a letter to your friend? — I wrote to him two weeks ago. — Have you already received an answer? — Only today I received a long answer, but I haven't read it yet.

*Exercise No. 122.* Lesen Sie noch einmal den Text: **Wichtige Daten in der Geschichte Deutschlands,** und dann beantworten Sie diese Fragen!

**1. Wer hat die deutschen Zahlen gut gelernt? 2. Was üben die Herren heute? 3. Was zitiert der Lehrer? 4. Was muss Herr Clark tun? 5. Wer hat im Jahre 9 A.D. ein römisches Heer geschlagen? 6. Was haben die Deutschen im Jahre 1871 aus vielen Staaten gebildet? 7. Wie**

**hiess der erste Kanzler des neuen deutschen Reiches? 8. Wer hat die Deutschen im ersten Weltkrieg besiegt? 9. In welchem Jahre hat die Diktatur von Hitler angefangen? 10. Welches Jahr bezeichnet den Niedergang Adolf Hitlers? 11. Wie hat Herr Clark alle Fragen beantwortet?**

# CHAPTER 26

## WIE HERR CLARK GEWÖHNLICH DEN SONNTAG VERBRINGT

**— Herr Clark, Sie haben mir schon erzählt, wie Sie einen typischen Werktag verbringen. Seien Sie[1] so gut und erzählen Sie mir jetzt, wie Sie den vorigen Sonntag verbracht haben.**

— Mr. Clark, you have already told me how you spend a typical weekday. Be so kind as to tell me now, how you spent last Sunday.

**— Mit Vergnügen, Herr Müller.**

— With pleasure, Mr. Müller.

**Vorgestern war Sonntag. Ich bin erst um halb zehn aufgestanden. An Werktagen stehe ich, wie Sie wissen, um sechs Uhr auf. Ich habe mich gewaschen, rasiert und angezogen. Meine Frau und Kinder waren vor mir aufgestanden; aber sie hatten noch nicht gefrühstückt. Um zehn Uhr haben wir uns alle zum Frühstück gesetzt. Am Sonntag freuen wir uns natürlich, die Mahlzeiten zusammen zu nehmen.**

The day before yesterday was Sunday. I did not get up until half past nine. On weekdays, as you know, I get up at six o'clock. I washed, shaved and dressed. My wife and children had gotten up before me; but they had not yet had breakfast. At ten o'clock all of us sat down to breakfast. On Sunday we are naturally happy to have our meals together.

**— Und nach dem Frühstück?**

— And after breakfast?

**— Nach dem Frühstück habe ich die Zeitung gelesen. In der Sonntagszeitung interessiert mich besonders die Beilage für auswärtige Neuigkeiten, und auch die Zeitungsbeilage. Ich interessiere mich auch für die Geschäftsbeilage, wie Sie sich wohl vorstellen können.**

— After breakfast I read the newspaper. In the Sunday newspaper the foreign news section interests me especially and also the supplement. I am also interested in the business section, as you can well imagine.

**Die Sportnachrichten habe ich gar nicht angeschaut. Ich interessiere mich nicht für Sport. Meine zwei Jungen interessieren sich riesig dafür besonders für Fussball und Baseball.**

I did not look at the sports news at all. I am not interested in sports. My two boys are mightily interested in these, especially in football and baseball.

**— Was taten die Kinder, während Sie die Zeitung lasen?**

— What were the children doing while you were reading the newspaper?

**— Die jüngeren sassen vor dem Fernsehapparat, und die älteren besuchten Freunde in der Nachbarschaft.**

— The younger ones were watching television, and the older ones were visiting friends in the neighborhood.

**Um ein Uhr haben wir uns zum Mittagessen gesetzt. Meine Frau hatte eine schmackhafte Mahlzeit bereitet, und alle liessen es sich gut schmecken.**

At one o'clock we sat down to dinner. My wife had prepared a tasty meal and everybody enjoyed eating it.

**— Und nach dem Mittagessen?**

— And after dinner?

**— Nach dem Mittagessen haben die Kinder uns geplagt. Sie wollten ins Kino gehen. Wir mussten also mit ihnen ins Kino! Da haben meine Frau und ich uns furchtbar gelangweilt, aber die Kinder haben sich gut amüsiert.**

— After dinner the children pestered us. They wanted to go to the movies. So we had to go with them to the movies! There my wife and I were terribly bored, but the children enjoyed themselves very much.

**Vom Kino sind wir nach Hause gegangen.**

From the movies we went home. After supper

| | |
|---|---|
| **Nach dem Abendbrot habe ich an einen Freund geschrieben, der neulich eine Reise nach Deutschland gemacht hat. Dann habe ich einige Kurzgeschichten in meinem deutschen Lesebuch gelesen.** | I wrote a letter to a friend who has recently taken a trip to Germany. Then I read a few short stories in my German reader. |
| **Um elf Uhr bin ich zu Bett gegangen.** | At eleven o'clock I went to bed. |
| **— Ausgezeichnet, Herr Clark. Sie haben ja alles schön erzählt. Ihre Aussprache war besonders gut.** | — Excellent, Mr. Clark. You have related everything very nicely. Your pronunciation was especially good. |
| **— Dafür muss ich Ihnen danken, Herr Müller.** | — For this I must thank you, Mr. Müller. |
| **— Danke, Sie sind sehr liebenswürdig.** | — Thank you, you are very kind. |

NOTE 1. The imperative of **sein**: **Sei gut! Seid gut! Seien Sie gut!** Be good.

## Wortschatz

**die Aussprache** *pl.* **-n** pronunciation
**die Beilage** *pl.* **-n** section, supplement
**der Fernsehapparát** *pl.* **-e** television set
**die Kurzgeschichte** *pl.* **-n** short story
**das Lesebuch** *pl.* **⸗er** reader, reading book
**die Nachbarschaft** *pl.* **-en** neighborhood
**die Zeitschrift** *pl.* **-en** magazine
**bereíten** to prepare
**sich langweilen** to be bored
**sich interessíeren für** to be interested in
**plagen** to bother, to pester
**verbríngen** to spend (time)
**sich vorstellen** to imagine
**auswärtig** foreign
**furchtbar** terrible, terribly
**schmackhaft** tasty

## Strong Verbs. Principal Parts

| | | | |
|---|---|---|---|
| **lassen** to let, to leave | **er lässt** | **liess** | **hat gelassen** |
| **sich waschen** to wash oneself | **er wäscht sich** | **wusch sich** | **hat sich gewaschen** |
| **sich an-ziehen** to dress oneself | **er zieht sich an** | **zog sich an** | **hat sich angezogen** |

## Deutsche Ausdrücke

**zu Bett gehen** to go to bed
**sich interessieren für** to be interested in
**Wir interessieren uns nicht für Sport.** We are not interested in sports.
**schmecken** to taste (*takes no object*)
**versuchen** to try, to taste (*takes an object*)

**Das Fleisch schmeckt gut.** The meat tastes good.
**Sie liessen es sich gut schmecken.** They enjoyed eating (*lit.* They let it taste good to themselves).
**Haben Sie diese Suppe versucht?** Have you tasted this soup?

## Grammar Notes and Practical Exercises

**1. The past perfect**

I had learned, you had learned, etc.

**Ich hatte** Deutsch **gelernt.**
**Du hattest** Deutsch **gelernt.**
**Er, sie, es hatte** Deutsch **gelernt.**
**Wir hatten** Deutsch **gelernt.**
**Ihr hattet** Deutsch **gelernt.**
**Sie hatten** Deutsch **gelernt.**

I had not seen him, you had not seen him, etc.

**Ich hatte** ihn nicht **gesehen.**
**Du hattest** ihn nicht **gesehen.**
**Er, sie, es hatte** ihn nicht **gesehen.**
**Wir hatten** ihn nicht **gesehen.**
**Ihr hattet** ihn nicht **gesehen.**
**Sie hatten** ihn nicht **gesehen.**

The past perfect of most German verbs is formed by the past tense of the auxiliary **haben (hatte)** + the past participle of the verb.

The past perfect is used for events which happened in the past before other events happened.

| | |
|---|---|
| **Ich hatte Deutsch gelernt, bevor ich die Reise nach Deutschland machte.** | I had learned German before I took the trip to Germany. |
| **Er war sehr müde, denn er hatte eine lange Reise gemacht.** | He was very tired, for he had taken a long trip. |

**2. The past participles of verbs ending in *-ieren***

| | |
|---|---|
| **Ich hatte vier Jahre auf der Universität Jena studiert.** | I had studied four years at the university of Jena. |
| **Die Kinder haben sich gut amüsiert.** | The children have enjoyed themselves greatly. |

The past participle of verbs in **-ieren** does not have the prefix **ge-**.

Some **-ieren** verbs you have met are: **studíeren** to study; **reservíeren** to reserve; **sich rasíeren** to shave oneself; **interessíeren** to interest; **sich interessieren für** to be interested in; **sich amüsíeren** to enjoy oneself, to have a good time.

*Exercise No. 123.* Change these sentences from the present perfect to the past perfect.

**Beispiel: 1. Sie hatten mir von einem typischen deutschen Werktag erzählt.**

**1. Sie haben mir von einem typischen deutschen Werktag erzählt. 2. Er hat sich schnell gewaschen und angezogen. 3. Unsere Familie hat schon gefrühstückt. 4. Der Vater hat die Sonntagszeitung gelesen. 5. Um sieben Uhr haben wir uns zum Abendessen gesetzt. 6. Die Mutter hat immer eine schmackhafte Mahlzeit bereitet. 7. Der Kaufmann hat die Geschäftsbeilage gelesen. 8. Die Kinder haben sich im Kino gut amüsiert. 9. Wir aber haben uns furchtbar gelangweilt. 10. Was haben die Kinder getan?**[1]

NOTE 1. Principal parts of **tun** to do: **er tut, tat, hat getan.**

**3. Verbs with auxiliary *sein***

In older English (Shakespeare, the Bible, etc.) the use of the auxiliary *to be* instead of *to have* with the perfect tenses of certain verbs was quite common. You still meet some remnants of this usage in such expressions as:

The time is come, meaning The time has come.

The people are gone away, meaning The people have gone away.

This usage of the auxiliary *to be* instead of *to have* is found in quite a large number of German verbs. The verbs **kommen** (to come) and **gehen** (to go) are typical.

| Present Perfect | | Past Perfect | |
|---|---|---|---|
| I have come, you have come, etc. | | I had come, you had come, etc. | |
| **ich bin gekommen** | **wir sind gekommen** | **ich war gekommen** | **wir waren gekommen** |
| **du bist gekommen** | **ihr seid gekommen** | **du warst gekommen** | **ihr wart gekommen** |
| **er ist gekommen** | **sie sind gekommen** | **er war gekommen** | **sie waren gekommen** |
| I have gone, you have gone, etc. | | I had gone, you had gone, etc. | |
| **ich bin gegangen** | **wir sind gegangen** | **ich war gegangen** | **wir waren gegangen** |
| **du bist gegangen** | **ihr seid gegangen** | **du warst gegangen** | **ihr wart gegangen** |
| **er ist gegangen** | **sie sind gegangen** | **er war gegangen** | **sie waren gegangen** |

All intransitive verbs indicating a *change of place or a change of condition* take the present of the auxiliary **sein** (**ich bin**, etc.) in the present perfect, and the past of the auxiliary **sein** (**ich war**, etc.) in the past perfect. An intransitive verb is a verb that does not take an object.

**4. The principal parts of a number of *sein*-verbs you have already met.**

| *Infinitive* | | *Present 3rd Sing.* | *Past* | *Present Perfect* |
|---|---|---|---|---|
| **gehen** | to go | **er geht** | **ging** | **ist gegangen** |
| **weg-gehen** | to go away | **er geht . . . weg** | **ging . . . weg** | **ist weggegangen** |
| **kommen** | to come | **er kommt** | **kam** | **ist gekommen** |
| **an-kommen** | to arrive | **er kommt . . . an** | **kam . . . an** | **ist angekommen** |
| **fahren** | to ride | **er fährt** | **fuhr** | **ist gefahren** |
| **ab-fahren** | to leave | **er fährt . . . ab** | **fuhr . . . ab** | **ist abgefahren** |
| **laufen** | to run | **er läuft** | **lief** | **ist gelaufen** |
| **fallen** | to fall | **er fällt** | **fiel** | **ist gefallen** |
| **fliegen** | to fly | **er fliegt** | **flog** | **ist geflogen** |
| **auf-stehen** | to get up | **er steht . . . auf** | **stand . . . auf** | **ist aufgestanden** |

Note that the above are intransitive verbs indicating a change of place.

Two important intransitive verbs showing a *change of condition* are:

| | | | | |
|---|---|---|---|---|
| **sterben** | to die | **er stirbt** | **starb** | **ist gestorben** |
| **wachsen** (*văk-sen*) | to grow | **er wächst** (*vĕkst*) | **wuchs** (*vōōks*) | **ist gewachsen** (*ge-văk-sen*) |

**Der Patient ist gestern gestorben.** The patient died yesterday.
**Diese Pflanzen sind schnell gewachsen.** These plants have grown quickly.

*Exercise No. 124.* **Kurze Gespräche** (Short Conversation). Practice aloud.

1. **— Wo kommen Sie her? — Ich komme aus Hamburg. — Sind Sie mit dem Flugzeug gekommen? — Nein, ich bin mit dem Schnellzug gekommen.**
2. **— Wo ist Wilhelm? — Er ist zur Station gegangen, um den Vater zu erwarten. — Ist sein Bruder Karl mit gegangen? — Ja, und seine Schwester Marie ist auch mitgegangen.**
3. **— Wo ist Frau Müller? — Sie ist in die Stadt gefahren, um Einkäufe zu machen. — Ist sie noch nicht zurückgekommen? — Nein, noch nicht.**

1. — Where are you coming from? — I have come from Hamburg. — Did you come by plane? — No, I came on the express train.
2. — Where is William? — He has gone to the station to wait for his father. — Did his brother, Charles, go with him? — Yes, and his sister Marie also went with him.
3. — Where is Mrs. Müller? — She has gone to the city to shop. — Hasn't she come back yet? — No, not yet.

*Exercise No. 125.* Complete the following sentences in the perfect tense with the correct form of the auxiliary sein or haben as required.

**Beispiele: 1. Wir sind früh aufgestanden. 2. Wir haben um acht Uhr gefrühstückt.**

**1. Wir ____ früh aufgestanden. 2. Wir ____ um acht Uhr gefrühstückt. 3. Die Kinder ____ alle ins Kino gegangen. 4 ____ Sie schon die Fahrkarten gekauft? 5. Welche Geschichte ____ Sie gelesen? 6. Um wieviel Uhr ____ der Vater nach Hause gekommen? 7. ____ der Zug schon angekommen? 8. Die Familie ____ sich zum Frühstück gesetzt. 9. Alle ____ im Auto in die Stadt gefahren. 10. ____ sich die Kinder gut amüsiert?**

*Exercise No. 126.* Complete the sentences of Exercise No. 125 in the past perfect tense with the correct form of the auxiliaries sein or haben as required.

**Beispiele: 1. Wir waren früh aufgestanden. 2. Wir hatten um acht Uhr gefrühstückt.**

*Exercise No. 127.* **Fragen**

Lesen Sie noch einmal den Text: **Wie Herr Clark gewöhnlich den Sonntag verbringt,** und dann beantworten Sie folgende Fragen!

**1. Um wieviel Uhr ist Herr Clark am Sonntag aufgestanden? 2. Waren seine Frau und Kinder vor ihm aufgestanden? 3. Hatten sie schon gefrühstückt? 4. Um wieviel Uhr haben alle sich**

**zum Frühstück gesetzt? 5. Was hat Herr Clark nach dem Frühstück getan? 6. Was taten die jüngeren Kinder, als er die Zeitung las? 7. Was taten die älteren? 8. Wer hatte eine schmackhafte Mahlzeit bereitet? 9. Wohin wollten die Kinder nach dem Mittagessen gehen? 10. Was mussten also die Eltern tun? 11. Haben die Eltern sich im Kino gelangweilt oder amüsiert? 12. Wohin sind sie vom Kino gegangen? 13. An wen hat Herr Clark nach dem Abendessen geschrieben? 14. Was hat er gelesen? 15. Um wieviel Uhr ist er zu Bett gegangen?**

# CHAPTER 27

## HERR MÜLLER ERZÄHLT VON SICH SELBST

**1. Herr Clark, vor einigen Tagen haben Sie mir erzählt, wie Sie den Sonntag verbringen und auch anderes mehr über sich selbst und Ihre Familie. Heute möchte ich Ihnen etwas von mir selbst sagen. Mit anderen Worten, ich bin selbst das Thema des Gesprächs.**

**2. Das sollte sicherlich sehr interessant sein. Darf ich Sie ausfragen?**

**3. Jawohl, es freut mich immer, Ihre Fragen zu beantworten. Wie Sie schon wissen, bin ich in Deutschland geboren und bin jetzt Bürger der Vereinigten Staaten. Ich bin verheiratet und habe zwei Kinder.**

**4. Was ist Ihr Beruf?**

**5. Ich bin Lehrer und unterrichte an einer Sekundarschule, die ungefähr zehn Meilen von hier entfernt ist. Ich lehre Deutsch und Französisch.**

**6. Ach! Sie können Französisch!**

**7. Jawohl, ich spreche, lese und schreibe Französisch. Ich habe auf dem Gymnasium Französisch und Englisch studiert, dasselbe auch auf der Universität, und später habe ich vier Jahre lang in Paris gelebt.**

**8. Wann sind Sie denn in Paris gewesen?**

**9. Ich bin vom Jahre 1928 bis zum Jahre 1933 da gewesen. Ich war damals ein junger Mann.**

**10. Darf ich fragen, was Sie in Paris getan haben?**

**11. Ich habe als Zeitungskorrespondent in der Redaktion einer französischen Zeitung gearbeitet.**

**12. Und wann sind Sie nach Amerika gekommen?**

**13. Ich bin im Jahre 1933 hergekommen. Glücklicherweise ist es mir gelungen, Frankreich zu verlassen, und in dieses Land einzuwandern, ehe Hitler zur Macht gekommen war. Da ich Englisch konnte, sowohl als Deutsch und Französisch, so ist es mir bald gelungen, eine**

## MR. MÜLLER TELLS ABOUT HIMSELF

1. Mr. Clark, a few days ago you told me how you spend Sunday and also other things about yourself and your family. Today I should like to tell you something about myself. In other words, I myself am the topic of the conversation.

2. That ought surely to be very interesting. May I ask you questions?

3. Of course, I am always glad to answer your questions. As you already know, I was born in Germany and am now a citizen of the United States. I am married and have two children.

4. What is your profession?

5. I am a teacher and teach in a secondary school which is about ten miles distant from here. I teach German and French.

6. Oh! You know French!

7. Yes, I speak, read and write French. I studied French and also English in the "gymnasium" and the same also at the university; and later I lived in Paris for four years.

8. When were you in Paris?

9. I was there from the year 1928 to the year 1933. I was then a young man.

10. May I ask what you did in Paris?

11. I worked as a newspaper correspondent in the editorial office of a French newspaper.

12. And when did you come to America?

13. I came here in 1933. Luckily, I succeeded in leaving France and emigrating to this country before Hitler came to power. Since I knew English as well as German and French, I soon succeeded in obtaining a position as teacher of German and French, and, as a matter of fact,

**Stellung als Lehrer für Deutsch und für Französisch zu bekommen, und zwar an der Sekundarschule, an der ich eben jetzt unterrichte.** — in the secondary school in which I am now teaching.

14. **Sie haben sich wohl hier verheiratet?** — 14. No doubt you got married here.
15. **Ganz richtig. Ich habe ein amerikanisches Mädchen geheiratet, und wir haben, wie Sie wissen, zwei Kinder.** — 15. Quite right. I married an American girl and as you know we have two children.
16. **Ich danke Ihnen, Herr Müller. Hoffentlich habe ich Sie mit meinen Fragen nicht zu sehr belästigt.** — 16. I thank you, Mr. Müller. I hope I haven't annoyed you too much with my questions.
17. **Im Gegenteil. Es ist mir ein Vergnügen gewesen.** — 17. On the contrary; it was a pleasure for me.

## Wortschatz

**der Bürger** *pl.* **-** citizen
**das Gymnásium** (*gŭm-nah-zyŏŏm*)[1] *pl.* **-ien** German secondary school
**die Stellung** *pl.* **-en** position, job
**das Wort** *pl.* **-e** or **⸚er**[2] word
**die Vereínigten Stáaten** (*fĕr-ei-nĭk-ten shtah-ten*) the United States
**belästigen** to annoy
**ein-wandern** to immigrate
**heiraten** to marry (someone)
**sich verheíraten** to get married
**leben** to live
**unterríchten** to teach
**entférnt** distant
**sicherlich** surely
**sowóhl als** as well as
**selber, selbst** self

NOTES: 1. The g in **Gymnasium** is hard. 2. The plural **Worte** is used for words joined to make sense in phrases, expressions, sentences. **Wörter** are words unconnected in sense, as in vocabularies and dictionaries (**Wörterbücher**).

## Deutsche Ausdrücke

**Fragen stellen an** + *acc.* to ask (put) questions. **Der Lehrer stellt Fragen an die Schüler.** The teacher asks the pupils questions (*lit.* puts questions to the pupils).

**Ich kann Deutsch (Französisch, Englisch, usw.).** I know German (French, English, etc.). This is short for **Ich kann Deutsch, usw., sprechen, lesen, schreiben.**

**Ich bin am 31. Juni 1945 geboren.** I was born June 31, 1945.

**selber, selbst** self. **Ich selber (selbst)** I myself; **der Lehrer selber** the teacher himself; **Sie erzählt von sich selber.** She tells about herself. **Erzählen Sie von sich selber!** Tell about yourself.

## Grammar Notes and Practical Exercises

**1. Some very special verbs with the auxiliary** ***sein***

| | | | | |
|---|---|---|---|---|
| **sein** | to be | **er ist** | **war** | **ist gewesen** |
| **werden** | to become, to get | **er wird** | **wurde** | **ist geworden** |
| **bleiben** | to remain, to stay | **er bleibt** | **blieb** | **ist geblieben** |
| **gelingen** | to succeed | **es gelingt** | **gelang** | **ist gelungen** |
| **geschehen** | to happen | **es geschieht** | **geschah** | **ist geschehen** |

a. **Ich bin vor zwei Jahren in Paris gewesen.** — I was in Paris two years ago.
b. **Heute ist es sehr kalt geworden.** — Today it has become very cold.
c. **Wegen des schlechten Wetters sind wir alle zu Hause geblieben.** — Because of the bad weather, we all stayed at home.
d. **Es ist mir gelungen, nach Amerika auszuwandern.** — I succeeded in emigrating to America. (*Lit.* It succeeded to me to emigrate.)

Note that **gelingen** is used impersonally and is followed by a dative object. **Es gelingt mir** = I succeed; **es gelingt Ihnen** = you succeed; **es gelingt uns** = we succeed; **es gelingt meinem Freund** = my friend succeeds, etc.

| | |
|---|---|
| **e. Was ist geschehen? Ein Unglück ist geschehen.** | What has happened? A misfortune has happened. |

*Exercise No. 128.* **Kurze Gespräche.** Practice aloud.

| | |
|---|---|
| **— Was ist geschehen? — Der kleine Hans ist gefallen und hat sich den Arm verletzt. — Haben Sie den Doktor gerufen? — Ja, natürlich. Er ist schon hier gewesen. Er sagt, es ist nichts Schlimmes.** | — What has happened? — Little Hans fell and injured his arm. — Have you called the doctor? — Of course. He has already been here. He says, it is nothing serious. |
| **— Wo bist du den ganzen Nachmittag gewesen? — Ich war im Park. — Was machtest du dort? — Ich spielte Tennis.** | — Where have you been all afternoon? — I was in the park. — What were you doing there? — I was playing tennis. |
| **— Sie sehen müde aus. Wann sind Sie zu Bett gegangen? — Um halb zwei. — Warum sind Sie so lange aufgeblieben? — Ich musste mich auf eine Prüfung vorbereiten.** | — You look tired. When did you go to bed? — At half past one. — Why did you stay up so long? — I had to prepare for an examination. |

**2. Indirect questions with *wie, wo, wann, wer, was, warum***

| *Direct Question* | *Indirect Question* |
|---|---|
| **Wie verbringen Sie gewöhnlich den Sonntag?** | **Sagen Sie mir, bitte, wie Sie den Sonntag *verbringen*.** |
| **Warum wohnen Sie in diesem kleinen Vorort?** | **Darf ich fragen, warum Sie in diesem kleinen Vorort *wohnen*?** |
| **Wann kommt der Zug von Hamburg an?** | **Wissen Sie, wann der Zug von Hamburg *ankommt*?** |
| **Wo unterrichten Sie jetzt?** | **Ich möchte fragen, wo Sie jetzt *unterrichten*.** |
| **Wer war heute morgen hier?** | **Weisst du, wer heute morgen *hier war*?** |
| **Was taten sie den ganzen Tag?** | **Er fragt, was sie den ganzen Tag *taten*?** |

Interrogative words (wie, wo, was, etc.) may introduce direct or indirect questions. Indirect questions are subordinate clauses, and, as in all subordinate clauses, the verb stands last.

**3. The present and past perfect tenses in subordinate clauses**

In a subordinate clause the verb, as you know, must stand last. If the verb is in the present perfect or past perfect, the *auxiliary part of the verb* preceded by the past participle must stand last.

| *Simple Sentence* | *Subordinate Clause* |
|---|---|
| **Herr Müller hat vier Jahre in Paris gelebt.** | **Wir wissen schon, dass Herr Müller vier Jahre in Paris *gelebt hat*.** |
| **Er ist im Jahre 1933 nach Amerika gekommen.** | **Er sagt, dass er im Jahre 1933 nach Amerika *gekommen ist*.** |
| **Haben Sie ein amerikanisches Mädchen geheiratet?** | **Darf ich fragen, ob** (whether) **Sie ein amerikanisches Mädchen *geheiratet haben*.** |
| **Hitler ist im Jahre 1933 zur Macht gekommen.** | **Herr M. konnte Frankreich verlassen, ehe Hitler zur Macht *gekommen ist*.** |

*Exercise No. 129.* Join each pair of sentences by means of the subordinate conjunction indicated. Remember: In subordinate clauses the verb stands last. If the tense of the verb has two parts the auxiliary must stand last.

**Beispiel: 1. Herr Müller konnte eine Stellung als Lehrer bekommen, weil er Englisch gelernt hatte.**

**1. Herr Müller konnte eine Stellung als Lehrer bekommen. (weil) Er hatte Englisch gelernt. 2. Darf ich fragen? (warum) Sie haben Frankreich verlassen. 3. Ist es wahr? (dass) Sie sind vier Jahre in Paris gewesen. 4. Ich möchte gern wissen. (wie) Sie verbringen den Sonntag. 5. Es freut mich. (dass) Sie machen grosse Fortschritte im Studium der deutschen Sprache. 6. Wir mussten ins Kino gehen. (weil) Die Kinder wollten gehen. 7. Wir haben uns gelangweilt. (weil) Der Film hatte für uns kein Interesse. 8. Was taten die Kinder? (während) Die Mutter bereitete die Mahlzeit? 9. Was tat Herr Clark? (nachdem)[1] Er hatte die Zeitung gelesen. 10. Ich kann Ihnen dafür danken. (dass) Ich habe grosse Fortschritte im Deutschen gemacht.**

NOTE 1. **nachdem** (*subordinate conjunction*) after

*Exercise No. 130.* **Fragen**

Lesen Sie noch einmal den deutschen Text: **Herr Müller erzählt von sich selbst,** und dann beantworten Sie diese Fragen!

**1. Wer hat erzählt, wie er den Sonntag verbringt? 2. Wer möchte heute etwas von sich selbst sagen? 3. Wo ist Herr Müller geboren? 4. Ist er verheiratet oder ledig (single)? 5. In was für einer Schule unterrichtet er? 6. Was lehrt er? 7. Wo hat Herr Müller Französisch und Englisch studiert? 8. Wie lange hat er in Frankreich gelebt? 9. Wo hat er als Zeitungskorrespondent gearbeitet? 10. In welchem Jahre wanderte er in dieses Land ein? 11. Hat er hier eine Stellung an einer Sekundarschule oder an einer Universität bekommen? 12. Hat er ein amerikanisches oder ein französisches Mädchen geheiratet?**

# CHAPTER 28

## HERR CLARK SCHREIBT EINEN BRIEF AN SEINEN VERTRETER IN MÜNCHEN

**1. Herr Clark und Herr Müller sitzen im Arbeitszimmer des Herrn Clark. Der Kaufmann hat einen Brief an seinen Vertreter in München geschrieben. Er hält in der Hand eine Kopie dieses Briefes.**

**2. — Herr Müller, ich werde Ihnen vorlesen, was ich meinem Vertreter, Herrn Schiller, geschrieben habe.**

**3. — Das wird mir sehr lieb sein, Herr Clark.**

**4. Herr Clark liest den Brief vor, der hiermit folgt.**

**New York, den 4. Mai 1964**

**Sehr geehrter Herr Schiller!**

**Ich freue mich, Sie zu benachrichtigen, dass ich beabsichtige, eine Reise nach Deutschland zu machen. Ich werde New York um 7 Uhr abends am 31. Mai per Flugzeug verlassen und werde am 1. Juni um 10.10 morgens am Münchener Flughafen ankommen.**

**Ich beabsichtige, zwei Monate in Deutschland zu verbringen. Das wird eine Vergnügungsreise und zugleich eine Geschäftsreise sein. Ich werde**

1. Mr. Clark and Mr. Müller are sitting in the study at Mr. Clark's house. The merchant has written a letter to his agent in Munich. He holds in his hand a copy of this letter.

2. — Mr. Müller, I shall read to you what I have written to my agent, Mr. Schiller.

3. — I shall enjoy that, Mr. Clark.

4. Mr. Clark reads the letter, which follows herewith:

New York, May 4, 1964

Dear Mr. Schiller:

I am glad to inform you that I intend to take a trip to Germany. I shall leave New York by plane at 7 p.m. on the 31st of May, and shall arrive at the Munich airport at 10:10 a.m. on June 1st.

I intend to spend two months in Germany. This will be a pleasure trip as well as a business trip. I shall stay two or three weeks in Munich, and from

zwei oder drei Wochen in München bleiben und von dort aus will ich einige Ausflüge machen, um die interessantesten Plätze in der Umgebung von München zu besichtigen.

there I will make various excursions to see the most interesting places in the vicinity of Munich.

Ich werde auch andere Teile Deutschlands besuchen, vielleicht auch Oesterreich und die Schweiz.

I shall also visit other parts of Germany, and perhaps Austria and Switzerland.

Während meines Aufenthaltes in München werde ich mich freuen, Sie persönlich kennen zu lernen. Ich habe mich stets dankbar gefühlt für die grossen Dienste, die Sie uns geleistet haben, und die so viel zu unserem Erfolg beigetragen haben. Ich weiss, dass Sie sehr beschäftigt sind, und dass Sie viel umherreisen. Deshalb schreibe ich Ihnen im voraus in der Hoffnung, dass eine Begegnung mit Ihnen möglich sein wird. Bitte mich zu benachrichtigen, ob ich das Vergnügen haben werde, Ihnen in München zu begegnen.

During my stay in Munich I shall be pleased to get personally acquainted with you. I have always felt thankful to you for the great services that you have rendered us and which have contributed so much to our success. I know that you are very busy and that you travel much. Therefore I am writing you in advance in the hope that a meeting with you will be possible. Please let me know whether I shall have the pleasure of meeting you in Munich.

Seit sechs Monaten studiere ich Deutsch. Das wird Sie vielleicht überraschen. Ich hoffe, dass es mir möglich sein wird, mich mit Ihnen in Ihrer schönen Sprache zu unterhalten.

I have been studying German for six months. This will perhaps surprise you. I hope that it will be possible for me to converse with you in your beautiful language.

In Erwartung Ihrer umgehenden Antwort verbleibe ich mit bestem Gruss

Awaiting your answer by return mail, I am with kind regards

Ihr ergebener
Robert Clark

Yours truly,
Robert Clark

5. — Ausgezeichnet, Herr Clark. Sie haben in Ihrem Briefe keinen einzigen Fehler gemacht.
6. — Herr Müller, ich muss Ihnen etwas gestehen. Es gibt nämlich ein deutsches Buch mit dem Titel „Geschäftskorrespondenz." Dieses Buch ist mir sehr behilflich gewesen. Dabei muss ich aber erklären, dass ich Ihnen besonders den grössten Dank schulde.
7. — Das ist sehr nett von Ihnen.
8. — Die Antwort auf meinen Brief erwarte ich täglich. Sobald ich sie erhalte, werde ich sie Ihnen vorlesen.
9. — Ich freue mich schon darauf. Hoffentlich werden Sie die Antwort vor unsrer nächsten Lektion erhalten.

5. — Excellent, Mr. Clark. You haven't made a single mistake in your letter.
6. — Mr. Müller, I must confess something to you. There is, you know, a German book with the title "Commercial Correspondence." This book has been very helpful to me. At the same time, however, I must state that I owe you especially the greatest thanks.
7. — That is very nice of you.
8. — I am daily awaiting the answer to my letter. As soon as I receive it, I shall read it to you.
9. — I am looking forward to this with pleasure. I hope you will receive the answer before our next lesson.

## Wortschatz

**der Aufenthalt** stay, sojourn
**die Begégnung** *pl.* **-en** meeting
**der Erfólg** (*er-fölk*) *pl.* **-e** success
**der Fehler** *pl.* **-** mistake, error
**die Hoffnung** *pl.* **-en** hope
**begégnen** (+ *dat. object*) to meet
**benáchrichtigen** to inform

**besíchtigen** to view, to see
**erklären** to state, to explain
**umher-reisen** to travel about
**dankbar** thankful
**beschäftigt** busy
**behílflich** helpful
**einzig** single

## Strong Verbs

| | | | | |
|---|---|---|---|---|
| **bei-tragen** | to contribute | **er trägt . . . bei** | **trug . . . bei** | **hat beigetragen** |
| **halten** | to hold | **er hält** | **hielt** | **hat gehalten** |
| **erhalten** | to receive | **er erhält** | **erhielt** | **hat erhalten** |
| **gestehen** | to confess | **er gesteht** | **gestand** | **hat gestanden** |
| **vor-lesen** | to read to, read aloud | **er liest . . . vor** | **las . . . vor** | **hat vorgelesen** |

## Deutsche Ausdrücke

**einen Ausflug machen** to make an excursion
**Ich werde Ausflüge ins Gebirge machen.** I'll make excursions (take trips) into the mountains.

**Es wird mir lieb sein.** I shall enjoy it (*lit.* It will be pleasing to me).

**Dienste leisten** to perform services

**kennenlernen** to become acquainted with, to know, to get to know
**Es freut mich, Sie kennenzulernen.** I'm pleased to meet you.

**sich auf etwas freuen** to look forward to something
**Ich freue mich auf meine kommende Reise.** I am looking forward to my coming trip.

## Formal Letters

Date: The date of all letters (formal and informal) is written in the accusative case.

**New York, den 25. Mai 1964** **München, den 11, Juni 1964**

Formal letters usually begin:

**Sehr geehrter Herr Schiller!** **Sehr geehrter Herr Professor!** (geehrt = honored)
**Sehr geehrte Frau Schiller!** **Sehr geehrte Frau Professor!**

Formal letters end:

**Ihr sehr ergebener Karl Engel**
**Ihre sehr ergebene Maria Engel** } Sincerely yours (**ergeben** = devoted, faithful)

## Grammar Notes and Practical Exercises

### 1. The future tense

I shall go, you will go, he, she, it will go, etc.

| | |
|---|---|
| **Ich werde** morgen **gehen.** | **Wir werden** morgen **gehen.** |
| **Du wirst** morgen **gehen.** | **Ihr werdet** morgen **gehen.** |
| **Er, sie, es wird** morgen **gehen.** | **Sie (Sie) werden** morgen **gehen.** |

The future tense of a verb is formed by the auxiliary **werden** (shall, will) + the infinitive of the verb. The infinitive must stand at the end of a simple sentence or main clause.

As you have seen (Chapter 21, Grammar Note 1), **werden** may be used as a verb by itself, meaning *to become, to get.*

### 2. The present tense with future meaning

| | |
|---|---|
| **Ich gehe morgen ins Theater.** | I am going to the theater tomorrow. |
| **Er kommt übermorgen.** | He will come the day after tomorrow. |
| **Nächsten Frühling macht er eine Reise nach Deutschland.** | Next spring he will take a trip to Germany. |

The present tense is often used in German with future meaning particularly when the verb is modified by some expression of future time such as: **morgen** tomorrow; **übermorgen** the day after tomorrow; **morgen früh** tomorrow morning; **heute abend** this evening; **morgen abend** tomorrow evening; **heute nachmittag** this afternoon; **bald** soon; **später** later; **nächstes Jahr** next year; **nächste Woche** next week; **nächsten Monat** next month, etc.

*Exercise No. 131.* Complete these sentences with the correct form of the auxiliary **werden.**

**Beispiel:** 1. Herr Clark **wird** einen Brief vorlesen.

**1. Herr Clark ____ einen Brief vorlesen. 2. Ich ____ eine Reise nach Deutschland machen. 3. Wann ____ Sie New York verlassen? 4. Wir ____ am 1. Juni in München ankommen. 5. ____ Sie viel Zeit in Deutschland verbringen? 6. Wie lange ____ er in München bleiben? 7. Ein Freund fragt Herrn Clark „ ____ du einige Ausflüge von München machen?“ 8. Ich ____ meinem Vertreter im voraus schreiben. 9. Wer ____ uns in München begegnen? 10. Hoffentlich ____ diese Begegnung möglich sein.**

*Exercise No. 132.* Change these sentences to the future.

**Beispiel: 1. Die Jungen werden heute einen Ausflug machen.**

**1. Die Jungen machen heute einen Ausflug. 2. Ich bleibe vier Wochen in München. 3. Er besucht andere Teile von Deutschland. 4. Du gehst nicht mit. 5. Wir sind sehr beschäftigt. 6. Ich bin sehr dankbar. 7. Schreiben Sie jeden Tag einen Brief? 8. Ich komme am 1. Juni in München an. 9. Sie ist sehr behilflich. 10. Er heiratet ein amerikanisches Mädchen.**

**3. The future tense in subordinate clauses**

| *Future in Simple Sentences* | *Future in Subordinate Clauses* |
|---|---|
| Er **wird** einen Brief **vorlesen.** | Ich weiss, dass er einen Brief **vorlesen wird.** |
| Die Kinder **werden** heute abend nicht ins Kino **gehen.** | Der Vater sagt, dass die Kinder heute abend nicht ins Kino **gehen werden.** |

In a subordinate clause the auxiliary verb of the future tense must stand last, after the infinitive.

*Exercise No. 133.* Change each simple sentence in parenthesis into a subordinate clause after the given conjunction.

**Beispiel:** 1. Der Kaufmann schreibt, **dass er nach München kommen wird.**

1. Der Kaufmann schreibt, **dass** (er wird nach München kommen). 2. Der Lehrer fragt mich, **ob** (ich werde den Brief vorlesen). 3. Die Kinder sagen, **dass** (sie werden ihre Freunde besuchen). 4. Ich weiss nicht, **ob** (das Wetter wird morgen schön sein). 5. Ich glaube nicht, **dass** (unsere Freunde werden heute abend kommen). 6. Ich möchte fragen, **wo** (Sie werden unterrichten). 7. Ich glaube, **dass** (niemand wird heute kommen). 8. Wir wissen, **dass** (du wirst eine schmackhafte Mahlzeit bereiten).

*Exercise No. 134.* **Fragen**

Lesen Sie noch einmal den Text: **Herr Clark schreibt einen Brief an seinen Vertreter,** und dann beantworten Sie die Fragen!

**1. An wen hat Herr Müller einen Brief geschrieben? 2. Wem wird er eine Kopie dieses Briefes vorlesen? 3. Wer beabsichtigt, eine Reise nach Deutschland zu machen? 4. Wann wird er New York verlassen? 5. Wird er fliegen, oder mit dem Dampfer nach Deutschland fahren? 6. Wann wird er am Münchner Flugplatz ankommen? 7. Wie lange wird er in München bleiben? 8. Welche anderen Länder wird er vielleicht besuchen? 9. Wen wird er persönlich kennenlernen? 10. Wer reist viel umher? 11. Weiss Herr Clark, dass sein Vertreter viel umherreist? 12. In welcher Stadt wird er seinem Vertreter begegnen?**

# CHAPTER 29

## REVIEW OF CHAPTERS 24–28

### Weak (Regular) Verbs. No Vowel Changes

| *Pattern of Principal Parts:* | *Infinitive* | *Present* | *Past.* | *Present Perfect* |
|---|---|---|---|---|
| | **lernen** | **er lernt** | **lernte** | **hat gelernt** |
| | **arbeiten** | **er arbeitet** | **arbeitete** | **hat gearbeitet** |

| | | | | | |
|---|---|---|---|---|---|
| **1. frühstücken** | **5. bereiten**[2] | **9. langweilen** | 1. to breakfast | 5. to prepare | 9. to bore |
| **2. heiraten**[1] | **6. belästigen** | **10. interessieren**[4] | 2. to marry | 6. to annoy | 10. to interest |
| **3. leben** | **7. benachrichtigen** | **11. umher-reisen** | 3. to live | 7. to inform | 11. to travel around |
| **4. plagen** | **8. begegnen**[3] | **12. ein-wandern** | 4. to plague | 8. to meet | 12. to immigrate |

NOTES: 1. **sich verheiraten** to get married: **Er hat sich verheiratet.** 2. Verbs with inseparable prefixes (**be-, emp-, ent-, er-, ge-, ver-, zer-**) do not add **ge-** in the past participle: **Sie hat bereitet.** 3. **begegnen** takes a dative object: **Er begegnete seinem Freund.** 4. **sich interessieren für** to be interested in: **Ich habe mich für den Sport interessiert.** Verbs in ***-ieren*** do not add the prefix **ge-** in the past participle.

### Strong (Irregular) Verbs. Vowel Changes

| *Infinitive* | | *Present* | *Past* | *Present Perfect* |
|---|---|---|---|---|
| **1. an-fangen** | to begin | **er fängt an** | **fing an** | **hat angefangen** |
| **2. an-geben** | to give, state | **er gibt an** | **gab an** | **hat angegeben** |
| **3. vor-lesen** | to read to | **er liest vor** | **las vor** | **hat vorgelesen** |
| **4. vor-ziehen** | to prefer | **er zieht vor** | **zog vor** | **hat vorgezogen** |
| **5. statt-finden** | to take place | **es findet statt** | **fand statt** | **hat stattgefunden** |
| **6. gestehen** | to confess | **er gesteht** | **gestand** | **hat gestanden** |
| **7. erhalten** | to receive | **er erhält** | **erhielt** | **hat erhalten** |
| **8. verstehen** | to understand | **er versteht** | **verstand** | **hat verstanden** |
| **9. vergessen** | to forget | **er vergisst** | **vergass** | **hat vergessen** |

### Expressions

1. **ohne Zweifel** (*tsvei-fel*) without doubt
2. **im Gegenteil** on the contrary
3. **mit Vergnügen** with pleasure
4. **fertig** finished, done, ready
5. **mit den Fragen fertig werden** to get finished with the questions
6. **Fragen beantworten** or **auf Fragen antworten** to answer questions
7. **einen Ausflug machen** to make an excursion
8. **Deutsch können** to know German. **Ich kann Deutsch (sprechen, lesen, schreiben).** I know German.
9. **jemanden kennenlernen** to get to know (become acquainted with) somebody. **Ich habe ihn kennengelernt.** I have made his acquaintance.

*Exercise No. 135.* Complete the German translation of each English sentence.

| | |
|---|---|
| 1. I want to get to know my representative. | **1. Ich will meinen Vertreter ____.** |
| 2. I shall ask you questions. | **2. Ich werde Fragen an Sie ____.** |
| 3. You will answer the questions. | **3. Sie werden auf die Fragen ____.** |
| 4. He has answered all the questions. | **4. Er hat alle Fragen ____.** |
| 5. She knows German and French. | **5. Sie ____ Deutsch und Französisch.** |
| 6. Who will make an excursion to the lake? | **6. Wer wird ____ zum See machen?** |
| 7. Did your questions annoy him? | **7. Haben Ihre Fragen ihn ____?** |
| 8. On the contrary. They pleased him. | **8. ____ Sie haben ihm ____.** |
| 9. The examination is over. You have made no mistakes. | **9. Das Examen ist ____. Sie haben ____ gemacht.** |
| 10. We have read the letter with pleasure. | **10. Wir haben den Brief ____ gelesen.** |

## Grammar Review and Exercises

**1. Five tenses: present, past, present perfect, past perfect, future**

| | *haben-verb* ***lernen*** | *sein-verb* ***gehen*** |
|---|---|---|
| *Present* | **Ich lerne** Deutsch. | **Er geht** schnell **nach Hause.** |
| *Past* | **Ich lernte** Deutsch. | **Er ging** schnell **nach Hause.** |
| *Pres. Perfect* | **Ich habe** Deutsch **gelernt.** | **Er ist** schnell nach Hause **gegangen.** |
| *Past Perfect* | **Ich hatte** Deutsch **gelernt.** | **Er war** schnell nach Hause **gegangen.** |
| *Future* | **Ich werde** Deutsch **lernen.** | **Er wird** schnell nach Hause **gehen.** |

Intransitive verbs showing a change of place or condition take the auxiliary **sein** instead of **haben** in the compound tenses. For frequently used **sein**-verbs, see Chapter 26, Grammar Note 4.

*Exercise No. 136.* Change these sentences from the past tense to the present perfect.

**Beispiel: 1. Frau Clark ist zum Markt gegangen.**

**1. Frau Clark ging zum Markt. 2. Dort machte sie viele Einkäufe. 3. Sie bezahlte für die Einkäufe an der Kasse. 4. Sie brachte alles in ihr Auto. 5. Da vermisste[1] sie ihren Geldbeutel. 6. Sie lief zu der Kasse zurück. 7. Gott sei Dank,[2] sie fand ihren Geldbeutel an der Kasse. 8. Der Kassierer reichte ihr den Geldbeutel. 9. Frau Clark dankte dem Kassierer. 10. Sie stieg ins Auto ein.**

NOTES: 1. **vermissen** to miss. 2. Thank heavens!

**2. Subordinate word order of verbs in the present perfect, past perfect and future**

In subordinate word order the auxiliary must stand last, directly after the past participle or the infinitive.

Ich weiss, dass er einen neuen, braunen Anzug **gekauft hat.**
Ich weiss, dass er um drei Uhr nach Hause **gegangen ist.**
Ich weiss, dass er morgen dieses Auto **kaufen wird.**

**3. Summary of subordinating conjunctions.**

A subordinate clause is introduced by a relative pronoun or by a subordinating conjunction. Here are the most common subordinating conjunctions, most of which you already know:

**dass** that; **weil** because; **da** since (because); **wenn** when, if; **als** when (with past tenses); **bevor, ehe** before; **bis** until; **während, indem** while; **nachdem** after; **sobald** as soon as; **ob** whether; **obwohl** (ohp-***vohl***) although; and also interrogative words used as subordinate conjunctions in indirect questions: **wer, was, wie, wo, wann, warum.**

*Exercise No. 137.* Translate these sentences.

**1. Während die Herren über das Wetter sprachen, regnete es mit Kannen. 2. Nachdem er den Tee mit Rum getrunken hatte, fühlte sich Herr Müller sehr wohl. 3. Als seine Frau und Kinder ins Büro eintraten, diktierte der Kaufmann seiner Stenographin einen Brief. 4. Wenn wir das Theater besuchen, sitzen wir lieber im Parkett als im Rang. 5. Seitdem ich in Amerika bin, unterrichte ich an dieser Schule. 6. Wir werden auf dem Bahnsteig warten, bis der Zug aus Bremen ankommt. 7. Wir wissen, dass Sie unserer Firma grosse Dienste geleistet haben. 8. Herr Müller kann Englisch, da er diese Sprache auf dem Gymnasium studiert hat. 9. Obwohl die Eltern das Kino nicht gern hatten, gingen sie doch mit den Kindern, um den neuen Film zu sehen. 10. Es wird Ihnen gelingen, eine gute Stellung zu bekommen, sobald Sie nach New York kommen.**

## VIER DIALOGE

**1. — Wo warst du gestern Abend? — Ich war im Kino. — Was hast du dir angesehen? — Ich sah einen deutschen Film. — Hat der Film dir gefallen? — Sehr. Er war wirklich ausgezeichnet. — War es ein Film mit englischen Untertiteln? — Ja, aber ich habe beinahe alles verstanden, ohne die englische Unterschrift zu lesen.**

1. — Where were you last night? — I was at the movies. — What did you see? — I saw a German film. — Did you like the film? — Very much. It was really splendid. — Was it a film with English subtitles? — Yes, but I understood nearly everything without reading the English subtitles.

2. — Herr Braun ist krank. — Das tut mir sehr leid. Wer hat es Ihnen gesagt? — Seine Frau hat mich telephonisch angerufen. — Wann hat sie angerufen? — Heute früh.

2. Mr. Braun is sick. – I am very sorry. Who told you about it? – His wife called me up on the telephone. – When did she phone? – This morning.

3. — Wann sind Sie gestern Abend zu Bett gegangen? — Ich bin erst um 2 Uhr morgens zu Bett gegangen. — Warum denn? — Ich mache heute ein Examen in Mathematik und musste mich darauf vorbereiten.

3. – When did you go to bed last night? – I did not go to bed until 2 o'clock in the morning. – But why? – I'm taking an examination in mathematics today and had to prepare for it.

4. — Ich habe heute einen Brief erhalten. — Woher? Von wem? — Von meinem Bruder in Afrika. — Was macht er dort? — Er ist nämlich Anthropológe (*ăn-troh-poh-lo-ge*). Setzen Sie sich zu mir. Ich werde Ihnen den Brief vorlesen.

4. – I have received a letter today. – From where? From whom? – From my brother in Africa. – What is he doing there? – You see, he is an anthropologist. Sit down beside me. I'll read the letter to you.

*Exercise No. 138.* Lesestück 1

## FRAU CLARKS GEBURTSTAG

Es war der 22. März, der Geburtstag der Frau Clark. An diesem Tag wurde sie fünfunddreissig Jahre alt. Um den Geburtstag zu feiern,[1] ging die Familie Clark zum Essen in ein deutsches Restaurant in der Stadt New York.

Als sie in das Restaurant eintraten, sahen sie auf dem Tische, der für Herrn und Frau Clark gedeckt[2] war, einen schönen Korb[3] voll weisser Rosen. Natürlich war Frau Clark überrascht. Sie dankte ihrem lieben Mann, und dann setzte sich die Familie zum Tisch. Eine hübsche, junge Kellnerin[4] reichte ihnen die Speisekarte.[5]. Alle bestellten[6] ihre Lieblingsgerichte.[7] Am Ende der Mahlzeit sagte das ältere Mädchen Marie mit gedämpfter[8] Stimme: „Jetzt!" und jedes der vier Kinder nahm von unter dem Tische eine kleine Schachtel[9] hervor. In den Schachteln waren Geschenke[10] für die Mutter. Alle riefen „Fröhlichen Geburtstag,"[11] und jedes Kind reichte der Mutter sein Geschenk. Marie gab ihr ein seidenes Taschentuch, Karl ein Paar Handschuhe, Wilhelm ein wollenes Halstuch, die kleine Anna ein kindisches Porträt der Mutter.

Was für ein schöner Tag, nicht nur für die Mutter sondern auch [12] für Papa und die Kinder.

Zur Übung in Mathematik berechnete Karl die Spesen[13] für diesen Tag.

| | |
|---|---|
| Das Essen | $19.50 |
| Trinkgeld | 3.00 |
| Blumen | 12.50 |
| Summa | $35.00 |

„Der reinste Zufall,"[14] sagte Herr Clark. „Fünfunddreissig Dollar, fünfunddreissig Jahre."

NOTES: 1. to celebrate. 2. Tisch decken to set a table. 3. der Korb basket. 4. die Kellnerin waitress. 5. die Speisekarte menu. 6. ordered. 7. favorite dishes. 8. in an undertone. 9. die Schachtel box. 10. das Geschenk gift. 11. Happy Birthday. 12. nicht nur . . . sondern auch not only . . . but also. 13. die Spesen (*pl.*) expenses. 14. the purest coincidence.

*Exercise No. 139.* Lesestück 2

## EINE AUSSERGEWÖHNLICHE[1] VORSTELLUNG IM KINO

Eines Abends gingen Herr und Frau Clark ins Kino. Die Filme aus Hollywood gefielen ihnen meistens nicht, denn diese bieten viel Schund und Kitsch.[2]

**Aber an diesem Abend gab es eine aussergewöhnliche Vorstellung in einem Lichtspieltheater[3] ganz in der Nähe ihrer Wohnung. Der Film war ein Dokumentarbericht[4] über Deutschland und zwar in deutscher Sprache.**

**Herr und Frau Clark kamen um 8.30 Uhr (halb neun Uhr) im Kino an. Fast alle Plätze waren schon besetzt. Also mussten sie in der dritten Reihe sitzen. Das gefiel der Frau Clark nicht, denn die Bewegungen[5] auf der Leinwand[6] taten ihren Augen weh.[7] Glücklicherweise gelang es ihnen, nach einer Viertelstunde ihre Plätze zu tauschen,[8] und danach sassen sie in der dreizehnten Reihe.**

**Der Familie Clark gefiel dieser Film ausserordentlich.[9] Herr Clark hatte den grössten Genuss[10] daran.**

**Als sie das Theater verliessen, sagte Herr Clark zu seiner Frau: „Weisst du, Helene, ich glaube, ich werde in Deutschland gut durchkommen[11] können. Ich habe beinahe alles verstanden, was die Schauspieler und Schauspielerinnen auf Deutsch sagten."**

NOTES: 1. unusual. 2. **Schund und Kitsch** rubbish. 3. **Lichtspieltheater = Filmtheater.** 4. documentary. 5. movements. 6. screen. 7. **weh-tun** to hurt. 8. **tauschen** to change. 9. extremely. 10. **der Genuss** enjoyment. 11. **durch-kommen** get along.

# CHAPTER 30

## HERR CLARK ERHÄLT EINE ANTWORT AUF SEINEN BRIEF

**Im Kapitel 28 las Herr Clark seinem Lehrer einen Brief vor, welchen er an seinen Vertreter in München geschrieben hatte. Gestern hat er die Antwort auf seinen Brief bekommen.**

**Herr Clark und Herr Müller sitzen wieder im Arbeitszimmer. Der Kaufmann liest eben die Antwort auf seinen Brief vor. Der Lehrer hört aufmerksam zu.**

In Chapter 28 Mr. Clark read a letter to his teacher, which he had written to his agent in Munich. Yesterday he received the answer to his letter.

Mr. Clark and Mr. Müller are again sitting in the study. The merchant is just reading aloud the answer to his letter. The teacher is listening attentively.

**München, den 9. Mai 1964**

**Sehr geehrter Herr Clark!**

**Mit grossem Vergnügen habe ich Ihren Brief vom 4ten Mai gelesen, in dem Sie mich benachrichtigen, dass Sie in der nächsten Zeit eine Reise nach Deutschland unternehmen werden.**

**Glücklicherweise werde ich während der Monate Juni und Juli in München sein. Daher werde ich Ihnen ganz zur Verfügung stehen. Auch werde ich das Vergnügen haben, Sie um 10.10 Uhr morgens am 1. Juni am Flugplatz zu erwarten. Ich werde mich bemühen, Ihren Aufenthalt in München möglichst angenehm zu machen in Bezug auf das Vergnügen und zugleich auch vorteilhaft für das Geschäft.**

**Es wird mir viel Freude machen, mich mit Ihnen in deutscher Sprache zu unterhalten, und ich glaube sicherlich, dass es Ihnen möglich sein wird, das Gespräch vollkommen richtig durchzuführen. Tatsächlich schreiben Sie sehr gut Deutsch.**

Munich, May 9, 1964

Dear Mr. Clark:

I have read with great pleasure your letter of May 4th in which you inform me that you will soon take a trip to Germany.

Luckily I shall be in Munich during the months of June and July. Therefore I shall be entirely at your service. I shall also have the pleasure of awaiting you at the airport at 10:10 A.M. on June 1st. I shall try to make your stay in Munich as pleasant as possible with respect to recreation, and at the same time advantageous for business.

It will give me great pleasure to talk with you in the German language, and I am sure that it will be possible for you to carry on the conversation with entire correctness. As a matter of fact, you write German very well.

Da muss ich Ihnen und Ihrem Lehrer wirklich gratulieren.

In Erwartung, Sie baldigst kennen zu lernen, schliesse ich,

Ihr ergebener
Heinrich Schiller

In this regard I must really congratulate you and your teacher.

I look forward to making your acquaintance soon and close,

Sincerely yours,
Henry Schiller

1. Das ist wirklich ein sehr netter Brief, Herr Clark. Bisher haben Sie Herrn Schiller nur als einen ernsten und tüchtigen Vertreter gekannt. Sie werden zweifellos erkennen, dass er auch sehr liebenswürdig ist.
2. Ich glaube sicherlich, dass ich mich unter den Deutschen sehr gut zurechtfinden werde, und das Beste ist daran, dass ich die Möglichkeit haben werde, mit ihnen in ihrer eigenen Sprache zu reden.
3. Da haben Sie ganz recht, und ich bin gewiss, Sie werden jede Gelegenheit ergreifen, Deutsch zu sprechen. Nun, Herr Clark, nächsten Donnerstag kann ich leider nicht vor halb neun kommen.
4. Das ist mir angenehm, Herr Müller. Besser spät, als niemals.

1. That is really a very nice letter, Mr. Clark. Up to now you have known Mr. Schiller only as an earnest and capable agent. You will doubtlessly find out that he is also very likable.
2. I am certain that I shall get along very well among the Germans, and the best thing about it is that I shall have the opportunity of speaking to them in their own language.
3. In this you are quite right and I am certain that you will take every opportunity to speak German. Well, Mr. Clark, next Thursday unfortunately I cannot come before half past eight.
4. That's all right with me, Mr. Müller. Better late than never.

## Wortschatz

**sich bemühen** to try, to endeavor
**durch-führen** to carry on, accomplish
**gratulíeren** (+ *dat. object*) to congratulate
**aufmerksam** attentive, attentively
**ernst** earnest; **liebenswürdig** likable
**eigen** own; **in ihrer eigenen Sprache** in their own language
**bisher** until now
**möglichst** as much as is possible
**möglichst angenehm** as pleasant as possible
**tatsächlich** as a matter of fact, actually
**zugléich** at the same time
**zweifellos** doubtlessly, without doubt
**daher** therefore

## Strong Verbs. Principal Parts

| | | | | |
|---|---|---|---|---|
| **ergreifen** | to seize, to take | **er ergreift** | **ergriff** | **hat ergriffen** |
| **schliessen** | to close | **er schliesst** | **schloss** | **hat geschlossen** |
| **unternéhmen** | to undertake | **er unternímmt** | **unternáhm** | **hat unternómmen** |
| **sich zurecht-finden** | to get along | **er findet sich zurecht** | **fand sich zurecht** | **hat sich zurecht gefunden** |

## Related Words

**begegnen** to meet
**die Begegnung** the meeting
**hoffen** to hope
**die Hoffnung** the hope
**üben** to practice
**die Übung** the exercise, practice
**prüfen** to test
**die Prüfung** the test, examination
**unternéhmen** to undertake
**die Unternéhmung** the undertaking
**überráschen** to surprise
**die Überráschung** the surprise
**leisten** to accomplish
**die Leistung** the accomplishment
**sich unterhálten** to converse
**die Unterháltung** the conversation

Note that all nouns ending in **-ung** are feminine.

## Deutsche Ausdrücke

**in der nächsten Zeit = bald** soon

**zur Verfügung stehen** to be at the service of. **Ich stehe Ihnen zur Verfügung.** I am at your service.

**in Bezug auf** in respect to, in the matter of. **Er war uns behilflich in Bezug auf das Geschäft.** He was helpful to us in the matter of business.

**sich zurechtfinden** to get along. **Ich werde mich dort zurechtfinden.** I shall get along there.

**die Gelengenheit ergreifen** to seize (take) the opportunity. **Ich werde jede Gelegenheit ergreifen, Deutsch zu sprechen.** I shall take every opportunity to speak German.

**Sprichwort: Besser spät als niemals.** Better late than never.

## Grammar Notes and Practical Exercises

**1. Mixed verbs**

A small number of verbs form their past tense and past participle by adding **-te** and **-t** respectively, like weak (regular) verbs, and also by vowel change, like strong (irregular) verbs. Here are the principal parts of mixed verbs you have already met.

| | | | | |
|---|---|---|---|---|
| **kennen** | to know[1] | **er kennt** | **kannte** | **hat gekannt** |
| **erkennen** | to find out, recognize | **er erkennt** | **erkannte** | **hat erkannt** |
| **nennen** | to name | **er nennt** | **nannte** | **hat genannt** |
| **senden** | to send | **er sendet** | **sandte** | **hat gesandt** |
| **denken** | to think | **er denkt** | **dachte** | **hat gedacht** |
| **bringen** | to bring | **er bringt** | **brachte** | **hat gebracht** |
| **verbringen** | to spend | **er verbringt** | **verbrachte** | **hat verbracht** |
| **wissen** | to know[1] | **er weiss** | **wusste** | **hat gewusst** |

NOTE 1. **kennen** to know, be acquainted with (persons or things); **wissen** to know facts (see Chapter 10, Grammar Note 1).

*Exercise No. 140.* Change these sentences to the past and present perfect.

**Beispiel: 1. Ich kannte ihn gut. Ich habe ihn gut gekannt.**

**1. Ich kenne ihn gut. 2. Wir nennen die Dinge auf deutsch. 3. Senden Sie ihm einen Brief? 4. Er denkt an seine Freundin. 5. Was bringst du mir? 6. Wie verbringen Sie den Sonntag? 7. Ich weiss seinen Namen nicht. 8. Ihr kennt seinen Bruder. 9. Ich erkenne ihn nicht wieder. 10. Wir denken oft an dich.**

## Grammar Notes and Practical Exercises

**2. Infinitive with *zu***

| | |
|---|---|
| **Ich hoffe, Ihnen dort zu begegnen.** | I hope to meet you there. |
| **Es ist schwer, eine Sprache zu lernen.** | It is difficult to learn a language. |
| **Er arbeitet, um Geld zu verdienen.** | He works in order to earn money. |
| **Es ist schon Zeit wegzugehen.** | It is already time to go away. |
| **Er wünschte, mitzugehen.** | He wanted to go along. |

a. The use of **zu** with German infinitives usually corresponds to the use of *to* with English infinitives.

b. If the infinitive is a separable verb, **zu** stands between the prefix and the verb (**wegzugehen, mitzugehen**).

c. Note that the infinitive stands last. Objects and modifiers of an infinitive must precede it.

**3. Infinitive without *zu***

| | |
|---|---|
| **Ich werde den Arzt rufen.** | I shall call the doctor. |
| **Ich muss Ihnen gratulieren.** | I must congratulate you. |
| **Wir konnten gar nicht schlafen.** | We could not sleep at all. |
| **Sie wollten ins Kino gehen.** | They wanted to go to the movies. |

| | |
|---|---|
| **Darf ich Fragen an Sie stellen?** | May I ask you questions? |
| **Er liess mich nicht arbeiten.** | He didn't let me work. |
| **Sahen Sie das Flugzeug landen?** | Did you see the plane land? |
| **Was hörtest du ihn sagen?** | What did you hear him say? |

a. **zu** is not used with the infinitive in the future tense.

b. **zu** is not used with the infinitives after the modal auxiliaries: **dürfen, können, mögen, müssen, sollen, wollen;** and after **lassen, sehen** and **hören.**

*Exercise No. 141.* Complete the sentences on the right with the correct infinitive.

**Beispiel: 1. Sie werden die Gelegenheit haben, Deutsch zu sprechen.**

| | |
|---|---|
| 1. You will have the chance to speak German. | **Sie werden Gelegenheit haben, Deutsch ____.** |
| 2. I hope to get a good job. | **Ich hoffe, eine gute Stellung ____.** |
| 3. Where will you await me? | **Wo werden Sie mich____?** |
| 4. All had to get up early. | **Alle mussten früh____.** |
| 5. It is now time to get up. | **Es ist jetzt Zeit ____.** |
| 6. May I visit you tomorrow? | **Darf ich Sie morgen ____?** |
| 7. We tried to find his home. | **Wir versuchten seine Wohnung ____.** |
| 8. He let the children play there. | **Er liess die Kinder dort ____.** |
| 9. I intend to go to the movies. | **Ich beabsichtige, ins Kino ____.** |
| 10. What do you wish to say about it? | **Was wünschen Sie davon ____?** |
| 11. One needs money in order to travel. | **Man braucht Geld, um ____.** |
| 12. I heard him say: "Good-by." | **Ich hörte ihn ____: „Auf Wiedersehen!"** |

*Exercise No. 142.* **Fragen**

Lesen Sie noch einmal den Text: **Herr Clark erhält eine Antwort auf seinen Brief,** und dann beantworten Sie diese Fragen!

**1. An wen hatte Herr Clark einen Brief geschrieben? 2. Wem hatte er im letzten Kapitel diesen Brief vorgelesen? 3. Wann hat Herr Clark die Antwort auf seinen Brief bekommen? 4. Was tat der Lehrer, während der Kaufmann die Antwort vorlas? 5. Wie fängt Herrn Schillers Antwort an? 6. Wo wird der Vertreter während der Monate Juni und Juli sein? 7. Wo wird er Herrn Clark erwarten? 8. Wird er sich mit Herrn Clark in deutscher oder englischer Sprache unterhalten? 9. Wem muss Herr Schiller gratulieren? 10. In welcher Beziehung** (in what relation) **hat Herr Clark seinen Vertreter bis jetzt gekannt? 11. Was wird er zweifellos erkennen? 12. Wird Herr Clark jede Gelegenheit ergreifen, Englisch zu sprechen?**

# CHAPTER 31

## EINIGE FRAGEN ÜBER DEUTSCHE GEOGRAPHIE

| | |
|---|---|
| 1. **Herr Clark, Sie haben die deutsche Geschichte gut gelernt. Nun wollen wir sehen, ob Sie die Geographie Deutschlands ebenso gut kennen wie seine Geschichte. Erlauben Sie, dass ich Ihnen ein paar Fragen stelle.** | 1. Mr. Clark, you have learned German history well. Now we want to see whether you know the geography of Germany just as well as its history. Permit me to ask you a few questions. |
| 2. **Gewiss. Sagen Sie mir aber, bekomme ich einen Preis, wenn meine Antworten richtig sind?** | 2. Certainly. But tell me, do I get a prize if I answer correctly? |
| 3. **Nein, Herr Clark. Sie bekommen keinen Preis, denn das ist kein Radioprogramm. Fangen** | 3. No, Mr. Clark. You will get no prize for this is not a radio program. Let's begin first with an |

**wir[1] zuerst mit einer leichten Frage an. In welchem Teile Europas liegt Deutschland?**

easy question. In what part of Europe does Germany lie?

4. **Das ist ja zu leicht. Deutschland liegt in Mitteleuropa.**

4. That is indeed too easy. Germany lies in Central Europe.

5. **Welcher Fluss trennt Westdeutschland und Ostdeutschland?**

5. What river separates West Germany from East Germany?

6. **Die Elbe trennt Westdeutschland und Ostdeutschland.**

6. The Elbe separates West Germany from East Germany.

7. **Welcher Fluss ist länger, der Rhein oder die Elbe?**

7. Which river is longer, the Rhine or the Elbe?

8. **Der Rhein ist etwas länger als die Elbe.**

8. The Rhine is somewhat longer than the Elbe.

9. **Richtig. Der Rhein ist der längste und breiteste Fluss Deutschlands.**

9. Correct. The Rhine is Germany's longest and broadest river.

10. **Er ist auch der schönste, nicht wahr?**

10. It is also the most beautiful, isn't it?

11. **Das ist wahr. Mit Recht nennt man den Rhein den schönsten deutschen Fluss. An seinen Ufern sind Berge, Felsen und malerische Schlösser aus den ältesten Zeiten. Und nun lasst uns über die Gebirge sprechen. Welche Gebirge können Sie nennen?**

11. That is true. One rightly calls the Rhine the most beautiful German river. On its shores are mountains, rocks and picturesque castles from the oldest times. And now let us talk about the mountain ranges. Which mountain ranges can you name?

12. **Nun, im Süden befinden sich die Bayerischen Alpen; im Südwesten der Schwarzwald; in Mitteldeutschland der Harz und der Thüringer Wald.**

12. Well, in the south are the Bavarian Alps; in the southwest the Black Forest; in central Germany the Harz Mountains and the Thuringian Forest.

13. **Ausgezeichnet! Wie heisst der höchste Gipfel der Bayerischen Alpen?**

13. Splendid. What is the highest peak of the Bavarian Alps?

14. **Das ist die Zugspitze. Ich glaube, dass dieser Berg beinahe 10,000 Fuss hoch ist.**

14. That is the Zugspitze. I believe that this mountain is almost 10,000 feet high.

15. **Richtig. Ist die Zugspitze höher als der Mont Blanc?**

15. Correct. Is the Zugspitze higher than Mount Blanc?

16. **Nein, die Zugspitze ist niedriger als der Mont Blanc.**

16. No, the Zugspitze is lower than Mount Blanc.

17. **Nun, die Häfen. Wie heisst der grösste Hafen an der Nordsee?**

17. Now the ports. What is the name of the largest port on the North Sea?

18. **Hamburg, an der Mündung der Elbe, ist der grösste und beste deutsche Hafen. Ein grosser Teil der Waren, die ich aus Deutschland importiere, kommt per Dampfer von Hamburg.**

18. Hamburg, at the mouth of the Elbe, is the largest and best German port. A large part of the goods which I import from Germany comes by steamer from Hamburg.

19. **Welch anderer grosser Hafen ist an der Nordsee?**

19. Which other large port is on the North Sea?

20. **Bremerhafen an der Mündung der Weser.**

20. Bremerhafen at the mouth of the Weser.

21. **Nennen Sie jetzt die Hauptstädte von Westdeutschland und Ostdeutschland.**

21. Now name the capitals of West Germany and East Germany?

22. **Die Hauptstadt von Westdeutschland ist Bonn; von Ostdeutschland, Ost-Berlin.**

22. The capital of West Germany is Bonn; of East Germany, East Berlin.

23. **Hat Westdeutschland mehr oder weniger Einwohner als Ostdeutschland?**

23. Has West Germany more or fewer inhabitants than East Germany?

24. **Westdeutschland hat viel mehr Einwohner als Ostdeutschland.**

24. West Germany has many more inhabitants than East Germany.

25. **Welches ist die schönste Stadt Deutschlands?**

25. Which is the most beautiful city of Germany?

26. **Diese Frage möchte ich an Sie stellen, Herr Müller. Was ist Ihre Meinung?**

26. I would like to ask you this question, Mr. Müller. What is your opinion?

27. **Nun, die Deutschen selbst sind über diese Frage nicht einig. Die Münchener sagen, dass ihre Stadt ohne Zweifel die schönste Stadt Deutschlands ist. Die Kölner meinen aber, dass Köln die schönste Stadt von allen ist. Meiner Meinung nach ist die kleine, alte Stadt Rothenburg ob der Tauber am allerschönsten. Nun, Herr Clark, die Prüfung ist zu Ende. Ich gratuliere Ihnen.**

27. Well, the Germans themselves are not agreed on this question. The inhabitants of Munich say that their city is without doubt the most beautiful city of Germany. The inhabitants of Cologne however, think that Cologne is the most beautiful city of all. In my opinion the little old city of Rothenburg on the Tauber is the most beautiful of all. Now, Mr. Clark, the examination is ended. I congratulate you.

28. **Ich danke vielmals. Ich erwarte nächste Woche mein Diplom.**

28. Many thanks. I'll expect my diploma next week.

29. **Ach nein, lieber Herr. Noch nicht. Jetzt können wir den zweiten Teil des Kurses beginnen.**

29. Oh no, dear sir. Not yet. Now we can begin the second part of the course.

NOTE 1. **Fangen wir an!** Let's begin. **Gehen wir!** Let's go. **Essen wir!** Let's eat. The imperative in the first person plural, translated *Let's* or *Let us . . .*, is the inverted **wir** form of the present tense.

## Wortschatz

**die Geographíe** (*gay-oh-gra-fee*) geography
**der Berg** *pl.* **-e** mountain
**der Felsen** rock, cliff
**der Fluss** *pl.* **⸚e** river
**das Gebírge** *pl.* **-** mountain range
**der Gipfel,** *pl.* **-** peak
**der Hafen** *pl.* **⸚** harbor
**das Ufer** *pl.* **-** shore
**die See** *pl.* **-n** sea, ocean
**der See** *pl.* **-n** lake
**der Norden** north; **der Süden** south
**der Osten** east; **der Westen** west
**das Diplom** *pl.* **-e** diploma
**der Kursus** *pl.* **-en** course
**die Meinung** *pl.* **-en** opinion
**der Einwohner** *pl.* **-** inhabitant
**einig** united, agreed
**vielmals** many times; **nie, niemals** never

## Ausdrücke

**mit Recht** rightly, justly
**Erlauben Sie!** Permit me.
  **Erlauben Sie, dass ich einige Fragen an Sie stelle!** Permit me to ask you a few questions.
**meiner Meinung nach** according to (in) my opinion
**deiner (Ihrer, eurer) Meinung nach** according to your opinion
**unsrer (ihrer) Meinung nach** according to our (her, their) opinion
In the sense of *according to*, **nach** usually follows the noun.

### 1. Comparison of adjectives

| *Positive* | | *Comparative* | *Superlative* |
|---|---|---|---|
| **klein** | small | **kleiner** | **der, die, das kleinste** |
| **breit** | wide | **breiter** | **der, die, das breiteste** |
| **interessant** | interesting | **interessanter** | **der, die, das interessanteste** |
| **niedrig** | low | **niedriger** | **der, die, das niedrigste** |
| **schön** | beautiful | **schöner** | **der, die, das schönste** |
| **lang** | long | **länger** | **der, die, das längste** |
| **kurz** | short | **kürzer** | **der, die, das kürzeste** |
| **wenig** | little | **weniger** | **der, die, das wenigste** |

Die Elbe ist **lang**. Der Rhein ist **länger** als die Elbe, aber nicht so lang wie die Volga. Die Volga ist **der längste** Fluss Europas.

The Elbe is *long*. The Rhine is *longer* than the Elbe, but not as long as the Volga. The Volga is *the longest* river of Europe.

Unser Haus ist **alt**. Euer Haus ist **älter** als unser Haus. Sein Haus ist **das älteste** in dieser Strasse.

Our house is *old*. Your house is *older* than our house. His house is *the oldest* in this street.

a. The comparative of adjectives is formed by adding **-er** to the positive.

b. The superlative is formed by adding **-st** or **-est** to the positive. **est** is added for ease in pronunciation when the adjective ends in **-t, -d, -s, -ss, -z, -ch.**

c. Most one-syllable adjectives add an **Umlaut** to **a, o, u** in the comparative and superlative. You have met the following: **kurz, lang, alt, jung, warm, kalt, rot, schwarz.**

d. In comparisons **so . . . wie** = *as . . . as;* **als** = *than.*

**Er ist so gross wie ich.** He is *as tall as* I. **Er ist grösser als ich.** He is *taller than* I.

**2. Some adjectives irregular in comparison**

| | | | | | |
|---|---|---|---|---|---|
| **gross** | big | **grösser** | bigger | **der, die, das grösste** | the biggest |
| **gut** | good | **besser** | better | **der, die, das beste** | the best |
| **hoch** | high | **höher** | higher | **der, die, das höchste** | the highest |
| **nah(e)** | near | **näher** | nearer | **der, die, das nächste** | the nearest |
| **viel** | much | **mehr** | more | **der, die, das meiste** | the most |

Die Zugspitze ist **hoch**. Der Mont Blanc ist **höher** als die Zugspitze. Der Berg Everest ist **der höchste** Berg in der ganzen Welt.

The Zugspitze is *high*. Mount Blanc is *higher* than the Zugspitze. Mount Everest is *the highest* mountain in the whole world.

NOTE: **hoch** drops the **c** whenever the ending begins with **-e (der hohe Berg).**

*Exercise No. 143.* Complete each sentence with the comparative of the adjective in parenthesis.

**Beispiel: 1.** Der Rhein und die Elbe sind **kürzer** als die Volga.

**1. Der Rhein und die Elbe sind (kurz) als die Volga. 2. Ist Köln (schön) als Nürnberg? 3. Der Winter ist (kalt) in Kanada als in den Vereinigten Staaten. 4. Karl ist (alt) als Wilhelm. 5. Ist Frankfurt (gross) als Hamburg? 6. Mein Bruder ist (jung) als ich. 7. Was finden Sie (interessant), das Theater oder das Kino? 8. Im Sommer sind die Tage (lang) als im Winter. 9. Er isst (viel) Fleisch als ich. 10. Das Essen ist (gut) zu Hause als im Restaurant.**

**3. Case endings in the comparative and superlative**

a. **Das kleine Kind** ist mein Bruder.
**Das kleinere Kind** ist mein Bruder.
**Das kleinste Kind** ist mein Bruder.

b. **Mein alter Freund** kommt heute.
**Mein älterer Freund** kommt heute.
**Mein ältester Freund** kommt heute.

c. Ich trage **den schweren Koffer.**
Sie tragen **den schwereren Koffer.**
Er trägt **den schwersten Koffer.**

d. Er arbeitete in **dem grossen Zimmer.**
Sie arbeitete in **dem grösseren Zimmer.**
Wir arbeiteten in **dem grössten Zimmer.**

The comparative and superlative of adjectives take the same case endings as the positive (see Chapter 17, Grammar Note 1).

*Exercise No. 144.* In each sentence substitute the comparative of the adjective in place of the positive.

**Beispiel: 1. Er kauft sich ein besseres Auto.**

1. Er kauft sich ein **gutes** Auto. 2. Der **grosse** Tisch gehört mir. 3. Ich schreibe mit dem **langen** Bleistift. 4. Ich konnte keine **gute** Wohnung finden. 5. Ich habe einen **jungen** Bruder. 6. Sie hat eine **junge** Schwester. 7. Marie hat eine **alte** Bluse. 8. Die **hohen** Berge befinden sich in Süddeutschland. 9. Ich gab meinem Freund den **guten** Platz. 10. Wie heisst Ihr **junger** Bruder?

*Exercise No. 145.* In each sentence substitute the superlative of the adjective for the positive.

**Beispiel: 1. Am Rhein sieht man die ältesten Schlösser.**

1. Am Rhein sieht man die **alten** Schlösser. 2. Ich lese jetzt das **interessante** Buch. 3. Ich habe den **guten** Platz gekauft. 4. Die **langen** Tage sind im Sommer. 5. Die **kurzen** Tage sind im Winter. 6. Hier ist das **warme** Zimmer. 7. Sie macht Einkäufe in den **grossen** Läden. 8. Er sprach von seinem **alten** Freund. 9. Die **guten** Plätze sind alle besetzt. 10. Die **hohen** Berge sind in der Schweiz.

*Exercise No. 146.* **Lesen Sie diesen Text! Dann beantworten Sie die Fragen!**

**Herr Braun ist fünfundvierzig Jahre alt. Herr Engel ist fünfzig Jahre alt. Herr Schumann ist sechzig Jahre alt.**

**Herr Braun besitzt 500,000 (fünfhunderttausend) DM. Herr Engel besitzt 400,000 DM. Herr Schumann besitzt 300,000 DM.**

**Herr Braun ist fünf Fuss sieben Zoll[1] gross. Herr Engel ist fünf Fuss acht Zoll gross. Herr Schumann ist sechs Fuss ein Zoll gross.**

**1. Wie heisst der älteste Herr? 2. Wie heisst der reichste Herr? 3. Wie heisst der grösste (Herr)? 4. Ist Herr Engel älter oder jünger als Herr Braun? 5. Ist Herr Braun grösser oder kleiner als Herr Engel? 6. Ist Herr Schumann reicher oder weniger reich als Herr Engel? 7. Wer hat das meiste Geld? 8. Wer hat das wenigste?**

NOTE: 1. **der Fuss** foot; **der Zoll** inch. Observe the use of the singular in German to indicate quantities or amounts: **fünf Fuss** five feet; **sieben Zoll** seven inches; **drei Mark** three marks; **zehn Dollar** ten dollars.

*Exercise No. 147.* **Fragen**

Lesen Sie noch einmal den Text: **Einige Fragen über deutsche Geographie,** und dann beantworten Sie diese Fragen!

**1. Was hat Herr Clark gut gelernt? 2. Was für Fragen will Herr Müller ihm jetzt stellen? 3. Beginnt Herr Müller mit einer leichten oder mit einer schweren Frage? 4. Nennen Sie die zwei längsten Flüsse Deutschlands! 5. Welcher Fluss ist länger und breiter, der Rhein oder die Elbe? 6. Welchen Fluss nennt man den schönsten deutschen Fluss? 7. Wo findet man malerische Schlösser aus den ältesten Zeiten? 8. Nennen Sie den höchsten Berg Deutschlands! 9. Ist die Zugspitze höher oder niedriger als der Mont Blanc in Frankreich? 10. An welcher See befinden sich die zwei grössten Seehäfen Deutschlands?**

# CHAPTER 32

## DIE GUTE DEUTSCHE KÜCHE

| | |
|---|---|
| **1. Wie Sie wohl wissen, Herr Clark, bietet die gute deutsche Küche dem Touristen eines der grössten Vergnügen.** | 1. As you no doubt know, Mr. Clark, good German cooking offers the tourist one of the greatest pleasures. |
| **2. Ja, das weiss ich sehr wohl.** | 2. Yes, that I know very well. |
| **3. Sind Sie mit der deutschen Küche ein wenig bekannt?** | 3. Are you somewhat acquainted with German cooking? |
| **4. Ja, ich weiss darüber schon ein wenig Bescheid. Wenn mich ein wichtiger Kunde besucht, lade ich ihn ein, mit mir in einem der** | 4. Yes, I already know a little about it. When an important customer visits me, I invite him to dine with me in one of the best German res- |

**besten deutschen Restaurants in New York zu speisen. Das geschieht oft und macht mir viel Vergnügen.**

taurants in New York. That happens often and gives me great pleasure.

5. **Nun in Deutschland findet man die Kost nie einförmig, und da gibt es für den Reisenden immer eine neue Überraschung.**
6. **Schön. Wenn ich in Deutschland bin, mache ich eine Liste der Gerichte, die mir am besten schmecken. Dann schicke ich meiner Frau ein gutes deutsches Kochbuch, natürlich in englischer Sprache.**
7. **Eine vorzügliche Idee!**
8. **Sagen Sie mir, bitte, Herr Müller, ist die deutsche Küche sehr kompliziert?**
9. **Eigentlich nicht. Es gibt nur drei Geheimnisse der guten deutschen Küche. Diese drei sind auch die Geheimnisse jeder guten nationalen Küche, ob der deutschen, der französischen, der italienischen, oder irgendeiner anderen.**
10. **Was sind diese drei Geheimnisse?**
11. **Erstens muss alles, was man zum Kochen kauft, von der besten Qualität sein: Fleisch, Fisch, Gemüse, Butter, Eier usw. Zweitens muss man richtig kochen, um den Naturgeschmack der Nahrungsmittel zu behalten. Drittens muss man aber vor allem die Kunst der Küche lieben.**
12. **Bitte, beschreiben Sie mir die Hauptmahlzeit der Deutschen.**
13. **Gerne. Das ist das Mittagessen. Es beginnt gewöhnlich mit einer nahrhaften Suppe. Dann kommt Fleisch, Gemüse und Salat. Statt Fleisch gibt es manchmal (besonders Freitags) Fisch.**
14. **Und wie steht es mit dem Dessert?**
15. **Zum Dessert oder Nachtisch gibt es entweder Obst oder Obstkuchen, zum Beispiel Apfelkuchen oder Pflaumenkuchen.**
16. **Und kein Strudel? Ich esse Strudel am allerliebsten.**
17. **Ach ja! In Süddeutschland ist der Strudel besonders beliebt.**
18. **Und was trinkt man am Ende der Mahlzeit?**
19. **Gewöhnlich trinkt man am Mittagtisch keinen Kaffee oder Tee, aber während des Essens trinkt man fast immer Bier oder Wein.**
20. **Der Mund wässert mir schon.[1] Herr Müller, wollen Sie mit mir vor meiner Abreise in einem deutschen Restaurant speisen?**
21. **Mit Vergnügen. Vielen, vielen Dank!**

5. Well, in Germany one never finds the food monotonous, and there is always a new surprise for the traveler.
6. Good. When I am in Germany I shall make a list of the dishes which taste best to me. Then I shall send my wife a good German cookbook, naturally in the English language.
7. An excellent idea!
8. Tell me please, Mr. Müller, is German cooking very complicated?
9. Not really. There are only three secrets of good German cooking. These three are also the secrets of every good national cuisine, whether the German, the French, the Italian or any other.
10. What are these three secrets?
11. First, everything that one buys for cooking must be of the finest quality: meat, fish, vegetables, butter, eggs, etc. Second one must cook correctly in order to retain the natural flavor of the foods. Third, one must above all love the art of cooking.
12. Please describe to me the main meal of the Germans.
13. Gladly. That is the midday meal. It usually begins with a nutritious soup. Then comes meat, vegetables and salad. Instead of meat there is sometimes fish (especially on Friday).
14. And what about the dessert?
15. For dessert there is either fruit or fruit cake, for example apple cake or plum cake.
16. And no strudel? I like to eat strudel most of all.
17. Oh yes. In South Germany strudel is especially popular.
18. And what does one drink at the end of the meal?
19. At the noon meal one usually does not drink coffee or tea, but during the meal one almost always drinks beer or wine.
20. My mouth is already watering. Mr. Müller, will you dine with me in a German restaurant before my departure?
21. With pleasure. Many thanks.

NOTE 1. *Lit.* The mouth is already watering to me.

## Wortschatz

**das Dessért = der Nachtisch** dessert
**das Geheímnis** *pl.* **-se** secret
**das Gemüse** vegetables
**der Geschmáck** taste
**das Gerícht** *pl.* **-e** dish, course
**die Küche** *pl.* **-n** kitchen, cuisine, cooking
**die Nahrungsmittel** foodstuffs
**das Obst** fruit; **der Salad** salad
**kochen** to cook
**schicken = senden** to send
**speisen** to dine
**bekannt** known
**kompliziért** complicated
**nahrhaft** nourishing
**erstens** first, firstly
**zweitens** second, secondly
**drittens** third, thirdly
**irgendein** any
**entweder . . . oder** either . . . or

## Strong Verbs. Principal Parts

| | | | | |
|---|---|---|---|---|
| **behálten** | to retain, receive | **er behält** | **behielt** | **hat behalten** |
| **beschréiben** | to describe | **er beschreibt** | **beschrieb** | **hat beschrieben** |
| **bieten** | to offer | **er bietet** | **bot** | **hat geboten** |
| **ein-laden** | to invite | **er lädt . . . ein** | **lud . . . ein** | **hat eingeladen** |

## Deutsche Ausdrücke

**Bescheid wissen** to have knowledge of a thing, to know about, to know one's way. **Über die deutsche Küche wissen wir ein wenig Bescheid.** We know a little about the German cuisine. **In dieser Stadt weiss er Bescheid.** He knows his way around this town.

**beliebt** popular; **beliebt bei** a favorite with. **Der Strudel ist bei uns sehr beliebt.** Strudel is a great favorite with us.

**vor allem** above all, first of all. **Wir müssen vor allem fleissig arbeiten.** We must above all work diligently. **Ich dachte vor allem an die Geschäftssachen.** I thought first of all of the business matters.

**ob . . . oder** whether . . . or. **Ob heute oder morgen, wir werden gewiss gehen.** Whether today or tomorrow, we shall surely go.

**Sprichwort: Der Mensch ist was er isst.** Proverb: Man is what he eats.

## Grammar Notes and Practical Exercises

**1. The *am -sten* form of the superlative of adjectives**

| | |
|---|---|
| Das Wetter ist **am schönsten.** | The weather is *most beautiful.* |
| Wir haben das schönste Wetter. | We have the most beautiful weather. |
| In Asien sind die Berge **am höchsten.** | In Asia the mountains are *highest.* |
| Die höchsten Berge sind in Asien. | The highest mountains are in Asia. |

The **am -sten** form is used for the most part in cases where the corresponding English superlative omits *the.* This form is never used before a noun. Some familiar adjectives in the **am -sten** superlative are: **am kleinsten, am grössten, am interessantesten, am schönsten, am längsten, am kürzesten, am kältesten, am wärmsten, am heissesten, am jüngsten, am ältesten, am höchsten, am besten.**

*Exercise No. 148.* Translate the superlative of the adjective with the **am -sten** form.

1. **Die Berge sind hier** (highest). 2. **Der Herbst ist hier** (most beautiful). 3. **Im Winter sind die Tage** (coldest). 4. **In Afrika ist das Klima** (hottest). 5. **Im Sommer sind die Tage** (shortest). 6. **Diese Zimmer sind** (largest). 7. **In diesem Dorf sind die Häuser** (oldest). 8. **Die Ferientage** (vacation days) **sind** (best).

**2. Comparison of adverbs**

| | | | | | |
|---|---|---|---|---|---|
| **schnell** | quickly | **schneller** | more quickly | **am schnellsten** | most quickly |
| **langsam** | slowly | **langsamer** | more slowly | **am langsamsten** | most slowly |
| **klar** | clearly | **klarer** | more clearly | **am klarsten** | most clearly |
| **spät** | late | **später** | later | **am spätesten** | latest |
| **früh** | early | **früher** | earlier | **am frühesten** | earliest |
| **gut** | good | **besser** | better | **am besten** | best |
| **schlecht** | bad | **schlechter** | worse | **am schlechtesten** | worst |
| **schön** | beautiful | **schöner** | more beautiful | **am schönsten** | most beautiful |
| **gern** | gladly | **lieber** | more gladly | **am liebsten** | most gladly |

Ein auto geht **schnell.** Ein Flugzeug geht **schneller** als ein Auto. Eine Rakete geht **am schnellsten** (am allerschnellsten).

An auto goes *fast.* A plane goes *faster* than an auto. A rocket goes *fastest* (*of all*).

a. Adverbs are compared like adjectives. The superlative of an adverb, however, always has the am -sten form. Many adjectives can be used also as adverbs.

Er ist gut. Er schreibt gut. — He is *good* (*adj.*). He writes *well* (*adv.*).

b. As you have already learned, a verb + **gern(e)** means *to like to*; a verb + **lieber** means *to prefer to*; a verb + **am liebsten** means *to like most* or *best of all.*

Ich esse Apfelkuchen **gern.** Ich esse **lieber** Pflaumenkuchen. Ich esse **am liebsten** Strudel.

I like to eat apple cake. I prefer to eat plum cake. I like to eat strudel most of all.

*Exercise No. 149.* **Ein Gespräch**

## DEUTSCHE ODER FRANZÖSISCHE KÜCHE

**— Ich habe die deutsche Kost sehr gern. Sie auch?**

— I like German food very much. Do you?

**— Ich habe die deutsche Kost lieber als die italienische. Aber die französische Kost habe ich am liebsten.**

— I like German food better than the Italian. But I like French food best.

**— Kennen Sie etwas, was den Appetit besser anregt als ein Bismarckhering?**

— Do you know of anything that stimulates the appetite better than a Bismarck herring?

**— Gewiss. Das tun die französischen hors d'oeuvres (Vorspeisen) am allerbesten.**

— Certainly. The French hors d'oeuvres do that best of all.

**— Wer tüchtig speisen will, findet am befriedigendsten ein Wiener Schnitzel mit Rotkohl und dazu ein Seidel dunkles Bier.**

— Anyone who wants to dine heartily will find a Vienna veal cutlet with red cabbage and a mug of dark beer on the side most satisfying.

**— Aber nein, man speist nicht weniger gut, wenn man in einem der besseren Pariser Restaurants coq au vin mit haricots verts (Huhn in Wein gekocht mit grünen Bohnen) bestellt.**

— Oh no, one dines no less well if in one of the better Parisian restaurants one orders coq au vin (capon in wine) with string beans.

**— Trinken Sie lieber Bier oder Wein zum Mittagessen?**

— Do you prefer to drink beer or wine with your dinner?

**— Ich trinke lieber den französischen Rotwein.**

— I prefer to drink French red wine.

**— Wie ist es mit dem Nachtisch? Von allen deutschen Nachspeisen gefällt mir ein frischer Apfelstrudel am besten.**

— How about dessert? Of all the German desserts I like a fresh apple strudel best.

**— Ich nehme öfter Obst als Kuchen. Aber unter den Mehlspeisen bestelle ich am häufigsten die wunderbaren französischen crêpes suzettes. Die sind auch viel besser als die deutschen Pfannkuchen.**

— I take fruit oftener than cake. But in the line of baked sweets I most often order the wonderful French crêpes suzettes. These are even better than the German pancakes.

**— Nun, gibt es denn keine deutschen Gerichte, die Sie am liebsten haben?**

— Well, aren't there any German dishes which you like best?

**— Ich habe nichts gegen die deutsche Kost, aber die französische mag ich eben mehr.**

— I have nothing against German food, but I just like French food more.

**— Und ich freue mich am meisten an der deutschen Kost. Es ist doch klar, über den Geschmack lässt sich nicht streiten!**

— And I enjoy German cooking most. Well, it's obvious, there's no disputing about taste!

*Exercise No. 150.* **Fragen**

Lesen Sie noch einmal den Text: **Die gute deutsche Küche, und dann beantworten Sie diese Fragen!**

**1. Wem bietet die deutsche Küche eines der grössten Vergnügen? 2. Wo speist Herr Clark oft mit einem wichtigen Kunden? 3. Wo findet man die Kost nie einförmig? 4. Wem wird Herr Clark ein gutes, deutsches Kochbuch senden? 5. Was ist das erste Geheimnis der guten, deutschen Küche? 6. Was ist das dritte? 7. Welches ist die Hauptmahlzeit der Deutschen? 8. Womit beginnt gewöhnlich die Mahlzeit? 9. Was kommt dann? 10. Was gibt es zum Dessert? 11. Welches Dessert hat Herr Clark am liebsten? 12. Wo ist der Strudel besonders beliebt? 13. Was trinkt man am Ende der Mahlzeit? 14. Was trinkt man während der Mahlzeit?**

# CHAPTER 33

## WELCHE STÄDTE WERDEN SIE BESUCHEN, HERR CLARK?

**1. Nächste Woche werden Sie nach Deutschland abreisen. Wie lange werden Sie in diesem Lande bleiben?**

1. Next week you will be setting out for Germany. How long will you stay in that country?

**2. Mir stehen nur sechs Wochen zur Verfügung. Aber ich versichere Ihnen, ich werde versuchen, diese Zeit aufs beste auszunützen.**

2. There are only six weeks at my disposal. But I assure you, I shall try to make use of this time to the best advantage.

**3. Wissen Sie schon, welche Städte Deutschlands Sie besuchen werden?**

3. Do you already know which cities of Germany you will visit?

**4. Ich denke immer daran und lese fleissig in meiner Sammlung von Reisebüchern. Wie Sie schon wissen, führen mich meine Geschäftsangelegenheiten nach München, wo mein Vertreter, Herr Schiller wohnt.**

4. I'm thinking about this matter all the time, and reading diligently in my collection of guide books. As you know, business matters are taking me to Munich, where my representative, Mr. Schiller, lives.

**5. Und wie lange werden Sie in München bleiben?**

5. And how long will you stay in Munich?

**6. Zwei oder drei Wochen, vielleicht länger.**

6. Two or three weeks, perhaps longer.

**7. Und welche Sehnswürdigkeiten wollen Sie dort besuchen?**

7. And what places of interest do you expect to visit there?

**8. Sie wissen, man nennt München das moderne Athen, mit berühmten Kunstmuseen, die ich besuchen will. Das Deutsche Museum soll das grösste technische Museum Europas sein.**

**Natürlich muss ich auch die weltberühmte Liebfrauenkirche und das Rathaus mit dem Glockenspiel[1] besuchen. Ausserdem gibt es Theater und Oper, auch altbekannte Weinstuben und Bierhallen, u.a.m. Ich muss auch einen langen Spaziergang im berühmten Englischen Garten[2] machen.**

8. You know they call Munich the modern Athens, with famous art museums which I want to visit. The German Museum is said to be the largest technical museum in Europe.

Of course I must visit the world-famous Church of Our Lady and the City Hall with the "Chimes." Besides these two things there is theater and opera, also well-known taverns and beer halls among other things. I must also take a long walk in the famous English Garden.

9. **Denken Sie auch, Ausflüge ins Land zu machen?**

9. Are you thinking also of taking excursions out into the country?

10. **Ja, gewiss. München ist die Pforte zu den Bayerischen Alpen und zur Seegegend. Ich werde den Tegernsee und die anderen malerischen Seen besuchen. Ich möchte auch einen Ausflug zum interessanten Dorf Oberammergau und zum nahegelegenen Garmisch-Partenkirchen machen. Das soll eine der schönsten Berggegenden der Welt sein.**

10. Yes, surely. Munich is the gateway to the Bavarian Alps and the lake region. I shall visit the Tegernsee and the other picturesque lakes. I should also like to take a trip to the interesting village of Oberammergau and to Garmisch–Partenkirchen nearby. That is said to be one of the most beautiful mountain regions in the world.

11. **Werden Sie noch andere Städte in der Nähe von München besuchen?**

11. Will you visit other cities near Munich?

12. **Jawohl. Ich denke vor allem an Nürnberg, die Stadt der Meistersinger, und an Bayreuth, die Stadt, in der Richard Wagner lebte und komponierte.**

**Ich glaube mein Vertreter, Herr Schiller, wird mir in meinen Wanderungen behilflich sein, soweit es seine Zeit erlauben wird.**

12. Yes, indeed. I think first of all of Nurnberg, city of the Mastersingers, and of Bayreuth, the city in which Richard Wagner lived and composed.

I believe my representative, Mr. Schiller, will be helpful to me in my travels, as far as his time will permit.

13. **Wird Ihre Reise auch andere Teile Deutschlands einschliessen?**

13. Will your trip include other parts of Germany too?

14. **Ach, ja. Ich werde in Frankfurt einige Geschäfte erledigen. Dann will ich eine Rheinreise machen, und dabei werde ich Bonn, die Hauptstadt Westdeutschlands, und die Rheinstädte, Köln und Düsseldorf, den Geburtsort von Heinrich Heine,[3] besuchen können. Von dort wird's nach Hamburg gehen, von wo aus ich per Flugzeug die Heimreise unternehmen werde. Was denken Sie darüber, Herr Müller?**

14. Oh yes. I shall take care of some business matters in Frankfurt. Then I will take a Rhine trip and at the same time I shall be able to visit Bonn, the capital of West Germany, and the Rhine cities of Cologne and Düsseldorf, the birthplace of Heinrich Heine. From there the next stop will be Hamburg, from which place I shall make the home journey by airplane. What do you think of this, Mr. Müller?

15. **Was ich darüber denke? Ich beneide Sie, Herr Clark, und ich möchte Sie begleiten. Das ist aber leider unmöglich. Ich werde zu Hause bleiben müssen.**

15. What do I think of it? I envy you, Mr. Clark, and I should like to accompany you. However, that is unfortunately impossible. I shall have to stay at home.

16. **Wie schade, Herr Müller. Es tut mir aufrichtig leid.**

16. That's too bad, Mr. Müller. I'm really very sorry.

NOTES: 1. **Das Glockenspiel** a remarkable clock with chimes on the **Rathaus** (City Hall) in Munich. Every day at 11 A.M. wooden figures come out and dance to the music of the bells. 2. **Der Englische Garten** a large beautiful park in Munich. 3. **Heinrich Heine, 1797–1856.** Great German lyric poet. Among his most famous poems are **Die Lorelei, Du bist wie eine Blume** and **Die Zwei Grenadiere.**

## Wortschatz

**das Dorf** *pl.* ⸗er village
**der Gebúrtsort** *pl.* -e birthplace
**die Gegend** *pl.* -en region
**die Kirche** *pl.* -n church
**die Pforte** *pl.* -n gate
**die Sammlung** *pl.* -en collection
**die Sehenswürdigkeit** *pl.* -en place of interest
**ab-reisen** to set out
**aus-nützen** to make full use of
**beneíden** to envy
**besórgen** to take care of, attend to
**komponiéren** to compose
**versíchern** to assure
**bekánnt** known; **altbekannt** well known
**nahegelegen** nearby
**technisch** technical
**soweít** as far as
**dabeí** at the same time; in connection with that

## Strong Verbs. Principal Parts

| | | | | |
|---|---|---|---|---|
| **ein-schliessen** | to include | **er schliesst . . . ein** | **schloss . . . ein** | **hat eingeschlossen** |
| **bleiben** | to remain | **er bleibt** | **blieb** | **ist geblieben** |
| **tun** | to do | **er tut** | **tat** | **hat getan** |

## Deutsche Ausdrücke

**schade! wie schade!** what a pity
**Es ist sehr schade.** It's a great pity.

**ja, gewiss** yes, surely

**u.a.m. (und andere mehr)** and other things

**einen Spaziergang machen** to take a walk
**Jeden Tag hat er einen Spaziergang im Park gemacht.** Every day he took a walk in the park.

## Grammar Notes and Practical Exercises

**1. The future tense of modal auxiliaries**

I shall have to go, you will have to go, etc.

**Ich werde** heute gehen **müssen.**
**Du wirst** heute gehen **müssen.**
**Er (sie, es) wird** heute gehen **müssen.**
**Wir werden** heute gehen **müssen.**
**Ihr werdet** heute gehen **müssen.**
**Sie (Sie) werden** heute gehen **müssen.**

a. In the future tense the infinitive of the modal auxiliary stands last.

b. The present tense of modal auxiliaries is often used to express future time.

**Ich muss morgen gehen = Ich werde morgen gehen müssen.**
**Er kann mich morgen nicht begleiten = Er wird mich morgen nicht begleiten können.**

*Exercise No. 151.* Above is the future of **müssen.** Practice the future of the other modals by substituting **dürfen, können, mögen, sollen, wollen,** for **müssen.**

*Exercise No. 152.* **Ein Gespräch.** Practice aloud.

**— Wohin werden Sie im nächsten Sommer gehen? — Ich werde nach Deutschland reisen.**
**— Wann werden Sie New York verlassen? — Ich werde am 31. Mai abfahren.**

**— Wieviel Zeit werden Sie in Deutschland verbringen? — Ich werde dort drei Monate verbringen. — Werden Sie mit einem Dampfer reisen oder per Flugzeug? — Ich werde per Flugzeug reisen.**

**— Werden Sie Ihren Vertreter in München sehen? — Jawhol, er wird mich am Flugplatz erwarten. — Wie lange werden Sie in München bleiben? — Ich werde dort drei oder vier Wochen lang bleiben.**

**— Wollen Sie eine Reise nach Berlin machen? — Ja, ich will nach Berlin reisen, wenn ich Zeit habe. — Kann Herr Müller Sie begleiten? — Ach, schade! Es wird ihm nicht möglich sein, mich zu begleiten;** *or* **Er Kann mich nicht begleiten;** *or* **Er wird mich nicht begleiten können.**

*Exercise No. 153.* Complete the translation of each English sentence.

**Beispiel:** 1. Er wird drei Wochen in Berlin bleiben müssen.

1. He will have to stay in Berlin three weeks. — **1. Er wird drei Wochen in Berlin bleiben ____.**
2. Which cities will he visit? — **2. ____ wird er besuchen?**
3. I do not know which cities he will visit. — **3. Ich weiss nicht, welche Städte er ____.**
4. This lake is said to be beautiful. — **4. Dieser See ____ schön sein.**
5. We shall visit all places of interest. — **5. Wir werden ____ besuchen.**
6. In Cologne we shall be able to visit the Cathedral. — **6. In Köln werden wir den Dom besuchen ____.**
7. The tourists will want to see the German Museum. — **7. Die Touristen werden das Deutsche Museum sehen ____.**

8. We will make many excursions to the country. — **8. Wir werden _____ aufs Land machen.**
9. Will you be able to accompany me? — **9. Werden Sie mich begleiten _____?**
10. Will Mr. Schiller await you at the airport? — **10. Wird Herr Schiller Sie am Flugplatz _____.**

**2. The future perfect tense**

| I shall have learned German, etc. | I shall have gone home, etc. |
|---|---|
| **Ich werde Deutsch gelernt haben.** | **Ich werde nach Hause gegangen sein.** |
| **Du wirst Deutsch gelernt haben.** | **Du wirst nach Hause gegangen sein.** |
| **Er wird Deutsch gelernt haben.** | **Er wird nach Hause gegangen sein.** |
| **Wir werden Deutsch gelernt haben.** | **Wir werden nach Hause gegangen sein.** |
| **Ihr werdet Deutsch gelernt haben.** | **Ihr werdet nach Hause gegangen sein.** |
| **Sie werden Deutsch gelernt haben** | **Sie werden nach Hause gegangen sein.** |

The future perfect tense in German, like this tense in English, is rarely used.

*Exercise No. 154.* **Fragen**

Lesen Sie noch enmal den Text: **Welche Städte werden Sie besuchen, Herr Clark?** und dann beantworten Sie diese Fragen!

**1. Wie lange wird Herr Clark in Deutschland bleiben? 2. In welchen Büchern liest er fleissig? 3. Wie lange wird er in München bleiben? 4. Wie nennt man München? 5. Welches Museum soll das grösste technische Museum Europas ein? 6. In welchem berühmten Park muss Herr Clark einen Spaziergang machen? 7. Nach welchem interessanten Dorf möchte er einen Ausflug machen? 8. Welche Stadt ist die Stadt der Meistersinger? 9. In welcher Stadt lebte und komponierte Richard Wagner? 10. Welche Städte am Rhein wird Herr Clark besuchen? 11. Wo wurde Heinrich Heine geboren? 12. Von wo aus wird Herr Clark die Heimreise unternehmen? 13. Wer möchte Herrn Clark auf seiner Reise begleiten? 14. Wird er ihn begleiten können?**

# CHAPTER 34

## HERR CLARK REIST NACH DEUTSCHLAND AB

**1. Herr Clark hat nun sechs Monate Deutsch studiert. Er hat viel Zeit verbracht im Gespräch mit seinem Lehrer, Herrn Müller. Er hat auch die wichtigsten Regeln der Grammatik gelernt und einige Bücher über Deutschland gelesen. Er hat ernst und fleissig gelernt. Jetzt kann er Deutsch sprechen, und erwartet, jede Gelegenheit zu ergreifen, seine Kenntnisse in Deutschland auszunutzen.**

1. Mr. Clark has now studied German for six months. He has spent much time in conversation with his teacher, Mr. Müller. He has also learned the most important rules of German grammar and has read some books about Germany. He has studied earnestly and industriously. Now he can speak German and is expecting to take every opportunity to make use of his knowledge in Germany.

**2. Herr Clark hat seinen Reisepass besorgt und seine Flugkarte gekauft. Er hat nun alles, was er braucht.**

2. Mr. Clark has obtained his passport and has bought his plane ticket. He now has everything that he needs.

**3. Natürlich hat Herr Clark seinem Vertreter in München einen Brief geschrieben, um ihm die Zeit seiner Ankunft mitzuteilen. Herr Schiller, der Vertreter, hat versprochen, ihn am Münchener Flughafen abzuholen.**

3. Naturally, Mr. Clark has written a letter to his agent in Munich to inform him of the time of his arrival. Mr. Schiller, the agent, has promised to meet him at the Munich airport.

**4. Endlich kommt der 31. Mai, der Tag der Abreise. Das Flugzeug, in dem Herr Clark reisen**

4. Finally the 31st of May arrives, the day of departure. The plane on which Mr. Clark will

**wird, verlässt den Kennedy-Flughafen punkt 19.00 (sieben Uhr abends). Er muss eine Stunde früher am Flugplatz sein, um seine Karte vorzuzeigen, und sein Gepäck abwiegen zu lassen.**

travel leaves the Kennedy Airport at exactly seven o'clock in the evening. He must be at the airport one hour earlier in order to present his ticket and have his baggage weighed.

5. **Die Familie begleitet ihn nicht nach Deutschland, denn die Kinder müssen ja das Schuljahr beenden, und seine Frau muss zu Hause bleiben, um für die Kinder zu sorgen. Ausserdem ist das Reisen mit vier Kindern vom fünften bis zum zwölften Lebensjahr nicht nur schwierig sondern auch kostspielig.**

5. His family is not accompanying him to Germany, for the children must finish the school year, and his wife must remain at home in order to look after the children. Besides, traveling with four children from five to twelve years of age is not only difficult but also costly.

6. **Natürlich ist die Familie sehr aufgeregt. Die Kinder haben nicht viel geschlafen, und um siebenuhrdreissig früh sind sie alle wach, gewaschen und angezogen.**

6. Naturally the family is very excited. The children have not slept much and at seven-thirty in the morning they are all awake, washed and dressed.

7. **Um 5 Uhr nachmittags ist die ganze Familie bereit, zum Flughafen zu fahren. Herr Clark ist reisefertig. Er hat zwei Handkoffer gepackt und bereits in das Auto gebracht. Sie steigen alle ein. Herr Clark bringt das Auto in Gang und sie kommen um ein Viertel nach sechs am Flughafen an.**

7. At 5 o'clock in the afternoon the whole family is ready to ride to the airport. Mr. Clark is ready to start. He has packed two suitcases and has put them in the car. They all get in. Mr. Clark starts the car and they arrive at the airport at a quarter past six.

8. **Herr Clark lässt seine Karte und seinen Reisepass nachprüfen und lässt sein Gepäck wiegen. Und nun ist es Zeit, das Flugzeug zu besteigen.**

8. Mr. Clark has his ticket and passport checked and has his baggage weighed. And now it is time to get on the plane.

9. **Jetzt umarmt und küsst Herr Clark seine Frau und Kinder, die ihm „Glückliche Reise" wünschen. Während er das Flugzeug besteigt, winkt er seiner Familie, die ihm bewegt nachschaut. Um punkt 19.00 Uhr (sieben Uhr abends) steigt das Flugzeug auf.**

9. Now Mr. Clark embraces and kisses his wife and children, who wish him "Happy Voyage." While he is getting on the plane, he waves to his family, who are watching him with emotion. At sharp 19:00 o'clock (seven o'clock in the evening) the plane takes off.

10. **Herr Clark ist auf dem Wege!**

10. Mr. Clark is on his way.

## Wortschatz

**die Abreise** *pl.* **-n** departure
**die Kenntnis** *pl.* **-se** knowledge
**das Lebensjahr** year of age
**das Reisen** traveling
**die Regel** *pl.* **-n** rule
**wiegen** to weigh
**ab-holen** to call for; go to get, meet
**küssen** to kiss
**mit-teilen** to inform
**nach-prüfen** to check
**nach-schauen** to watch, look after
**packen** to pack
**sorgen für** to take care of, look after
**umármen** to embrace
**vor-zeigen** to present
**winken** to beckon, wave
**aufgeregt** excited
**bewégt** moved (*with emotion*)
**kostspielig = teuer** costly
**reisefertig** ready to start
**schwierig** difficult; **wach** awake
**nicht nur . . . sondern auch** not only . . . but also

## Strong Verbs. Principal Parts

| | | | | |
|---|---|---|---|---|
| **auf-steigen** | to arise, get on | **er steigt . . . auf** | **stieg . . . auf** | **ist aufgestiegen** |
| **besteigen** | to get on, mount | **er besteigt** | **bestieg** | **hat bestiegen** |

| | | | | |
|---|---|---|---|---|
| **schlafen** | to sleep | **er schläft** | **schlief** | **hat geschlafen** |
| **versprechen** | to promise | **er verspricht** | **versprach** | **hat versprochen** |
| **bringen** | to bring | **er bringt** | **brachte** | **hat gebracht** |
| **verbringen** | to spend (time) | **er verbringt** | **verbrachte** | **hat verbracht** |
| **wiegen** | to weigh | **er wiegt** | **wog** | **hat gewogen** |

## Two Word Families

**reisen** to travel
**das Reisen**[1] traveling
**die Reise** trip
**ab-reisen** to depart
**die Abreise** departure
**der Reisende** traveler
**reisefertig** ready to depart, ready for travel
**Reisebuch** guide
**Reisetasche** traveling bag

**sprechen** to speak
**das Sprechen**[1] speaking
**versprechen** to promise
**aus-sprechen** to pronounce
**die Sprache** speech, language
**die Aussprache** pronunciation
**das Gespräch** conversation
**sprachlos** speechless
**der Sprecher** speaker, orator, announcer

NOTE 1. Infinitives may be used as neuter nouns. The translation is usually a noun ending in -ing: **das Schreiben** writing, **das Lesen** reading.

## Deutsche Ausdrücke

**das Auto in Gang bringen** to start the car (*lit.* to bring the car into motion).
**Herr Clark hat das Auto in Gang gebracht.** Mr. Clark started the car.

**Das Flugzeug steigt auf.** The plane takes off.

**etwas tun lassen** to have something done.
**Er lässt sein Gepäck wiegen.** He has his baggage weighed. **Ich liess meinen Reisepass nachprüfen.** I had my passport checked.

## Grammar Notes and Practical Exercises

**1. About the verbs *lassen* (*er lässt, liess, hat gelassen*) and *verlassen***

a. **lassen** + an infinitive without **zu** = to let, to allow, to have something done.

| | |
|---|---|
| **Sie lässt uns hier spielen.** | She lets us play here. |
| **Lasst uns fertig werden!** | Let's get finished! |
| **Er lässt das Gepäck wiegen.** | He has the baggage weighed. |
| **Ich lasse mir einen Anzug machen.** | I'm having a suit made (for myself). |

b. **lassen** + a direct object = to leave, to let.

| | |
|---|---|
| **Er liess seinen Hut auf dem Tisch.** | He left his hat on the table. |
| **Ich liess ihn gestern fortgehen.** | I let him go yesterday. |

c. **verlassen** to leave (go away from, abandon)

| | |
|---|---|
| **Am Mittwoch hat er die Stadt verlassen.** | On Wednesday he left the city. |

*Exercise No. 155.* Change these sentences to the present.

**Beispiel: 1. Herr Clark lernt die Regeln der Grammatik.**

**1. Herr Clark hat die Regeln der Grammatik gelernt. 2. Er hat einige Bücher über Deutschland gelesen. 3. Er hat seinen Reisepass besorgt. 4. Er hat seine Fahrkarte gekauft. 5. Er hat seinem Vertreter einen Brief geschrieben. 6. Er hat eine Antwort bekommen. 7. Der Vertreter hat versprochen, ihn abzuholen. 8. Die Kinder haben dort viel geschlafen. 9. Sie haben sich gewaschen. 10. Sie haben sich angezogen. 11. Die Familie ist zum Flughafen gefahren. 12. Das Flugzeug ist aufgestiegen. 13. Herr Clark hat das Flugzeug bestiegen. 14. Er ist abgereist. 15. Er hat seine Frau und Kinder zu Hause gelassen. 16. Die Familie hat um sieben Uhr den Flughafen verlassen.**

*Exercise No. 156.* Complete these sentences by choosing the infinitive with or without **zu** as each sentence requires.

**Beispiel: 1. Der Vertreter hat versprochen, ihn abzuholen.**

**1. Der Vertreter hat versprochen, ihn (abholen, abzuholen). 2. Ich hoffe, Ihnen in München (begegnen, zu begegnen). 3. Wir müssen alle unsere Kenntnisse (ausnützen, auszunützen). 4. Die Passagiere kommen früh, um ihre Reisepässe (vorzeigen, vorzuzeigen). 5. Der Beamte will unsere Koffer (wiegen, zu wiegen). 6. Wir liessen unsere Reisepässe (nachprüfen, nachzuprüfen). 7. Ich werde Ihnen schreiben, um die Zeit meiner Ankunft (mitteilen, mitzuteilen). 8. Ich beabsichtige, Sie am Flugplatz (abholen, abzuholen). 9. Ich werde die Gelegenheit haben, meine Kenntnisse (ausnützen, auszunützen). 10. Herrn Clarks Frau und Kinder können nicht (mitgehen, mitzugehen). 11. Alle sind bereit, zum Flughafen (fahren, zu fahren). 12. Es ist jetzt Zeit, das Flugzeug (besteigen, zu besteigen).**

*Exercise No. 157.* **Fragen**

Lesen Sie noch einmal den Text: **Herr Clark reist nach Deutschland ab,** und dann beantworten Sie diese Fragen!

**1. Wie lange hat Herr Clark Deutsch studiert? 2. Mit wem hat er viel Zeit im Gespräch verbracht? 3. Was hat er gelesen? 4. Kann er jetzt Deutsch sprechen? 5. An wen hat er einen Brief geschrieben? 6. Was hat scin Vertreter ihm versprochen? 7. Welcher Tag kommt endlich? 8. Um wieviel Uhr verlässt das Flugzeug den Kennedy-Flughafen? 9. Begleiten ihn Frau und Kinder auf der Reise? 10. Warum müssen die Kinder zu Hause bleiben? 11. Warum muss Frau Clark zu Hause bleiben? 12. Um wieviel Uhr ist die ganze Familie bereit, zum Flughafen zu fahren? 13. Wann kommen sie am Flughafen an? 14. Was tut Herr Clark, bevor er das Flugzeug besteigt? 15. Wie sehen ihm Frau und Kinder nach, während er das Flugzeug besteigt?**

# CHAPTER 35

## REVIEW OF CHAPTERS 30–34

### Weak (Regular) Verbs. No Vowel Changes

| | | | |
|---|---|---|---|
| **1. führen** | **10. versuchen** | 1. to lead, carry on | 10. to try, taste + *obj.* |
| **2. schicken** | **11. begegnen** | 2. to send | 11. to meet |
| **3. schmecken** | **12. gratulieren** | 3. to taste (*no obj.*) | 12. to congratulate |
| **4. speisen** | **13. ab-reisen** | 4. to dine | 13. to set out |
| **5. sorgen für** | **14. aus-nützen** | 5. to look after | 14. to make full use of |
| **6. packen** | **15. mit-teilen** | 6. to pack | 15. to inform |
| **7. küssen** | **16. ab-holen** | 7. to kiss | 16. to go to meet |
| **8. schauen** | **17. zu-hören** | 8. to look | 17. to listen |
| **9. leben** | **18. sich bemühen** | 9. to live | 18. to try |

### Strong (Irregular) Verbs. Vowel Changes

| | | | | |
|---|---|---|---|---|
| **bieten** | to offer | **er bietet** | **bot** | **hat geboten** |
| **essen** | to eat | **er isst** | **ass** | **hat gegessen** |
| **trinken** | to drink | **er trinkt** | **trank** | **hat getrunken** |
| **bitten (um)** | to ask (for) | **er bittet** | **bat** | **hat gebeten** |
| **schliessen** | to close | **er schliesst** | **schloss** | **hat geschlossen** |
| **schlafen** | to sleep | **er schläft** | **schlief** | **hat geschlafen** |
| **beschreiben** | to describe | **er beschreibt** | **beschrieb** | **hat beschrieben** |
| **besteigen** | to mount | **er besteigt** | **bestieg** | **hat bestiegen** |
| **ein-steigen** | to get in | **er steigt ein** | **stieg ein** | **ist eingestiegen** |
| **ein-laden** | to invite | **er lädt ein** | **lud ein** | **hat eingeladen** |
| **ergreifen** | to seize | **er ergreift** | **ergriff** | **hat ergriffen** |
| **unternehmen** | to undertake | **er unternimmt** | **unternahm** | **hat unternommen** |

### Deutsche Ausdrücke

1. **mit recht** rightly; **vor allem** above all
2. **reisefertig** ready to start
3. **ja, gewiss** yes, indeed; yes, surely
4. **auf dem Land** in the country (opposite of city); **aufs Land** to the country; **Wir machen einen Ausflug aufs Land.** We are taking a trip to the country. **Er wohnt auf dem Lande.** He lives in the country.
5. **zu Tische (oder zum Essen) ein-laden,** to invite to dinner. **Ich habe sie zum Essen eingeladen.** I have invited her (them) to dinner.
6. **meiner (seiner, ihrer, Ihrer, usw.) Meinung nach.** according to my (his, her, your, etc.) opinion. **nach,** in the sense of according to, follows its noun.
7. **einen Spaziergang machen** to take a walk
8. **die Gelegenheit ergreifen** to take the opportunity
9. **Das ist mir angenehm.** That's agreeable to me.
10. **das Auto in Gang bringen** to start the car
11. **Der Mensch ist, was er isst. (Sprichwort)** Man is what he eats.
12. **Besser spät als niemals. (Sprichwort)** Better late than never.

*Exercise No. 158.* **Ergänzen Sie diese Sätze auf deutsch!** Complete these sentences in German.

**1. Wann gehen Sie** (to the country)? **2. Sie nennen** (rightly) **München das moderne Athen. 3. Sie lebten das ganze Jahr** (in the country). **4. Warum** (don't you take the opportunity) **auf die Universität zu gehen? 5.** (Do you like) **die deutsche Küche? 6. Herr Clark** (started the car). **7. Jeden Tag** (he took a walk) **im Englischen Garten. 8. Wir waren schon** (ready for travel), **als das Auto ankam. 9.** (Take every opportunity), **Deutsch zu reden! 10.** (According to his opinion) **ist München die schönste Stadt Deutschlands. 11.** (According to her opinion) **ist Köln schöner als München. 12.** (We have invited him) **uns zu besuchen.**

*Exercise No. 159.* Review the principal parts of the strong and weak verbs at the beginning of this chapter. Then complete these sentences with the given tense of the verbs in parenthesis.

**Beispiel: 1. Der Lehrer hörte aufmerksam zu, als er den Brief las.**

**1. (zu-hören** *past***) Der Lehrer ____ aufmerksam ____, als er den Brief vorlas. 2. (essen** *pres. perf.***) Zum Mittagessen ____ wir Fleisch mit Gemüse ____. 3. (schmecken** *past***) Alles ____ sehr gut. 4. (ein-laden** *pres. perf.***) Ich ____ meinen besten Kunden zum Mittagessen ____. 5. (trinken** *past***) Beim Abendessen ____ jeder von uns zwei Glas Bier. 6. (sich zurecht-finden** *fut.***) Ich ____ mich gewiss in Deutschland ____. 7. (ergreifen** *imperative***) ____ Sie jede Gelegenheit Deutsch zu sprechen! 8. (beschreiben** *fut.***) Wir ____ alle Sehenswürdigkeiten ____. 9. (speisen** *pres. perf.***) Wo ____ Sie gestern abend ____? 10. (sich bemühen** *past perf.***) Er ____ sich ____, behilflich zu sein. 11. (auf-stehen** *pres. perf.***) Die Kinder ____ um sieben Uhr dreissig ____. 12. (bieten** *pres.***) ____ man etwas Gutes heute? 13. (müssen** *past***) Die Mütter ____ für die Kinder sorgen. 14. (Besteigen** *past perf.***) Nachdem er das Flugzeug ____, winkte er mit der Hand. 15. (ein-steigen** *pres. perf.***) Um drei Uhr nachmittags ____ alle in den Zug ____. 16. (bitten um** *present***) Dort ist ein Reisender, der um Auskunft ____.**

## Dialog 1

## DEUTSCHE ODER AMERIKANISCHE FILME?

| | |
|---|---|
| **— Sind die deutschen Filme, Ihrer Meinung nach, besser als die amerikanischen?** | — In your opinion, are the German films better than the American ones? |
| **— Nun, manche[1] sind besser und manche sind schlechter. In beiden Ländern gibt es gute, ernsthafte Filme und auch viele schlechte, minderwertige. In beiden Ländern findet man die besten und auch die schlechtesten Filme.** | — Well, some are better and some are worse. In both countries there are good, serious films and also many bad, inferior ones. In both countries one finds the best as well as the worst films. |
| **— Wie gefallen Ihnen die Hollywood-Filme?** | — How do you like the Hollywood films? |
| **— Die gefallen mir meistens nicht. Sie bieten viel Schund und Kitsch, aber ich muss gestehen,** | — Generally I do not like these. They offer a great deal of trash and junk, but I must admit that |

| | |
|---|---|
| **dann und wann kommen auch hervorragende Filme aus Hollywood. Am besten gefallen mir (Ich habe am liebsten) Kultur- und Dokumentarfilme.** | now and then some outstanding films do come out of Hollywood. I like cultural and documentary films best. |
| **— Ich nehme an, dass Sie die Westerns nicht mögen.** | — I assume that you don't care for Westerns. |
| **— Da haben Sie recht! Die Darstellung von Laster und Verbrechen ist nicht nach meinem Geschmack.** | — That's right! The acting out of vice and crime is not to my taste. |
| **— Solche Bilder scheinen einem grossen Teil des amerikanischen Publikums zu gefallen.** | — Such pictures seem to please a large part of the American public. |
| **— Nun, über den Geschmack lässt sich nicht streiten.** | — Well, there's no disputing about taste. |

NOTE 1. **mancher** many a, *plural* many, some. **Mancher** is a der-word: **mancher Mann, manche Frau, manches Kind; manche Männer.**

## Dialog 2

## IM RESTAURANT

| | |
|---|---|
| **— Guten Tag, mein Herr. Hier ist die Speisekarte.** | — Good morning, sir. Here's the menu. |
| **— Danke. Was empfehlen Sie heute?** | — Thanks. What do you recommend today? |
| **— Es gibt Beefsteak mit Kartoffeln, Wiener Schnitzel, Rührei mit Schinken, oder Spiegeleier, auch kalten Aufschnitt, Bismarckhering oder eine Gemüseplatte.** | — There's beefsteak with potatoes, veal cutlet, scrambled egg with ham, or fried eggs, besides cold cuts, Bismarck herring, or a vegetable plate. |
| **— Sehr gut. Ich möchte Wiener Schnitzel. Aber bringen Sie mir zuerst einen Bismarckhering.** | — Fine. I should like veal cutlet. But bring me a Bismarck herring to start with. |
| **— Bitte. Wünschen Sie zu dem Wiener Schnitzel Gemüse? Die übliche Beilage ist Rotkohl.** | — Certainly. Do you wish some vegetable with the veal cutlet? The usual side dish is red cabbage. |
| **— Nein, ich danke. Ich nehme nur grünen Salat dazu. Nichts mehr.** | — No, thanks. I'll just take lettuce with it. That will be all. |
| **— Schön. Wünschen Sie etwas Obst?** | — Very well. Do you care for some fruit? |
| **— Ach ja. Wie sind die Birnen?** | — Yes indeed. How are the pears? |
| **— Sehr gut.** | — Very good. |
| **— Schön. Und dazu bringen Sie mir eine Tasse Kaffee.** | — All right. And with it bring me a cup of coffee. |
| **— Und was trinken Sie zum Essen? Vielleicht eine Flasche Wein?** | — And what will you have to drink with your meal? How about a bottle of wine? |
| **— Nein, lieber ein Seidel Bier.** | — No, I'd prefer a mug of beer. |
| **— Schön. Ich komme gleich zurück.** | — Okay, I'll be right back. |
| **Am Ende der Mahlzeit sagt Herr Clark: „Bitte, zahlen, Herr Ober!"** | At the end of the meal Mr. Clark says, "The check please, waiter." |
| **— Hier ist die Rechnung.** | — Here is your bill. |
| **— Ist der Bedienungszuschlag schon darin enthalten?** | —Is the service charge included? |
| **— Jawohl, zehn Prozent Bedienung.** | — Yes sir, ten percent for service. |
| **Herr Clark bezahlt die Rechnung und verlässt das Restaurant.** | Mr. Clark pays the bill and leaves the restaurant. |

## The German Alphabet in Roman and German Type

As pointed out in Chapter 1, paragraph 4, German uses two styles of printing, the Roman type and the German or Gothic type. The latter is seldom used today.

Here is the German alphabet in Roman and German type, followed by a reading selection in both styles of printing. You will find little difficulty in reading the passage in German type.

| ROMAN | | GERMAN | | ROMAN | | GERMAN | |
|---|---|---|---|---|---|---|---|
| A | a | 𝔄 | 𝔞 | S | s | 𝔖 | ſ 𝔰 |
| B | b | 𝔅 | 𝔟 | T | t | 𝔗 | 𝔱 |
| C | c | ℭ | 𝔠 | U | u | 𝔘 | 𝔲 |
| D | d | 𝔇 | 𝔡 | V | v | 𝔙 | 𝔳 |
| E | e | 𝔈 | 𝔢 | W | w | 𝔚 | 𝔴 |
| F | f | 𝔉 | 𝔣 | X | x | 𝔛 | 𝔵 |
| G | g | 𝔊 | 𝔤 | Y | y | 𝔜 | 𝔶 |
| H | h | ℌ | 𝔥 | Z | z | ℨ | 𝔷 |
| I | i | ℑ | 𝔦 | Ä | ä | *𝔄𝔢 | 𝔞̈ |
| J | j | 𝔍 | 𝔧 | Ö | ö | *𝔒𝔢 | 𝔬̈ |
| K | k | 𝔎 | 𝔨 | Ü | ü | *𝔘𝔢 | 𝔲̈ |
| L | l | 𝔏 | 𝔩 | | | | |
| M | m | 𝔐 | 𝔪 | | | | |
| N | n | 𝔑 | 𝔫 | | | | |
| O | o | 𝔒 | 𝔬 | | | | |
| P | p | 𝔓 | 𝔭 | | | | |
| Q | q | 𝔔 | 𝔮 | | | | |
| R | r | ℜ | 𝔯 | | | | |

DOUBLE LETTERS

| ROMAN | | GERMAN |
|---|---|---|
| ch | | 𝔠𝔥 |
| ck | | 𝔠𝔨 |
| ss | | ſſ |
| sz | ß | ß |
| tz | | 𝔱𝔷 |

Roman s in the German print is 𝔰 at the end of a word or syllable. Otherwise it is ſ.
Thus: 𝔟𝔦𝔰, ℌ𝔞̈𝔲𝔰𝔠𝔥𝔢𝔫, 𝔊𝔯𝔞𝔰; but ſ𝔞𝔤𝔢𝔫, ſ𝔭𝔯𝔢𝔠𝔥𝔢𝔫, 𝔤𝔢ſ𝔢𝔥𝔢𝔫. DO NOT confuse ſ (s) with 𝔣 (f).

* Note that ae, oe, and ue may be substituted for ä, ö and ü.

*Exercise No. 160.* Lesestück

### FRAU CLARK KAUFT IM „SUPERMARKET" EIN

**Es gibt in der Stadt New York viele grosse und schöne Lebensmittelläden[1] mit Selbstbedienung,[2] die man „Supermarkets" nennt. Aber in der Vorstadt, wo die Familie Clark wohnt, gibt es nur einen solchen[3] Markt.**

**Eines Tages ging Frau Clark mit ihren beiden Jungen zum Einkaufen nach dem „Supermarket". Sie betraten den Laden durch jene wunderbare Tür, die sich von selbst öffnet, wenn man sich ihr nähert.[4] In der Nähe des Eingangs standen in einer Reihe viel Wägelchen.[5] Sie nahmen eines von diesen. Wilhelm, der jüngere Knabe, wollte in dem Wägelchen fahren, aber das erlaubte seine Mutter nicht. Sie sagte: „Mein Junge, diese Wagen sind kein Spielzeug."[6]**

**Frau Clark und ihre zwei Jungen gingen zuerst nach der Abteilung[7] für Früchte und Gemüse. Hier nahm sie 5 Pfund Kartoffel, eine Tüte[8] Äpfel, ein Dutzend Bananen und noch mehr Gemüse.**

### Frau Clark kauft im „Supermarket" ein

Es gibt in der Stadt New York viele große und schöne Lebensmittelläden mit Selbstbedienung, die man „Supermarkets" nennt. Aber in der Vorstadt, wo die Familie Clark wohnt, gibt es nur einen solchen Markt.

Eines Tages ging Frau Clark mit ihren beiden Jungen zum Einkaufen nach dem „Supermarket". Sie betraten den Laden durch jene wunderbare Tür, die sich von selbst öffnet, wenn man sich ihr nähert. In der Nähe des Eingangs standen in einer Reihe viele Wägelchen. Sie nahmen eines von diesen. Wilhelm, der jüngere Knabe, wollte in dem Wägelchen fahren, aber das erlaubte seine Mutter nicht. Sie sagte: „Mein Junge, diese Wagen sind kein Spielzeug".

Frau Clark und ihre zwei Jungen gingen zuerst nach der Abteilung für Früchte und Gemüse. Hier nahm sie 5 Pfund Kartoffel, eine Tüte Aepfel, ein Dutzend Bananen und noch mehr Gemüse. Von hier

Von hier gingen sie nach der Abteilung, in der sich die Molkereiprodukte[9] befinden. Frau Clark nahm ein Dutzend Eier, drei Flaschen Milch, ein Pfund Butter und einige Pakete Käse.[10] In anderen Abteilungen des Ladens nahm sie Fleisch, Büchsenwaren,[11] Brot, Kaffee, Zucker und Tee.

Nun war alles in dem Wägelchen, und Frau Clark war bereit, zur Kasse zu treten, um für ihre Einkäufe zu bezahlen.

Die Rechnung betrug $17.25 (siebzehn Dollar und fünfundzwanzig Cent). Frau Clark gab dem Kassierer $20 und bekam $2.75 (zwei Dollar fünfundsiebzig) zurück. Der Kassierer tat all die Einkäufe in drei Tüten. Die Mutter nahm eine, und jeder Knabe nahm eine. Mit ihren Einkäufen in den Händen gingen sie zu dem Ausgang. Draussen fanden sie ihr Auto, stiegen ein und fuhren nach Hause.

gingen sie nach der Abteilung, in der sich Molkereiprodukte befinden. Frau Clark nahm ein Dutzend Eier, drei Flaschen Milch, ein Pfund Butter und einige Pakete Käse. In anderen Abteilungen des Ladens nahm sie Fleisch, Büchsenwaren, Brot, Kaffee, Zucker und Tee.

Nun war alles in dem Wägelchen, und Frau Clark war bereit, zur Kasse zu treten, um für ihre Einkäufe zu bezahlen.

Die Rechnung betrug $17.25 (siebzehn Dollar und fünfundzwanzig Cent). Frau Clark gab dem Kassierer $20 und bekam $2.75 (zwei Dollar fünfundsiebzig) zurück. Der Kassierer tat all die Einkäufe in drei Tüten. Die Mutter nahm eine, und jeder Knabe nahm eine. Mit ihren Einkäufen in den Händen gingen sie zu dem Ausgang. Draußen fanden sie ihr Auto, stiegen ein und fuhren nach Hause.

NOTES: 1. provision stores, food markets. 2. self-service. 3. **solch** such. 4. **sich nähern** to approach. 5. little wagons. 6. **das Spielzeug** toy. 7. section, department. 8. bag. 9. dairy products. 10. cheese. 11. canned goods.

# CHAPTER 36

## ANKUNFT IN MÜNCHEN

### Der erste Brief aus München

München, den 4. Juni 1964

Lieber Freund!

1. Als das Flugzeug in München landete, wurde ich mit der Zolluntersuchung bald fertig und ging in den Wartesaal.
2. Sofort kam mir ein fein aussehender Herr entgegen und fragte: „Ich bitte um Verzeihung, sind Sie Herr Clark?"
3. Ich antwortete: „Ja, ich bin's. Und Sie sind Herr Schiller, nicht wahr? Es freut mich sehr, Sie kennenzulernen." Wir gaben uns die Hand.
4. „Das Vergnügen ist ganz meinerseits," erwiderte Herr Schiller.
5. Sie erinnern sich wohl, Herr Müller, dass Herr Schiller der Vertreter unserer Firma in München ist.
6. Dann gingen wir zusammen hinaus und fuhren mit einem Taxi nach dem Hotel Königshof.
7. Das Taxi nahm den Weg nach der Stadt mit höchster Geschwindigkeit. Ich dachte mir: Die Taxifahrer sind überall gleich.

Munich, June 4, 1964

Dear Friend:

1. When the plane landed in Munich I soon finished with the customs inspection and went into the waiting room.
2. Immediately a handsome man came toward me and asked: "I beg your pardon, are you Mr. Clark?"
3. I answered: "Yes I am. And you are Mr. Schiller, aren't you? I am very glad to make your acquaintance." We shook hands.
4. "The pleasure is all mine," answered Mr. Schiller.
5. You undoubtedly remember, Mr. Müller, that Mr. Schiller is the representative of our firm in Munich.
6. Then we went out together and rode in a taxi to the Königshof Hotel.
7. The taxi took the road toward the city at the highest speed. I thought to myself: Taxi drivers are the same everywhere.

**8. Als ich mich umschaute, sah ich, dass alles — Kraftwagen, Lastwagen, Autobusse, Taxis — alles mit rasender Geschwindigkeit eilte.**

**9. Schliesslich schrie ich dem Taxifahrer zu: „Nicht so schnell fahren, bitte! Ich habe gar keine Eile!"**

**10. „Ich auch nicht, Herr!" antwortete er mir, indem er um die Ecke raste.**

**11. Endlich sind wir glücklich am Hotel angekommen und sind ausgestiegen. Herr Schiller ging mit mir hinein.**

**12. Ich ging zum Empfangschef und sagte zu ihm: „Guten Tag. Haben Sie ein Zimmer für Clark reserviert?"**

**13. „Willkommen in München, Herr Clark. Gewiss haben wir für Sie ein feines Zimmer reserviert. Es ist vorne im fünften Stock, Nummer 55."**

**14. „Sehr nett, schönen Dank. Was ist der Zimmerpreis, bitte?"**

**15. „Zwölf DM (Deutsche Mark) täglich, einschliesslich der Bedienung."**

**16. „Schön. Wollen Sie bitte mein Gepäck hinauftragen lassen?"**

**17. „Sofort, Herr Clark. Hausdiener! — Aber Sie sprechen sehr gut Deutsch. Wie lange sind Sie schon in Deutschland?"**

**18. „Ich bin soeben angekommen," sagte ich, und war auf mich selbst recht stolz.**

**19. „Sind Sie zum Vergnügen hergereist?"**

**20. „Es ist eine Vergnügungsreise und auch eine Geschäftsreise."**

**21. Ich plauderte noch ein wenig mit Herrn Schiller, und dann sagten wir adieu. Als er mich verliess, versprach Herr Schiller, mich anzurufen, um eine Verabredung festzusetzen.**

**22. Ich ging im Fahrstuhl zu meinem Zimmer, Nummer 55, hinauf. Es ist ein sehr bequemes Zimmer. Mir fehlt nichts. Ich glaube, Herr Müller, dass es mir in Deutschland sehr gut gefallen wird.**

**Mit herzlichem Gruss,**
**Ihr Freund *R. Clark***

8. When I looked around I saw that everything — automobiles, trucks, autobuses, taxis — everything was hurrying in mad haste.

9. Finally, I cried out to the taxi driver: "Don't drive so fast, please! I am not at all in a hurry!"

10. "Neither am I sir!" he answered, rushing around the corner.

11. Finally we arrived safely at the hotel and got out. Mr. Schiller went in with me.

12. I went to the manager and said to him: "Good day. Have you reserved a room for Clark?"

13. "Welcome to Munich, Mr. Clark. Of course we have reserved a fine room for you. It is on the fifth floor front, No. 55."

14. "Very nice, thank you. And what is the cost of the room please?"

15. "Twelve marks per day, including service."

16. "Good. Will you please have my baggage taken up?"

17. "Immediately, Mr. Clark. Porter! — But you speak German very well. How long have you been in Germany?"

18. "I have just arrived," said I, and was very proud of myself.

19. "Have you come here for a pleasure trip?"

20. "It is a pleasure trip and also a business trip."

21. I chatted with Mr. Schiller a little longer and then we said good-by. When he left me, Mr. Schiller promised to telephone me in order to arrange a definite appointment.

22. I went up in the elevator to my room, No. 55. It is a very comfortable room. I lack nothing. I believe, Mr. Müller, that I shall like Germany very well.

With hearty greetings,
Your friend *R. Clark*

## Wortschatz

**die Eile** hurry
**der Fahrstuhl = der Lift** elevator
**der Empfángschef** hotel manager
**die Geschwíndigkeit** speed
**der Hausdiener** *pl.* - hotel porter
**die Verábredung** appointment
**die Zolluntersuchung** customs inspection
**sich erínnern** to remember
**fest-setzen** to set, fix, arrange
**um-schauen** to look around
**feinaussehend** good-looking
**stolz (auf +** *acc.***)** proud (of)
**schliesslich** finally
**soében** just now
**meinerseits** on my part

## Strong Verbs

| | | | | |
|---|---|---|---|---|
| **an-rufen** | to call up | **er ruft an** | **rief an** | **hat angerufen** |
| **an-schreien** | to cry out to | **er schreit an** | **schrie an** | **hat angeschrieen** |
| **hinauf-tragen** | to carry up | **er trägt hinauf** | **trug hinauf** | **hat hinaufgetragen** |
| **gefallen** + *dat.* | to please | **er gefällt** | **gefiel** | **hat gefallen** |

## Deutsche Ausdrücke

**kennenlernen** to become (get) acquainted, to get to know. **Es freut mich, Sie kennenzulernen.** I'm pleased to meet you. **Wann hast du sie kennengelernt?** When did you make her acquaintance? **Ich habe sie nie kennengelernt.** I have never met her.

**Ich möchte sie kennenlernen.** I should like to meet her. **Nun, morgen wirst du sie kennenlernen.** Well, tomorrow, you will meet her.

**Nichts fehlt mir.** I lack nothing (*lit.* nothing is lacking to me). **Ihm (ihr, Ihnen, etc.) fehlt nichts.** He (she, you, etc.) lacks nothing.

*Exercise No. 161*

## Der Erste Dialog

## AM FLUGHAFEN

1. **Guten Tag, Herr Schiller. Erwarten Sie jemand?**
1. Good morning, Mr. Schiller. Are you expecting someone?
2. **Jawohl, ich warte auf Herrn Clark, den Chef der Firma, die ich in München vertrete.**
2. Yes, sir, I am waiting for Mr. Clark, the head of the firm I represent in Munich.
3. **Kennen Sie ihn?**
3. Do you know him?
4. **Ich kenne ihn nur durch die Korrespondenz. Aber ich habe seine Photographie, und ich glaube, ich werde ihn erkennen. Er ist ein Mann von ungefähr vierzig.**
4. I know him only by correspondence. But I have his photo and I think I'll be able to recognize him. He is a man of about forty.
5. **Um wieviel Uhr kommt er an?**
5. At what time is he due?
6. **Das Flugzeug ist um 10.10 Uhr fällig.**
6. The plane is scheduled to arrive at 10:10.
7. **Hat es Verspätung?**
7. Is it late?
8. **Nein, es kommt zur rechten Zeit. Aha, da ist es schon! Es kommt an! Es naht! Es landet!**
8. No, it's on time. Ah, there it is! It's arriving! It's approaching! It is landing!
9. **Entschuldigen Sie mich, bitte, ich gehe hinüber, um Herrn Clark zu begrüssen.**
9. Excuse me, sir, I'm going over to greet Mr. Clark.

*Exercise No. 162*

## Der Zweite Dialog

## WILLKOMMEN IN DEUTSCHLAND

1. **Sind Sie Herr Clark?**
1. Are you Mr. Clark?
2. **Ja, ich bin's. Und Sie sind Herr Schiller, nicht wahr?**
2. Yes, I'm he. And you are Mr. Schiller, aren't you?
3. **Jawohl. Willkommen in Deutschland, Herr Clark. Wie ist es Ihnen auf der Reise gegangen?**
3. Right. Welcome to Germany, Mr. Clark. How did the trip go?
4. **Ausserordentlich gut! Ich freue mich, in Deutschland zu sein.**
4. Marvelously! I am very happy to be in Germany.
5. **Ich bin sicher, dass es Ihnen hier sehr gut gefallen wird.**
5. I am sure that you will like it here very much.

## Grammar Notes and Practical Exercises

**1. The present participle used as an adjective**

The present participle is formed by adding -d to the infinitive. Thus:

| | | | | | |
|---|---|---|---|---|---|
| **redend** | speaking | **folgend** | following | **aussehend** | looking |
| **lachend** | laughing | **plaudernd** | chatting | **kommend** | coming |

Used as an adjective, the present participle takes adjective case endings:

**Ein fein aussehender Mann kam mir entgegen.** A good-looking man came toward me.

**Ich freue mich auf die kommenden Ferien.** I am looking forward to the coming vacation.

**2. More *sein*-verbs (intransitive verbs denoting a change of place or condition)**

Note the sein-verbs in the text, some familiar, some new.

| | | | | |
|---|---|---|---|---|
| **landen** | to land | **er landet** | **landete** | **ist gelandet** |
| **eilen** | to hurry | **er eilt** | **eilte** | **ist geeilt** |
| **rasen** | to rush (madly) | **er rast** | **raste** | **ist gerast** |
| **her-reisen** | to travel here | **er reist her** | **reiste her** | **ist hergereist** |
| **werden** | to become, to get | **er wird** | **wurde** | **ist geworden** |
| **fahren** | to ride | **er fährt** | **fuhr** | **ist gefahren** |
| **hinauf-gehen** | to go up | **er geht hinauf** | **ging hinuaf** | **ist hinaufgegangen** |
| **hinein-gehen** | to go in | **er geht hinein** | **ging hinein** | **ist hineingegangen** |
| **aus-steigen** | to get out | **er steigt aus** | **stieg aus** | **ist ausgestiegen** |
| **an-kommen** | to arrive | **er kommt an** | **kam an** | **ist angekommen** |

*Exercise No. 163.* Change these sentences to the present perfect. All the verbs are haben-verbs.

**Beispiel: 1. Der Kaufmann hat Deutsch studiert.**

**1. Der Kaufmann studierte Deutsch. 2. Das Taxi nahm den Weg nach der Stadt. 3. Ich hatte gar keine Eile. 4. Sie plauderten noch ein wenig. 5. Mir fehlte nichts. 6. Es gefiel ihm in Deutschland sehr gut. 7. Er verbrachte viel Zeit in München. 8. Sein Freund versprach, ihm zu begegnen. 9. Er kaufte sich eine Fahrkarte. 10. Wann verliessen Sie die Stadt?**

*Exercise No. 164.* Change these sentences to the present perfect. All the verbs are sein-verbs.

**Beispiel: 1. Das Flugzeug ist in München gelandet.**

**1. Das Flugzeug landete in München. 2. Er wurde mit der Zolluntersuchung bald fertig. 3. Dann gingen sie zusammen hinaus. 4. Ein feinaussehender Herr kam ihm entgegen. 5. Sie fuhren mit dem Taxi nach dem Hotel. 6. Das Taxi raste um die Ecke. 7. Es fuhr mit rasender Geschwindigkeit. 8. Endlich kam der Kaufmann glücklich im Hotel an. 9. Die zwei Herren gingen hinein. 10. Um wieviel Uhr stiegst du aus dem Taxi?**

*Exercise No. 165.* **Fragen**

Lesen Sie noch einmal den Text: **Ankunft in München,** und dann beantworten Sie diese Fragen!

**1. Wohin ging Herr Clark, als er mit der Zolluntersuchung fertig wurde? 2. Wer kam ihm im Wartesaal entgegen? 3. Was fragte dieser Herr? 4. Was erwiderte Herr Clark? 5. Wohin fuhren die zwei Herren in einem Taxi? 6. Fuhr das Taxi langsam oder mit grösster Geschwindigkeit? 7. Was schrie Herr Clark dem Taxifahrer zu? 8. Was antwortete der Taxifahrer? 9. Wo sind sie endlich angekommen? 10. Wer ging mit Herrn Clark hinein? 11. Was für ein Zimmer hatte man für Herrn Clark reserviert? 12. In welchem Stock befand sich dieses Zimmer? 13. Was war der Zimmerpreis? 14. Was versprach Herr Schiller, als er Herrn Clark verliess?**

# CHAPTER 37

## HERR CLARK BESUCHT DIE FAMILIE SCHILLER

### Zweiter Brief aus München

Lieber Freund!

1. Letzten Montag hat Herr Schiller mich angerufen, um mich für den folgenden Tag zum Essen einzuladen. Natürlich habe ich die Einladung sofort angenommen, denn die Gelegenheit, eine deutsche Familie zu besuchen, war mir sehr angenehm.
2. Ich mietete ein Taxi, und um sieben Uhr machten wir halt vor einem modernen Miethaus an der Thomasstrasse.
3. Ich fuhr im Lift zur vierten Etage und klingelte. Da hörte ich sofort rasche Schritte. Ein junges Dienstmädchen öffnete die Tür und lud mich ein, hereinzukommen.
4. Herr Schiller kam mir entgegen und begrüsste mich herzlich. „Guten Abend, Herr Clark," sagte er, „es macht mir grosse Freude, Sie bei mir im Hause zu sehen."
5. Damit betraten wir das Wohnzimmer, welches in modernem Stil und geschmackvoll möbliert war. Ich sagte zu ihm: „Diese Wohnung ist sehr hübsch." Herr Schiller stellte mich seiner Frau vor und seinen Kindern, zwei ernsten und intelligenten Jungen.
6. Die Jungen studieren auf dem Gymnasium. Der ältere möchte Arzt werden, und der jüngere will Anwalt werden.
7. Wir setzten uns zu Tisch, und Frau Schiller wartete mit einem ausgezeichneten deutschen Essen auf. Dieses begann mit einer Vorspeise, danach gab es Suppe, Fleisch mit zwei Sorten Gemüse, Salat, Obst, mehrere Weinsorten, einen Apfelstrudel und Kaffee.
8. Bei Tisch unterhielten wir uns über das Leben in Deutschland, über Kunst und Musik.
9. Nach dem Essen zogen sich die Jungen auf ihre eigenen Zimmer zurück, um ihre Hausaufgaben zu machen.
10. Dann setzte Frau Schiller sich ans Klavier, spielte verschiedene Musikstücke und sang einige deutsche Lieder.
11. Nachdem ich einen so gemütlichen Abend verbracht hatte, verliess ich das Haus, entzückt von meinen neuen Freunden.

Dear Friend:

1. Last Monday Mr. Schiller telephoned me to invite me for dinner on the following day. Naturally I accepted the invitation at once, for the opportunity of visiting a German family was very appealing to me.
2. I hired a taxi, and at seven o'clock we stopped in front of a modern apartment house on Thomas Street.
3. I rode up to the fourth floor in the elevator, and rang. There I immediately heard quick steps. A young housemaid opened the door and invited me to come in.
4. Mr. Schiller came toward me and greeted me cordially. "Good evening, Mr. Clark," said he, "it gives me great pleasure to see you here in my house."
5. With that we entered the living room, which was furnished tastefully in modern style. I said to him, "This apartment is very nice." Mr. Schiller introduced me to his wife and to his children, two earnest and intelligent boys.
6. The boys are studying at a gymnasium. The older would like to become a doctor and the younger wants to become a lawyer.
7. We sat down at the table and Mrs. Schiller served an excellent German meal. This began with an appetizer, then there was soup, meat with two kinds of vegetables, a salad, fruit, several kinds of wine, apple strudel and coffee.
8. At table we talked about life in Germany, about art and music.
9. After the meal the boys retired to their own rooms in order to do their homework.
10. Then Mrs. Schiller sat down at the piano, played various pieces of music, and sang some German songs.
11. After spending such a pleasant evening I left the house, charmed with my new friends.

12. **Dann bin ich zurück nach Hause gefahren, das heisst nach dem Hotel.**

**Die herzlichsten Grüsse von**
**Ihrem Freund**
***Robert Clark***

12. Then I went home, that is to say, to the hotel.

Heartiest greetings from
Your friend
*Robert Clark*

## Wortschatz

**der Anwalt** *pl.* **¨e** lawyer
**das Dienstmädchen** *pl.* **-** maidservent
**die Etáge = der Stock** story (of house)
**die Hausaufgabe** *pl.* **-n** homework
**das Miethaus** *pl.* **¨er** apartment house
**die Vorspeise** *pl.* **-n** appetizer
**die Sorte** *pl.* **-n** kind

**klingeln** to ring (bell)
**an-klingeln** to telephone
**auf-warten** to serve, wait on
**begrüssen** to greet
**halt-machen** to stop
**mieten** to rent
**hübsch** pretty

## Strong Verbs. Principal Parts

| | | | | |
|---|---|---|---|---|
| **an-nehmen** | to accept | **er nimmt an** | **nahm an** | **hat angenommen** |
| **an-halten** | to stop | **er hält an** | **hielt an** | **hat angehalten** |
| **an-rufen** | to call to | **er ruft an** | **rief an** | **hat angerufen** |
| **betreten** | to step into | **er betritt** | **betrat** | **hat betreten** |
| **sich zurück-ziehen** | to withdraw | **er zieht sich zurück** | **zog sich zurück** | **hat sich zurückgezogen** |

## Deutsche Ausdrücke

**entzückt von** delighted with
**Er war von seinen Freunden entzückt.** He was delighted with his friends.
**anrufen** to call on the phone
**Sie haben mich angerufen.** They called me on the telephone.
**jemanden einladen** to invite someone
**Wir haben ihn zum Essen eingeladen.** We invited him to dinner.

**eine Einladung annehmen** to accept an invitation
**Er hat unsere Einladung angenommen.** He accepted our invitation.
**jemanden vorstellen** to introduce somebody
**Er stellte mich seiner Frau vor.** He introduced me to his wife.
**das heisst** that is to say
**Er will Arzt (Anwalt) werden.** He wants to become a doctor (a lawyer).

*Exercise No. 166*

### EIN TELEPHONGESPRÄCH

**Herr Schiller ruft Herrn Clark an. Das folgende Gespräch findet statt.**

**Schiller: Bitte, ich möchte mit Herrn Clark sprechen.**
**Clark: Hier Clark. Wer da?**
**Schiller: Hier Schiller. Nun, Herr Clark, wie befinden Sie sich?**
**Clark: Ich danke, recht gut.**
**Schiller: Herr Clark, können Sie morgen Abend zu uns zum Essen kommen? Meine Frau und ich würden uns sehr freuen, wenn wir den Abend mit Ihnen verbringen könnten.**

### A TELEPHONE CONVERSATION

Mr. Schiller calls up Mr. Clark on the telephone. The following conversation takes place.

Schiller: I'd like to speak to Mr. Clark, please.
Clark: This is Clark. With whom am I speaking?
Schiller: Schiller speaking. Well, Mr. Clark, how are you?
Clark: Quite well, thank you.
Schiller: Mr. Clark, can you come to dinner at our house tomorrow evening? My wife and I would be very happy if we could spend the evening with you.

**Clark: Danke vielmals, Herr Schiller. Ich nehme Ihre freundliche Einladung mit Vergnügen an.**
**Schiller: Schön. Wir erwarten Sie also um sieben Uhr. Adieu, bis morgen Abend.**

Clark: Thanks a lot, Mr. Schiller. I accept your kind invitation with pleasure.
Schiller: Good. Then we'll expect you at seven o'clock. Good-by, until tomorrow night.

*Exercise No. 167*

## EINE VORSTELLUNG

**Herr Clark, Herr Schiller, Frau Schiller und die Kinder.**

**Clark: Guten Abend, Herr Schiller.**
**Schiller: Guten Abend, Herr Clark. Darf ich Ihnen meine Frau Marie vorstellen?**
**Clark: Es freut mich, Sie kennenzulernen, Frau Schiller.**
**Frau Schiller (lächelnd): Das Vergnügen ist ganz meinerseits. (Sie geben sich die Hand.)**
**Schiller: Und hier sind meine Jungen, Hans und Paul.**
**Clark: Es freut mich, Sie kennenzulernen.**
**Hans, Paul: Gleichfalls, Herr Clark.**
**(Sie geben sich die Hand.)**

## AN INTRODUCTION

Mr. Clark, Mr. Schiller, Mrs. Schiller and the children.

Clark: Good evening, Mr. Schiller.
Schiller: Good evening, Mr. Clark. May I introduce my wife Mary to you?
Clark: I'm happy to make your acquaintance, Mrs. Schiller.
Mrs. Schiller (smiling): The pleasure is all mine. (They shake hands.)
Schiller: And here are my boys, John and Paul.
Clark: Glad to make your acquaintance.
John, Paul: Same here, Mr. Clark.
(They shake hands.)

## Grammar Notes and Practical Exercises

**1. Prepositions with special meanings after certain verbs**

You know the usual meanings of nearly all prepositions. After certain verbs some prepositions have special meanings. You are familiar with the following:

**denken an** + *acc.* to think of (to have in mind). **Der Kaufmann denkt immer an das Geschäft.** The merchant always thinks of business.

**denken über** + *acc.* to think about (have an opinion about). **Was denken Sie über meine kommende Reise?** What do you think about my coming trip?

**warten auf** + *acc.* to wait for. **Er wartete auf seinen Freund im Arbeitszimmer.** He was waiting for his friend in the study.

**sich interessieren für** + *acc.* to be interested in. **Er hat sich gar nicht für den Sport interessiert.** He was not at all interested in sports.

**sich unterhalten über** + *acc.* to converse about. **Sie unterhielten sich über das Klima in Deutschland.** They were discussing the climate of Germany.

**sich freuen über** + *acc.* to be happy about. **Sie freut sich über ihr neues Kostüm.** She is happy about her new suit.

**sich freuen auf** + *acc.* to look forward to. **Wir freuen uns auf die kommenden Ferien.** We are looking forward to the coming vacation.

**sich vorbereiten auf** + *acc.* to prepare for. **Er mussste sich auf die Prüfung vorbereiten.** He had to prepare for the examination.

**bitten um** + *acc.* to ask for. **Er bat um die Speisekarte.** He asked for the menu.

Note carefully the case which follows prepositions with special meanings. The *place where, place to which* rule does not apply to doubtful prepositions with special meanings.

*Exercise No. 168.* Complete these sentences in German.

**Beispiel: 1. Bei Tisch haben wir uns über Kunst und Musik unterhalten.**

**1. Bei Tisch haben wir uns** (about art and music) **unterhalten.** **2. Ich freute mich** (about the invitation) **zum Abendessen und nahm sie sofort an.** **3.** (I am looking forward to) **einen gemütlichen Abend.** **4. Die Jungen des Kaufmanns** (are interested in) **Sport.** **5.** (What do you think) **darüber?** **6. Der Reisende** (is asking for) **eine Fahrkarte.** **7. Herr Clark wartete gewöhnlich** (for his teacher) **im Arbeitszimmer.** **8. Haben Sie sich** (for the trip) **vorbereitet?** **9. Wir denken immer** (of the coming examinations). **10.** (I am not thinking) **daran.**

*Exercise No. 169.* **Fragen**

Lesen Sie noch einmal den Text: **Herr Clark besucht die Familie Schiller,** und dann beantworten Sie diese Fragen!

**1. Wer hat Herrn Clark zum Abendessen eingeladen? 2. Wie kam Herr Clark zu der Wohnung des Herrn Schiller? 3. Wo machte das Taxi halt? 4. In welcher Etage befand sich die Wohnung der Familie Schiller? 5. Wer lud den Kaufmann ein hereinzukommen? 6. Wie begrüsste ihn Herr Schiller? 7. Wie war das Wohnzimmer möbliert? 8. Wem stellte ihn Herr Schiller vor? 9. Wo studieren die zwei Jungen? 10. Mit was für einem Essen wartete Frau Schiller auf? 11. Was gab es zum Dessert? 12. Worüber unterhielten sie sich bei Tisch? 13. Was taten die zwei Jungen nach dem Essen? 14. Wer spielte Klavier und sang einige Lieder? 15. Was für einen Abend hatte Herr Clark verbracht?**

# CHAPTER 38

## EIN AUSFLUG AN DEN AMMERSEE

### Dritter Brief aus München

| | |
|---|---|
| **Lieber Freund!** | Dear Friend, |
| **1. Gestern rief ich die zwei Söhne des Herrn Schiller an und fragte sie: „Wollen Sie mit mir einen Ausflug im Auto nach dem Ammersee machen?" Sie nahmen mit Vergnügen an.** | 1. Yesterday I telephoned to the two sons of Mr. Schiller and asked them: "Do you wish to take a trip with me by automobile to Ammersee?" They accepted with pleasure. |
| **2. Heute früh holten mich meine jungen Freunde um 8.30 in meinem Hotel ab.** | 2. This morning my young friends called for me at 8:30 at my hotel. |
| **3. Die Jungen trugen einen Korb, in dem sich ein guter Imbiss befand, den Frau Schiller für uns zubereitet hatte.** | 3. The young men were carrying a basket in which there was a good lunch that Mrs. Schiller had prepared for us. |
| **4. Das Auto, welches ich gemietet hatte, wartete auf uns vor dem Hotel. Wir stiegen redend und lachend ein, und sieh da! wir waren unterwegs.** | 4. The automobile that I had rented was waiting for us in front of the hotel. We got in talking and laughing and behold we were on our way. |
| **5. Wir waren schon an den Vororten der Stadt vorbeigefahren. Ich sass am Lenkrad und fuhr gemütlich entlang, als ich plötzlich einen Lärm hörte, den ich sofort erkannte.** | 5. We had already passed the suburbs of the city. I was at the wheel driving calmly along when all of a sudden I heard a noise that I recognized at once. |
| **6. „Was ist das? Was ist geschehen?" fragten die Jungen.** | 6. "What is it? What has happened?" the boys asked. |

| | |
|---|---|
| **7. Ich hielt das Auto an, und wir stiegen aus. „Wir haben eine Reifenpanne," antwortete ich.** | 7. I stopped the automobile and we got out. "We have a punctured tire," I answered. |
| **8. Ich wollte den Reifen wechseln, und die Jungen wollten mir helfen. Mit Vergnügen fingen sie an, den Wagenheber zu suchen. Aber leider befand sich kein Wagenheber in dem Autokoffer. Was tun?** | 8. I wanted to change the tire and the boys wanted to help me. Very pleased, they began to look for the jack. But unfortunately there was no jack in the trunk of the car. What to do? |
| **9. Von Zeit zu Zeit fuhr ein Auto mit grosser Geschwindigkeit an uns vorbei. Trotz unsrer verzweifelten Signale hielt niemand an.** | 9. From time to time an automobile passed us at great speed. In spite of our desperate signals nobody stopped. |
| **10. Es war sehr heiss, und die Sonne brannte auf unsere Köpfe nieder.** | 10. It was very hot and the sun was burning down upon our heads. |
| **11. Endlich kam ein Lastwagen rasch herangefahren und hielt dann plötzlich vor uns an. Der Fahrer stieg herunter.** | 11. Finally a truck approached rapidly and then stopped suddenly in front of us. The truck driver got down. |
| **12. „Habt ihr eine Panne? Wünscht ihr Hilfe?"** | 12. "Have you a flat? Do you want help?" |
| **13. „Jawohl. Aber wir haben keinen Wagenheber," sagte ich zu ihm. „Aber glücklicherweise haben wir ein Ersatzrad."** | 13. "Yes, indeed. But we don't have a jack," I said to him. "But fortunately we have a spare wheel." |
| **14. Der Lastwagenfahrer lieh uns seinen Wagenheber, und wir gingen alle an die Arbeit. In fünf Minuten war alles fertig.** | 14. The truck driver loaned us his jack and we all set to work. In five minutes everything was ready. |
| **15. Wir dankten ihm tausendmal, und ich versuchte, ihn für seine Hilfe zu bezahlen, aber er wollte nichts annehmen.** | 15. We thanked him a thousand times, and I offered to pay him for his help, but he would not accept anything. |
| **16. Dann gaben wir einander die Hand und sagten adieu. Der grosse Lastwagen machte sich wieder auf den Weg nach München, und wir fuhren weiter auf der Landstrasse nach dem Ammersee.** | 16. Then we shook hands and said good-by. The big truck again took the road toward Munich and we continued on the road toward Ammersee. |
| **17. Ohne weitere Unfälle erreichten wir unser Ziel. Wir liessen das Auto am Parkplatz und vertraten uns die Beine, indem wir eine kurze Strecke am See spazierten.** | 17. Without further mishaps we reached our goal. We left the car in the parking area and stretched our legs by walking a short distance along the lake. |
| **18. Dann mieteten wir ein Segelboot, und bald strichen wir über die Wellen. Wir öffneten unseren Esskorb und assen mit tüchtigem Appetit. Bei Singen, Scherzen und Lachen verging die Zeit angenehm und schnell.** | 18. Then we hired a sailboat, and soon we were sweeping over the waves. We opened our lunch basket and ate with hearty appetites. With singing, jesting and laughing the time passed pleasantly and quickly. |
| **19. Es war schon spät am Nachmittag, als wir glücklich wieder zu Hause ankamen, das heisst, an meinem Hotel. Die beiden Jungen dankten mir herzlich für den vergnüglichen und abenteuerlichen Ausflug.** | 19. It was already late in the afternoon when we arrived safely again at home, that is, at my hotel. The two boys thanked me heartily for the pleasurable and adventurous excursion. |
| **20. Nun muss ich aber schliessen, denn heute abend gehe ich ins Konzert, und jetzt muss ich mich umkleiden. So verbleibe ich mit den herzlichsten Grüssen Ihr Freund,** | 20. But now I must close, for I am going to a concert tonight and now I must change clothes. And so I remain with the most cordial greetings your friend, |
| ***Robert Clark*** | *Robert Clark* |

## Wortschatz

**das Bein** *pl.* **-e** leg
**die Hilfe** help
**der Imbiss** snack, lunch
**der Kopf** *pl.* **⸚e** head
**die Landstrasse** *pl.* **-n** road, highway
**das Segelboot** *pl.* **-e** sailboat
**das Signál** *pl.* **-e** signal
**der Unfall** *pl.* **⸚e** mishap
**die Welle** *pl.* **-n** wave; **das Ziel** *pl.* **-e** goal
**lachen** to laugh
**scherzen** to joke, jest
**strecken** to stretch
**spaziéren** to walk
**zu-bereiten** to prepare
**sich um-kleiden** to change clothes
**unterwegs** on the way
**vergnüglich** pleasurable
**trotz** (*prep.* + *gen.*) in spite of
**einánder** each other
**nieder** down; **nieder-brennen** to burn down

## Some Automobile Terms

**das Auto, das Automobil, der Wagen, der Kraftwagen** car, automobile
**VW** (*fow-vay*) short for **Volkswagen**
**der Fahrer, der Wagenfahrer** driver
**der Lastwagen** truck
**der Koffer** trunk
**der Tank (Benzintank)** tank, gas tank
**der Reifen** tire
**die Panne** puncture
**das Lenkrad** steering wheel
**der Wagenheber** jack
**der Parkplatz** parking place
**das Ersatzrad** spare wheel
**lenken** to steer

## Deutsche Ausdrücke

**an die Arbeit gehen** to set to work
**Sie gingen alle an die Arbeit.** They all set to work.
**Wir gaben einander die Hand.** We shook hands (*lit.* We gave to each other the hand).
**sich auf den Weg machen** to set out
**Sie machten sich wieder auf den Weg.** They set out (took to the road) again.
**Das Auto hält an.** The car stops.
**Er hielt das Auto an.** He stopped the car.
**sich die Beine vertreten** to stretch one's legs

## Informal Letters

*Salutations:* **Lieber Freund! Liebe Freundin! Lieber Karl! Liebe Anna! Liebes Fräulein Helene!** etc.
Dear Friend: Dear Charles: Dear Anna: Dear Miss Helen: etc.

| | |
|---|---|
| *Endings:* **Mit herzlichem Gruss** | With a hearty greeting |
| **Mit den herzlichsten Grüssen** | With the heartiest greetings |
| **Deine Freundin** / **Ihr Freund, Ihre Freundin, Dein Freund,** | Your friend |
| **Ihr Hans, Ihre Marie, Dein Hans, Deine Marie** | Your Hans, Your Marie |

Forms of **du, dein, ihr, euer** are capitalized when used in a letter. Thus:

**Lieber Fritz! Ich habe heute Deinen Brief erhalten. Es freut mich zu hören, dass Du Deine Prüfungen gut bestanden hast. Ich gratuliere Dir.** Dear Fritz: Today I received your letter. I am glad to hear that you passed the examinations well. I congratulate you.

## Grammar Notes and Practical Exercises

**1. More strong (irregular) verbs. Principal parts**

| | | | | |
|---|---|---|---|---|
| **helfen** + *dat. obj.* | to help | **er hilft** | **half** | **hat geholfen** |
| **heran-fahren** | to ride up | **er fährt heran** | **fuhr heran** | **ist herangefahren** |
| **hinweg-fahren** | to ride along | **er fährt hinweg** | **fuhr hinweg** | **ist hinweggefahren** |
| **vorbei-fahren** | to ride past | **er fährt vorbei** | **fuhr vorbei** | **ist vorbeigefahren** |

| | | | | |
|---|---|---|---|---|
| **leihen** | to lend | **er leiht** | **lieh** | **hat geliehen** |
| **vergehen** | to pass, to elapse | **er vergeht** | **verging** | **ist vergangen** |
| **sich befinden** | to be (located) | **er befindet sich** | **befand sich** | **hat sich befunden** |

*Exercise No. 170.* Change these sentences to the past perfect. Remember! **Haben**-verbs have in the past perfect the auxiliary verb **ich hatte, du hattest,** etc.; **sein**-verbs have the auxiliary **ich war, du warst,** etc.

**Beispiel: 1. Er hatte die zwei Söhne seines Vertreters angerufen.**

**1. Er rief die zwei Söhne seines Vertreters an. 2. Die Jungen holten ihn im Hotel ab. 3. Was trugen Sie im Korb? 4. Im Korb befand sich ein guter Imbiss. 5. Wer bereitete diesen guten Imbiss zu? 6. Wartete er lange auf sie? 7. Sie fuhren an den Vororten vorbei. 8. Erkanntest du bald den Lärm? 9. Plötzlich hielt der Lastwagen vor ihnen an. 10. Was ist geschehen? 11. Der Fahrer half ihnen, den Reifen zu wechseln. 12. Er lieh ihnen seinen Wagenheber.**

**2. The principal parts of the modal auxiliaries**

| *Infinitive* | *Present* | *Past* | *Present Perfect* |
|---|---|---|---|
| **dürfen** | **er darf** | **durfte** | **hat gedurft (dürfen)** |
| **können** | **er kann** | **konnte** | **hat gekonnt (können)** |
| **mögen** | **er mag** | **mochte** | **hat gemocht (mögen)** |
| **müssen** | **er muss** | **musste** | **hat gemusst (müssen)** |
| **sollen** | **er soll** | **sollte** | **hat gesollt (sollen)** |
| **wollen** | **er will** | **wollte** | **hat gewollt (wollen)** |

The principal parts of modals follow the pattern of weak verbs, except that the present tense is irregular and the **Umlaut** is dropped in the participle. Note, however, that each modal has a substitute for the past participle, which is identical in form with the infinitive. The past participle is used when the modal has no complementary infinitive. The infinitive substitute is used when the modal has a complementary infinitive. Thus:

| | |
|---|---|
| Der Mann hat kein Geld **gewollt.** | The man did not want any money. |
| Der Mann hat kein Geld **annehmen wollen.** | The man did not want to accept any money. |

Compare a modal in five tenses with and without a complementary infinitive.

| | *without a complementary infinitive* | *with a complementary infinitive* |
|---|---|---|
| *Present* | **Wir mögen** ihn nicht. | **Wir mögen** ihn nicht **sehen.** |
| *Past* | **Wir mochten** ihn nicht. | **Wir mochten** ihn nicht **sehen.** |
| *Pres. Perf.* | **Wir haben** ihn nicht **gemocht.** | Wir haben ihn nicht **sehen mögen.** |
| *Past Perf.* | **Wir hatten** ihn nicht **gemocht.** | Wir hatten ihn nicht **sehen mögen.** |
| *Future* | **Wir werden** ihn nicht **mögen.** | **Wir werden** ihn nicht **sehen mögen.** |

In general, use the past tense of the modal rather than the present perfect to express past time.

**3. The double infinitive with *lassen, sehen* and *hören***

The double infinitive construction (see above with the modals) is also generally used with **lassen, sehen** and **hören** when these verbs have a complementary infinitive.

| | |
|---|---|
| **Ich habe es dort gelassen.** | I have left it there. |
| **Ich habe es dort liegen lassen.** | I have left it lying there. |
| **Wir haben ihn gesehen.** | We have seen him. |
| **Wir haben ihn tanzen sehen.** | We have seen him dance. |

*Exercise No. 171.* Change these sentences to the present perfect and past perfect tenses.

**Beispiel: 1. Herr Clark hat (hatte) eine Reise machen müssen.**

**1. Herr Clark musste eine Reise machen. 2. Die Jungen wollten helfen. 3. Du durftest das Zimmer verlassen. 4. Ich konnte leider nicht mitgehen. 5. Wir mochten nicht spielen.**

**6. Ich musste einen Brief schreiben. 7. Der Mann wollte nichts annehmen. 8. Während des Sommers konnte wir nicht aufs Land gehen. 9. Trotz der Hitze mussten sie in der Stadt bleiben. 10. Trotz des Regens wollten sie Fussball spielen.**

*Exercise No. 172.* **Fragen**

Lesen Sie noch einmal den Text: **Ein Ausflug an den Ammersee,** und dann beantworten Sie diese Fragen!

**1. Wen rief Herr Clark an? 2. Wohin wollte Herr Clark einen Ausflug im Auto machen? 3. Wen lud er ein, mit ihm zu fahren? 4. Wo holten die Jungen Herrn Clark ab? 5. Was war in dem Korb, den die Jungen trugen? 6. Wer hatte den guten Imbiss für sie zubereitet? 7. Was hörte Herr Clark plötzlich, als er gemütlich entlangfuhr? 8. Was war geschehen? 9. Warum konnten sie den Reifen nicht wechseln? 10. Was für ein Wagen hielt plötzlich vor ihnen an? 11. Was lieh ihnen der Wagenfahrer? 12. In wieviel Minuten war alles fertig?**

# CHAPTER 39

## HERR CLARK VERLÄSST DEUTSCHLAND

### Brief aus Hamburg

| Lieber Freund! | Dear Friend: |
|---|---|
| **1. Als ich New York verliess, hatte ich, wie Sie wissen, bereits vieles über Deutschland gelernt. Ich hatte einige interessante Bücher über die Geschichte und die Sitten des Landes gelesen. Ich konnte schon ziemlich gut Deutsch sprechen. Nun, da ich im Begriff bin, Deutschland zu verlassen, scheint es mir, dass ich viel fliessender Deutsch spreche.** | 1. When I left New York, as you know I had learned a great deal about Germany. I had read some interesting books on the history and customs of that country. I already knew how to speak German fairly well. Now that I am about to leave Germany, it seems to me that I am speaking German much more fluently. |
| **2. Ich habe viele Plätze besucht, von denen wir in unseren Gesprächen geredet haben. Wie Sie sich wohl vorstellen können, gefielen mir die Sehnswürdigkeiten Deutschlands sehr, seine schönen Landschaften, seine alten Städte, seine Musik, seine gute Küche. Es machte mir viel Freude, mit den Deutschen in ihrer eigenen Sprache zu reden, wodurch ich vieles über sie lernte, was ich nicht aus den Büchern erlernen konnte.** | 2. I have visited many places of which we have spoken in our conversations. As you may well imagine, I liked immensely the places of interest in Germany, its beautiful landscapes, its old cities, its music, its cuisine. I enjoyed talking to Germans in their own language, thus learning many things about them which I could not acquire from books. |
| **3. Das Leben in den Städten Deutschlands scheint mir nicht ruhiger zu sein als in unseren Städten, und die Taxifahrer rasen ebenso wild einher wie in anderen Ländern. Sie werden sich wohl erinnern, ich habe Ihnen geschrieben, wie der Taxifahrer mich mit solch rasender Geschwindigkeit von dem Flugplatz zu meinem Hotel brachte.** | 3. Life in the cities of Germany does not seem more tranquil to me than in our cities, and taxi drivers rush about as madly as in other countries. You will probably remember I wrote you how the taxi driver brought me at breakneck speed from the airport to my hotel. |

4. Wie Sie wissen war meine Reise nach Deutschland nicht nur eine Geschäftreise sondern auch eine Vergnügungsreise. Glücklicherweise konnte ich die Geschäftsangelegenheiten rasch erledigen und danach konnte ich mich ganz dem Vergnügen hingeben. Ich habe kaum Zeit gefunden, Ihnen auch nur ein paar Briefe aus Deutschland zu senden. Ich werde Ihnen aber viel zu erzählen haben über die Leute, die ich kennengelernt habe, die Plätze, die ich besucht habe, und über Alles, was ich gelernt habe von dem Leben, den Sitten, und den Künsten Deutschlands.

4. As you know, my trip to Germany was not only a business trip but also a pleasure trip. Luckily I was able to settle my business matters quickly, and after that I was able to devote myself entirely to recreation. I have hardly found time to send you even a few letters from Germany. I shall, however, have much to tell you about the persons I have met, the places I have visited, and all I have learned about the life, customs and arts of Germany.

5. Ich werde sicherlich Deutschland bald wieder besuchen. Ich möchte sogar schon im kommenden Jahr wieder dahin. Aber nächstes Mal nehme ich meine Familie mit. Ich muss Ihnen gestehen, ich habe meine Frau und Kinder auf meiner Reise sehr vermisst und hatte oft Heimweh.

Dies ist der letzte Brief, den ich Ihnen schreibe, ehe ich nach New York abreise. Es wird mir ein Vergnügen sein, Sie bei meiner Ankunft anzurufen, um Sie einzuladen, möglichst bald bei uns zu Abend zu speisen.

5. I am sure I shall visit Germany soon again. I should even like to go next year. But the next time I go I shall take my family with me. I must confess to you I missed them very much on my trip and was often homesick.

This is the last letter which I am writing you before I leave for New York. I shall take pleasure in telephoning you on my arrival and inviting you to have dinner with us as soon as possible.

6. Zweifellos werden wir viele Stunden im Gespräch über Deutschland verbringen, besonders über München und Umgebung, denn diese Stadt lernte ich wirklich lieben.

Mit herzlichen Grüssen
Ihr Freund
*R. Clark*

6. Without doubt we shall spend many hours speaking of Germany and of Munich and its surroundings, for I have really learned to love this city.

With heartiest greetings
Your Friend
*R. Clark*

## Wortschatz

das Heimweh homesickness
die Sitte *pl.* -n custom
einhér-rasen to rush madly about
erlérnen to learn, acquire
erlédigen to settle, finish
handeln von to deal with
sich hin-geben to devote oneself
scheinen to seem, shine (*past* schien)
speisen to dine
vermíssen to miss
kaum scarcely, hardly
sogar even

## Deutsche Ausdrücke

**Heimweh haben** to be homesick
**Er hatte Heimweh, als er in Deutschland war.** He was homesick when he was in Germany.

**sich erinnern an + *acc.*** to remember, to recall (*lit.* to remind oneself of)

**Erinnern Sie sich an Ihre Ankunft in Deutschland?** Do you remember your arrival in Germany? **Ja, ich erinnere mich daran.** Yes, I remember it (*lit.* I remind myself of it). **Wir erinnern uns alle daran.** We all remember it.

## Grammar Notes and Practical Exercises

**1. Summary of German word order in simple sentences and main clauses**

a. Normal word order

**Der Kaufmann schrieb** gestern an seinen Vertreter.

In normal word order the verb follows the subject.

b. Inverted word order

**Gestern schrieb der Kaufmann** einen Brief an seinen Vertreter.

**Schrieb der Kaufmann** gestern einen Brief an seinen Vertreter?

In inverted word order the verb precedes the subject. Inverted word order is used in questions and when the sentence or noun clause begins with words other than the subject (adverbs, phrases, objects).

c. Position of the separable prefix

**Die Kinder stehen** gewöhnlich früh **auf.**

Am Tage der Abfahrt **standen die Kinder** früh **auf.**

In the present and past tenses the separable prefix stands at the end of the simple sentence or main clause.

d. Position of the past participle

**Er hat** Vieles über Deutschland **gelernt.**

**Ich hatte** einige interessante Bücher **gelesen.**

**Die ganze Familie ist** heute früh **aufgestanden.**

In the present perfect and past perfect tenses the past participle stands at the end of a simple sentence or main clause. The **ge-** of the past participle of a separable verb stands between the prefix and the verb.

e. Position of the infinitive

1. **Ich werde** Deutschland bald wieder **besuchen.**
2. **Ich konnte** die Geschäftsangelegenheiten rasch **erledigen.**
3. Ich bin jetzt im Begriff, **Deutschland zu verlassen.**
4. Die Passagiere begannen, **in den Zug einzusteigen.**

In the future the infinitive stands last in the sentence or main clause (Sentence 1).

Complementary infinitives stand last (Sentences 2, 3, 4). If the infinitive has **zu,** it is set off by commas, after the rest of the sentence or clause (Sentences 3, 4).

**2. Summary of word order in subordinate clauses**

a. Es scheint mir, **dass ich** schon fliessender Deutsch **spreche.**

Er las einige Bücher, **die** von der Geschichte Deutschlands **handelten.**

In subordinate clauses, whether introduced by a subordinate conjunction or by a relative pronoun, the verb stands last.

b. Ich bin sicher, **dass ich** Deutschland wieder **besuchen werde.**

Ich habe die Städte besucht, **von denen** wir heute **geredet haben.**

If the verb in the subordinate clause has an auxiliary, the auxiliary part of the verb stands last.

c. **Als Herr Clark** nach Deutschland **abreiste, sprach er** schon ziemlich gut Deutsch.

The separable prefix does not separate from the verb in subordinate word order.

If the subordinate clause comes first, the main clause has inverted word order.

*Exercise No. 173.* **Ergänzen Sie diese Sätze auf deutsch!** (Complete these sentences in German.)

**Beispiel: 1. Ehe er New York verliess,** hatte er vieles über Deutschland gelernt.

1. (Before he left New York), **hatte er vieles über Deutschland gelernt.** 2. **Hatte er** (some interesting books) **gelesen?** 3. **Kannst du** (speak German quite well)? 4. **Es scheint mir,** (that he is speaking German much more fluently). 5. **Er besuchte alle Plätze,** (about which we have spoken). 6. (Did you like) **die Sehenswürdigkeiten Deutschlands?** 7. **Mir gefielen** (its music and good cuisine). 8. **Er lernte vieles, was** (he could not acquire out of books). 9. **Das Leben in den deutschen Städten** (is not more tranquil than in our cities). 10. (I remember) **die rasende Fahrt im Taxi.** 11. **Meine Reise war** (not only) **eine Geschäftsreise,** (but also) **eine Vergnügungsreise.** 12. **Konnten Sie die Geschäftsangelegenheiten** (to finish quickly)? 13. (Yes, and after that I was able) **mich ganz dem Vergnügen hingeben.** 14. **Er hat vieles** (about the life and customs) **Deutschlands gelernt.** 15. **Sobald ich zu Hause bin,** (I shall telephone you). 16. (He was homesick), **weil er seine Frau und Kinder vermisste.** 17. **Nächstes Mal** (he will take the family along). 18. **Werden Sie** (have supper with us)? 19. **Dies ist der letzte Brief,** (which I shall write). 20. **Später** (I shall tell you everything).

*Exercise No. 174.* Lesen Sie noch einmal den Text: **Herr Clark verlässt Deutschland,** und dann beantworten Sie diese Fragen!

1. **Wer ist im Begriff, Deutschland zu verlassen?** 2. **Was hat ihm in Deutschland sehr gefallen?** 3. **War Herrn Clarks Reise nur eine Geschäftsreise?** 4. **Was konnte er rasch erledigen?** 5. **Hat**

er Zeit gefunden, viele Briefe zu schreiben? **6.** Wann möchte Herr Clark wieder nach Deutschland reisen? **7.** Beabsichtigt er, allein zu gehen? **8.** Wen hatte er vermisst? **9.** Wen wird er bei seiner Ankunft in New York anrufen? **10.** Wie wird er viele Stunden mit Herrn Müller verbringen?

# CHAPTER 40

## REVIEW OF CHAPTERS 36–39

### Weak (Regular) Verbs. No Vowel Changes

| | | | |
|---|---|---|---|
| **1. eilen** | **10. erlernen** | 1. to hurry | 10. to acquire (learn) |
| **2. handeln (von)** | **11. auf-warten** | 2. to deal (with) | 11. to serve, to wait on |
| **3. lachen** | **12. ab-holen** | 3. to laugh | 12. to go to meet |
| **4. landen** | **13. halt-machen** | 4. to land | 13. to stop |
| **5. scherzen** | **14. her-reisen** | 5. to joke | 14. to travel here |
| **6. spazieren** | **15. vor-stellen** | 6. to walk | 15. to introduce |
| **7. begrüssen** | **16. zu-bereiten** | 7. to greet | 16. to prepare |
| **8. erwidern** | **17. sich um-kleiden** | 8. to answer | 17. to change clothes |
| **9. erledigen** | **18. sich um-schauen** | 9. to settle, finish | 18. to look around |

### Strong (Irregular) Verbs. Vowel Changes

| | | | | |
|---|---|---|---|---|
| **helfen** | to help | **er hilft** | **half** | **hat geholfen** |
| **leihen** | to lend | **er leiht** | **lieh** | **hat geliehen** |
| **scheinen** | to shine; to seem | **er scheint** | **schien** | **hat geschienen** |
| **betreten** | to enter, step into | **er betritt** | **betrat** | **hat betreten** |
| **vergehen** | to pass, elapse | **er vergeht** | **verging** | **ist vergangen** |
| **an-nehmen** | to accept | **er nimmt an** | **nahm an** | **hat angenommen** |
| **an-rufen** | to call to | **er ruft an** | **rief an** | **hat angerufen** |
| **an-schreien** | to cry out to | **er schreit an** | **schrie an** | **hat angeschrien** |
| **an-halten** | to stop | **er hält an** | **hielt an** | **hat angehalten** |
| **fliegen** | to fly | **er fliegt** | **flog** | **ist geflogen** |

### Deutsche Ausdrücke

1. **kennenlernen** to become acquainted with
   **Ich habe ihn eben kennengelernt.**
2. **telephonisch anrufen** to telephone
   **Ich habe ihn angerufen.**
3. **jemanden vorstellen** to introduce somebody
   **Herr Schiller hat ihn seiner Frau vorgestellt.**
4. **an die Arbeit gehen** to set to work
   **Sie gingen sofort an die Arbeit.**
5. **Heimweh haben** to be homesick
   **Herr Clark hatte Heimweh.**
6. **sich erinnern an** to remember
   **Ich konnte mich nicht an ihn erinnern.**
   I could not remember him.

*Exercise No. 175.* Complete the translation of each English sentence.

| | |
|---|---|
| 1. I have helped him with the letter. | **1. Ich ____ ihm mit dem Brief ____.** |
| 2. The truck driver loaned them a jack. | **2. Der Wagenfahrer ____ ihnen einen Wagenheber.** |
| 3. On the way they were joking and laughing. | **3. Am Wege ____ und ____ sie.** |
| 4. The time passed quickly and merrily. | **4. Die Zeit ____ schnell und fröhlich.** |
| 5. He has invited us to dinner. | **5. Er ____ uns zum Essen ____.** |
| 6. We have accepted the invitation. | **6. Wir ____ die Einladung ____.** |
| 7. "Stop!" he cried out to the driver. | **7. „Halt!" ____ er den Fahrer an.** |
| 8. The taxi driver did not stop. | **8. Der Taxifahrer ____ nicht an.** |
| 9. We entered a nicely furnished living room. | **9. Wir ____ ein schön möbliertes Wohnzimmer.** |
| 10. Mr. Schiller greeted us most warmly. | **10. Herr Schiller ____ uns aufs herzlichste.** |

11. May I introduce my wife Mary to you?
12. After dinner we shall take a walk to the English Garden.

11. **Darf ich Ihnen meine Frau Marie ____?**
12. **Nach dem Essen ____ wir einen Spaziergang im Englischen Garten ____.**

*Exercise No. 176.* **Ergänzen** (Complete) **Sie die Sätze auf deutsch!**

1. **Herr Clark** (is a business man in New York).
2. **Er machte eine Reise nach München,** (in order to visit the representative of his firm).
3. (He wanted) **ihn persönlich kennenlernen.**
4. **Bevor er New York verliess,** (he had learned German).
5. (He had) **einen sehr guten Lehrer.**
6. **Er konnte** (speak, read and write German).
7. **Er las einige Bücher** (about Germany).
8. (He wrote) **einen Brief an seinen Vertreter.**
9. **Nach einigen Tagen** (he received an answer).
10. ("I shall call for you at the airport,") **schrieb ihm sein Vertreter.**
11. **Herr Schiller** (called for him there).
12. **Sie nahmen ein Taxi,** (and rode to the hotel).
13. (Luckily) **erledigte er bald seine Geschäftsangelegenheiten.**
14. **Während seines Aufenthalts in München** (he took a trip to the Ammersee).
15. **Die Söhne des Herrn Schiller** (went with him).
16. (He visited the places) **in der Nähe von München.**
17. **Nach zwei Wochen,** (he left Munich and took a Rhine trip).
18. **Der Rhein ist** (the longest, the broadest and the most beautiful) **Fluss Deutschlands.**
19. (Finally he rode) **mit dem Zug nach Hamburg.**
20. **Von Hamburg** (he flew back to New York).
21. **Nächstes Jahr** (Mr. Clark will again take a trip to Germany).
22. **Aber diesmal** (he will take his family along).

## Dialog

### AN DER TANKSTELLE

**Herr Clark geht zur Tankstelle, um den Tank des Autos anfüllen zu lassen, denn das Benzin ist beinahe alle. Sofort nähert sich ein junger Tankwart, um ihn zu bedienen.**

**T.: Guten Tag, mein Herr, womit kann ich dienen?**
**C.: Guten Tag. Sie dürfen volltanken.**
**T.: Gewöhnliches Benzin oder Super?**
**C.: Was kostet das Benzin?**
**T.: Gewöhnliches kostet 58 Pfennig, Super 64 Pfennig.**
**C.: Für diesen Wagen genügt das einfache Benzin. Wollen Sie so gut sein, auch Öl, Luft und Kühlwasser nachzusehen?**
**T.: Ist gern geschehen.**

**Der junge Mann füllt den Tank, prüft das Öl, Kühlwasser und die Reifen.**

**T.: Alles in Ordnung.**
**C.: Schönen Dank. Wieviel bin ich schuldig?**
**T.: Im ganzen siebzehn Mark vierzig.**

**Herr Clark gibt ihm zwei Zehnmarkscheine, und der junge Mann gibt ihm zwei Mark und sechzig Pfennig zurück.**

### AT THE GAS STATION

Mr. Clark goes to the gas station to have the tank of the car filled up, for the gasoline is almost all used up. At once a young attendant approaches to serve him.

A.: How do you do, sir, what can I do for you?
C.: How do you do. You may fill up the tank.
A.: Regular gas or super?
C.: What is the price of the gasoline?
A.: Regular costs 58 pfennigs, super costs 64 pfennigs.
C.: For this car the plain gasoline is good enough. And will you please check the oil, air and water?
A.: With pleasure.

The young man fills up the tank, checks the oil, water and the tires.

A.: Everything is okay.
C.: Thank you very much. How much do I owe you?
A.: All together seventeen marks and forty pfennigs.

Mr. Clark gives him two ten-mark notes and the young man gives him two marks and sixty pfennigs in change.

*Exercise No. 177.* **Lesestück 1**

## DAS DEUTSCHE FERNSEHEN[1]

**In den Vereinigten Staaten besitzen 80% oder mehr der Einwohner einen Fernsehapparat. In Deutschland ist das nicht der Fall. Fernsehapparate befinden sich bei einer Minderheit[2] der Einwohner, aber die Zahl jener Familien, die Fernsehapparate besitzen, nimmt[3] fortwährend[4] zu, daher auch die Zahl der Personen, die zu Hause fernsehen[5] können.**

**Es gibt einen wichtigen Unterschied zwischen dem Fernsehen in den Vereinigten Staaten und in Deutschland. Jedermann kennt die Reklamebilder,[6] die fast jede Fernsehung begleiten, sei es ein Fernsehspiel, eine Oper, ein Dokumentarbericht,[7] aktuelle Reportage[8] oder Direktübertragung.[9] Das ist beim Fernsehen höchst störend,[10] besonders weil die Reklame oft mitten in dem interessantesten und aufregendsten[11] Teil des Programms vorkommt.[12] Und man ist gezwungen,[13] sich das anzuhören.**

**Bei dem deutschen Fernsehen ist es anders. Da gibt es keine Reklame, also kann der deutsche Fernsehteilnehmer[14] die interessantesten Fernsehprogramme ohne störende Unterbrechungen[15] geniessen. Jeder Besitzer eines Fernsehapparats muss eine monatliche Fernsehgebühr[16] von 5 DM zahlen. Das ist der Beitrag[17] jedes Fernsehapparatbesitzers[18] zu den Kosten des Fernsehbetriebs.[19]**

**Wenn das nur bei uns möglich wäre![20]**

### Das Deutsche Fernsehen

In den Vereinigten Staaten besitzen 80% oder mehr der Einwohner einen Fernsehapparat. In Deutschland ist das nicht der Fall. Fernsehapparate befinden sich bei einer Minderheit der Einwohner, aber die Zahl jener Familien, die Fernsehapparate besitzen, nimmt fortwährend zu, daher auch die Zahl der Personen, die zu Hause fernsehen können.

Es gibt einen wichtigen Unterschied zwischen dem Fernsehen in den Vereinigten Staaten und in Deutschland. Jedermann kennt die Reklamebilder, die fast jede Fernsehung begleiten, sei es ein Fernsehspiel, eine Oper, ein Dokumentarbericht, aktuelle Reportage oder Direktübertragung. Das ist beim Fernsehen höchst störend, besonders weil die Reklame oft mitten in dem interessantesten und aufregendsten Teil des Programmes vorkommt. Und man ist gezwungen, sich das anzuhören.

Bei dem deutschen Fernsehen ist es anders. Da gibt es keine Reklame, also kann der deutsche Fernsehteilnehmer die interessantesten Fernsehprogramme ohne störende Unterbrechungen genießen. Jeder Besitzer eines Fernsehapparats muß eine monatliche Fernsehgebühr von 5 DM zahlen. Das ist der Beitrag jedes Fernsehapparalbesitzers zu den Kosten des Fernsehbetriebs.

Wenn das nur bei uns möglich wäre!

NOTES: 1. television. 2. minority. 3. zu-nehmen to increase. 4. continually. 5. to watch TV. 6. Reklame advertisement, advertising. 7. documentary. 8. on-the-spot reporting. 9. live transmission. 10. disturbing. 11. most exciting. 12. to occur. 13. forced. 14. participant in television (viewer). 15. interruptions. 16. television fee. 17. contribution. 18. owner of television set. 19. TV industry. 20. wäre (were) is a subjunctive form. You will learn about the subjunctive in Chapter 41.

*Exercise No. 178.* **Lesestück 2**

## HERRN CLARKS RHEINREISE

**Nachdem er seine Geschäfte in München erledigt hatte, machte Herr Clark eine Vergnügungsreise durch das Rheinland, zum Teil per Dampfer und zum Teil mit der Eisenbahn.**

**Man behauptet[1] mit Recht, dass der Rhein einer der schönsten Flüsse Europas ist. Auf der Strecke von Mainz bis Köln bewunderte Herr Clark die dunklen Wälder, die terrassenförmigen Weinberge,[2] die kleinen Dörfer mit ihren altertümlichen[3] Kirchen und Häusern, und die Ruinen alter Schlösser.**

### Herrn Clarks Rheinreise

Nachdem er seine Geschäfte in München erledigt hatte, machte Herr Clark eine Vergnügungsreise durch das Rheinland, zum Teil per Dampfer und zum Teil mit der Eisenbahn.

Man behauptet mit Recht, daß der Rhein einer der schönsten Flüsse Europas ist. Auf der Strecke von Mainz bis Köln bewunderte Herr Clark die dunklen Wälder, die terrassenförmigen Weinberge, die kleinen Dörfer mit ihren altertümlichen Kirchen und Häusern, und die Ruinen alter Schlösser.

**Jetzt fuhr der Dampfer an dem Loreleifelsen vorbei. Jedermann kennt die Legende von der Zauberin,[4] die mit ihrem Singen die armen Schiffer in den Tod lockte.[5] Diese Legende hat Heinrich Heine verewigt[6] in dem berühmten Liede: „Ich weiss nicht, was soll es bedeuten, dass ich so traurig bin."**

**Bald danach erschien[7] der Drachenfels,[8] wo (der Legende nach) der Held Siegfried einen Drachen erschlug.[9] Die Legende erzählt, dass er sich im Blut des Drachen badete, um unverwundbar[10] zu werden. In solchen Legenden aus dieser Gegend fand Richard Wagner den Stoff für manche seiner bekannten Opern, wie z.B. Das Rheingold, Siegfried usw.**

**In einigen der berühmten Rheinstädte hielt das Schiff an. Also konnte Herr Clark die Stadt Mainz besuchen, den Geburtsort von Johann Gutenberg, der die Buchdruckerkunst[11] erfunden hat.[12]**

**Dann kam Bonn, die Stätte einer alten Universität und seit dem zweiten Weltkrieg die Hauptstadt Westdeutschlands. In dieser Stadt wurde Ludwig van Beethoven geboren.**

**Der nächste Haltepunkt war Köln. Bewundernswert[13] vor allem ist hier der weltberühmte Kölner Dom, dessen Türme mehr als 500 Fuss in die Höhe ragen[14].**

**Die letzte Rheinstadt, die Herr Clark besuchte, war Düsseldorf, die Geburtsstadt des grossen deutschen Lyrikers[15] Heinrich Heine.**

**Von Düsseldorf ging's nach Hamburg, wo Herr Clark einige Geschäfte zu erledigen hatte, und von wo aus er die Heimreise per Flugzeug unternahm.**

**Als Herr Clark wieder zu Hause war, sprach er oft von seiner interessanten und vergnügungsvollen[16] Rheinreise.**

Jetzt fuhr der Dampfer an dem Loreleifelsen vorbei. Jedermann kennt die Legende von der Zauberin, die mit ihrem Singen die armen Schiffer in den Tod lockte. Diese Legende hat Heinrich Heine verewigt in dem berühmten Liede: „Ich weiß nicht, was soll es bedeuten, daß ich so traurig bin."

Bald danach erschien der Drachenfels, wo (der Legende nach) der Held Siegfried einen Drachen erschlug. Die Legende erzählt, daß er sich im Blut des Drachen badete, um unverwundbar zu werden. In solchen Legenden aus dieser Gegend fand Richard Wagner den Stoff für manche seiner bekannten Opern, wie z.B. Das Rheingold, Siegfried usw.

In einigen der berühmten Rheinstädte hielt das Schiff an. Also konnte Herr Clark die Stadt Mainz besuchen, den Geburtsort von Johann Gutenberg, der die Buchdruckerkunst erfunden hat.

Dann kam Bonn, die Stätte einer alten Universität und seit dem zweiten Weltkrieg die Hauptstadt Westdeutschlands. In dieser Stadt wurde Ludwig van Beethoven geboren.

Der nächste Haltepunkt war Köln. Bewundernswert vor allem ist hier der weltberühmte Kölner Dom, dessen Türme mehr als 500 Fuß in die Höhe ragen.

Die letzte Rheinstadt, die Herr Clark besuchte, war Düsseldorf, die Geburtsstadt des großen deutschen Lyrikers Heinrich Heine.

Von Düsseldorf ging's nach Hamburg, wo Herr Clark einige Geschäfte zu erledigen hatte, und von wo aus er die Heimreise per Flugzeug unternahm.

Als Herr Clark wieder zu Hause war, sprach er oft von seiner interessanten und vergnügungsvollen Rheinreise.

NOTES: 1. asserts. 2. terraced vineyards. 3. quaint. 4. sorceress. 5. enticed. 6. immortalized. 7. **erscheinen (erschien, ist erschienen)** to appear. 8. Dragon Rock. 9. **erschlagen (erschlug, hat erschlagen)** to kill. 10. invulnerable. 11. art of printing. 12. **erfinden (erfand, hat erfunden)** to invent. 13. worthy of admiration, remarkable. 14. **in die Höhe ragen** tower on high. 15. lyric poet. 16. pleasurable.

# CHAPTER 41

## BRIEF AN EINEN FREUND IN CHICAGO

**Lieber Freund!**

**Ich bekam Deinen lieben Brief gerade als ich im Begriff war, meine Rückreise nach der Heimat**

Dear Friend:

I received your letter just as I was about to start my journey home.

**zu beginnen. Du batest mich, Deine Verwandten in Hamburg aufzusuchen. Das würde ich gern getan haben, wenn ich Zeit gehabt hätte. Wenn Dein Brief nur ein paar Tage früher angekommen wäre, so würde ich sicher Deinen Onkel besucht haben.**

**Ich dachte, dass es sehr nett sein würde, wenn ich den Onkel wenigstens telephonisch sprechen könnte. Als ich anrief, bekam ich aber leider keine Antwort.**

**Ich freue mich Dir mitzuteilen, dass meine Reise sehr erfolgreich gewesen ist. Wenn ich aber nicht einen eingeborenen Vertreter in München hätte, der sehr tüchtig und zuvorkommend ist, so wäre es mir nicht möglich gewesen, meine Geschäfte so schnell und leicht zu erledigen. Dank seiner Hilfe habe ich auch die Gelegenheit gehabt, so viele Sehenswürdigkeiten und so viele nette Leute kennenzulernen.**

**Wenn Du in der nächsten Zeit nach New York kommen solltest, so würde es mich sehr freuen, einige Zeit mit Dir zu verbringen.**

**Mit herzlichsten Grüssen**
**Dein Freund *Robert***

You asked me to look up your relatives in Hamburg. This I would have done gladly if I had had time. If only your letter had come a few days sooner I would surely have visited your uncle.

I thought it would be very nice if I could at least talk to your uncle on the telephone. But when I called up, unfortunately I received no answer.

I am glad to inform you that my trip has been very successful. But if I did not have a native representative in Munich who is very efficient and very obliging it would not have been possible for me to dispose of my business so quickly and easily. And thanks to his help I had the opportunity to get to know so many places of interest and so many nice people.

If you should come to New York in the near future, I would be very happy to spend some time with you.

With kindest greetings,
Your friend *Robert*

## Wortschatz

**die Heimat** home, home country
**der Verwándte** *pl.* **-n** relative
**mit-teilen** to inform
**eingeboren** (*adj.*) native
**erfólgreich** successful
**zuvórkommend** obliging, gracious

## Grammar Notes and Practical Exercises

### 1. About the subjunctive

Subjunctive verb forms have almost disappeared in modern English. About the only survivor is "were" instead of "was" in such expressions as: If he were here, he would be happy. She acts as if she were sick. If this were only true!

In the foregoing chapters of this book all the verb forms you have learned have been in what is called the "indicative" mood. But modern German also has verb forms in what is called the "subjunctive" mood. In this chapter you will learn the verb forms of the subjunctive and their use in certain types of conditional sentences.

### 2. The present subjunctive

| **lernen** | **gehen** | **sehen** | **fahren** | **haben** | **sein** | **werden** | **können** |
|---|---|---|---|---|---|---|---|
| ich lerne | gehe | sehe | fahre | habe | sei | werde | könne |
| du lernest | gehest | sehest | fahrest | habest | seiest | werdest | könnest |
| er lerne | gehe | sehe | fahre | habe | sei | werde | könne |
| wir lernen | gehen | sehen | fahren | haben | seien | werden | können |
| ihr lernet | gehet | sehet | fahret | habet | seiet | werdet | könnet |
| sie lernen | gehen | sehen | fahren | haben | seien | werden | können |

To form the present subjunctive of any verb, drop the infinitive ending (**-en** or **-n**) and add the personal endings **-e, -est, -e; -en, -et, -en.** The verb **sein** is the only exception to this rule. It lacks the ending **-e** in the first and third person singular (**ich sei, er sei**).

There are no contractions or vowel changes in the present subjunctive. Thus:

| | | | | | |
|---|---|---|---|---|---|
| *Indicative* | du **hast** | du **siehst** | du **fährst** | du **wirst** | du **kannst** |
| *Subjunctive* | du **habest** | du **sehest** | du **fahrest** | du **werdest** | du **könnest** |

### 3. The past subjunctive

*Past Indicative*

| | | | | | | | |
|---|---|---|---|---|---|---|---|
| ich **lernte** | **ging** | **sah** | **fuhr** | **hatte** | **war** | **wurde** | **konnte** |

*Past Subjunctive*

| | | | | | | | |
|---|---|---|---|---|---|---|---|
| ich lernte | ginge | sähe | führe | hätte | wäre | würde | könnte |
| du lerntest | gingest | sähest | führest | hättest | wärest | würdest | könntest |
| er lernte | ginge | sähe | führe | hätte | wäre | würde | könnte |
| wir lernten | gingen | sähen | führen | hätten | wären | würden | könnten |
| ihr lerntet | ginget | sähet | führet | hättet | wäret | würdet | könntet |
| sie lernten | gingen | sähen | führen | hätten | wären | würden | könnten |

a. The endings of the past subjunctive are the same as those for the present: **-e, -est, -e; -en, -et, -en.**

b. The verbs **haben, sein** and **werden** have an **Umlaut** in the past subjunctive (**hätte, wäre, würde**).

c. All strong verbs add an **Umlaut** to the stem vowel **a, o** or **u** in the past subjunctive (**sah > sähe, bot > böte, fuhr > führe**).

d. The modals **dürfen, können, mögen, müssen** and the mixed verbs **bringen, denken, wissen** have an **Umlaut** in the past subjunctive. **sollen** and **wollen** do not add an **Umlaut** (**sollte, wollte**).

| | | | | | | | |
|---|---|---|---|---|---|---|---|
| *Indicative* | **durfte** | **konnte** | **musste** | **mochte** | **brachte** | **dachte** | **wusste** |
| *Subjunctive* | **dürfte** | **könnte** | **müsste** | **möchte** | **brächte** | **dächte** | **wüsste** |

### 4. The compound tenses of the subjunctive

| *Present Perfect* | | *Past Perfect* | |
|---|---|---|---|
| ich **habe** gelernt | ich **sei** gegangen | ich **hätte** gelernt | ich **wäre** gegangen |
| du **habest** gelernt | du **seiest** gegangen | du **hättest** gelernt | du **wärest** gegangen |
| er **habe** gelernt | er **sei** gegangen | er **hätte** gelernt | er **wäre** gegangen |
| wir **haben** gelernt | wir **seien** gegangen | wir **hätten** gelernt | wir **wären** gegangen |
| ihr **habet** gelernt | ihr **seiet** gegangen | ihr **hättet** gelernt | ihr **wäret** gegangen |
| sie **haben** gelernt | sie **seien** gegangen | sie **hätten** gelernt | sie **wären** gegangen |

| *Future* | | *Future Perfect* | |
|---|---|---|---|
| ich **werde** lernen | (gehen) | ich **werde** gelernt haben | (gegangen sein) |
| du **werdest** lernen | (gehen) | du **werdest** gelernt haben | (gegangen sein) |
| er **werde** lernen | (gehen) | er **werde** gelernt haben | (gegangen sein) |
| wir **werden** lernen | (gehen) | wir **werden** gelernt haben | (gegangen sein) |
| ihr **werdet** lernen | (gehen) | ihr **werdet** gelernt haben | (gegangen sein) |
| sie **werden** lernen | (gehen) | sie **werden** gelernt haben | (gegangen sein) |

The compound tenses in the subjunctive are formed in the same way as in the indicative, except that the subjunctive forms of the auxiliary verbs **haben, sein, werden** are used.

*Exercise No. 179.* Change the following indicative verb forms to the subjunctive.

**Beispiel: 1. ich wäre. 2. sie wären.**

| | | | |
|---|---|---|---|
| **1. ich war** | **9. er lernt** | **17. er fährt** | **25. er hat gehabt** |
| **2. sie waren** | **10. du lerntest** | **18. er fuhr** | **26. sie hat studiert** |
| **3. er hatte** | **11. du siehst** | **19. ich kann** | **27. ich bin gewesen** |
| **4. wir hatten** | **12. du sahst** | **20. er konnte** | **28. ich war gewesen** |
| **5. er schreibt** | **13. er kommt** | **21. wir müssen** | **29. wir sind gekommen** |
| **6. er schrieb** | **14. wir kamen** | **22. wir mussten** | **30. wir waren gekommen** |
| **7. ich las** | **15. sie geht** | **23. ich weiss** | **31. du hast gelebt** |
| **8. sie lasen** | **16. sie ging** | **24. er wusste** | **32. du hattest gelebt** |

### 5. The conditional — present and past

| *Present Conditional* | | *Past Conditional* | |
|---|---|---|---|
| *I should learn (go), you would learn (go), he would learn (go), etc.* | | *I should have learned (gone), you would have learned (gone), etc.* | |
| ich **würde** lernen | (gehen) | ich **würde** gelernt haben | (gegangen sein) |
| du **würdest** lernen | (gehen) | du **würdest** gelernt haben | (gegangen sein) |
| er **würde** lernen | (gehen) | er **würde** gelernt haben | (gegangen sein) |
| wir **würden** lernen | (gehen) | wir **würden** gelernt haben | (gegangen sein) |
| ihr **würdet** lernen | (gehen) | ihr **würdet** gelernt haben | (gegangen sein) |
| sie **würden** lernen | (gehen) | sie **würden** gelernt haben | (gegangen sein) |

The conditional present and past is formed like the future and future perfect, except that the auxiliary verb is **würden** (should, would) instead of **werden** (shall, will).

### 6. Use of the subjunctive in conditional sentences

A conditional sentence consists of a subordinate clause with the conjunction **wenn** (if), called the conditional clause, and of a main clause, called the conclusion. There are two types of conditions, *simple* and *contrary-to-fact.*

**Simple Conditions**

Wenn **er** das **Geld bekommt, wird er** das Auto **kaufen.**
If *he receives* the money, *he will buy* the car.
Wenn **er** seine Fahrkarte **verloren hat, muss er** zu **Fuss gehen.**
If *he has lost* his ticket, *he must walk.*

The **wenn** (if) clause of a simple condition assumes something which may or may not be true. In both clauses German and English use the same tenses of the verbs. The verbs in both clauses of simple conditions are in the indicative mood.

**Contrary-to-Fact Conditions**

a. *Denoting present or future time*
Wenn **ich** Zeit **hätte,** (so) **würde ich gehen,** *or* (so) **ginge ich.** If *I had* time *I would go.*

b. *Denoting past time*
Wenn **ich** Zeit **gehabt hätte,** (so) **würde ich gegangen sein** *or* (so) **wäre ich gegangen.** If *I had had* time *I would have gone.*

In contrary-to-fact conditions the **wenn** (if) clause assumes something which is not true (present contrary-to-fact) or was not true (past contrary-to-fact).

**Pattern of Contrary-to-Fact Conditions**

*Denoting present or future time*

**Wenn**-clause: past subjunctive — *Conclusion* { present conditional *or* past subjunctive

*Denoting past time*

**Wenn**-clause: past perfect subjunctive — *Conclusion* { past conditional *or* past perfect subjunctive

In the conclusion of contrary-to-fact conditions denoting present or future time, German prefers the present conditional. In the conclusion of contrary-to-fact conditions denoting past time, German prefers the past perfect subjunctive.

**7. Word order in conditional sentences**

| | |
|---|---|
| **Wenn er nicht krank wäre, (so) würde er spielen.** | If he were not sick, (then) he would play. |
| **Er würde spielen, wenn er nicht krank wäre.** | He would play, if he were not sick. |

A conditional sentence may begin with the **wenn**-clause or with the main clause. If the sentence begins with the **wenn**-clause, the main clause has inverted word order and may be preceded by **so** (then).

**8. Omission of *wenn.***

| | |
|---|---|
| **Hätte ich Hunger, (so) würde ich essen.** | If I were hungry, I would eat. |
| **Hätte es nicht geregnet, (so) wären wir gegangen.** | Had it not rained, we would have gone. |

The conjunction **wenn** may be omitted. The conditional clause must then have inverted word order.

*Exercise No. 180.* Read each sentence aloud three times. This will help you to get the "feel" of conditional contrary-to-fact sentences. Translate each sentence.

**1. Wenn ich genug Geld hätte, so würde ich eine Reise machen. 2. Wenn das Haus grösser wäre, so würde ich es kaufen. 3. Wenn ich jetzt Ferien hätte, so würde ich nach Europa reisen. 4. Wenn das Wetter schön wäre, so würde ich einen Spaziergang machen. 5. Wenn sie Zeit hätte, so würde sie uns öfter schreiben. 6. Wenn er heute käme, so würden wir uns freuen. 7. Wenn wir Tennis spielen könnten, so würden wir euch begleiten. 8. Wir würden uns auf den Weg machen, wenn unsere Freunde schon hier wären. 9. Das Kind würde nicht fallen, wenn es nicht so schnell liefe. 10. Sie könnten es tun, wenn sie es tun wollten. 11. Wenn er Zeit gehabt hätte, so hätte er das Deutsche Museum besucht. 12. Wenn wir einen Wagenheber gehabt hätten, so würden wir gleich an die Arbeit gegangen sein. 13. Ich würde es nicht geglaubt haben, wenn ich es nicht selber gesehen hätte. 14. Wir wären zu Hause geblieben, wenn wir das gewusst hätten. 15. Hätte Herr Clark keinen Vertreter in München gehabt, so hätte er seine Geschäfte nicht so schnell erledigt.**

# CHAPTER 42

## BERICHT EINES GESPRÄCHS ZWISCHEN HERRN CLARK UND HERRN MÜLLER

Report of a Conversation between Mr. Clark and Mr. Müller

Reread the conversation between Mr. Clark and Mr. Müller in Chapter 27. Here is a report of that conversation. It tells what Mr. Müller said, related or answered and what Mr. Clark said or asked, but not in the exact words of the two speakers. You will note that subjunctive forms appear in this reported conversation. The use of the subjunctive and conditional in reported statements and reported questions will be treated in the "Grammar Notes and Practical Exercises" of this chapter.

| **Herr Müller begann das Gespräch** | Mr. Müller began the conversation. |
|---|---|
| **1. Er sagte, dass er etwas von sich selbst erzählen werde; dass er selber das Gesprächsthema sein werde.** | 1. He said that he would relate something about himself, that he himself would be the topic of conversation. |
| **2. Herr Clark bemerkte, dass das sicherlich interessant sein würde, und fragte, ob er Fragen an ihn stellen dürfe.** | 2. Mr. Clark remarked that this would surely be interesting and asked whether he might ask him questions. |

**3. Herr Müller erwiderte, dass es ihn immer freue, Fragen zu beantworten. Dann fügte er hinzu, er sei in Deutschland geboren. Er sei jetzt Bürger der Vereinigten Staaten. Er sei verheiratet und habe zwei Kinder.**

**4. Herr Clark fragte, was sein Beruf sei.**

**5. Herr Müller antwortete ausführlich. Er sagte, er sei Lehrer. Er unterrichte an einer Sekundarschule. Er lehre Deutsch und Französisch.**

**Dann fügte er hinzu, dass er Französisch und Englisch lese, spreche und schreibe. Er habe auf dem Gymnasium und auf der Universität Französisch und Englisch studiert. Er habe vier Jahre lang in Paris gelebt.**

**6. Herr Clark fragte, wann er in Paris gewesen sei.**

**7. Herr Müller antwortete, er sei vom Jahre 1928 bis zum Jahre 1933 dort gewesen. Er habe dort als Zeitungskorrespondent gearbeitet.**

**8. Herr Clark fragte, wann er nach Amerika gekommen sei.**

**9. Herr Müller antwortete, dass er im Jahre 1933 hergekommen sei.**

**10. Herr Clark fragte, ob er sich hier verheiratet habe.**

**11. Herr Müller antwortete, dass er hier ein amerikanisches Mädchen geheiratet habe.**

**12. Zuletzt dankte Herr Clark Herrn Müller, und fragte ob die Fragen ihn belästigt hätten.**

**13. Herr Müller antwortete, dass es ihm ein Vergnügen gewesen sei.**

3. Mr. Müller answered that he was always glad to answer questions. Then he added he had been born in Germany. He was now a citizen of the United States. He was married and had two children.

4. Mr. Clark asked what his profession was.

5. Mr. Müller answered in detail. He said he was a teacher. He was teaching in a secondary school. He was teaching German and French.

Then he added that he spoke, read and wrote French and English. He had studied French and English at the gymnasium and the university. He had lived four years in Paris.

6. Mr. Clark asked when he had been in Paris.

7. Mr. Müller answered he had been there from the year 1928 until the year 1933. He had worked there as a newspaper correspondent.

8. Mr. Clark asked when he had come to America.

9. Mr. Müller answered that he had come here in the year 1933.

10. Mr. Clark asked whether he had married here.

11. Mr. Müller answered that he had married an American girl here.

12. Finally Mr. Clark thanked Mr. Müller and asked whether the questions had annoyed him.

13. Mr. Müller answered that it had been a pleasure.

**1. The subjunctive and conditional in indirect discourse**

A statement or question is said to be in *direct discourse* when the exact words or thoughts of a person are reported directly, that is, quoted after verbs of saying, telling, relating, thinking, asking, and the like. A statement or question is said to be in *indirect discourse* when the statement or question is reported but not in the exact words of the speaker or thinker.

Direct statements are put in quotation marks.

Compare the direct statements with the indirect statements in the following English sentences.

| | *Direct Discourse* | *Indirect Discourse* |
|---|---|---|
| | He said, | He said, |
| *Present* | "I speak well." | that he spoke well. |
| *Past* | "I spoke well." | that he had spoken well. |
| *Present Perfect* | "I have spoken well." | that he had spoken well. |
| *Past Perfect* | "I had spoken well." | that he had spoken well. |
| *Future* | "I shall speak well." | that he would speak well. |

Now compare the direct discourse with the indirect discourse in the corresponding German sentences.

| | *Direct Discourse* Er sagte: | *Indirect Discourse* Er sagte, |
|---|---|---|
| *Present* | **„Ich spreche gut."** | **dass er gut spreche** *or* **spräche.** |
| *Past* | **„Ich sprach gut."** | **dass er gut gesprochen habe** *or* **gesprochen hätte.** |
| *Present Perfect* | **„Ich habe gut gesprochen."** | |
| *Past Perfect* | **„Ich hatte gut gesprochen."** | |
| *Future* | **„Ich werde gut sprechen."** | **dass er gut sprechen werde** *or* **würde.** |

**Pattern of Tenses in Direct and Indirect Discourse in German**

| *Direct Discourse* | | *Indirect Discourse* | | |
|---|---|---|---|---|
| *Present* | > | I. Present Subjunctive | or | II. Past Subjunctive |
| *Past* / *Present Perfect* / *Past Perfect* | > | I. Present Perfect Subjunctive | or | II. Past Perfect Subjunctive |
| *Future* | | I. Future Subjunctive | or | II. Present Conditional |
| *Future Perfect* | > | I. Future Perfect Subjunctive | or | II. Past Conditional |

a. Note that the tenses in Type II correspond exactly to those used in English indirect discourse. In German either Type I or Type II may be used. If, however, the verb form in Type I is identical in the indicative and subjunctive, Type II is used.

Sie sagte: „Wir **haben** Geld." — Sie sagte, dass sie Geld **hätten** (*not* **haben**).

b. The same tense pattern is used for indirect questions as for indirect statements.

Wir fragten ihn: **„Haben Sie Geld?"** — Wir fragten ihn, **ob er Geld habe** (*or* **hätte**).

c. **dass** like *that* in English may be omitted in indirect discourse.

If **dass** is used, subordinate word order is required.

Er sagte, **dass er in München geboren sei.** — Er sagte, **er sei in München geboren.**

d. An indirect command is expressed by the present or past subjunctive of **sollen** plus an infinitive.

**Er sagte zu mir: „Tue es sofort!"** — **Er sagte mir, ich soll (sollte) es sofort tun.**

He said to me, "Do it at once!" — He said to me I should do it at once.

e. The indicative is used in indirect discourse if the introductory verb is in the present tense.

Er sagt: „Sie **ist** hier." — Er sagt, dass sie hier **ist.**

Sie fragt: „**War er** gestern hier?" — Sie fragt, ob er gestern hier **war.**

*Exercise No. 181.* Read each sentence aloud in the direct and indirect discourse. Translate the indirect statements and questions and note how the German tenses in Type II correspond exactly to the English tenses.

1. **Er sagte: „Ich habe einen Vertreter in München." Er sagte, dass er einen Vertreter in München habe (hätte).**
2. **Jemand fragte ihn: „Spricht Ihr Vertreter kein Englisch?" Jemand fragte ihn, ob sein Vertreter kein Englisch spreche (spräche).**
3. **Er sagte: „Ich will mit meinem Vertreter Deutsch reden." Er sagte, dass er mit seinem Verteter Deutsch reden wolle (wollte).**
4. **Jemand fragte ihn: „Haben Sie die Stadt nicht gern?" Jemand fragte ihn, ob er die Stadt nicht gern habe (hätte).**
5. **Er antwortete: „Ich habe die Stadt nicht gern. Es gibt dort zu viel Lärm." Er antwortete, er habe (hätte) die Stadt nicht gern. Es gebe (gäbe) dort zu viel Lärm.**
6. **Der Reisende fragte: „Wann geht der Zug nach Bonn ab?" Er fragte, wann der Zug nach Bonn abgehe (abginge).**
7. **Er sagte: „Man kann auf einer Reise ohne viel Geld nicht auskommen." Er sagte, man könne (könnte) auf einer Reise ohne viel Geld nicht auskommen.**
8. **Die Mutter sagte: „Die kleine Anna war gestern krank." Sie sagte, die kleine Anna sei (wäre) gestern krank gewesen.**

9. Sie sagte: „Der Doktor ist gestern abend hier gewesen.“ Sie sagte, der Doktor sei (wäre) gestern abend hier gewesen.
10. Die Kinder sagten: „Wir sind heute früh aufgestanden. Wir haben uns schnell angezogen.“ Sie sagten, sie seien (wären) früh aufgestanden. Sie hätten sich schnell angezogen.
11. Die Eltern fragten: „Sind die Kinder noch nicht zu Bett gegangen?“ Sie fragten, ob die Kinder noch nicht zu Bett gegangen seien (wären).
12. Er sagte: „Wir haben nach dem Essen einen Spaziergang gemacht.“ Er sagte, dass sie nach dem Essen einen Spaziergang gemacht hätten.
13. Sie sagte: „Ich werde am 1. Mai abreisen.“ Sie sagte, dass sie am 1. Mai abreisen werde (würde).
14. Ich fragte die Kinder: „Werdet ihr heute abend ins Kino gehen?“ Ich fragte sie, ob sie heute abend ins Kino gehen würden.
15. Der Junge sagte zu mir: „Kommen Sie herein!“ Er sagte mir, dass ich hereinkommen solle.
16. Sie sagte zu uns: „Setzen Sie sich!“ Sie sagte uns, dass wir uns setzen sollten.

# CHAPTER 43

## WAS GESCHIEHT IM HOTEL?

Das Handgepäck wird von dem Hausdiener hineingetragen. Der Gast, Herr Clark, wird von dem Geschäftsführer des Hotels begrüsst. Das Fremdenbuch wird ihm zur Unterschrift vorgelegt. Indessen wird sein Zimmer vorbereitet. Die Fenster werden von dem Zimmermädchen geöffnet. Die Vase auf dem Blumenschemel wird mit frischen Blumen versehen. Ein Thermosbehälter und Wassergläser werden von dem Zimmerkellner auf die Kommode gestellt. Herr Clark wird von dem Hotelboy im Fahrstuhl auf sein Zimmer gebracht. Er ist mit allem zufrieden.

## WHAT HAPPENS IN THE HOTEL?

The hand baggage is carried in by the porter. The guest, Mr. Clark, is greeted by the manager of the hotel. The register is placed before him for his signature. In the meantime his room is being prepared. The windows are opened by the chambermaid. The vase on the flower stand is provided with fresh flowers. A thermos container and water tumblers are placed on the bureau by the room waiter. Mr. Clark is taken in the elevator to his room by the bellboy. He is pleased with everything.

### Wortschatz

**die Blume** *pl.* -n flower
**der Blumenschemel** *pl.* - flower stand
**der Behälter** *pl.* - container
**das Fremdenbuch** *pl.* ⸚er register
**der Gast** *pl.* ⸚e guest
**die Gastfreundlichkeit** hospitality
**die Kommode** *pl.* -n chest of drawers
**die Unterschrift** *pl.* -en signature
**der Zimmerkellner** *pl.* - room waiter
**das Zimmermädchen** *pl.* - chambermaid
**indéssen** in the meantime
**vor-legen** to place before

## WAS GESCHAH AUF DEM AUSFLUG?

Als Herr Clark mit den Söhnen des Herrn Schiller nach Hause kam, fragte dieser: „Nun, was geschah auf dem Ausflug?“ Herr C. antwortete:

„Anfangs ging alles glatt. Die Strecke durch Stadt und Vorstadt wurde schnell zurückgelegt. Unterwegs wurden von mir und den Jungen aller-

## WHAT HAPPENED ON THE EXCURSION?

When Mr. Clark got home with the sons of Mr. Schiller, the latter asked him, “Well, what happened on the picnic?” Mr. Clark answered:

“At first everything went smoothly. The stretch through town and suburbs was covered rapidly. On the way, all sorts of stories were related by me

lei Anekdoten erzählt. Es wurde viel gelacht und gesungen. Plötzlich wurden wir durch einen lauten Knall erschreckt. Es war eine Reifenpanne. Und der Autokoffer war nicht mit einem Wagenheber versehen worden. Während wir auf Hilfe warteten, brannte die Sonne auf uns nieder. Endlich wurde unsere Lage von einem vorbeifahrenden Lastwagenfahrer erkannt. Mit seiner Hilfe wurde der Reifen gewechselt."

and the boys. There was a great deal of laughter and singing. Suddenly we were frightened by a loud report. It was a blowout. And the trunk had not been provided with a jack. While we waited for help the sun burned down upon us. Finally our situation was recognized by a passing truck driver. With his help the tire was changed."

## Wortschatz

**die Anekdóte** *pl.* **-n** anecdote
**die Lage** *pl.* **-n** situation, place
**die Rückfahrt** *pl.* **-en** return journey
**die Ruhepause** *pl.* **-n** rest period
**aus-packen** to unpack
**erschrécken** to frighten
**verséhen** to provide (**er versieht, versah, hat versehen**)
**zurück-legen** to put behind, to cover
**anfangs** at first
**glatt** smoothly
**sogléich = sofort** at once

**1. Uses of the verb *werden* already learned**

a. As a main verb meaning *to get, to become,* **werden** is, as you know, used in all tenses.
Principal parts: **werden er wird wurde ist geworden.**
**Das Wetter ist schön geworden.** The weather has become nice.

b. As an auxiliary meaning *shall* or *will,* **werden** plus the infinitive of a verb is used to form the future.
**Er *wird* uns morgen *besuchen*.** *He will visit* us tomorrow.

You will now learn how **werden** is used as an auxiliary verb to form all tenses of the passive voice.

**2. The passive voice**

In the active voice the subject performs some act. In the passive voice the subject is acted upon.
*Active:* The teacher tests the pupil. *Passive:* The pupil is tested by the teacher.

The person *by whom* or the thing *by which* an act is performed is called the *agent.* Now study the formation of the passive in German.

*Present*

| | |
|---|---|
| **Ich werde von dem Lehrer geprüft.** | *I am (being) tested* by the teacher. |
| **Du wirst von dem Lehrer geprüft.** | *You are (being) tested* by the teacher. |
| **Er wird von dem Lehrer geprüft.** | *He is (being) tested* by the teacher. |
| **Wir werden von dem Lehrer geprüft.** | *We are (being) tested* by the teacher. |
| **Ihr werdet von dem Lehrer geprüft.** | *You are (being) tested* by the teacher. |
| **Sie werden von dem Lehrer geprüft.** | *They are (being) tested* by the teacher. |
| **Der Schüler wird von ihm geprüft.** | *The pupil is (being) tested* by him. |
| **Die Schüler werden von ihm geprüft.** | *The pupils are (being) tested* by him. |

*Past*

| | |
|---|---|
| **Ich wurde von ihm geprüft, usw.** | *I was tested* by him, etc. |
| **Die Schüler wurden von ihm geprüft.** | *The pupils were tested* by him. |

*Present Perfect*

| | |
|---|---|
| **Ich bin von ihm geprüft worden, usw.** | *I have been tested* by him, etc. |
| **Die Schüler sind von ihm geprüft worden.** | *The pupils have been tested* by him. |

*Past Perfect*

| | |
|---|---|
| **Ich war** von ihm **geprüft worden,** usw. | *I had been tested* by him, etc. |
| **Die Schüler waren** von ihm **geprüft worden.** | *The pupils had been tested* by him. |

*Future*

| | |
|---|---|
| **Ich werde** von ihm **geprüft werden,** usw. | *I shall be tested* by him, etc. |
| **Die Schüler werden** von ihm **geprüft werden.** | *The pupils will be tested* by him. |

*Future Perfect (Very rarely used)*

| | |
|---|---|
| **Ich werde** von ihm **geprüft worden sein,** usw. | *I shall have been tested* by him, etc. |
| **Die Schüler werden** von ihm **geprüft worden sein.** | *The pupils will have been tested* by him. |

The passive in English is formed by tenses of the auxiliary verb *to be* plus the past participle of the main verb; the passive in German is formed by tenses of the auxiliary verb **werden** plus the past participle of the main verb. Note, however, that the past participle of **werden** used in the passive construction is **worden**, not **geworden.**

The agent in the passive is preceded by **von** if the agent is a person, by **durch** or **von** if it is a thing.

| | |
|---|---|
| **Wir wurden** *von ihm* **gelobt.** | We were praised *by him.* |
| **Das Fenster wurde** *durch den Wind* **gebrochen.** | The window was broken *by the wind.* |

**3. The passive introduced by *es***

The passive is often introduced by **es** when no particular subject is stated; or when some indefinite word like **etwas, nichts, alles** is the subject.

| | |
|---|---|
| **Es wird viel gelacht und gesungen.** | There is much laughter and singing. |
| **Es wurde nichts gesagt.** | Nothing was said. |

**4. Substitutes for the passive**

a. In general it is preferable and easier to use the active.

| | | | |
|---|---|---|---|
| *(active)* | **Wagner hat viele Opern geschrieben.** | *(active)* | Wagner has written many operas. |
| *(passive)* | **Viele Opern sind von Wagner geschrieben worden.** | *(passive)* | Many operas have been written by Wagner. |

b. An active sentence with the subject **man** is often used instead of a corresponding passive. Such sentences are often rendered in English by the passive.

| | |
|---|---|
| **man sagt** (*passive:* **es wird gesagt**) | one says; they, people, etc. say (*passive:* it is said) |
| **Hier spricht man Deutsch** (*passive:* **Hier wird Deutsch gesprochen**). | Here one speaks German (*passive:* Here German is spoken). |
| **Man sah viele Schüler dort** (*passive:* **Viele Schüler wurden dort gesehen**). | One saw many pupils there. (*passive:* Many pupils were seen there). |

*Exercise No. 182.* **Fragen**

Lesen Sie noch einmal die Texte: **Was geschieht im Hotel** und **Was geschah auf dem Ausflug,** und dann beantworten Sie diese Fragen!

**1. Was wird von dem Hausdiener hineingetragen? 2. Von wem wird der Gast begrüsst? 3. Was wird ihm vorgelegt? 4. Was wird indessen vorbereitet? 5. Von wem werden die Fenster geöffnet? 6. Was wird mit Blumen versehen? 7. Von wem werden die Wassergläser auf die Kommode gestellt? 8. Von wem wird der Gast auf sein Zimmer gebracht? 9. Wodurch wurden Herr Clark und die Jungen plötzlich erschreckt? 10. Womit war der Autokoffer nicht versehen? 11. Was wurde mit Hilfe des Wagenfahrers gewechselt?**

# ANSWER SECTION

EXERCISE No. 1

1. Here is the glass. It is full of water. The water is fresh and clear. Here is the child. The child drinks water.
2. The child plays ball. The ball is red. The ball rolls under the bed.
3. Here is the tea. There is the coffee. The tea is warm. The coffee is cold. The father drinks coffee. The mother drinks tea. The child drinks the soup.
4. The month of June is warm. The winter is cold in Canada. The summer is warm here.
5. Is the coffee cold? Is the tea warm? Is the beer fresh? Is the soup warm? Who drinks tea? Who drinks coffee? Who drinks the soup?
6. Karl is four years old. Mary is seven years old. How old is Jack? How old is the father? How old is the mother? How old is the child?

EXERCISE No. 2

**1. sie 2. er 3. sie 4. er 5. es 6. es 7. sie 8. sie 9. er 10. er**

EXERCISE No. 3

**1. der Vater; die Schwester; der Lehrer; der Doktor; der Onkel; die Mutter; der Bruder; der Mann; das Kind; die Tante.**
**2. die Schule; der Ball; der Hut; die Butter; das Glas; das Wasser; der Tee; der Kaffee; die Klasse; das Brot; der Schuh; der Hut.**

EXERCISE No. 4

**1. Ein (kein) Plan 2. Ein (kein) Bett 3. Ein (kein) Auto 4. Eine (keine) Tochter 5. Eine (keine) Frau 6. Ein (kein) Bruder 7. Eine (keine) Schwester 8. Eine (keine) Tür 9. Ein (kein) Glas 10. Eine (keine) Schule 11. Ein (kein) Haus 12. Eine (keine) Tochter**

EXERCISE No. 5

**2. Wir lernen 3. Sie kauft 4. Der Stuhl steht 5. Ich spiele 6. Das Kind hat 7. Der Doktor kommt 8. Wer trinkt 9. Er trinkt 10. Der Schüler lernt 11. Wir spielen 12. Es steht 13. Marie singt 14. Sie singt 15. Wir haben 16. Er zählt 17. Wer spielt 18. Was steht**

EXERCISE No. 6

**2. Nein, der Schüler geht nicht nach Hause. 3. Der Bruder ist nicht zwölf Jahre alt. 4. Das Wetter ist nicht kühl. 5. Der Mann kauft das Auto nicht. 6. Er ist nicht älter als die Schwester. 7. Das Haus ist nicht sehr alt. 8. Marie singt nicht schön. 9. Der Doktor kommt heute nicht. 10. Sie kommt nicht spät nach Hause.**

EXERCISE No. 8

**2. die Knaben 3. die Bücher 4. die Mädchen 5. die Lehrer 6. die Federn und die Bücher 7. die Fräulein 8. die Herren 9. die Hüte 10. die Söhne 11. die Brüder 12. die Männer**

EXERCISE No. 9

**1. kaufen Sie; ich kaufe 2. kauft Herr; er kauft 3. kommen die Mädchen; sie kommen 4. singen die Mädchen; sie singen 5. Spielt ihr; wir spielen 6. lernst du; ich lerne 7. wohnt der Kaufmann; er wohnt 8. ich höre; wer spielt 9. stehen die Stühle; sie stehen 10. trinkst du; ich trinke**

EXERCISE No. 10

**2. geht 3. spielt 4. trinke 5. singen Sie 6. kommen Sie 7. steht 8. kaufe 9. zähle 10. kaufen Sie**

EXERCISE No. 11

**1. Herr Clark ist Kaufmann. 2. Nein, er ist kein Deutscher. 3. Sein Büro ist in New York. 4. Er wohnt nicht in New York. 5. Der Vorort, wo die Familie Clark wohnt, ist nicht weit von New York. 6. Er ist vierzig Jahre alt. 7. Sie heisst Helene. 8. Sie ist sechsunddreissig Jahre alt. 9. Sie haben vier Kinder. 10. Die Knaben heissen Karl und Wilhelm. 11. Sie sind zwölf und zehn Jahre alt. 12. Die Mädchen heissen Marie und Anna.**

EXERCISE No. 12

**1. Dies ist eine Vorstadt. Sie ist nicht weit von New York. 2. Herr C. und seine Familie wohnen hier. 3. Herr C. ist Kaufmann. Er ist nicht Arzt. 4. Der Kaufmann hat eine Frau und vier Kinder, zwei Knaben und zwei Mädchen. 5. Seine Frau heisst Helene. 6. Die Knaben sind älter als die Mädchen. 7. Anna ist fünf Jahre alt. Sie geht nicht in die Schule. 8. Wie heissen Sie und wo wohnen Sie? 9. Spielen die Kinder Ball? Sie spielen nicht Ball. 10. Gehe nach Hause, Kind! Geht nach Hause, Kinder! 11. Gehen Sie nicht, Herr Schmidt! 12. Stehen Sie hier, meine Damen und Herren!**

EXERCISE No. 13

**1. Die Tische sind rund. 2. Die Fenster sind offen. 3. Die Türen sind nicht offen. 4. Die Bilder sind schön. 5. Die Fräulein spielen nicht Tennis. 6. Die Herren lernen Englisch. 7. Die Frauen singen schön. 8. Die Schüler spielen Ball. 9. Die Stühle stehen dort. 10. Die Schulen sind nicht weit von hier.**

EXERCISE No. 15

**A. Er sieht den Tisch, das Tischlein, das Zimmer, den Stuhl, keinen Ball, keine Schule, keinen Schuh, keinen Garten. B. Ich sehe die Frau, den Lehrer, das Mädchen, den Bruder, die Tante, die Schwester, den Kaufmann, den Sohn, eine Tochter, keinen Schüler, einen Lehrer, ein Kind, keine Frau, kein Mädchen.**

EXERCISE No. 16

Do you know the merchant Robert Clark? I know him very well.
Do you know Mrs. Clark? —Yes, I know her.
Do you know the children of Robert Clark? —No, I don't know them.
Do you know the house where he lives? —I know it. It is a one-family house.

EXERCISE No. 17

**2. es 3. ihn 4. sie 5. sie 6. sie 7. es 8. ihn 9. sie 10. sie**

EXERCISE No. 18

**1. Er hat ein Einfamilienhaus. 2. Es ist nicht gross. 3. Es ist bequem. 4. Es hat sieben Zimmer. 5. Es ist für Herrn Clark. 6. Es hat zwei Badezimmer. 7. Es**

**ist hell. 8. Man sieht einen Garten. 9. Man sieht einen Tisch, ein Büffet und sechs Stühle. 10. Er ist rund. 11. Sie stehen um den Tisch. 12. Es ist für die Eltern. 13. Wir sehen zwei Bettchen, zwei Tischlein, zwei Stühle, einen Kleiderschrank und einige Bilder. 14. Sie haben ein Zimmer.**

EXERCISE No. 19

**1. Die Wohnung des Herrn C. ist nicht gross. Sie hat einen Garten. 2. Sehen Sie den Garten? 3. Wir sehen den Tisch. Sechs Stühle stehen um den Tisch. 4. Ein Schlafzimmer ist für die Knaben. Ein kleiner Tisch ist für die Mädchen. 5. Sie haben einen Kleiderschrank und eine Kommode. 6. Die Zimmer sind nicht gross, aber sie sind bequem. 7. Das Zimmer hat einen Tisch und einen Stuhl, aber es hat keine Kommode. 8. Hast du einen Bruder und eine Schwester? Ich habe zwei Brüder, aber ich habe keine Schwestern.**

EXERCISE No. 21

**2. Deswegen lernt er Deutsch. 3. Jeden Dienstag hat Herr Clark eine Deutschstunde. 4. Nicht weit von hier wohnt der Lehrer. 5. Hier spricht man Deutsch. 6. Durch die Fenster sehen wir einen Garten. 7. Um den Tisch stehen sechs Stühle. 8. Heute gehen die Kinder nicht zur Schule.**

EXERCISE No. 22

**2. besuchen 3. antworten 4. sprechen 5. reden 6. einen Hut 7. Kunstgegenstände 8. weit von hier 9. den Kaufmann 10. fleissig**

EXERCISE No. 23

**1. Herr Clark ist Kaufmann. 2. Er importiert Kunstgegenstände. 3. Er hat einen Vertreter in München. 4. München ist in Deutschland. 5. Herr Clark will seinen Vertreter besuchen. 6. Er will mit ihm über Geschäftssachen reden. 7. Der Vertreter spricht kein Englisch. 8. Herr Clark hat einen Deutschlehrer. 9. Sein Lehrer heisst Müller. 10. Der Lehrer ist dreissig Jahre alt. 11. Er wohnt nicht weit von Herrn Clark. 12. Herr Clark hat jeden Dienstag und jeden Donnerstag eine Deutschstunde. 13. Die Deutschstunde ist fast immer bei Herrn Clark. 14. Herr Clark ist intelligent und fleissig. 15. Er lernt schnell.**

EXERCISE No. 24

**1. Wer spricht Deutsch? Herr M. spricht Deutsch. 2. Sprechen Sie Deutsch? Nein, ich spreche nicht Deutsch. 3. Wer fragt: Was ist dies? und Was ist das? 4. Antwortet Herr C. gut? Ist er intelligent und fleissig? 5. Wen will Herr C. besuchen? Er will seinen Vertreter in München besuchen. 6. Ich will eine Reise nach Deutschland machen. Deshalb lerne ich Deutsch. 7. Herr C. ist weder Lehrer noch Arzt. Er ist Kaufmann. 8. Die Knaben sind nicht faul sondern fleissig.**

EXERCISE No. 25

**2. dem Kind 3. dem Freund 4. der Tochter 5. der Mutter 6. den Kindern 7. den Schülern 8. den Mädchen**

EXERCISE No. 26

**2. ihnen 3. ihr 4. ihm 5. ihnen 6. ihm 7. ihr 8. ihr**

EXERCISE No. 27

1. The teacher is again at the home of the merchant. 2. Every Tuesday he goes to the merchant. 3. Mr. Clark's house has seven rooms. 4. The gentlemen go out of the room. 5. Mr. C. goes with him to the door. 6. He says to the teacher, "Good-by." 7. Two of the children are boys. 8. Two of them are girls. 9. All except Anna go to school. 10. In the summer Mr. C. is going to Munich. 11. What are you giving Mother for Christmas? 12. We are giving her a scarf. 13. Why don't you go to the doctor? 14. We are just coming from the doctor.

EXERCISE No. 28

**1. aus dem Haus 2. bei dem Lehrer 3. mit einem Buch 4. von der Schule 5. nach einer Stunde 6. mit einer Feder 7. zu dem Kaufmann 8. von der Mutter 9. bei dem Arzt 10. mit den Schülern 11. von den Bildern 12. zu den Kindern 13. von den Herren 14. seit zwei Jahren 15. seit zwei Monaten**

EXERCISE No. 29

**1. Ja, es ist gross. 2. Wir sehen eine Landkarte von Deutschland. 3. Er steht vor dem Pult. 4. Der Lehrer ist heute abend wieder beim Kaufmann. 5. Der Lehrer sitzt auf dem Sofa. 6. Der Kaufmann sitzt im Lehnstuhl. 7. Man sieht überall viele Dinge. 8. In Amerika spricht man Englisch. 9. In Deutschland muss man Deutsch sprechen. 10. Ein Bleistift, eine Füllfeder, einige Briefe und Papiere liegen auf dem Pult. 11. Man schreibt mit Bleistift und Feder. 12. Er reicht ihm ein Buch. 13. Am Donnerstag haben sie wieder eine Deutschstunde. 14. Herr Clark geht mit Herrn Müller zur Tür. 15. „Wörterbuch" heisst auf englisch „dictionary."**

EXERCISE No. 30

**1. Heute abend ist der Lehrer wieder beim (bei dem) Kaufmann. 2. Herr C. sitzt im Lehnstuhl. 3. Der Lehrer reicht ihm einen Bleistift und fragt auf deutsch: „Was macht man mit einem Bleistift?" 4. „Man schreibt damit," antwortet Herr C. 5. Endlich sagt Herr M. zum Kaufmann: „Das ist genug für heute abend." 6. Er begleitet ihn zur Tür. 7. Wem senden Sie die Bilder? 8. Sie kommen aus dem Arbeitszimmer.**

EXERCISE No. 32

**2. in dem Arbeitszimmer 3. an die Wand 4. In der Stadt 5. in die Stadt 6. neben den Lehrer 7. auf der Strasse 8. unter den Büchern 9. auf den Tisch 10. hinter der Tür 11. hinter die Tür 12. zwischen den Fenstern**

EXERCISE No. 33

**1. Sie gehen in das Arbeitszimmer. 2. Er setzt sich auf das Sofa. 3. Er setzt sich in den Lehnstuhl. 4. Er stellt es vor das Sofa. 5. Ein Aschenbecher liegt darauf. 6. Neben ihm stehen Zigaretten und ein Feuerzeug. 7. Er legt sie auf den Aschenbecher. 8. Er wohnt in der Vorstadt. 9. Er fährt in die Stadt. 10. Sein Büro ist in der Stadt. 11. Er wohnt lieber in der Vorstadt. 12. Frau Clark geht in die Stadt. 13. Es ist still und gemütlich. 14. Sie sind in der Vorstadt besser. 15. Herr Clark macht grosse Fortschritte im Deutschen.**

EXERCISE No. 34

**1. Wir gehen in das Arbeitszimmer. 2. Ein Sofa und ein Lehnstuhl sind im Arbeitszimmer. 3. Vor dem Sofa ist ein Tischlein. 4. An der Wand sind Bilder. 5. Sie haben recht, eine Landkarte hängt zwischen den zwei Fenstern. 6. Herr M. sitzt im Lehnstuhl. 7. Herr C. setzt sich auf das Sofa. 8. Legen Sie Ihre Zigarette auf den Aschenbecher. 9. Wir wohnen nicht in der Stadt. 10. Ich fahre jeden Wochentag in die Stadt.**

EXERCISE NO. 37

**1. des Kaufmanns 2. des Klaviers 3. des Automobils 4. der Kleider 5. der Tinte 6. der Bleistifte 7. einer Frau 8. eines Mannes 9. der Landkarte 10. des Arztes 11. des Tages, der Nacht 12. des Lärmes**

EXERCISE NO. 38

**1. Die Wohnung des Kaufmanns ist nicht gross. 2. Wir kennen schon das Arbeitszimmer. 3. Es steht in einer Ecke neben einem Fenster. 4. Kein Notenblatt liegt darauf. 5. Auf dem Klavier steht eine Photographie der Kinder von Herrn Clark. 6. Über dem Klavier hängt das Porträt seiner Frau. 7. Sie sitzen im Wohnzimmer. 8. Die Frau des Herrn Clark spielt sehr gut Klavier. 9. Sie gehen oft ins Konzert. 10. Es ist ausserordentlich interessant. 11. Er ist der Chef der Firma.**

EXERCISE NO. 39

**1. Kennen Sie die Firma des Kaufmanns? 2. Herr C. ist der Chef der Firma. 3. Wir wissen, wo der Kaufmann wohnt. Sein Haus ist in der Vorstadt. 5. Die Zimmer des Hauses sind nicht gross. 6. Ein Klavier ist in einer Ecke des Wohnzimmers. 7. Eine Photographie der Kinder ist auf dem Klavier. 8. Die Farbe des Klaviers ist schwarz. 9. An der Wand ist das Porträt von Frau C. 10. Das Zimmer der Knaben ist grösser als das Zimmer der Mädchen.**

EXERCISE NO. 40

1d 2g 3f 4b 5j 6c 7a 8e 9h 10i

EXERCISE NO. 41

**1. die Haustür** house door **2. die Wanduhr** wall clock **3. das Schlafzimmer** bedroom **4. das Bilderbuch** picture book **5. das Gartenhaus** garden house **6. der Deutschlehrer** teacher of German **7. das Wörterbuch** dictionary **8. die Geschäftsreise** business trip **9. das Musikinstrument** musical instrument **10. das Vaterland** fatherland

EXERCISE NO. 43

**2. eine Wohnung in der Vorstadt 3. die Zimmer der Wohnung 4. die Freunde der Kinder 5. die Wände des Zimmers 6. Bilder . . . den Wänden 7. dem Esszimmer . . . einen Tisch. 8. der Tisch 9. den Tisch 10. der Lehrer . . . einem Stuhl 11. der Kaufmann . . . das Sofa 12. dem Klavier . . . einer Frau 13. einen Vertreter 14. den Vertreter 15. eine Stadt**

EXERCISE NO. 44

**2. Die Kinder des Kaufmanns spielen im Garten. 3. Ich bringe der Schwester den Hut. 4. Die Kinder lieben die Lehrerinnen. 5. Die Knaben suchen den Ball. 6. Der Lehrer spricht zu den Schülern. 7. Das Porträt der Frau hängt im Wohnzimmer. 8. Der Knabe schreibt mit dem Bleistift. 9. Das Mädchen schreibt mit der Feder. 10. Der Vater fragt die Kinder. 11. Ich gebe der Mutter die Briefe.**

EXERCISE NO. 45

MR. CLARK IS LEARNING GERMAN

Mr. Clark is a merchant. He imports art objects from Germany. His office is in a skyscraper in the city of New York. His dwelling, however, is not in the city but in a suburb not far from it. Every weekday Mr. Clark rides into the city by train and carries on his business there.

The firm of Mr. Clark has a representative in Germany. His name is Henry Schiller and he lives in the city of Munich. In the spring of this year Mr. Clark is taking a trip to Germany in order to visit Mr. Schiller. He wants to talk with his agent about important business matters. Unfortunately Mr. Schiller speaks no English and Mr. Clark speaks no German. Therefore Mr. Clark is beginning to learn German.

Mr. Clark has a good teacher. The latter is a German by birth and his name is Karl Müller. Every Tuesday and Thursday the teacher comes to the home of his pupil in order to give him a German lesson. Mr. Clark is industrious and intelligent and learns quickly. During the first hour he learns these German expressions by heart: Good day; How are you?; Many thanks; Please; Good-by, etc. (and so forth). He already knows the German names for many things in his living room and can answer these questions correctly: What is this? What is that? Where is that? Why is that? etc.

Mr. Müller is very satisfied with the progress of his pupil and says: "Very good. That is enough for today. I'll come again Thursday. Good-by."

EXERCISE NO. 46

GERMANY

Germany lies in Central Europe. Since the end of the Second World War Germany is divided into two parts. The Elbe separates the two parts of Germany.

West Germany is the Federal Republic of Germany. East Germany is the German Democratic Republic.

The capital of West Germany is Bonn. The capital of East Germany is East Berlin.

Among the large cities in West Germany are Cologne, Munich, Stuttgart, Frankfurt, Düsseldorf and the large port cities Hamburg and Bremen. Among the large cities in East Germany are Leipzig, Dresden and Chemnitz.

EXERCISE NO. 48

1. Where does the representative of your firm live? – The representative of our firm lives in Munich. – How long has he lived there? – He has been living there for a year.
2. Whose portrait is that? – It is the portrait of my wife. – Is this the photograph of your children? – Yes, this is the photograph of our four children.
3. Is your residence in the city? – No, my residence is in the suburbs. – And where is your office? – My office is in the city.
4. Where is your school, children? – Our school is on Charles Street. – Do you walk there? – No, we ride on the bus.

EXERCISE NO. 49

**1. deines 2. eu(e)re Eltern 3. Ihr 4. ihrer 5. seines 6. ihres 7. uns(e)ren 8. Ihrer 9. mein 10. ihre 11. uns(e)rem 12. Ihren**

EXERCISE NO. 50

**1. Er ist ein Freund von Herrn Clark. 2. Es ist im selben Gebäude wie das Büro des Herrn Clark. 3. Er spricht Deutsch. 4. Er will erfahren, was für Fortschritte Herr Clark macht. 5. Er sitzt an seinem Pult. 6. Er liest Briefe. 7. Plötzlich tritt sein Freund, Herr Engel, ins Büro. 8. Er beginnt sofort, auf deutsch zu sprechen. 9. Herr Clark antwortet seinem Freund auf deutsch. 10. Er studiert schon seit einigen Monaten Deutsch. 11. Er beabsichtigt, im Sommer eine Reise nach Deutschland zu machen. 12. Er fliegt. 13. Morgen geht er zur Fluglinie. 14. Die Herren geben sich die Hand.**

EXERCISE NO. 51

**1. Herr Engel, ein Freund von Herrn C. tritt in sein Büro ein. 2. Er fragt auf Deutsch: „Wie lange studierst du schon Deutsch?" 3. Ich will eine Reise nach**

Deutschland machen. 4. Warum willst du nach Deutschland reisen? 5. Unsere Firma hat einen Vertreter in München. 6. Spricht der Vertreter deiner Firma nicht Englisch? 7. Der Vertreter unserer Firma spricht nicht Englisch. 8. Herr Clark, wohnen Sie in der Stadt? Nein, mein Haus ist in der Vorstadt.

EXERCISE No. 52

a. dreissig b. zehn c. fünfzig d. zwölf e. sieben f. sechzig g. siebzig h. neunzehn i. vierzehn j. einunddreissig k. fünfundzwanzig l. dreiundvierzig m. neunundachtzig n. neunzig o. hundert p. neununddreissig q. achtundzwanzig r. sechsunddreissig s. fünfzehn t. zwölf

EXERCISE No. 53

2. Das Jahr hat zwölf Monate. 3. Der Tag hat vierundzwanzig Stunden. 4. Die Stunde hat sechzig Minuten. 5. Die Minute hat sechzig Sekunden. 6. Der Monat September hat dreissig Tage. 7. Der Monat Juli hat einunddreissig Tage. 8. In den Vereinigten Staaten sind fünfzig Staaten. 9. Der Vater ist vierzig Jahre alt. 10. Die Mutter ist sechsunddreissig Jahr alt. 11. Ein Dutzend ist zwölf. 12. Die Hand hat fünf Finger.

EXERCISE No. 56

2. dieses (jenes) Kaufmanns 3. in diesem (jenem) Wolkenkratzer 4. diese (jene) Landkarte 5. diesem (jenem) Hause 6. diese (jene) Wörter 7. diesen (jenen) Mädchen 8. dieses (jenes) Wort 9. dieser (jener) Kinder 10. dieser (jener) Frau

EXERCISE No. 57

2. welcher Mann 3. welcher Lehrer 4. welches Schlafzimmer 5. Mit welchem Bleistift muss er schreiben? 6. Welche Bücher können alle Schüler lesen? 7. Welche Wörter weiss der Schüler? 8. Welche Herren kennen wir nicht? 9. Welche Wörter muss sie schreiben? 10. Mit welchen Kindern will sie sprechen?

EXERCISE No. 58

1. Dieses Kapitel heisst „Nummern, Nummern und wieder Nummern." 2. Die Nummern sind ebenso wichtig wie die Hauptwörter und Verben. 3. Im modernen Leben kann man ohne Nummern nicht auskommen. 4. Es gibt viele Fälle, wo man Nummern gebraucht. 5. Der Kaufmann denkt zuerst an Kaufen und Verkaufen. 6. Ohne Geld kann man nicht kaufen und verkaufen. 7. Man gebraucht Nummern beim Angeben des Datums und der Temperatur, auch zum Telephonieren. 8. Herr Clark will die Nummern schnell und richtig gebrauchen.

EXERCISE No. 59

1. Wieviel kostet dieser Hut? Fünfundzwanzig Mark. 2. Wieviele Studenten hat diese Klasse? Fünfzehn Studenten. 3. Wie alt ist jenes Haus? Hundert Jahre. 4. Eine Woche hat sieben Tage und ein Jahr hat zwölf Monate. 5. Der Monat Juli hat einunddreissig Tage. 6. Kannst du (können Sie) von eins bis hundert zählen? 7. Welches Auto kaufen Sie? Ich kaufe jenes Auto. 8. Ich kann diese Wörter nicht lesen.

EXERCISE No. 60

a. fünfhundert b. sechshundertfünfundzwanzig. c. siebenhundertsechsundvierzig d. zweihundertsiebenundvierzig e. hundertsechsunddreissig f. neunhundertneunundneunzig g. tausendsechshundertvierzig h. fünftausenddreihundertzwanzig i. im Jahre sechzehnhundertzwanzig j. im Jahre neunzehnhundertsiebzig

EXERCISE No. 62

2. ... zur Schule, wenn das Wetter schön ist. 3. Wir wissen, dass dieser Kaufmann einen Vertreter in München hat. 4. ... schnell, denn er ist ... 5. Wenn ich in München bin, will ich mit diesem Mann reden. 6. Ich weiss, dass Sie im Sommer eine Reise nach Deutschland machen. 7. ... kaufen, aber es ist viel zu teuer. 8. ... nennen, wenn man in Deutschland ist. 9. ... gehen, denn ich habe viel zu tun. 10. ... Kino, und wir müssen zu Hause bleiben.

EXERCISE No. 63

1. Eine Mark hat hundert Pfennig. 2. Der Dollar ist ungefähr vier Mark wert. 3. Ich bekomme 350 (dreihundertfünfzig) DM zurück. 4. Ich bekomme 210 (zweihundertzehn) DM zurück. 5. Ich habe im ganzen 2803.50 DM (zweitausendachthundertdrei Mark fünfzig Pfennig.) 6. Ich bekomme 90 (neunzig) DM zurück. 7. Eine Million geteilt durch zehn ist hunderttausend.

EXERCISE No. 64

1. Jeder Reisende braucht Geld. 2. Er muss Mathematik gebrauchen, wenn er Geld wechselt. 3. Können Sie diesen Fünfhundertmarkschein wechseln? Nein, ich habe nur vierhundertfünfzig Mark. 4. Ein Dollar ist ungefähr vier Mark wert, und eine Mark hat hundert Pfennige. 5. Ich brauche etwas Geld. Kannst du mir tausend Mark leihen? 6. Das Geldsystem Deutschlands ist leicht zu erlernen. 7. Dieses Auto kostet sechstausendsiebenhundertdreiundsechzig Mark. 8. Ich weiss, dass das Geldsystem Deutschlands leicht ist.

EXERCISE No. 65

2. des schweren Koffers 3. diesem schweren Koffer 4. die schweren Koffer ... im grossen Wartesaal 5. der runde Tisch 6. diesen runden Tisch 7. dem roten Bleistift 8. die neuen Hefte 9. jene deutschen Bücher 10. dieser deutschen Landkarte 11. welche englischen Bücher

EXERCISE No. 66

1. ein amerikanischer Kaufmann 2. in einem kleinen Vorort 3. in einem schönen Einfamilienhaus 4. ein kleiner Garten 5. in ihrem kleinen Garten 6. in der grossen Stadt ... einen tüchtigen Vertreter 7. eine kurze Reise 8. seinen deutschen Vertreter 9. eine grosse Bestellung 10. ein schwerer Koffer

EXERCISE No. 67

1. Sie wollen heute über den Gebrauch der Mathematik reden. 2. Vier Personen speisen im Restaurant. 3. Die Rechnung beträgt 40 Mark. 4. Wir lassen dem Kellner 6 Mark. 5. Er trägt einen schweren Handkoffer. 6. Dieser schwere Handkoffer wiegt 30 Kilo oder 66 Pfund. 7. Man rechnet die Entfernung in Kilometern. 8. Er geht in einen Laden. 9. Der Betrag von allen Einkäufen ist 64 Mark. 10. Das Thema für Donnerstag ist die Tageszeit. 11. Das ist ein wichtiges Thema. 12. Er erwartet ein interessantes Gespräch.

EXERCISE No. 68

1. Dieser Handkoffer ist schwer. Es ist ein schwerer Handkoffer. Er trägt einen schweren Handkoffer. 2. Dieser Laden ist gross. Sie kaufen immer in diesem grossen Laden. 3. Dieses Gespräch ist interessant. Ich erwarte ein interessantes Gespräch. 4. Diese Handschuhe sind sehr schön. Ich kaufe diese schönen Hand-

**schuhe. 3. Sie kauft ein seidenes Taschentuch. 6. Dieses Problem ist schwer. Das ist ein schweres Problem. 7. Es gibt grosse Läden in dieser Stadt. 8. Der Hut ist neu. Sie kauft einen neuen Hut.**

EXERCISE No. 69

**a. ein Viertel nach eins b. zehn Minuten nach fünf c. ein Viertel nach acht d. ein Viertel vor drei e. zwanzig Minuten nach drei f. fünf Minuten vor vier g. elf Uhr h. zwanzig Minuten nach vier i. halb eins j. halb acht k. ein Viertel vor zehn l. dreiundzwanzig Minuten nach zehn**

EXERCISE No. 70

**2. siebzehn Uhr fünfundzwanzig 3. fünfzehn Uhr vierzehn 4. acht Uhr fünfundzwanzig 5. sechs Uhr fünfundzwanzig — achtzehn Uhr fünfzig 6. neunzehn Uhr — zehn Uhr zehn 7. neunzehn Uhr dreissig 8. vierzehn Uhr dreissig 9. zweiundzwanzig Uhr dreissig**

EXERCISE No. 71

**2. gibt . . . zurück 3. fährt . . . ab 4. stehen . . . auf 5. kommst . . . zurück 6. fangen . . . an 7. kommt . . . an 8. fangen . . . an 9. steht . . . auf 10. komme . . . zurück**

EXERCISE No. 72

**1. mich 2. mir 3. Sie 4. uns 5. Ihnen 6. euch 7. dir 8. dich 9. mich 10. Sie 11. mir**

EXERCISE No. 73

**1. Jedermann will wissen, wieviel Uhr es ist. 2. Herr Clark spielt die Rolle des Reisenden. 3. Er will eine Fahrkarte kaufen. 4. Die Fahrkarte kostet 12 Mark. 5. Er kauft eine Fahrkarte zweiter Klasse. 6. Es gibt einige Züge nach Köln. 7. Er spielt die Rolle des Touristen. 8. Er wünscht Auskunft über die Vorstellung. 9. Es gibt drei Vorstellungen. 10. Die letzte fängt um 9.10 (neun Uhr zehn) abends an. 11. Der Film heisst Wochenschau. 12. Er kauft zwei Billete.**

EXERCISE No. 74

**1. Wie spät ist es? Es ist ein Viertel nach neun. 2. Danke schön. Bitte sehr. 3. Um wieviel Uhr beginnt die letzte Vorstellung? 4. Die letzte Vorstellung beginnt um halb zehn. 5. Wieviel kostet das Billet? 6. Der Tourist bezahlt für zwei Eintrittskarten. 7. Reisen Sie mit dem Flugzeug oder mit der Eisenbahn? 8. Ich reise weder mit dem Flugzeug noch mit der Eisenbahn, ich reise im Auto. 9. Um wieviel Uhr geht das Flugzeug nach Hamburg ab? Es geht um 18 Uhr 20 ab. 10. Der Autobus aus Düsseldorf kommt um 14 Uhr 10 an.**

EXERCISE No. 75

**1. Mark gegen Dollars wechseln. 2. glückliche Reise 3. macht grosse Fortschritte 4. Auskunft 5. zu Fuss 6. ich denke an 7. eines abends 8. seit wann 9. ich studiere 10. ich gebe ihm die Hand 11. ich freue mich 12. fangen wir an**

EXERCISE No. 76

1. — What are you reading? — I am reading the German newspaper. — What is he reading? — He is reading an English newspaper.
2. — What are you giving Mother for her birthday? — I am giving her a silk handkerchief. — What is Karl giving her? — He is giving her a pretty scarf.
3. — Does Herr Kurz speak English and French? — He speaks neither English nor French. He speaks only German.
4. — Which suit is he wearing today? — He is wearing his new brown suit.
5. — At what time does he leave the house every day? — He leaves the house at seven o'clock sharp.
6. — How long are you remaining here in this city? — I am remaining here a whole year.
7. — Have you a large valise? — I have a large one and a small one. — Please lend me the large one. — Gladly.
8. — What a pretty dress! — What a lovely garden! — What a beautiful lady!

EXERCISE No. 77

1e 2f 3a 4h 5b 6j 7i 8c 9g 10d

EXERCISE No. 78

**2. dem roten Bleistift 3. einen schweren Handkoffer 4. den schweren Handkoffer 5. einer schönen Frau 6. dieses amerikanischen Kaufmanns 7. jenem kleinen Tisch 8. den runden Tisch 9. ein schönes Mädchen! 10. dem europäischen Kontinent 11. dieser grossen Firma 12. dem gemütlichen Zimmer 13. kein altes Auto 14. uns(e)res schweren Koffers 15. seinen deutschen Vertreter**

EXERCISE No. 79

**2. diese schönen Bilder kosten 3. unseren deutschen Lehrern 4. diese kleinen Mädchen 5. Wo sind die Wohnungen deiner neuen Freundinnen? 6. Die deutschen Übungen sind . . . 7. Wo sind die neuen Hefte? 8. keine deutschen Bücher 9. jener hübschen Kinder 10. den deutschen Zeitungen 11. Liebe Freunde! 12. Liebe Freundinnen!**

EXERCISE No. 80

**1. uns 2. ihn 3. Sie 4. uns 5. ihm 6. ihr 7. Sie 8. dir 9. sie 10. er 11. sie 12. es**

EXERCISE No. 81

CHARLES DOES NOT LIKE TO STUDY MATHEMATICS

One day Charles comes from school and says to his mother: "I don't like to learn mathematics. It is too difficult. Why must we do so many exercises and assignments. We have calculating machines, haven't we? Well then?"

The mother looks at her son and says: "You are wrong, my child. One can do nothing without mathematics. We use mathematics not only in daily life but also in all fields of science." The mother stops talking, for she sees her son is not paying attention to what she is saying.

"Just tell me, my dear boy, doesn't baseball interest you?"

"Go on, Mother! You're joking."

"Well then, if the Dodgers win eighty games and lose thirty, do you know what percentage of games they win?"

Charles answers: "For the percentage of games I don't need any mathematics. I find all that figured out in the newspaper. But you're right, Mother. I must study better. I hope to go to a university some day and therefore I must pass the school examinations, not only in mathematics but also in the other subjects."

EXERCISE No. 82

1. May I ask you how old you are? 2. May I ask you for your name? 3. May I leave the room? 4. May I pass you the bread? 5. May I ask you for a light? 6. May I introduce my friend to you? 7. May we come in? 8. At half past two they may leave the school. 9. The children are not permitted to play in the street. 10. Nobody is per-

mitted to enter this room. 11. May I offer you a cigarette? 12. Nobody may come in.

EXERCISE No. 83

1. At what time do you get up? — I get up at seven o'clock. 2. Do you dress (yourself) quickly? — Yes, I dress (myself) quickly. 3. Do you feel tired at the end of the day? — I feel very tired. 4. Do the children have a good time in the park? — They have a very good time. 5. About what do the parents converse at breakfast? — They converse about the children. 6. At what time do you sit down to breakfast? — We sit down to breakfast at half past seven. 7. Do you shave (yourself) every morning? — Yes, I shave (myself) almost every morning.

EXERCISE No. 84

**2. sich 3. mich 4. sich 5. sich 6. sich 7. uns 8. uns 9. sich 10. dich — dich 11. sich 12. uns**

EXERCISE No. 85

1. Mr. Clark gets up early every working day. 2. He washes and shaves very quickly. 3. He dresses quickly. 4. Mr. Clark and his wife have breakfast together. 5. He rides to the station in his car. 6. The train arrives soon. 7. Mr. Clark boards the train with many other people. 8. The train leaves in a few minutes. 9. The train arrives in New York in half an hour. 10. All the passengers get off. 11. Mr. Clark walks to his office. 12. He works hard all day.

EXERCISE No. 86

**3. — dass er sich schnell anzieht. 4. — dass Herr C. und seine Frau zusammen frühstücken. 5. — dass er mit dem Auto nach der Station fährt. 6. — dass der Zug bald ankommt. 7. — dass Herr C. mit ... einsteigt. 8. — dass der Zug in einigen Minuten abfährt. 9. — dass der Zug in einer halben ... ankommt. 10. — dass alle Passagiere aussteigen. 11. — dass Herr C. ins Büro zu Fuss geht. 12. — dass er den ganzen Tag tüchtig arbeitet.**

EXERCISE No. 87

**1. Er muss um sechs Uhr aufstehen. 2. Er gebraucht eine halbe Stunde dazu. 3. Gegen sieben Uhr setzt er sich zum Frühstück. 4. Er frühstückt mit seiner Frau. 5. Sie unterhalten sich über die Kinder. 6. Gewöhnlich hat er Orangensaft, Semmel, Eier und Kaffee. 7. Die Kinder stehen manchmal auf, bevor er weggeht. 8. Er fährt im Auto nach der Station. 9. Er liest die Post. 10. Er telephoniert mit verschiedenen Kunden. 11. Zum Mittagessen braucht er nur zwanzig Minuten. 12. Um fünf Uhr verlässt er sein Büro. 13. Um ein Viertel nach sechs kommt er nach Hause. 14. Am Ende des Tages fühlt er sich müde. 15. Er freut sich, zu Hause zu sein.**

EXERCISE No. 88

**1. Die Kinder stehen früh auf und ziehen sich schnell an. 2. Vor dem Frühstück dürfen sie nicht spielen. 3. Um sieben Uhr morgens setzen wir uns zum Frühstück. 4. Sie setzen sich um sechs Uhr abends zum Abendessen. 5. Wann setzt ihr euch zum Mittagessen? 6. Ich arbeite sehr schwer und bin am Ende des Tages müde. 7. Nach dem Abendessen unterhalten sie sich über die Kinder. 8. Es freut uns, Sie zu sehen.**

EXERCISE No. 90

**2. Was sagte der Junge? 3. Was antwortete ... 4. Sein Vater wartete ... 5. Sie redeten ... 6. Ich machte ... 7. Ich lernte ... 8. Wir setzten uns ... 9. Sie kaufte ... 10. Wohntest du ... 11. Ich wohnte ... 12. Hattet ihr ... 13. Wir hatten ... 14. Was fragte ... 15. Diese Leute arbeiteten ...**

EXERCISE No. 91

**2. Die Kinder standen ... auf. 3. Wie spät nahmen Sie ... 4. Wir fuhren ... 5. Es gab ... 6. Um wieviel Uhr kam ... an? 7. Um wieviel Uhr ging ... ab? 8. Er trug ... 9. Viele Leute standen ... 10. Die Herren sassen ... 11. In der deutschen Klasse sprachen wir ... 12. Schriebst du ...**

EXERCISE No. 92

**1. Der Titel dieses Kapitels ist „Die kleine Anna war krank." 2. Es war im Monat Februar. 3. Das Wetter war sehr kalt. 4. Herr Müller kam zur Wohnung des Herrn Clark. 5. Karl öffnete ihm die Tür. 6. Er gab dem Jungen Hut und Überzieher. 7. Herr Clark wartete im Arbeitszimmer. 8. Die kleine Anna war krank. 9. Sie hatte Halsschmerzen. 10. Sie hatte die Grippe. 11. Sie sollte Fruchtsaft trinken. 12. Am Abend ging es ihr besser. 13. Sie redeten über Herrn Clarks Familie. 14. Herr Clark ging mit Herrn Müller zur Tür. 15. Sie sagten: „Auf Wiedersehen!"**

EXERCISE No. 93

**1. Es war im Monat März. 2. Ich kam in das Haus des Herrn C., und sein älterer Sohn öffnete die Tür. 3. Er sagte: „Guten Abend, kommen Sie herein." 4. Ich gab ihm meinen Hut und meinen Regenmantel. 5. Herr C. erwartete mich in seinem Arbeitszimmer. 6. Wir setzten uns und begannen zu reden. 7. Die kleine Anna war krank. 8. Was fehlte ihr? 9. Anna hatte die Grippe. 10. Sie hatte Fieber und Kopfschmerzen.**

EXERCISE No. 94

**2. standen 3. kam 4. fuhr 5. fing 6. stiegen aus 7. stiegen ein 8. zogen 9. gab ... zurück 10. nahm 11. trat ... ein 12. gingen ... hinein**

EXERCISE No. 95

**2. ... Abendessen, sobald Herr Clark nach Hause kam. 3. ... müde, weil er den ganzen Tag fleissig arbeitet. 4. Wissen Sie, ob der Zug pünktlich ankommt? 5. ... Zimmer, als Herr Clark seiner Stenographin Briefe diktierte. 6. Als Herr Müller Herrn Clarks Wohnung erreichte, regnete es mit Kannen. 7. ... kaufen, weil es zu viel kostet. 8. ... aus, wenn der Zug in Hamburg ankommt. 9. Wenn Papa nach Hause kommt, freuen sich die Kinder. 10. Während du spielst, muss ich arbeiten.**

EXERCISE No. 96

**1. Der Titel ist „Welch schreckliches Wetter." 2. Es regnete mit Kannen. 3. Wilhelm öffnete ihm die Tür. 4. Der Lehrer gab dem Jungen Hut und Regenmantel. 5. Herr Clark erschien. 6. Herr Müller sollte Tee mit Rum trinken. 7. Das Wetter war ein passendes Thema für diesen Abend. 8. Sie gingen in das Esszimmer. 9. Frau Clark brachte ihnen den Tee. 10. Sie nahm eine Flasche Rum vom Büffett herunter. 11. Sie stellte den Rum neben die Teekanne. 12. Sie verliess das Esszimmer. 13. Als sie tranken, sprachen die Herren über das Wetter.**

EXERCISE No. 97

**1. Es regnete aber Herr M. ging doch hinaus. 2. Als er das Haus erreichte, war er durch und durch nass.**

**3. Der jüngere Sohn des Herrn C. öffnete die Tür und sagte: „Kommen Sie schnell herein." 4. Herr M. trat schnell herein. 5. Jetzt kam Herr C. in den Hausflur. 6. Er sagte zu seinem Lehrer: „Kommen Sie ins Esszimmer und trinken Sie eine Tasse Tee mit Rum." Wir können über das Wetter reden, während wir Tee trinken. 8. Die beiden traten ins Esszimmer.**

EXERCISE NO. 99

**2. Er erwartete mich . . . 3. Wir begannen . . . 4. Er verstand mich und ich verstand ihn. 5. Wir besprachen . . . 6. Ich erfuhr, dass . . . 7. Um zwölf Uhr gingen wir . . . 8. Die Rechnung . . . betrug . . . 9. Während wir die Rechnung bezahlten, entstand . . . 10. Wir gingen . . . was los war.**

EXERCISE NO. 100

**1. ihr 2. deinem Vater 3. gehört 4. ihnen 5. Verzeihen Sie mir 6. Ihnen 7. glauben ihm nicht 8. Wem 9. uns 10. meiner Schwester 11. Unser neues Zimmer gefällt uns. 12. ihnen**

EXERCISE NO. 101

**1. Sie redeten weiter. 2. Er fühlte sich wohl. 3. Es war ihm nicht mehr kalt. 4. Der Winter in New York ist kalt. 5. Oft bekommt man Schnee. 6. Im Frühling wird das Wetter schön. 7. Ein warmer Regen fällt. 8. Ihm gefällt der Herbst am besten. 9. Er mag im Herbst die kühle, frische Luft. 10. Herr C. hat den Frühling am liebsten. 11. In Deutschland ist der Frühling am schönsten. 12. Sie gehen am liebsten spazieren. 13. Die Kinder singen, wenn sie den Kuckuck hören. 14. Die vier Jahreszeiten sind der Frühling der Sommer, der Herbst und der Winter.**

EXERCISE NO. 102

**1. Die vier Jahreszeiten sind der Frühling, der Sommer, der Herbst und der Winter. 2. Ich habe den Frühling gern. Sie hat den Sommer lieber. Er hat den Herbst am liebsten. 3. Im Frühling gehe ich gern spazieren. 4. Im Sommer spielt er gern Tennis. 5. Im Herbst spielen sie gern Fussball. 6. Im Winter gehen sie gern Schilaufen. 7. Es ist nun Frühling, und die Tage werden länger. 8. Sie sprechen über das Klima Deutschlands.**

EXERCISE NO. 103

1. The children admired all the things (that, which) they saw in the office. 2. The office, which Mr. Clark has occupied for two years, is located in a large skyscraper. 3. The automobiles which were running past on the street below seemed to be very small. 4. Today Mr. Clark had a pleasant surprise, about which he wants to tell his teacher. 5. Do you know the gentleman who came into the office yesterday? 6. Yes, he is the German friend about whom Mr. C. told us. 7. This friend lives in a suburb, most of the inhabitants of which work in the city. 8. The pictures of which we spoke yesterday are very expensive. 9. Do you like the coat (which) I bought yesterday? 10. Mrs. Clark, whose daughter is ill, sends for the doctor. 11. The pupils whose books and copy books are lying here should take them away immediately. 12. Little Anna, who is only five years old, had the grippe.

EXERCISE NO. 104

**2. die 3. den (welchen) 4. denen 5. der (welcher) 6. das (welches) 7. die (welche) 8. die 9. dem 10. den**

EXERCISE NO. 105

**2. wovon 3. woran 4. womit 5. worauf 6. wovon 7. worin 8. wodurch**

EXERCISE NO. 106

**1. Er erzählte ihm von einer angenehmen Überraschung. 2. Er war im Begriff, einen Brief zu diktieren. 3. Er stand auf und sagte: „Was für eine Überraschung!" 4. Auf einem Tisch lagen illustrierte Zeitschriften. 5. Die Kinder bewunderten die farbigen Plakate. 6. Die kleine Anna war besonders neugierig. 7. Er bewohnt es schon zwei Jahre (seit zwei Jahren). 8. Es befindet sich auf dem einunddreissigsten Stock. 9. Die Kinder sahen die Autos. 10. Sie gingen alle in ein Restaurant. 11. Es befindet sich nicht weit vom Büro. 12. Alle assen gut. 13. Karl hat immer riesigen Appetit. 14. Er freute sich über den Besuch seiner Familie. 15. Das Sprichwort bedeutet: „Appetite comes with eating."**

EXERCISE NO. 107

**1. Eines Tages besuchte die Familie des Herrn C. ihn in seinem Büro. Das war eine Überraschung! 2. Die Kinder bewunderten alles, was sie in seinem Büro sahen. 3. Sie bewunderten die farbigen Plakate an den Wänden und die Zeitschriften, die auf dem Tische lagen. 4. Es war beinahe 1 Uhr und die Kinder hatten Hunger. 5. Herr C. sagte: „Ich kenne ein gutes Restaurant, das nicht weit von hier ist." 6. Karl, der immer einen riesigen Appetit hatte, sagte: „Gehen wir!"**

EXERCISE NO. 108

**1. Es tut mir leid, zu hören . . . 2. Was fehlt ihm? 3. Kopfschmerzen und Fieber. 4. — aber jetzt fühlt sie sich besser. 5. Vor fünf Jahren . . . 6. — aber ich habe Kaffee lieber. 7. befindet sich. 8. Es machte mir viel Freude . . . 9. den Doktor kommen lassen. 10. zum Abendessen. 11. Es tut uns leid . . .**

EXERCISE NO. 109

1i 2c 3a 4g 5f 6l 7j 8d 9e 10b 11k 12h

EXERCISE NO. 110

1c 2e 3h 4f 5g 6a 7i 8d 9k 10b 11j

EXERCISE NO. 111

**1. Herr C. muss 2. ich will 3. kann er 4. wir müssen 5. der Zug soll 6. ich mag 7. darf ich 8. er will 9. Können Sie 10. soll ich 11. darf er 12. ich muss 13. wir wollen 14. kannst du 15. soll ich 16. willst du 17. kann ich 18. er mag**

EXERCISE NO. 112

**1. ich wollte 2. wir sollten 3. ich konnte 4. mochten nicht 5. konnten nicht 6. durfte 7. durften nicht 8. ich mochte 9. wollten 10. sollten**

EXERCISE NO. 113

**2. . . . machen, wenn die Kinder so viel Lärm machen. 3. . . . reden, als wir das Examen machten. 4. . . . warten, bis der Doktor nach Hause kommt. 5. . . . gehen, weil es mit Kannen regnete. 6. . . . spielen, weil sie müde ist. 7. . . . gehen, sobald du mit der Arbeit fertig bist. 8. . . . waschen, bevore sie sich an den Tisch setzen. 9. . . . arbeiten, während alle sich amüsierten. 10. . . . aufstehen, als der Lehrer ins Zimmer hereintrat. 11. Ich weiss nicht, ob der Autobus um sieben Uhr abfährt. 12. Weisst du, ob wir für morgen eine Aufgabe haben?**

EXERCISE No. 114

**2. wusch und rasierte 3. zog 4. frühstückten 5. fuhr 6. warteten 7. kam 8. stieg . . . ein 9. fuhr . . . ab 10. versuchten 11. lasen 12. kam, stiegen aus**

EXERCISE No. 115

MR. CLARK WAS SICK

On Thursday, April 20, at eight o'clock in the evening, Mr. Müller arrived at the house of his pupil. The older son, a boy of twelve years, opened the door and greeted the teacher politely. They went into the living room where Mr. Clark usually awaited his teacher.

But this evening he wasn't there. Mrs. Clark wasn't there either. Mr. Müller was very surprised and asked the boy: "Where is your papa?" The boy answered sadly: "Father is sick. He is in bed for he has a cold and fever. Mother tried to telephone you in order to tell you that you should not come this evening. The telephone operator said, however, that your telephone is out of order."

The teacher said: "I am very sorry that Mr. Clark is sick. I wish him a quick recovery. If he is well and cheerful next week we can study two consecutive hours. Well, until next Tuesday. Good-by, young man." The boy answered, "Good-by, Mr. Müller."

EXERCISE No. 117

**2. am siebenundzwanzigsten August 3. am neunzehnten Juni 4. am zwanzigsten Januar 5. am neunten Juli 6. am zehnten Mai 7. am zweiundzwanzigsten März 8. am einundzwanzigsten März 9. der erste Januar 10. das vierundzwanzigste Kapitel**

EXERCISE No. 118

**1. Herr Clark war eines Abends allein zu Hause. 2. Herr Müller trat bei ihm ein. 3. Frau Clark war im Kino mit den Kindern. 4. Dann und wann sieht er gern einen guten Film. 5. Das Kino ist eigentlich nicht nach seinem Geschmack. 6. Er geht lieber ins Theater. 7. Sie geniessen ein gutes Lustspiel usw. 8. Das Parkett ist meistens zu teuer für sie. 9. Sie sitzen gewöhnlich in der ersten, zweiten oder dritten Reihe. 10. Sie ziehen das Kino vor. 11. Es befindet sich in der Nähe. 12. Sie gehen zu Fuss. 13. Sie sitzen gerne in der zwölften, dreizehnten, vierzehnten oder fünfzehnten Reihe. 14. Herrn Clarks Fortschritt ist erstaunlich.**

EXERCISE No. 119

**2. gesehen 3. geantwortet 4. gearbeitet 5. geschrieben 6. angesehen 7. gestanden 8. gerechnet 9. geredet 10. gesprochen 11. verkauft 12. gekauft**

EXERCISE No. 120

**2. Wir haben . . . gegeben. 3. Ich habe . . . getrunken. 4. Ich habe . . . gelesen. 5. Die Kinder haben . . . gegessen. 6. Sie hat . . . geantwortet. 7. Was hat . . . gefragt? 8. Haben Sie . . . gearbeitet? 9. haben wir . . . gehört 10. Was haben . . . gesehen? 11. Ich habe . . . beantwortet.**

EXERCISE No. 122

**1. Herr Clark hat die deutschen Zahlen gut gelernt. 2. Sie üben Zahlen in Form von Daten. 3. Er zitiert wichtige Daten der deutschen Geschichte. 4. Er muss für jedes Datum ein wichtiges Ereignis angeben. 5. Hermann hat die Römer geschlagen. 6. Sie haben ein Reich gebildet. 7. Er hiess Otto von Bismarck. 8. Die Alliierten haben sie besiegt. 9. Die Diktatur hat im Jahre 1933 angefangen. 10. Das Jahr 1945 bezeichnet seinen Tod und Niedergang. 11. Herr Clark hat alle Fragen richtig beantwortet.**

EXERCISE No. 123

**2. Er hatte sich . . . gewaschen und angezogen. 3. Unsere Familie hatte . . . gefrühstückt. 4. Der Vater hatte . . . gelesen. 5. Um sieben Uhr hatten wir uns . . . gesetzt. 6. Die Mutter hatte . . . bereitet. 7. Der Kaufmann hatte . . . gelesen. 8. Die Kinder hatten sich . . . amüsiert. 9. Wir aber hatten uns . . . gelangweilt. 10. Was hatten . . . getan?**

EXERCISE No. 125

**3. sind 4. Haben 5. haben 6. ist 7. Ist 8. hat 9. sind 10. Haben**

EXERCISE No. 126

**3. waren 4. Hatten 5. hatten 6. war 7. War 8. hatte 9. waren 10. Hatten**

EXERCISE No. 127

**1. Er ist um halb zehn aufgestanden. 2. Sie waren vor ihm aufgestanden. 3. Nein, sie hatten noch nicht gefrühstückt. 4. Um zehn Uhr haben alle sich zum Frühstück gesetzt. 5. Er hat die Sonntagszeitung gelesen. 6. Sie sassen vor dem Fernsehapparat. 7. Die älteren besuchten Freunde. 8. Die Mutter hatte eine schmackhafte Mahlzeit bereitet. 9. Sie wollten ins Kino. 10. Sie mussten also mit ihnen ins Kino. 11. Sie haben sich gelangweilt. 12. Sie sind nach Hause gegangen. 13. Er hat an einen Freund geschrieben. 14. Er hat einige deutsche Kurzgeschichten gelesen. 15. Er ist um elf Uhr zu Bett gegangen.**

EXERCISE No. 129

**2. , warum Sie . . . verlassen haben? 3. , dass Sie . . . gewesen sind? 4. , wie Sie den Sonntag verbringen. 5. , dass Sie . . . machen. 6. , weil die Kinder gehen wollten. 7. , weil der Film . . . hatte. 8. , während die Mutter . . . bereitete? 9. , nachdem er . . . gelesen hatte? 10. , dass ich . . . gemacht habe.**

EXERCISE No. 130

**1. Herr Clark hat es erzählt. 2. Herr Müller möchte heute etwas von sich selbst sagen. 3. Er ist in Deutschland geboren. 4. Er ist verheiratet. 5. Er unterrichtet in einer Sekundarschule. 6. Er lehrt Deutsch und Französisch. 7. Er hat diese Sprachen auf dem Gymnasium studiert. 8. Er hat vier Jahre lang dort gelebt. 9. Er hat an einer französischen Zeitung gearbeitet. 10. Im Jahre 1933 wanderte er hier ein. 11. Er hat eine Stellung an einer Sekundarschule bekommen. 12. Er hat ein amerikanisches Mädchen geheiratet.**

EXERCISE No. 131

**2. Ich werde 3. werden Sie 4. Wir werden 5. Werden Sie 6. wird er 7. Wirst du 8. Ich werde 9. Wer wird 10. wird diese**

EXERCISE No. 132

**2. Ich werde . . . bleiben. 3. Er wird . . . besuchen. 4. Du wirst . . . mitgehen. 5. Wir werden . . . sein 6. Ich werde . . . sein. 7. Werden Sie . . . schreiben? 8. Ich werde . . . ankommen. 9. Sie wird . . . sein. 10. Er wird . . . heiraten.**

### Exercise No. 133

**2. , ob ich . . . vorlesen werde. 3. , dass sie . . . besuchen werden. 4. , ob das Wetter . . . sein wird. 5. , dass unsere Freunde . . . kommen werden. 6. , wo Sie unterrichten werden. 7. , dass niemand . . . kommen wird. 8. , dass du . . . bereiten wirst.**

### Exercise No. 134

**1. Er hat einen Brief an seinen Vertreter geschrieben. 2. Er wird seinem Lehrer eine Kopie dieses Briefes vorlesen. 3. Herr C. beabsichtigt, eine Reise nach Deutschland zu machen. 4. Am 31. Mai wird er New York verlassen. 5. Er wird fliegen. 6. Er wird am 1. Juni ankommen. 7. Dort wird er zwei oder drei Wochen bleiben. 8. Er wird vielleicht die Schweiz und Österreich besuchen. 9. Er wird Herrn Schiller kennenlernen. 10. Herr Schiller reist viel umher. 11. Er weiss es. 12. Er wird ihm in München begegnen.**

### Exercise No. 135

**1. kennenlernen 2. stellen 3. antworten 4. beantwortet 5. kann 6. einen Ausflug 7. belästigt 8. Im Gegenteil . . . gefallen 9. fertig . . . keine Fehler 10. mit Vergnügen**

### Exercise No. 136

**2. Dort hat sie . . . gemacht. 3. Sie hat . . . bezahlt. 4. Sie hat . . . gebracht. 5. Da hat sie . . . vermisst. 6. Sie ist . . . gelaufen. 7. Gott sei dank, sie hat . . . gefunden. 8. Der Kassierer hat . . . gereicht. 9. Frau C. hat . . . gedankt. 10. Sie ist . . . eingestiegen.**

### Exercise No. 137

1. While the gentlemen were talking about the weather, it was raining in torrents. 2. After he had drunk the tea with rum Mr. Müller felt very well. 3. As his wife and children entered the office the merchant was dictating a letter to his stenographer. 4. When we go to the theater we prefer to sit in the orchestra rather than in the balcony. 5. Since I have been in America I have been teaching in this school. 6. We shall wait on the platform until the train from Bremen arrives. 7. We know that you have been of great service to our firm. 8. Mr. Müller knows English, since he studied this language at the gymnasium (German secondary school). 9. Although the parents did not like the movies, they nevertheless went with the children to see the new picture. 10. You will succeed in getting a good position as soon as you come to New York.

### Exercise No. 138

#### MRS. CLARK'S BIRTHDAY

It was March 22nd, the birthday of Mrs. Clark. On this day she was thirty-five years old. To celebrate her birthday, the Clark family went out to dinner in a German restaurant in the city of New York.

As they entered the restaurant they saw on the table, which was set for Mr. and Mrs. Clark, a beautiful basket full of white roses. Naturally, Mrs. Clark was surprised. She thanked her dear husband, and then the family sat down at the table. A pretty young waitress handed them the menu. All of them ordered their favorite dishes. At the conclusion of the delicious meal the eldest girl, Marie, said in a subdued voice, "Now!" and each of the four children drew out from underneath the table a pretty little box. In the boxes were presents for Mother. They all cried, "Happy Birthday," and each child handed Mother his or her present. Marie gave her a silk handkerchief, Charles a pair of gloves, William a woolen scarf, little Anne a childish portrait of Mother.

What a beautiful day, not only for Mother but also for Dad and the children.

As practice in arithmetic, Charles figured out the expenses for this day.

| | |
|---|---|
| The meal | $19.50 |
| Tip | 3.00 |
| Flowers | 12.50 |
| Total | $35.00 |

"The purest coincidence," said Mr. Clark, "thirty-five dollars, thirty-five years."

### Exercise No. 139

#### AN EXTRAORDINARY PERFORMANCE AT THE MOVIES

One evening Mr. and Mrs. Clark went to the movies. The films from Hollywood generally did not please them, for they offer a great deal of trash and junk.

But on this evening there was an extraordinary performance in a movie theater right in the vicinity of their home. The film was a documentary about Germany and actually in the German language.

Mr. and Mrs. Clark arrived at the movie house at 8:30. Almost all the seats were already occupied. So they had to sit in the third row. Mrs. Clark didn't like that, for the movements on the screen hurt her eyes. Fortunately they were able, after a quarter of an hour, to change their seats, and after that they sat in the thirteenth row.

The Clark family liked this film extremely. Mr. Clark found a great deal of enjoyment in it.

As they were leaving the theater Mr. Clark said to his wife, "Do you know, Helen, I think I shall be able to get along well in Germany. I understood almost everything the actors and actresses were saying in German."

### Exercise No. 140

**2. Wir nannten; wir haben . . . genannt. 3. Sandten Sie; haben Sie . . . gesandt? 4. Er dachte; Er hat . . . gedacht. 5. brachtest du; hast du . . . gebracht? 6. verbrachten Sie; haben Sie . . . verbracht? 7. Ich wusste; Ich habe . . . gewusst. 8. Ihr kanntet; Ihr habt . . . gekannt. 9. Ich erkannte; Ich habe . . . erkannt. 10. Wir dachten; wir haben . . . gedacht.**

### Exercise No. 141

**2. zu bekommen 3. erwarten 4. aufstehen 5. aufzustehen 6. besuchen 7. zu finden 8. spielen 9. zu gehen 10. zu sagen 11. zu reisen 12. sagen**

### Exercise No. 142

**1. Herr C. hatte einen Brief an seinen Vertreter geschrieben. 2. Er hatte ihn seinem Lehrer vorgelesen. 3. Gestern hat er die Antwort bekommen. 4. Der Lehrer hörte aufmerksam zu. 5. Sie fängt an: „Sehr geehrter Herr Clark!“ 6. Er wird in München sein. 7. Er wird ihn am Flugplatz erwarten. 8. Er wird sich mit Herrn Clark in deutscher Sprache unterhalten. 9. Er muss Herrn Clark und seinem Lehrer gratulieren. 10. Er hat ihn bis jetzt nur als Geschäftsvertreter gekannt. 11. Er wird erkennen, dass Herr S. auch sehr liebenswürdig ist. 12. Nein, er wird jede Gelegenheit ergreifen, Deutsch zu sprechen.**

### Exercise 143

**2. schöner 3. kälter 4. älter 5. grösser 6. jünger 7. interessanter 8. länger 9. mehr 10. besser**

### Exercise No. 144

**2. der grössere Tisch 3. dem längeren Bleistift 4.**

keine bessere Wohnung 5. einen jüngeren Bruder 6. eine jüngere Schwester 7. eine ältere Bluse 8. die höheren Berge 9. den besseren Platz 10. Ihr jüngerer Bruder

EXERCISE No. 145

2. das interessanteste Buch 3. den besten Platz 4. die längsten Tage 5. die kürzesten Tage 6. das wärmste Zimmer 7. den grössten Läden 8. seinem ältesten Freund 9. die besten Plätze 10. die höchsten Berge

EXERCISE No. 146

1. Der älteste heisst Herr S. 2. Der reichste heisst Herr B. 3. Der grösste heisst Herr S. 4. Herr E. ist älter. 5. Herr B. ist kleiner. 6. Herr S. ist weniger reich. 7. Herr B. hat das meiste Geld. 8. Herr S. hat das wenigste.

EXERCISE No. 147

1. Herr C. hat die deutsche Geschichte gut gelernt. 2. Herr M. will ihm jetzt Fragen über die deutsche Geographie stellen. 3. Er beginnt mit einer leichten Frage. 4. Die zwei längsten Flüsse sind die Elbe und der Rhein. 5. Der Rhein ist länger und breiter. 6. Man nennt den Rhein den schönsten deutschen Fluss. 7. An seinen Ufern findet man malerische Schlösser aus den ältesten Zeiten. 8. Die Zugspitze ist der höchste Berg Deutschlands. 9. Die Zugspitze ist niedriger als der Mont Blanc in Frankreich. 10. Die zwei grössten Seehäfen befinden sich an der Nordsee.

EXERCISE No. 148

1. am höchsten 2. am schönsten 3. am kältesten 4. am heissesten 5. am kürzesten 6. am grössten 7. am ältesten 8. am besten

EXERCISE No. 150

1. Die deutsche Küche bietet dem Touristen eines der grössten Vergnügen. 2. Herr C. speist oft mit einem wichtigen Kunden in einem der besten deutschen Restaurants. 3. In Deutschland findet man die Kost nie einförmig. 4. Er wird seiner Frau ein gutes deutsches Kochbuch senden. 5. Das erste Geheimnis der guten deutschen Küche ist, dass man zum Kochen alles von der besten Qualität kaufen muss. 6. Das dritte ist, dass man die Kunst der Küche lieben muss. 7. Die Hauptmahlzeit der Deutschen ist das Mittagessen. 8. Sie beginnt mit einer guten Suppe. 9. Dann kommt Fleisch mit Gemüse und Salat. 10. Zum Dessert gibt es Obst oder Obstkuchen. 11. Herr C. hat Strudel am liebsten. 12. Der Strudel ist besonders in Süddeutschland beliebt. 13. Am Ende der Mahlzeit trinkt man nichts. 14. Während der Mahlzeit trinkt man Bier oder Wein.

EXERCISE No. 153

2. Welche Städte 3. besuchen wird 4. soll 5. alle Sehenswürdigkeiten 6. können 7. wollen 8. viele Ausflüge 9. können 10. erwarten

EXERCISE No. 154

1. Herr C. wird sechs Wochen in Deutschland bleiben. 2. Er liest fleissig in Reisebüchern. 3. Er wird zwei oder drei Wochen in München bleiben. 4. Man nennt München das deutsche Athen. 5. Das „Deutsche Museum" soll das grösste sein. 6. Er muss im Englischen Garten einen Spaziergang machen. 7. Er möchte einen Ausflug nach Oberammergau machen. 8. Diese Stadt ist Nürnberg. 9. Wagner lebte und komponierte in Bayreuth. 10. Er wird Bonn, Köln und Düsseldorf besuchen. 11. Er wurde in Düsseldorf geboren. 12. Herr C. wird die Heimreise von Hamburg aus unternehmen. 13. Herr Müller möchte ihn begleiten. 14. Nein, er wird ihn nicht begleiten können.

EXERCISE No. 155

2. Er liest . . . Deutschland. 3. Er besorgt . . . Reisepass. 4. Er kauft . . . Fahrkarte. 5. Er schreibt . . . Brief. 6. Er bekommt . . . Antwort. 7. Der Vertreter verspricht, ihn abzuholen. 8. Die Kinder schlafen dort viel. 9. Sie waschen sich. 10. Sie ziehen sich an. 11. Die Familie fährt zum Flughafen. 12. Das Flugzeug steigt auf. 13. Herr C. besteigt das Flugzeug. 14. Er reist ab. 15. Er lässt . . . zu Hause. 16. Die Familie verlässt . . . Flughafen.

EXERCISE No. 156

2. zu begegnen 3. ausnützen 4. vorzuzeigen 5. wiegen 6. nachprüfen 7. mitzuteilen 8. abzuholen 9. auszunützen 10. mitgehen 11. zu fahren 12. zu besteigen

EXERCISE No. 157

1. Herr C. studiert nun seit sechs Monaten Deutsch. 2. Er hat viel Zeit im Gespräch mit seinem Lehrer verbracht. 3. Er hat einige Bücher über Deutschland gelesen. 4. Er kann jetzt Deutsch sprechen. 5. Er hat einen Brief an seinen Vertreter geschrieben. 6. Dieser hat ihm versprochen, ihn am Flughafen abzuholen. 7. Endlich kommt der Tag der Abreise. 8. Das Flugzeug verlässt den Flughafen punkt 19.00 Uhr (sieben Uhr abends). 9. Nein, Frau und Kinder begleiten ihn nicht auf der Reise. 10. Die Kinder müssen das Schuljahr beenden. 11. Sie muss für die Kinder sorgen. 12. Um 5 Uhr nachmittags ist die ganze Familie bereit. 13. Um ein Viertel nach sechs kommen sie am Flughafen an. 14. Herr C. lässt seine Karte und seinen Reisepass nachprüfen und sein Gepäck wiegen. 15. Frau und Kinder sehen ihm bewegt nach.

EXERCISE No. 158

1. aufs Land 2. mit Recht 3. auf dem Lande 4. ergreifen Sie nicht die Gelegenheit 5. Mögen Sie . . . *or* Haben Sie . . . gern? 6. brachte das Auto in Gang 7. machte er einen Spaziergang 8. reisefertig 9. Ergreifen Sie jede Gelegenheit 10. Seiner Meinung nach 11. Ihrer Meinung nach 12. Wir haben ihn eingeladen

EXERCISE No. 159

2. haben wir . . . gegessen 3. schmeckte 4. ich habe . . . eingeladen 5. trank 6. Ich werde . . . zurechtfinden 7. Ergreifen Sie 8. Wir werden . . . beschreiben 9. haben . . . gespeist 10. Er hatte sich bemüht 11. sind . . . aufgestanden 12. bietet 13. mussten 14. bestiegen hatte 15. sind . . . eingestiegen 16. bittet

EXERCISE No. 160

There are in the city of New York many large and handsome provision stores with self-service which are called "supermarkets." But in the suburb in which the Clark family resides there is only one such market.

One day Mrs. Clark went with her two boys to shop at the supermarket. They entered the store through that marvelous door which opens by itself as you approach it. Near the entrance many little wagons stood in a row. They took one of these. William, the younger boy, wanted to ride in

the little wagon, but his mother wouldn't permit it. She said, "My boy, these wagons are not toys."

Mrs. Clark and her two boys went first to the department for fruits and vegetables. Here she took 5 lbs. of potatoes, a bag of apples, a dozen bananas, and some more vegetables. From here they went to the department in which the dairy products are. Mrs. Clark took a dozen eggs, three bottles of milk, a pound of butter, and several packages of cheese. In other departments of the store she took meat, bread, coffee, sugar and tea.

Now everything was in the little wagon and Mrs. Clark was ready to go to the cash counter to pay for her purchases.

The bill amounted to $17.25. Mrs. Clark gave the cashier $20 and received $2.75 in change. The cashier put all the purchases into three bags. Mother took one and each of the boys took one. With their purchases in their hands they went to the exit. Outside they found their car, got in, and rode home.

EXERCISE No. 163

**2. Das Taxi hat . . . genommen. 3. Ich habe . . . gehabt. 4. Sie haben . . . geplaudert. 5. Mir hat nichts gefehlt. 6. Es hat . . . gefallen. 7. Er hat . . . verbracht. 8. Sein Freund hat versprochen. 9. Er hat . . . gekauft. 10. Haben Sie . . . verlassen?**

EXERCISE No. 164

**2. Er ist . . . geworden. 3. Dann sind sie . . . hinausgegangen. 4. Herr ist . . . entgegengekommen. 5. Sie sind . . . gefahren. 6. Das Tax ist . . . gerast. 7. Es ist . . . gefahren. 8. Endlich ist der Kaufmann . . . angekommen. 9. Herren sind hineingegangen. 10. bist du . . . gestiegen?**

EXERCISE No. 165

**1. Er ging in den Wartesaal. 2. Ein feinaussehender Herr kam ihm entgegen. 3. Er fragte: „Sind Sie Herr Clark?" 4. Herr Clark erwiderte: „Ja, ich bin's." 5. Sie fuhren nach dem Hotel Königshof. 6. Es fuhr mit grösster Geschwindigkeit. 7. Er schrie ihn an: „Nicht so schnell fahren, bitte! Ich habe keine Eile!" 8. Der Taxifahrer antwortete: „Ich auch nicht." 9. Endlich sind sie am Hotel angekommen. 10. Herr S. ging mit ihm hinein. 11. Man hatte für ihn ein feines Zimmer reserviert. 12. Es befand sich im fünften Stock. 13. Der Preis war zwölf DM täglich. 14. Er versprach, ihn anzurufen.**

EXERCISE No. 168

**2. über die Einladung 3. Ich freue mich auf 4. interessieren sich für 5. Was denken Sie 6. bittet um 7. auf seinen Lehrer 8. auf die Reise 9. an die kommenden Prüfungen 10. Ich denke nicht daran**

EXERCISE No. 169

**1. Herr S. hat ihn eingeladen. 2. Er fuhr mit einem Taxi. 3. Es machte vor einem modernen Miethaus halt. 4. Die Wohnung befand sich in der vierten Etage. 5. Ein Dienstmädchen lud ihn ein hereinzukommen. 6. Herr S. begrüsste ihn herzlich. 7. Es war im modernen Stil möbliert. 8. Herr S. stellte ihn seiner Frau vor. 9. Sie studieren auf dem Gymnasium. 10. Sie wartete mit einem ausgezeichneten deutschen Essen auf. 11. Zum Dessert gab es Apfelstrudel und Kaffee. 12. Sie unterhielten sich über das Leben in Deutschland, usw. 13. Sie zogen sich auf ihre eigenen Zimmer zurück. 14. Frau S. spielte Klavier und sang einige Lieder. 15. Er hatte einen gemütlichen Abend verbracht.**

EXERCISE No. 170

**2. Die Jungen hatten . . . abgeholt. 3. Was hatten Sie . . . getragen? 4. Im Korb hatte sich . . . befunden. 5. Wer hatte . . . zubereitet? 6. Hatte er . . . gewartet? 7. Sie waren . . . vorbeigefahren. 8. Hattest du . . . erkannt? 9. Plötzlich hatte der Lastwagen . . . gehalten. 10. Was war geschehen? 11. Der Fahrer hatte . . . geholfen. 12. Er hatte . . . geliehen.**

EXERCISE No. 171

**2. Die Jungen haben (hatten) helfen wollen. 3. Du hast (hattest) das Zimmer verlassen dürfen. 4. Ich habe (hatte) leider nicht mitgehen können. 5. Wir haben (hatten) nicht spielen mögen. 6. Ich habe (hatte) einen Brief schreiben müssen. 7. Der Mann hat (hatte) nichts annehmen wollen. 8. . . . haben (hatten) wir nicht aufs Land gehen können. 9. . . . haben (hatten) sie in der Stadt bleiben müssen. 10. . . . haben (hatten) sie Fussball spielen wollen.**

EXERCISE No. 172

**1. Er rief die zwei Söhne des Herrn S. an. 2. Er wollte einen Ausflug nach dem Ammersee machen. 3. Er lud die Söhne des Herrn Schiller ein. 4. Sie holten ihn an seinem Hotel ab. 5. Ein guter Imbiss war im Korb. 6. Die Mutter hatte ihn zubereitet. 7. Er hörte einen Lärm. 8. Sie hatten eine Reifenpanne. 9. Sie hatten keinen Wagenheber. 10. Ein Lastwagen hielt endlich vor ihnen an. 11. Er lieh ihnen einen Wagenheber. 12. In fünf Minuten war alles fertig.**

EXERCISE No. 173

**2. einige interessante Bücher 3. ganz gut Deutsch sprechen? 4. dass er viel fliessender Deutsch spricht. 5. von denen wir geredet haben. 6. Gefielen Ihnen 7. seine Musik und seine Küche. 8. was er nicht aus Büchern erlernen konnte. 9. ist nicht ruhiger als in unseren Städten. 10. Ich erinnere mich an 11. nicht nur . . . sondern auch 12. rasch erledigen? 13. Ja, und danach konnte ich 14. über das Leben und die Sitten 15. werde ich Sie antelephonieren (*or* anrufen). 16. Er hatte Heimweh. 17. wird er die Familie mitnehmen. 18. bei uns zu Abend speisen? 19. den ich schreiben werde. 20. werde ich Ihnen alles erzählen.**

EXERCISE No. 174

**1. Herr C. ist im Begriff, Deutschland zu verlassen. 2. Die Sehenswürdigkeiten, die schönen Landschaften, die alten Städte, usw. haben ihm sehr gefallen. 3. Sie war nicht nur eine Geschäftsreise, sondern auch eine Vergnügungsreise. 4. Er konnte seine Geschäfte rasch erledigen. 5. Er hatte Zeit gefunden, nur ein paar Briefe zu schreiben. 6. Im kommenden Jahr möchte er wieder nach Deutschland reisen. 7. Nein, er beabsichtigt, die Familie mitzunehmen. 8. Er hat seine Frau und Kinder vermisst. 9. Er wird Herrn Müller anrufen. 10. Er wird viele Stunden im Gespräch über Deutschland verbringen.**

EXERCISE No. 175

**1. habe . . . geholfen 2. lieh 3. scherzten und lachten 4. verging 5. hat . . . eingeladen 6. haben . . . angenommen 7. rief 8. hielt 9. betraten 10. begrüsste 11. vorstellen 12. werden . . . machen**

EXERCISE No. 176

**1. ein Geschäftsmann in N.Y. 2. um den Vertreter seiner Firma zu besuchen 3. Er wollte 4. hatte er Deutsch gelernt. 5. Er hatte 6. Deutsch sprechen,**

**lesen und schrieben. 7. über Deutschland 8. Er schrieb 9. bekam er eine Antwort 10. „Ich werde Sie am Flughafen abholen." 11. holte ihn dort ab. 12. fuhren zu dem Hotel 13. glücklicherweise 14. machte er einen Ausflug zum Ammersee 15. gingen mit ihm 16. Er besuchte die Plätze 17. verliess er München und machte eine Rheinreise 18. der längste, der breiteste und der schönste 19. Schliesslich fuhr er 20. flog er nach N.Y. zurück 21. wird Herr C. wieder eine Reise nach Deutschland machen 22. wird er seine Familie mitnehmen**

EXERCISE No. 177

GERMAN TELEVISION

In the United States 80% or more of the inhabitants own a television set. In Germany this is not the case. Television sets are found only in a minority of the population, but the number of families who possess TV sets is constantly increasing, hence also the number of persons who can watch TV at home.

There is an important difference between television in the United States and in Germany. Everyone knows the advertisements which accompany almost every TV broadcast, whether it be a TV play, opera, a documentary, on-the-spot reporting, or live transmission. This is most disturbing when one watches television, particularly since the advertising often occurs in the middle of the most interesting and exciting part of the program. And one is compelled to listen to this.

In German television it is different. Here there is no advertising, so that the German TV viewer can enjoy the most interesting television programs without annoying interruptions. Every owner of a television set has to make a monthly payment as a television fee. This amounts to 5 marks and this is the contribution of every TV-set owner to the expenses of the TV industry.

If this were only possible in our country!

EXERCISE No. 178

MR. CLARK'S RHINE JOURNEY

After he had settled his business in Munich, Mr. Clark took a pleasure trip through the Rhineland, partly by steamer and partly by train.

People assert with reason that the Rhine is one of the most beautiful rivers of Europe. On the stretch from Mainz to Cologne, Mr. Clark admired the dark forests, the terraced vineyards, the small villages with their quaint churches and houses, and the ruins of old castles.

Now the steamer sailed past the Lorelei Rock. Everybody knows the legend of the sorceress who enticed the boatmen to their death with her singing. Heinrich Heine has immortalized this legend in the famous song: "I do not know what it signifies that I am so sad."

Soon after, the Dragon Rock appeared, where according to the legend the hero Siegfried killed a dragon. The legend relates that he bathed in the blood of the dragon in order to become invulnerable. In such legends from this region Richard Wagner found the material for some of his well-known operas, as for example *Das Rheingold, Siegfried*, etc.

The ship stopped at several of the famous Rhine cities. Thus Mr. Clark was able to visit the city of Mainz, the birthplace of Johann Gutenberg, who invented the art of printing.

Then came Bonn, the site of an old university, and since the Second World War the capital of West Germany. Ludwig van Beethoven was born in this city.

The next stop was Cologne. Here the most remarkable thing is the world-famous Cologne cathedral, whose towers reach more than 500 feet high.

The last Rhine city which Mr. Clark visited was Düsseldorf, the birthplace of the great German lyric poet Heinrich Heine.

From Düsseldorf it was on to Hamburg, where Mr. Clark had some business to settle and from which place he undertook the home journey by plane.

When Mr. Clark was at home again he often spoke of his interesting and pleasurable Rhine trip.

EXERCISE No. 179

**3. er hätte 4. wir hätten 5. er schreibe 6. er schriebe 7. ich läse 8. sie läsen 9. er lerne 10. du lerntest 11. du sehest 12. du sähest 13. er käme 14. wir kämen 15. sie gehe 16. sie ginge 17. er fahre 18. er führe 19. ich könne 20. er könnte 21. wir müssen 22. wir müssten 23. ich wisse 24. er wüsste 25. er habe gehabt 26. sie habe studiert 27. ich sei gewesen 28. ich wäre gewesen 29. wir seien angekommen 30. wir wären angekommen 31. du habest gelebt 32. du hättest gelebt**

EXERCISE No. 180

1. If I had enough money I would take a trip. 2. If the house were larger I would buy it. 3. If I now had a vacation I would travel to Europe. 4. If the weather were nice I would take a walk. 5. If she had time she would write us more often. 6. If he came today we would be happy. 7. If we could play tennis we would accompany you. 8. We would set out if our friends were already there. 9. The child would not fall if he did not run so fast. 10. They could do it if they wanted to do it. 11. If he had had time he would have visited the German Museum. 12. If we had had a jack we would have set to work at once. 13. I would not have believed it if I had not seen it myself. 14. We would have stayed at home if we had known that. 15. If Mr. Clark had not had a representative in Munich, he would not have settled his business matters so quickly.

EXERCISE No. 181

1. He said that he had a representative in Munich. 2. Somebody asked whether his representative spoke no English. 3. He said that he wanted to speak with his representative in German. 4. Somebody asked him whether he did not like the city. 5. He answered that he did not like the city. There was too much noise there. 6. He asked when the train for Bonn left. 7. He said one could not get along on a trip without much money. 8. She said little Anna had been sick yesterday. 9. She said the doctor had been here last evening. 10. They said they had gotten up early. They had dressed quickly. 11. They asked whether the children had not yet gone to bed. 12. He said that they had taken a walk after the meal. 13. She said that she would leave on the 1st of May. 14. I asked them whether they would go to the movies this evening. 15. The boy said to me that I should come in. 16. She said to us that we should sit down.

EXERCISE No. 182

**1. Das Gepäck wird von dem Hausdiener hineingetragen. 2. Der Gast wird von dem Geschäftsführer begrüsst. 3. Das Fremdenbuch wird ihm vorgelegt. 4. Indessen wird sein Zimmer vorbereitet. 5. Sie werden von dem Zimmermädchen geöffnet. 6. Eine Vase wird mit Blumen versehen. 7. Sie werden von dem Zimmerkellner auf die Komode gestellt. 8. Er wird von dem Hotelboy auf sein Zimmer gebracht. 9. Die Jungen wurden plötzlich durch einen lauten Knall erschreckt. 10. Der Autokoffer war nicht mit einem Wagenheber versehen. 11. Der Reifen wurde gewechselt.**

# GERMAN-ENGLISH VOCABULARY

Accent marks are used in the end vocabularies to indicate the stressed syllable of words when the stressed syllable is not the first. The accent mark is simply a pronunciation aid and not part of the spelling.

The cardinal and ordinal numerals are not included in the end vocabularies. The cardinals 1–100 are given in Chapter 13, Grammar Note 1; above 100 in Chapter 14, Grammar Note 1. The ordinals are given in Chapter 24, Grammar Note 1.

## A

der **Abend, -s, -e** evening; **am Abend, abends** in the evening

das **Abendessen, -s, -** supper

**aber** but, however

**ab-fahren, er fährt ab, fuhr ab, ist abgefahren** to depart, leave, ride off

**ab-holen** to call for, fetch

die **Abreise, -n** departure

**ab-reisen** to depart, leave on a trip

**abwesend** absent

**acht-geben (auf) er gibt acht, gab acht hat achtgegeben** to pay attention (to)

**alle** all, everyone; **alles** everything

**allerlei** all kinds of

**als** *sub. conj.* when, as (*in comparisons* than)

**also** so, thus, therefore; well

**alt** old; **älter** older

das **Ame'rika** America; der **Amerika'ner** American; **amerika'nisch** *adj.* American

sich **amüsie'ren** to have a good time, enjoy oneself

**an** *prep. w. dat. or acc.* at, on, to, up against

**an-bieten, er bietet an, bot an, hat angeboten** to offer

**ander** other; der **andere** the other; die **anderen** the others; etc. **anders** different

der **Anfang, -s, ⸚e** beginning; **anfangs** at first

**an-fangen, er fängt an, fing an, hat angefangen** to begin

**an-geben, er gibt an, gab an, hat angegeben** to indicate

die **Angelegenheit, -en** matter, affair

**angenehm** pleasant, comfortable

**an-halten, er hält an, hielt an, hat angehalten** to stop

**an-kommen, er kommt an, kam an, ist angekommen** to arrive

**an-nehmen, er nimmt an, nahm an, hat angenommen** to take on, accept

**an-rufen, er ruft an, rief an, hat angerufen** to call up, telephone

**an-schauen** to look at

**an-sehen, er sieht an, sah an, hat angesehen** to look at; **etwas ansehen** to look over, view, inspect

**anstatt** *prep. w. gen.* instead of

**an-telephonie'ren** to ring up

die **Antwort, -en** answer

**antworten** *w. dative* to answer

**an-ziehen, er zieht an, zog an, hat angezogen** to put on, dress; **sich anziehen** to get dressed

der **Anzug, -s, ⸚e** suit (man's)

der **Apfel, -s, ⸚** apple

der **Apparat', -s, -e** apparatus, appliance

der **Appetit', -s** appetite

die **Arbeit, -en** work

**arbeiten** to work

das **Arbeitszimmer, -s, -** workroom, study

der **Arm, -s, -e** arm

der **Arzt, -es, ⸚e** doctor, physician

der **Aschenbecher, -s, -** ashtray

**auch** also, too

**auf** *prep. w. dat. or acc.* on, upon

**auf-bleiben, er bleibt auf, blieb auf, ist aufgeblieben** to stay awake

der **Aufenthalt** stay, sojourn

die **Aufgabe, -n** task, assignment

**aufgeregt** excited

sich **auf-halten, er hält sich auf, hielt sich auf, hat sich aufgehalten** stay, sojourn

**auf-hören** to stop

**auf-machen** to open

**aufmerksam** attentive

der **Aufsatz, -es, ⸚e** composition

**auf-stehen, er steht auf, stand auf, ist aufgestanden** to stand up, get up

**auf-warten** to wait on, serve

**auf-suchen** to look up, seek out

das **Auge, -es, -en** eye

**aus.** *prep. w. dat.* out, out of, from

der **Ausdruck, -es, ⸚e** expression

der **Ausflug, -s, ⸚e** excursion

**ausführlich** in detail

der **Ausgang, -s, ⸚e** exit

**aus-gehen, er geht aus, ging aus, ist ausgegangen** to go out

**ausgezeichnet** excellent

**aus-kommen, er kommt aus, kam aus, ist ausgekommen** to get along

die **Auskunft, ⸚e** information

**aus-nützen** to make full use of

**aus-packen** to unpack

**aus-rufen, er ruft aus, rief aus, hat ausgerufen** to cry out

**aus-sehen, er sieht aus, sah aus, hat ausgesehen** to look, appear

**ausser** *prep. w. dat.* outside of, except

**ausserdem** besides, moreover

**aussergewöhn'lich** unusual

**ausseror'dentlich** extraordinary

**aus-steigen, er steigt aus, stieg aus, ist ausgestiegen** to get out, climb out (of a vehicle)

**ausverkauft** sold out

das **Auto, -s, -s**; das **Automobil, -s, -e** automobile, car

der **Autobus, -usses, -usse** bus

## B

**baden** to bathe

das **Badezimmer, -s, -** bathroom

der **Bahnof, -s, ⸚e** railroad station

der **Bahnsteig, -s, -e** railroad platform

**bald** soon

der **Balkon', -s, -e** balcony

der **Ball, -es, ⸚e** ball

**beabsichtigen** to intend

der **Beamte, -n, -n** official

**beantworten** to answer

**bedeu'ten** to mean

die **Bedeu'tung** meaning

**been'den** to finish

sich **befin'den** to feel; **ich befinde mich wohl** I feel well

sich **befin'den** to be located; **Wo befindet sich das Hotel?** Where is the hotel?

**bege'gnen** *w. dat.* to meet

**begin'nen, er beginnt, begann, hat begonnen** to begin

**beglei'ten** to accompany

**begrüs'sen** to greet

**behal'ten, er behält, behielt, hat behalten** to retain

**behilf'lich** helpful

**bei** *prep. w. dat.* at, with, beside, at the house of; **bei uns** at our house

**beide** both; **die beiden Herren** both gentlemen

das **Bein, -es, -e** leg

**beina'he** almost

**bekannt'** known

**bekom'men, er bekommt, bekam, hat bekommen** to receive

**beläs'tigen** to annoy

**beliebt' (bei)** popular (among, with)

**bemer'ken** to notice

sich **bemü'hen** to try, endeavor

**benei'den** to envy

**bequem'** comfortable

**bereit'** ready; **bereits** already

**berei'ten** to prepare

der **Berg, -es, -e** mountain

**berich'ten** to report, inform

der **Beruf', -s, -e** occupation, profession

**berühmt'** famous

**beschäf'tigt** busy

**beschrei'ben, er beschreibt, beschrieb, hat beschrieben** to describe

**besetzt′** occupied
**besich′tigen** to view
**beson′ders** especially
**besor′gen** to take care of, to obtain
**bespre′chen, er bespricht, besprach, hat besprochen** to discuss
**besser** better; **best-, am besten** best
**beste′hen, er besteht, bestand, hat bestanden** to pass (an examination)
**beste′hen (auf)** to insist (on)
**beste′hen (aus)** to consist of
**bestei′gen, er besteigt, bestieg, hat bestiegen** to get on, mount
**bestel′len** to order (goods)
**besu′chen** to visit
**betre′ten, er betritt, betrat, hat betreten** to step into (a place)
das **Bett, -es, -en** bed
**bevor′** *conj.* before
**bewoh′nen** to occupy
**bewun′dern** to admire
**bewun′dernswert** wonderful, admirable
**bezah′len** to pay
**bezeich′nen** to denote
die **Bibliothek′, -en** library
das **Bier, -es, -e** beer
**bieten, er bietet, bot, hat geboten** to offer
das **Bild, -es, -er** picture
**bilden** to form, shape
das **Billet′, -s, -e** ticket
**bis** until
**bisher** until now
ein **bisschen** a little
**bitte** please; you are welcome
**bitten (um), er bittet, bat, hat gebeten** to ask for, to request
**blau** blue
**bleiben, er bleibt, blieb, ist geblieben** to remain, stay
der **Bleistift, -s, -e** pencil
die **Blume, -, -n** flower
die **Bluse, -, -n** blouse
das **Blut, -es** blood
**böse** angry
**brauchen** to need, use
**braun** brown
**breit** broad
der **Brief, -es, -e** letter
**bringen, er bringt, brachte, hat gebracht** to bring
das **Brot, -es, -e** bread
das **Brötchen, -s, -** roll
der **Bruder, -s, ¨-** brother
das **Buch, -es, ¨-er** book
das **Büfett, -s, -e** sideboard
das **Büro′, -s, -s** office
der **Bürger, -s, -** citizen

C

der **Chef** head, manager

D

**da** *adv.* there, then; *conj.* since, because
**dabei** at the same time, in connection with that
**daher′** therefore
die **Dame, -n** lady
**damit** with it; **damit′** *sub. conj.* so that
der **Dampfer, -s, -** steamer
**danach′** after that
der **Dank** gratitude; **vielen Dank!** thanks a lot!
**danken** *w. dat.* to thank; **danke!** thank you; **danke schön!** thank you kindly!
**dann** then; **dann und wann** now and then
die **Darstellung, -en** performance
**das** the, that, that one, who, which
**dass** *sub. conj.* that
**dasselbe** the same
das **Datum, -s,** die **Daten** date
**dauern** to last
**dein, deine, dein,** etc. your
**denken, er denkt, dachte, hat gedacht** to think; **denken an** *w. acc.* to think of
**denn** *conj.* for, because; *adv.* then
**dennoch′** nevertheless
**der** the, that, that one, who, which
**dersel′be, dieselbe, dasselbe** the same
das **Dessert′, -s** dessert
**deshalb, deswegen** therefore
das **Deutsch** German (language); **auf deutsch** in German
**deutsch** *adj.* German; der **Deutsche** the German (man)
das **Deutschland, -s** Germany
der **Dezem′ber, -s** December
der **Dichter, -s, -** poet, writer
**die** the, that, that one, who, which
der **Dienstag, -s, -e** Tuesday
das **Dienstmädchen, -s, -** maid, servant girl
**dieser, diese, dieses** this
**diktie′ren** to dictate
das **Ding, -es, e** thing
**dividie′ren durch** divide by
**doch** nevertheless
der **Doktor, -s, Dokto′ren** doctor
der **Dollar, -s, -s** dollar
der **Dom, -es, -e** cathedral
der **Donnerstag, -es, -e** Thursday
**Donnerwetter!** the dickens!
das **Dorf, es, ¨-er** village
**dort** there
das **Drama, -s, -en** drama
**draussen** outside
**dunkel** dark
**dünn** thin
**durch** *prep. w. acc.* through
**durch-führen** to carry on, carry out, accomplish
**durch-kommen, er kommt durch, kam durch, ist durchgekommen** to get along
der **Durst, -es** thirst; **Ich habe Durst** I am thirsty
**dürfen, er darf, durfte, hat gedurft** to be permitted to, allowed to, may
das **Dutzend, -s, -e** dozen
**duzen** to address with **du; sich duzen** to say **du** to each other

E

**eben** *adv.* just, just now
**ebenso** just as
die **Ecke, -n** corner
die **Eile** haste
**ehe** *sub. conj.* before
das **Ei, -es, -er** egg
**eigen** own
**eigentlich** really, actually
**eilen** to hurry
**ein, eine, ein** *indef. art.* a, an, one
**einander** each other, one another
das **Einfamilienhaus, -es, ¨-er** private dwelling
der **Eingang, -s, ¨-e** entrance
**einige** several, some
der **Einkauf, -s, ¨-e** purchase
**ein-kaufen** to purchase
**ein-laden, er lädt ein, lud ein, hat eingeladen** to invite
die **Einladung, -en** invitation
**ein′mal** once; **auf einmal′** all at once
**ein-schliessen, er schliesst ein, schloss ein, hat eingeschlossen** include, enclose
die **Eisenbahn, -en** railroad
**ein-steigen, er steigt ein, stieg ein, ist eingestiegen** to get on (vehicle)
**ein-treten, er tritt ein, trat ein, ist eingetreten** to step into, enter
die **Eintrittskarte** entrance ticket
**ein-wandern** to immigrate
der **Einwohner, -s, -** inhabitant
**einzig** single, sole
das **Eisen, -s** iron; **eisern** *adj.* iron
die **Eltern** parents
**empfeh′len, er empfiehlt, empfahl, hat empfohlen** to recommend
das **Ende, -s, -n** end; **zu Ende** at an end; **endlich** finally, at last
das **Englisch** English; *adj.* **englisch** English; **auf englisch** in English
die **Entfer′nung, -en** distance
**entfernt′** distant
**entschul′digen** to excuse, pardon
**entste′hen, er entsteht, entstand, ist entstanden** to arise, originate
**entweder . . . oder** either . . . or
das **Ereig′nis, -nisses, nisse** event
**erfah′ren, er erfährt, erfuhr, hat erfahren** to find out
der **Erfolg′, -s, -e** success
**ergrei′fen, er ergreift, ergriff, hat ergriffen** to seize, take
**erhal′ten, er erhält, erhielt, hat erhalten** to receive
**erin′nern an** *w. acc.* to remind (of); **sich erinnern an** *w. acc.* to remember
sich **erkäl′ten** to catch cold
**erken′nen, er erkennt, erkannte, hat erkannt** to recognize, know, discern
**erklä′ren** to state, declare
**erlau′ben** to permit, allow
**erle′digen** to settle, finish
**erler′nen** to learn, acquire (knowledge)
**ernst** earnest
**errei′chen** to reach
**erschei′nen, er erscheint, erschien, ist erschienen** to appear
**erschre′cken** to frighten
**erst** first; only, not until
**erwar′ten** to await, expect
**erwi′dern** to answer

**erzäh'len** to relate
die **Erzäh'lung, -en** story, tale
**essen, er isst, ass, hat gegessen** to eat
das **Essen, -s, -** meal
das **Esszimmer, -s, -** dining room
**euer, -e, euer** your
**etwa** approximately, about
**etwas** something
das **Europa** Europe; **europä'ish** European

F

die **Fabrik', -en** factory
**fahren, er fährt, fuhr, ist gefahren** to ride
der **Fahrer, -s, -** driver
die **Fahrkarte, -n** ticket (for vehicle)
der **Fahrplan, -s, ⸚e** timetable
der **Fahrstuhl, -s, ⸚e** elevator
**fallen, er fällt, fiel, ist gefallen** to fall
die **Fami'lie, -n** family
die **Farbe, -n** color
**fast,** almost, nearly
der **Februar** February
die **Feder, -n** pen
**fehlen** *w. dat.* to be lacking; **was fehlt dir?** what is the matter with you?
der **Fehler, -s, -** mistake
das **Feld, -(e)s, -er** field
der **Felsen, -s, -** rock, cliff
das **Fenster, -s, -** window
die **Ferien** (*pl. only*) vacation
das **Fernsehen, -s** television
**fertig** finished, done
**fest-setzen** to fix, to arrange
das **Feuer, -s -** fire
das **Fieber, -s** fever
der **Film, -(e)s, -e** film, motion picture
**finden, er findet, fand, hat gefunden** to find
die **Firma, -en** firm, business
der **Fisch, -es, -e** fish
die **Flasche, -en** bottle, flask
das **Fleisch, -es** meat
**fleissig** diligent, industrious
**fliegen, er fliegt, flog, ist geflogen** to fly
**fliessend** fluent(ly)
der **Flughafen, -s, ⸚** airport
das **Flugzeug, -s, -e** airplane
dar **Fluss, Flusses, Flüsse** river
**folgen** *w. dat.* to follow
der **Fortschritt, -s, -e** progress

die **Frage, -n** question; **Fragen stellen** to ask (put) questions
**fragen** to ask
das **Franzö'sisch** French; **auf französisch** in French
das **Frankreich** France
die **Frau, -en** woman, wife, Mrs.
das **Fräulein, -s, -** young lady, Miss
**frei** free, unoccupied
der **Freitag** Friday
die **Freude, -en** joy, pleasure; **Es macht mir Freude** It gives me pleasure
**freuen** to please; **sich freuen über** *w. acc.* to be happy about; **sich freuen auf** *w. acc.* to look forward to
der **Freund, -es, -e** friend
**frisch** fresh
**froh** happy, glad
**fröhlich** cheerful, happy, gay
**früh** early
der **Früh'ling, -s** spring
das **Früh'stück, -s, -e** breakfast
**früh'stücken** to have breakfast
**fühlen** to feel (something)
sich **fühlen** to feel (well, sick, etc.); **Ich fühle mich wohl.** I feel well.
**führen** to lead, to guide
die **Füllfeder, -n** fountain pen
**für** *prep. w. acc.* for
der **Fuss, -es, ⸚e** foot

G

die **Gabel, -n** fork
**ganz** whole, quite, entire
**gar nicht** not at all
**gar nichts** nothing at all
der **Garten, -s, ⸚n** garden
der **Gast, -es, ⸚e** guest
das **Gebäu'de, -s, -** building
**geben, er gibt, gab, hat gegeben** to give
das **Gebir'ge, -s, -** mountain range
**gebo'ren** born; **ich bin geboren** I was born; **er wurde geboren** he was born (*now dead*)
der **Gebrauch, -s, ⸚e** use, custom
**gebrauchen** to use, make use of
die **Geburt', -en** birth
der **Geburts'tag, -s, -e** birthday
**gedul'dig** patient

**gefal'len** *w. dat.* **er gefällt, gefiel, hat gefallen** to please; **es hat mir gefallen** it pleased me, I liked it
**gegen** *prep. w. acc.* toward, against
die **Gegend, -en** neighborhood, region
das **Gegenteil, -s, -e** opposite
das **Geheim'nis, -nisses, -nisse** secret
**gehen, er geht, ging, ist gegangen** to go
**gehö'ren** *w. dat.* to belong to
**gelb** yellow
das **Geld, -es, -er** money
der **Geldbeutel, -s, -** purse
**geling'en, es gelingt, gelang, ist gelungen** to be successful; **es gelang mir** I succeeded
die **Gele'genheit, -en** opportunity
das **Gemü'se, -s, -** vegetable, vegetables
**gemüt'lich** sociable, cozy, comfortable
die **Gemüt'lichkeit** comfort, sociability
**genies'sen, er geniesst, genoss, hat genossen** to enjoy
**genug'** enough
die **Geographie'** geography
das **Gepäck', -s** baggage
**gera'de** just now; straight
das **Gericht', -s, -e** food, dish
**gern** gladly; **er spielt gern** he likes to play
das **Geschäft', -s, -e** business
der **Geschäfts'mann, -s,** businessman; **Geschäftsleute** businessmen
die **Geschäfts'sache, -n,** business matter
**gesche'hen, es geschieht, geschah, ist geschehen** to happen
das **Geschenk', -s, -e** gift
die **Geschich'te, -n** history, story
**geschmack'voll** tasty
das **Gespräch', -s, -e** conversation
**geste'hen, er gesteht, gestand, hat gestanden** to confess
**gestern** yesterday
die **Gesund'heit** health
das **Gewicht', -s** weight
**gewin'nen, er gewinnt, gewann, hat gewonnen** to win

**gewiss'** certain, certainly
**gewöhn'lich** usual, usually
**giessen, er giesst, goss, hat gegossen** to spill, pour
der **Gipfel, -s, -** peak
das **Glas, -es, ⸚er** glass
**glauben** to believe, think
**glücklich** happy, fortunate
**glücklicherweise** luckily
der **Gott, -es, ⸚er** god
das **Gras, -es, ⸚er** grass
**gratulie'ren** *w. dat.* to congratulate
**grau** gray
**gross (grösser, am grössten)** big, great
**grossartig** splendid
**grün** green
**gründlich** thoroughly
der **Gruss, -es, ⸚e** greeting
**grüssen** to greet
der **Gummischuh, -s, -e** rubber overshoe
**gut (besser, am besten)** good
das **Gymna'sium, -s, -ien** German secondary school

H

das **Haar, es, e** hair
**haben, er hat, hatte, hat gehabt** to have
der **Hafen, -s, -** harbor
**halb** half; **halb fünf (Uhr)** half past four
der **Hals, -es, ⸚e** neck; **Halsschmerzen** sore throat
das **Halstuch, -s, ⸚er** scarf, neckerchief
**halten, er hält, hielt, hat gehalten** to hold
**halt-machen** to stop
die **Hand, ⸚e** hand; **sie geben sich die Hand** they shake hands
**handeln** to deal
der **Handkoffer, -s, -** suitcase
der **Handschuh, -s, -e** glove
die **Handtasche, -n** handbag
**hängen** to hang
das **Haupt, -es, ⸚er** head, chief
die **Hauptstadt, ⸚e** capital
das **Haus, -es, ⸚er** house; **zu Hause** at home; **nach Hause** (toward) home
die **Hausaufgabe, -n** homework
die **Hausfrau, -en** housewife
das **Heft, -es, -e** notebook
die **Heimat** native place or country

**heim-kommen** to come home
das **Heimweh** homesickness; **er hat Heimweh** he is homesick
**heissen, er heisst, hiess, hat geheissen** to be called; **wie heissen Sie?** what is your name?
**helfen** *w. dat.*, **er hilft, half, hat geholfen** to help
**hell** bright
der **Held, -en, -en** hero
das **Hemd, -(e)s, -en** shirt
**her** *shows direction* (hither)
der **Herbst** autumn
**herein'-kommen** to come in
der **Herr, -n, -en** gentleman, Mr., Lord
**her-reisen** to travel here (hither)
**herrlich** splendid
**herun'ter-nehmen, er nimmt herunter, nahm herunter, hat heruntergenommen** to take down
**herzlich** sincere, sincerely, hearty, cordial
**heute** today; **heute früh** this morning
**hier** here
die **Hilfe** help
der **Himmel, -s** heaven, sky
**hin** *shows direction away*; **hin und her** back and forth
**hinauf-tragen, er trägt hinauf, trug hinauf, hat hinaufgetragen** to carry up
**hinaus-schauen** to look out
**sich hingeben, er gibt sich hin, gab sich hin, hat sich hingegeben** to devote oneself
**hinten** in back
**hinter** *prep. w. dat. or acc.* behind, in back of
**hinzu'-fügen** to add, say further
die **Hitze** heat
**hoch (hoh-** *before -e*) **höher, am höchsten** high
**hoffen** to hope
**hoffentlich** I hope, it is to be hoped
die **Hoffnung, -en** hope
**hören** to hear
das **Hotel, -s, -s** hotel
**hübsch** pretty
der **Hunger, -s** hunger; **ich habe Hunger** I am hungry
der **Hut, -es, ⸚e** hat

I

**ich** I
**ihr** *pers. pron. fam. plu.* you; **ihr** *poss. adj.* her, their; **Ihr** *poss. adj. pol. form* your
**illustrie'ren** to illustrate
der **Imbiss, -isses, -isse** lunch, snack
**immer** always; **immer wieder** again and again
**importie'ren** to import
der **Importeur', -s, -e** importer
**in** *prep. w. dat. or acc.* in, into
**indem'** *subj. conj.* while
**indes'sen** *adv.* meanwhile
**intelligent'** intelligent
**interessant'** interesting
das **Interes'se, -s, -en** interest
**interessie'ren** to interest; **sich interessie'ren für** to be interested in
**irgendein, irgendwelcher** any (whatsoever)
das **Ita'lien** Italy
das **Italie'nisch** Italian (language)
**italie'nisch** *adj.* Italian

J

**ja** yes
die **Jacke, -n** jacket
das **Jahr, -es, -e** year
die **Jahreszeit, -en** season
**jährlich** yearly, annual
der **Januar, -s** January
**jawohl'** yes indeed
**jeder, -e, -es** that, each, every
**jedermann** everybody
**jedesmal** every time
**jemand** somebody
**jetzt** now
der **Juli** July
**jung** young
der **Junge, -n, -n** boy, youth
der **Juni** June

K

der **Kaffee', -s** coffee
der **Kaiser, -s, -** emperor
der **Kalen'der, -s, -** calendar
**kalt** cold
die **Kälte** cold
das **Kapi'tel, -s, -** chapter
die **Karte, -n** ticket
der **Kartenschalter, -s, -** ticket office
**kaufen** to buy
der **Käufer, -s, -** the buyer
der **Kaufmann, -s,** *pl.* **Kaufleute** merchant
**kaum** scarcely
**kein, keine, kein** no, not a
**keiner** nobody
der **Kellner, -s, -** waiter
**kennen, er kennt, kannte, hat gekannt** to know, be acquainted with; **kennenlernen** to get to know, make the acquaintance of
die **Kenntnis, -nisse** knowledge, information
die **Kera'mik** ceramics
der **Kessel, -s, -** kettle
das **Kilo, -s, -s** kilogram
der **Kilome'ter, -s, -** kilometer
das **Kind, -es, -er** child
das **Kino** cinema, movies; **ins Kino gehen** to go to the movies
die **Kirche, -n** church
**klar** clear
die **Klasse, -n** class
das **Klavier', -s, -e** piano
das **Kleid, -(e)s, -er** dress; *pl.* clothes
**klein** small
das **Klima, -s, -s** climate
**klingeln** to ring
**klug** clever, wise
der **Knabe, -n, -n** boy
**kochen** to cook
**kommen, er kommt, kam, ist gekommen** to come
die **Kommode, -n** dresser
**komponie'ren** to compose
der **König, -s, -e** king
**können, er kann, konnte, hat gekonnt** to be able, can; **er kann Deutsch** he knows German
das **Konzert', -s, -e** concert; **ins Konzert gehen** to go to the concert
der **Kopf, -es, ⸚e** head
der **Korb, -es, ⸚e** basket
**kostbar** dear, expensive
**köstlich** delicious
**kräftig** strong, powerful
der **Kraftwagen, -s, -** automobile
**krank** sick, ill
die **Krankheit, -en** sickness
die **Krawat'te, -en** necktie
der **Krieg, -(e)s, -e** war
die **Küche, -n** kitchen, cuisine
der **Kuchen, -s, -** cake
**kühl** cool
die **Kultur', -en** culture
der **Kunde, -n, -n** customer
die **Kunst, ⸚e** art
der **Kursus,** des **Kursus,** die **Kurse** course
**kurz** short
**küssen** to kiss
der **Kuss, Kusses, Küsse** kiss

L

**lachen** to laugh
der **Laden, -s, ⸚** shop, store
die **Lage, -n** situation, location
die **Lampe, -n** lamp
das **Land, -es, ⸚er** land, country; **auf dem Lande** in the country; **aufs Land** to the country
die **Lankarte, -n** map
die **Landschaft, -en** landscape
**lang** long
**langsam** slowly
**sich langweilen** to be bored
der **Lärm, -(e)s** noise
**lassen, er lässt, liess, hat gelassen** to let, allow, have something done
der **Lastwagen, -s, -** truck
**laut** loud
das **Leben, -s, -** life
**leben** to live, be alive
**lebhaft** lively
**legen** to put, place
die **Legende, -n** legend
der **Lehnstuhl, -(e)s, ⸚e** easy chair
**lehren** to teach
der **Lehrer, -s, -** teacher
**leicht** easy, light
das **Leid** sorrow; **es tut mir leid** I am sorry
**leider** unfortunately
**leihen, er leiht, lieh, hat geliehen** to lend
**leisten** to perform, achieve; **Dienste leisten** to render services
die **Lektion', -en** lesson
**lernen** to learn
**lesen, er liest, las, hat gelesen** to read
das **Lesebuch, -(e)s, ⸚er** reader, reading book
**letzt** last
die **Leute** people
**lieb (lieber, am liebsten)** dear, agreeable; **ich gehe lieber** I prefer to go; **ich spiele am liebsten** I like best of all to play
**liebenswürdig** likable, charming
das **Lied, -es, -er** song
**liegen, er liegt, lag, hat gelegen** to lie, be situated
die **Liste, -n** list
**loben** to praise
der **Löffel, -s, -** spoon
die **Luft, ⸚e** air
das **Lustspiel, -s, -e** comedy
der **Lyriker, -s, -** lyric poet

M

**machen** to make, do
das **Mädchen, -s, -** girl
die **Mahlzeit, -en** meal

das **Mal, -es, -e** time; **einmal, zweimal, usw.** once, twice, three times, etc.; **manchmal** sometimes; **das erste Mal** the first time
der **Mai, -s** May
**malerisch** picturesque
**man** *indef. pron.* one, people, they
**mancher, -e, -es** many a; *pl.* many, some
der **Mann, es, ⸚er** man, husband
der **Mantel, -s, ⸚** coat
die **Mark** mark (unit of German currency, now about 24 cents)
der **Markt, -es, ⸚e** market
der **März** March
die **Masse, -n** mass
die **Mathematik′** mathematics
die **Medizin′** medicine
**mehr** more
**mehrere** several
die **Meile, -n** mile
**mein, meine, mein** my
**meinen** to mean, to believe
die **Meinung, -en** opinion, meaning; **meiner Meinung nach** in my opinion
**meist** most; **meistens** for the most part
der **Meister, -s, -** master
der **Mensch, -en, -en** human being, man
das **Messer, -s, -** knife
**mieten** to rent
das **Miethaus** apartment house
die **Milch** milk
**mild** mild
**mildern** to moderate, soften
die **Minute, -n** minute
**mit** *prep. w. dat.* with
der **Mittag, -s, -e** noon
das **Mittagessen, -s, -** noon meal
die **Mitte** middle
**mit-teilen** to inform, impart
der **Mittwoch** Wednesday
**möbliert′** furnished
**modern′** modern
**mögen, er mag, mochte, hat gemocht** to like, care to, may
**möglich** possible
die **Möglichkeit, -en** possibility
**möglichst bald** as soon as possible
der **Monat, -s, -e** month
der **Montag, -s** Monday
der **Morgen, -s, -** morning; **guten Morgen** good morning; **morgen** tomorrow; **morgen früh** tomorrow morning
**müde** tired
**multiplizie′ren** to multiply
**munter** cheerful
das **Museum, -s, Muse′en** museum
die **Musik′** music
**müssen, er muss, musste, hat gemusst** to have to, must
die **Mutter, ⸚** mother

N

**nach** *prep. w. dat.* after, to, according to
die **Nachbarschaft, -en** neighborhood
**nachdem** *sub. conj.* after
**nach-prüfen** to check
die **Nachricht, -en** report, news
**nach-schauen** to look after
die **Nacht, ⸚e** night
**nah (näher, nächst)** near
die **Nähe** vicinity
**nahrhaft** nutritious
die **Nahrungsmittel** *pl.* foods, groceries
der **Name, -ns, -n** name
**nämlich** namely, that is
**nass** wet
die **Natur** nature
**natür′lich** naturally, of course
**neben** *prep. w. dat. or acc.* beside, next to
**nehmen, er nimmt, nahm, hat genommen** to take
**nein** no (opposite of **ja**)
**nennen, er nennt, nannte, hat genannt** to name, call
**nett** nice
**neu** new
**neugierig** curious
die **Neuigkeit, -en** piece of news; *pl.* news
**neulich** recently
**nicht** not; **nicht wahr?** isn't that so?
**nichts** nothing
**nie** never; **niemals** never
**nieder** down
**niedrig** low
**niemand** nobody
**nimmer** never
**noch** still, yet; **noch ein** one more; **noch nicht** not yet
der **Norden, -s** north
das **Notenheft, -s, -e** music book
die **Nummer, -n** number
**nun** well, now; **nun also** well then
**nur** only; **nicht nur . . . sondern auch** not only . . but also

O

**ob** whether, if
**obwohl′** *sub. conj.* although
das **Obst, -es** fruit
**oder** or; **entweder . . . oder** either . . . or
**offen** open
**öffnen** to open
**oft** often
**ohne** *prep. w. acc.* without
der **Onkel, -s, -** uncle
die **Oper, -n** opera
die **Operet′te, -n** musical comedy
die **Oran′ge, -n** orange; der **Orangensaft** orange juice
der **Osten** east

P

das **Paar, -(e)s, -e** pair; **ein Paar (Schuhe)** a pair (of shoes); **ein paar** a couple
**packen** to pack
das **Papier′, -s, -e** paper
der **Park, -es, -e** park
das **Parkett′, -s, -e** orchestra (part of theater)
der **Passagier′, -s, -e** passenger
die **Person′, -en** person
**persön′lich** personally
der **Pfennig, -s, -e** pfennig (now about ¼ cent) penny
das **Pfund, -es, -e** pound
die **Photographie′, -n** photograph
**plagen** to pester, annoy
das **Plakat′, -(e)s, -e** placard, poster
die **Platte, -n** record, disc
der **Platz, -es, ⸚e** place, seat
**plaudern** to chat
**plötzlich** sudden(ly)
die **Polizei′wache, -n** police station
das **Porträt′, -s, -e** portrait
die **Post** mail
das **Postamt, -s, ⸚er** post office
der **Preis, -es, -e** price, prize
das **Problem′, -s, -e** problem
der **Profes′sor, -s, Profes-so′ren** professor
das **Programm′, -s, -e** program
das **Prozent′, -s, -e** percent
der **Prozent′satz** percentage
**prüfen** to test, examine
die **Prüfung, -en** the test, examination; **eine Prüfung bestehen** to pass an examination
das **Pult, -(e)s, -e** desk
der **Punkt, -es, -e** period; **punkt neun Uhr** nine o'clock sharp
**pünktlich** punctual(ly), on time

Q

die **Qualität′, -en** qaulity
die **Quantität′, -en** quantity

R

das **Radio, -s** radio; **im Radio** on the radio
der **Rang, -es ⸚e** balcony (of theater)
**rasch** quickly
**rasen** to rage, rush madly, speed
**raten** *w. dat.*, **er rät, riet, hat geraten** to guess; **ich rate Ihnen** I advise you
der **Rauch, -es** smoke
**rauchen** to smoke
sich **rasie′ren** to shave oneself
**rechnen** to figure, reckon
die **Rechnung, -en** bill, sum
das **Recht, -es -e** right; **mit Recht** correctly, rightly; **sie haben recht** you are right
**reden** to talk
die **Regel, -n** rule
der **Regen, -s** rain
der **Regenmantel, -s, ⸚** raincoat
der **Regenschirm, -s, -e** umbrella
**regnen** to rain
**reich** rich
**reichen** to hand, to pass
die **Reihe, -en** row
die **Reise, -n** trip
**reisen** to travel
das **Reisebuch, -(e)s, ⸚er** guide book
**reisefertig** finished, ready to travel
der **Reisende, -n, -n** traveller
der **Reisepass, -es, -pässe** passport
das **Restaurant, -s, -s** restaurant
**reservie′ren** to reserve
**richtig** correct, right
die **Rolle, -n** role
**rot** red
die **Rückreise, -n** trip back
die **Rückfahrkarte, -n** return ticket
die **Rückfahrt** trip back
**rufen, er ruft, rief, hat gerufen** to call
**ruhen** to rest

die **Ruhepause, -n** rest period
**ruhig** quiet
**rund** round

S

der **Saal, -es, Säle** hall, large room
die **Sache, -n** thing
**sagen** to say, tell
der **Salat′, -s, -e** salad
die **Sammlung, -en** collection
der **Samstag** Saturday
**sanft** softly, gently
der **Sänger, -s, -** singer
der **Satz, -es, ⸚e** sentence
die **Schachtel, -n** box
**scharf** sharp
**schätzen** to estimate
das **Schauspiel, -s, e** play
der **Schauspieler, -s, -** actor
der **Scheck, -s, -e** check
**scheinen, er scheint, schien, hat geschienen** to seem, to shine
**schenken** to present
**scherzen** to joke
**schicken** to send
**schlafen, er schläft, schlief, hat geschlafen** to sleep
das **Schlafzimmer, -s, -** bedroom
**schlagen, er schlägt, schlug, hat geschlagen** to hit, defeat
**schlecht** bad(ly)
**schliessen, er schliesst, schloss, hat geschlossen** to close
**schliesslich** finally
**schlimm** bad
das **Schloss, Schlosses, Schlösser** castle
**schmecken** to taste
der **Schnee, -s** snow
**schneiden, er schneidet, schnitt, hat geschnitten** to cut
**schnell** quick(ly), fast
**schneien** to snow
der **Schnellzug, -(e)s, ⸚e** express
**schon** already
**schön** beautiful, fine
der **Schrank, -es, ⸚e** closet; der **Kleiderschrank** wardrobe
**schrecklich** terrible
**schreiben, er schreibt, schrieb, hat geschrieben** to write
die **Schreibmaschine, -n** typewriter
der **Schreibtisch, -es, -e** desk
der **Schuh, -es, -e** shoe
**schulden** to owe
die **Schule, -n** school
der **Schüler, -s, -** schoolboy, pupil
der **Schutzmann, -s, Schutzleute** policeman
**schwach** weak
**schwärmen** to be enthusiastic
**schwarz** black
**schwer** heavy, difficult
die **Schwester, -n** sister
**schwierig** difficult, hard
der **See, -s, -n** lake
die **See, -n** ocean, sea
**sehen, er sieht, sah, hat gesehen** to see
die **Sehenswürdigkeit, -en,** sight, object of interest
**sehr** very
**seiden** *adj.* silk, silken
die **Seife, -n** soap
**sein, er ist, war, ist gewesen** to be
**sein, -e, sein** his
**seit** *prep. w. dat.* since; **seit einer Woche** for a week
**seitdem** *sub. conj.* since; *adv.* since then
die **Seite, -n** page
die **Sekun′de, -n** second
**selber** self; **ich selber** I myself, etc.
**selbst** self; **ich selbst** I myself, etc.
**selbstverständlich** obviously, it goes without saying
die **Semmel, -n** roll
**senden, er sendet, sandte, hat gesandt** to send
der **September, -s** September
das **Servier′brett, -(e)s, -er** tray
**setzen** to place, put
**sich setzen** to sit down, seat oneself
**sicher** sure
**sicherlich** surely
**sie** she, they; **Sie** you
**singen, er singt, sang, hat gesungen** to sing
die **Sitte, -n** custom
**sitzen, er sitzt, sass, hat gesessen** to sit
**so** so, thus; **so gross wie** as large as
**sobald** *sub. conj.* as soon as; *adv.* immediately
**soeben** just, just now
das **Sofa, -s, -s** sofa
**sofort′** at once, immediately
**sogar′** even
**sogleich′ = sofort′** immediately
der **Sohn, -(e)s, ⸚e** son
**solcher, -e, -es** such; **solch ein** such a
**sollen, er soll, sollte, hat gesollt** shall, to be supposed to, ought to, should
der **Sommer, -s, -** summer
**sondern** but, but on the contrary; **nicht nur . . . sondern auch** not only . . . but also
der **Sonntag, -s, -e** Sunday
**sonst** otherwise
**sorgen für** to care for, to take care of
die **Sorte, -n** kind
**sowie** as well as
**sowohl als** as well as
das **Spanien, -s** Spain
**spanisch** Spanish
**spät** late
**spazie′ren** to walk, stroll
**spazie′ren-gehen, er geht spazieren, ging spazieren, ist spazierengegangen** to go for a walk
der **Spazier′gang, -s, ⸚e** walk
die **Speise, -n** food
die **Speisekarte, -n** menu
**speisen** to dine
**spielen** to play
der **Sport, -(e)s, -e** sport
die **Sprache, -n** language, speech
**sprechen, er spricht, sprach, hat gesprochen** to speak
das **Sprichwort, -(e)s, ⸚er** proverb
der **Staat, -es, -en** state
der **Staatsmann, -s, ⸚er** statesman
die **Stadt, ⸚e** city
der **Stamm, -es, ⸚e** trunk; tribe
**stark** strong
die **Station′, -en** station
**statt** *prep. w. gen.* instead of
**statt-finden, er findet statt, fand statt, hat stattgefunden** to take place
**stehen, er steht, stand, hat gestanden** to stand
**stellen** to place, put; **Fragen stellen** to ask questions
die **Stellung, -en** position, job
**sterben, er stirbt, starb, ist gestorben** to die
**stets** always
**still** still, quiet
**stimmt!** that's correct
der **Stock, -es, ⸚e** stick, story (of house)
der **Stoff, -es, -e** stuff, material
**stolz** proud
die **Strasse, -en** street
die **Strecke, -n** stretch, distance
**strecken** to stretch
**streiten, er streitet, stritt, hat gestritten** to quarrel, fight
der **Strudel, -s** strudel
das **Stück, -(e)s, -e** piece
der **Student′, -en, -en** student
**studie′ren** to study
das **Studium, -s, Studien** study
der **Stuhl, -es, ⸚e** chair
die **Stunde, -n** hour, lesson
**stürmisch** stormy
**suchen** to look for, seek
der **Süden, -s** south
die **Summe, -n** sum
die **Suppe, -n** soup

T

der **Tag, -es, -e** day
**täglich** daily
**tanken** to buy gasoline, fill up
die **Tante, -n** aunt
**tanzen** to dance
das **Taschentuch, -(e)s, ⸚er** handkerchief
die **Tasse, -n** cup; **eine Tasse Kaffee** a cup of coffee
**tatsäch′lich** in fact
**tauschen** to change
das **Taxi, -s, -s** taxi
der **Tee, -s** tea
der **Teil, -(e)s, -e** part; **zum Teil** in part
**teilen** to divide; **geteilt durch** divided by
das **Telefon, -s, -e** telephone
**telefonie′ren mit** to carry on a telephone conversation with a person
**telefo′nisch anrufen** to telephone (someone)
der **Teller, -s, -** plate
die **Temperatur′** temperature
**teuer** dear, expensive
das **Thea′ter, -s, -** theater; **ins Theater gehen** to go to the theater
das **Thema, -s, Themen** theme, topic
die **Tinte, -n** ink
das **Tier, -(e)s, -e** animal
der **Titel, -s, -** title
die **Tochter, ⸚** daughter
der **Tod, -es, -e** death
die **Torte, -n** tart, cake
die **Toilet′te** ladies' or men's room
der **Tourist′, -en, -en** tourist

**tragen, er trägt, trug, hat getragen** to carry
**traurig** sad
**trennen** to separate
**trinken, er trinkt, trank, hat getrunken** to drink
das **Trinkgeld, -(e)s, -er** tip, gratuity
**trotz** *prep. w. gen.* in spite of
das **Tuch, -es, ⸚er** cloth
**tüchtig** capable
**tun, er tut, tat, hat getan** to do
die **Tür, -en** door

U

**üben** to practice
**über** *prep. w. dat. or acc.* over, across, about
**überall'** everywhere
**überhaupt'** at all
**übermorgen** day after tomorrow
**überra'schen** to surprise
die **Überra'schung, -en** surprise
**überset'zen** to translate
die **Überset'zung, -en** translation
der **Überzieher, -s, -** overcoat
die **Übung, -en** exercise
das **Ufer, -s, -** shore
die **Uhr, -en** watch, clock; **wieviel Uhr ist es?** what time is it? **um wieviel Uhr?** at what time?
**um** *prep. w. acc.* around; **um . . . zu** in order to
die **Umge'bung, -en** surroundings
**umher-reisen** to travel around
**sich umkleiden** to change clothes
**um-schauen** to look around
**und** and; **und so weiter (usw.)** and so forth (etc.)
der **Unfall, -s, ⸚e** mishap
**ungefähr'** about, approximately
die **Universität', -en** university
**unter** *prep. w. dat. or acc.* under, among
**unterhal'ten, er unterhält, unterhielt, hat unterhalten** to entertain; **sich unterhalten (über)** to converse (about)
**unterneh'men, er unternimmt, unternahm, hat unternommen** to undertake
der **Unterricht, -s** instruction
**unterrich'ten** to teach, instruct
der **Unterschied, -s, -e** difference
die **Untersuch'ung, -en** inspection
die **Untertasse, -n** saucer
**unterwegs'** on the way

V

der **Vater, -s, ⸚** father
die **Verab'redung, -en** appointment
das **Verb, -(e)s, -en** verb
die **Verän'derung, -en** change
**verbrin'gen, er verbringt, verbrachte, hat verbracht** to spend (time)
**verdie'nen** to earn
die **Verei'nigten Staaten** United States
**verges'sen, er vergisst, vergass, hat vergessen** to forget
das **Vergnü'gen, -s, -** pleasure
**vergnü'gungsvoll** pleasurable
**verhei'ratet** married
**verkau'fen** to sell
**verlas'sen, er verlässt, verliess, hat verlassen** to leave, desert
**verlie'ren, er verliert, verlor, hat verloren** to lose
der **Vers, -es, -** verse
**verschie'den** different, varied
**verschrei'ben, er verschreibt, verschrieb, hat verschrieben** to prescribe
**versich'ern** to assure, to insure
**verspre'chen, er verspricht, versprach, hat versprochen** to promise
die **Verspä'tung, -en** lateness, delay; **der Zug hat Verspätung** the train is late
**verste'hen, er versteht, verstand, hat verstanden** to understand; **das versteht sich** that goes without saying
**versu'chen** to try, taste
der **Vertre'ter, -s, -** representative, agent
der **Verwand'te, -n, -n** relative
**verzei'hen, er verzeiht, verzieh, hat verziehen** to pardon
die **Verzei'hung** pardon; **ich bitte um Verzeihung** I beg your pardon
**viel (mehr, meist-)** much, many
**vielleicht** perhaps
**vielmals** often, many times
**voll** full
**vollkom'men** fully, completely
**von** *prep. w. dat.* from, of
**vor** *prep. w. dat. or acc.* before, in front of; **vor einer Woche** a week ago
**voraus** ahead; **im voraus** in advance
**vorbei'fahren, er fährt vorbei, fuhr vorbei, ist vorbeigefahren** to ride past
**sich vorbereiten (auf)** *w. acc.* to prepare for
**vorgestern** day before yesterday
**vorig** former, last; **voriges Jahr** last year
**vor-legen** to place before
**vorne** in front
der **Vorort, -es, -e** suburb
**vor-stellen** to introduce
die **Vorstellung, -en** performance, introduction
**vorteilhaft** advantageous
**vor-ziehen, er zieht vor, zog vor, hat vorgezogen** to prefer
**vorzüg'lich** excellent

W

der **Wagen, -s, ⸚** wagon, car
**wählen** to choose
**wahr** true; **nicht wahr?** isn't it true?
die **Wahrheit, -en** truth
**während** *prep. w. gen.* during; *sub. conj.* = **indem** while
**wahrschein'lich** probable, probably
der **Wald, -es, ⸚er** forest
die **Wand, ⸚e** wall
die **Wanduhr, -en** wallclock
**wann?** when?
die **Ware, -n** goods, ware
**warm** warm
**sich wärmen** to warm oneself
**warten auf** *w. acc.* to wait for
der **Wartesaal, -es, -säle** waiting room
**warum'?** why?
**was** what; **was für** what kind of; **was für ein Tag!** what a day!
**sich waschen, er wäscht sich, wusch sich, hat sich gewaschen** to wash (oneself); **sie waschen sich die Hände** they are washing their hands
das **Wasser, -s** water
**wechseln** to change; **er wechselt Dollars gegen Mark** he changes dollars into marks
**weder . . . noch** neither . . . nor
der **Weg, -es, -e** way; **weg** away
**wegen** *prep. w. gen.* on account of
**weg-gehen** to go away
**weh-tun, es tut weh, tat weh, hat wehgetan** to hurt; **es tut mir weh** it hurts me
die **Weihnachten** Christmas; **zu Weihnachten** for Christmas
**weil** *sub. conj.* because
die **Weile** while
der **Wein, -es, -e** wine
die **Weise** manner, way; **auf diese Weise** in this way
**weiss** white
**weit** far
**weiter** further, farther; **lesen Sie weiter!** read on, continue reading
**weiter-fahren, er fährt weiter, fuhr weiter, ist weitergefahren** to ride, drive on
**weiter-sprechen, er spricht weiter, sprach weiter, hat weitergesprochen** to go on speaking
**welcher, -e, -es** *interrog. adj. & pron.* which, what; *rel. pron.* who, which, that
die **Welt, -en** world
**wenig** little, few; **weniger** less, minus; **ein wenig** a little
**wenigstens** at least
**wenn** *sub. conj.* if, when, whenever
**wer?** who? he who
**werden, er wird, wurde, ist geworden** to become, get; **er wird alt** he is getting old
**wert** worth
**wertvoll** useful, worthwhile
der **Westen, -s** west
das **Wetter, -s** weather
**wichtig** important
**wie?** how? **so gross wie** as large as
**wieder** again
**wiederho'len** to repeat
**Wiedersehen; auf Wiedersehen!** good-by, au revoir
**wiegen, er wiegt, wog, hat gewogen** to weigh

**wieviel′?** how much? how many
der **Wind, -es, -e** wind
**winken** to beckon
der **Winter, -s** winter
**wir** we
**wirklich** really
**wissen, er weiss, wusste, hat gewusst** to know (a fact)
die **Wissenschaft, -en** science
**wo?** where? (at what place?)
die **Woche, -n** week
die **Wochenschau** newsreel
**woher?** from where?
**wohin?** where? (to what place?)
**wohl** well, indeed (*used for emphasis:* **ich bin wohl müde** I am indeed tired)
**wohnen** to dwell, live
die **Wohnung, -en** dwelling, home
das **Wohnzimmer, -s, -** living room
die **Wolke, -n** cloud
der **Wolkenkratzer, -s, -** skyscraper
**wolkenlos** cloudless
**wollen, er will, wollte, hat gewollt** to want to, wish to, intend to
das **Wort, -(e)s,** die **Worte** (*words in phrases and sentences*), die **Wörter** (*words not connected in sense*)
das **Wörterbuch, -s, ¨er** dictionary
**wunderbar** wonderful
**sich wundern (über** *w. acc.*) to be surprised (at)
**wünschen** to wish

Z

die **Zahl, -en** number
**zahlen** to pay
**zählen** to count
**zeigen** to show
die **Zeit, -en** time
**zeitig** early
die **Zeitschrift, -en** magazine
die **Zeitung, -en** newspaper
**zerbrechen, er zerbricht, zerbrach, hat zerbrochen** to break to pieces
**ziehen, er zieht, zog, hat gezogen** to pull
das **Ziel, -(e)s, -e** goal
**ziemlich** rather, fairly
die **Zigaret′te, -n** cigarette
das **Zimmer, -s, -** room
das **Zimmermädchen, -s, -** chambermaid
**zitieren** to cite
die **Zivilisation′** civilization
**zu** *prep. w. dat.* to, toward; *adv.* too
**zu-bereiten** to prepare
die **Zuckerdose** sugar bowl
**zuerst** first, at first
**zufrie′den** satisfied
der **Zug, -(e)s, ¨e** train
**zugleich** at the same time
**zu-hören** to listen to
**sich zurecht′-finden, er findet sich zurecht, fand sich zurecht, hat sich zurechtgefunden** to get along
**sich zurück-ziehen, er zieht sich zurück, zog sich zurück, hat sich zurückgezogen** to withdraw
**zurück-geben, er gibt zurück, gab zurück, hat zurückgegeben** to give back, to return
**zurück-legen** to put back, to cover a distance
die **Zuversicht** confidence, faith
**zuvor′kommend** obliging
**zusam′men** together
**zwar** it is true
der **Zweifel, -s, -** doubt
**zweifel′los** doubtless
**zwischen** *prep. w. dat. or acc.* between

# ENGLISH-GERMAN VOCABULARY

Accent marks are used in the end vocabularies to indicate the stressed syllable of words when the stressed syllable is not the first. The accent mark is simply a pronunciation aid and not part of the spelling.

The cardinal and ordinal numerals are not included in the end vocabularies. The cardinals 1–100 are given in Chapter 13, Grammar Note 1; above 100 in Chapter 14, Grammar Note 1. The ordinals are given in Chapter 24, Grammar Note 1.

A

**able (to be)** können, er kann, konnte, hat gekonnt
**actor** der Schauspieler, -s, -
**advantageous** vorteilhaft
**affair** die Angelegenheit, -en
**after** nach *prep. w. dat.*; nachdem *sub. conj.*
**again** wieder; **again and again** immer wieder
**against** gegen *prep. w. dat.*
**air** die Luft, -, -̈e
**airport** der Flughafen, -s, -̈
**all** aller, -e, -es; **all kinds of** allerlei; **not at all** gar nicht
**almost** fast, beina'he
**already** schon
**also** auch; **not only . . . but also** nicht nur . . . sondern auch
**always** immer, stets
**although** obgleich' *sub. conj.*
**and** und; **and so forth, etc.** und so weiter, usw.
**another (one more)** noch ein
**answer** die Antwort, -, -en
**answer (to)** ***(a person)*** antworten *w. dat.*; ***(a question)*** antworten auf *w. acc.* **or** beant'worten *w. acc.*
**apartment house** das Miethaus, -es, -̈er
**appetite** der Appetit'; **I have an appetite** ich habe Appetit'
**arm** der Arm, -es, -e
**arrive (to)** ankommen
**around** um *prep. w. acc.*
**art** die Kunst, -̈e
**as . . . as** so . . . wie; **as soon as** sobald *sub. conj.*
**ashtray** der Aschenbecher, -s, -
**ask (to)** fragen; **to ask for** bitten um; **to ask questions** Fragen stellen
**assignment** die Aufgabe, -en
**aunt** die Tante, -n
**at** an *prep. w. acc.*
**attentive** aufmerksam
**automobile** das Automobil', -s, -e; das Auto, -s, -s; der Kaftwagen, -s, -
**autumn** der Herbst, -es, -e
**await (to)** erwar'ten

B

**bad** schlecht
**balcony** der Rang, -es, -̈e
**basket** der Korb, -es, -̈e
**bathroom** das Badezimmer, -s, -
**be (to)** sein, er ist, war, ist gewesen; **to be located** sich befinden
**beautiful** schön
**because** weil *sub. conj.*; denn *coord. conj.*
**become (to)** werden, er wird, wurde, ist geworden
**bed** das Bett, -es, -en
**bedroom** das Schlafzimmer, -s, -
**beer** das Bier, -es, -e
**before** vor *prep. w. dat. or acc.*; ehe (bevor) *sub. conj.*
**beginning** der Anfang, -s, -̈e
**begin (to)** beginnen, er beginnt, begann, hat begonnen; an-fangen, er fängt an, fing an, hat angefangen
**behind** hinter *prep. w. dat. or acc.*
**believe (to)** glauben (*w. dat. of persons*)
**belong to (to)** gehö'ren *w. dat.*
**beside** neben *prep. w. dat. or acc.*; bei *prep. w. dat.*
**besides** ausserdem
**better** besser
**between** zwischen *prep. w. dat. or acc.*
**big** gross
**bill** die Rechnung, -en
**birthday** der Geburts'tag, -es, -e
**black** schwarz
**blue** blau
**book** das Buch, -es, -̈er
**bored (to be)** sich langweilen
**both** beide
**bottle** die Flasche, -n
**boy** der Knabe, -n, -n; der Junge, -n, -n
**bread** das Brot, -es, -e
**breakfast** das Frühstück, -(e)s, -e
**breakfast (to)** frühstücken
**bring (to)** bringen, er bringt, brachte, hat gebracht
**bright** hell
**broad** breit
**brother** der Bruder, -s, -̈
**brown** braun
**building** das Gebäude', -s, -
**business** das Geschäft', -es, -e
**busy** beschäf'tigt
**but** aber; **but (on the contrary)** sondern; **not only . . . but also** nicht nur . . . sondern auch
**buy (to)** kaufen
**buyer** der Käufer, -s -

C

**cake** der Kuchen, -s, -
**calendar** der Kalen'der, -s, -
**call (to)** rufen, er ruft, rief, hat gerufen; **to call for** ab-holen; **to call up** anrufen
**called (to be)** heissen, er heisst, hiess, hat geheissen
**capable** tüchtig
**capital** die Hauptstadt, -̈e
**car** der Wagen, -s, -; das Auto, -s -s; **people's car** der Volkswagen
**carry (to)** tragen, er trägt, trug, hat getragen; **to carry up** hinauftragen
**certain(ly)** gewiss', sicher
**chair** der Stuhl, -es, -̈
**change (to)** wechseln
**chat (to)** plaudern
**cheerful** munter, fröhlich
**child** das Kind, -es, -er
**cigarette** die Zigaret'te, -n
**citizen** der Bürger, -s, -
**city** die Stadt, -̈e
**class** die Klasse, -n
**clear** klar
**clever** klug
**climate** das Klima, -s, -s
**clock** die Uhr, -en; **what time is it?** wieviel Uhr ist es?
**close (to)** schliessen, er schliesst, schloss, hat geschlossen
**clothes** die Kleider *pl.*
**coat** der Mantel, -s, -̈
**coffee** der Kaffee', -s
**cold** kalt; **to catch cold** sich erkälten
**color** die Farbe, -n
**come (to)** kommen, er kommt, kam, ist gekommen; **to come in** herein'-kommen
**comfortable** angenehm, bequem
**cool** kühl
**concert** das Konzert', -s, -e; **to go to a concert** ins Konzert gehen
**congratulate (to)** gratulie'ren *w. dat.*
**conversation** das Gespräch', -s, -e
**cook (to)** kochen
**correct** richtig
**cost (to)** kosten
**count (to)** zählen
**country** das Land, -es, -̈er; **to the country** aufs Land; **in the country** auf dem Lande
**cup** die Tasse, -, -n
**curious** neugierig
**customer** der Kunde, -n, -n
**cut (to)** schneiden, er schneidet, schnitt, hat geschnitten

D

**daily** täglich
**dance (to)** tanzen
**dark** dunkel
**date** das Datum, -s, Daten
**daughter** die Tochter, -̈
**day** der Tag, -es, -e; **day after tomorrow** übermorgen; **day before yesterday** vorgestern
**dear** teuer **(expensive)**, lieb
**depart (to)** ab-reisen, abfahren
**departure** die Abreise, -n
**describe (to)** beschrei'ben, er beschreibt, beschrieb, hat beschrieben
**desk** der Schreibtisch, -es, -e; das Pult, -es, -e
**dictionary** das Wörterbuch, es, -̈er

**different** anders, verschie′den
**difficult** schwer
**diligent** fleissig
**dine (to)** speisen
**dining room** das Esszimmer, -s, -
**dinner (*midday*)** das Mittagessen, -s, -
**dish** der Teller, -s, -; die Platte, -n
**divide (to)** dividi′eren, teilen
**do (to)** tun, machen
**doctor** der Doktor, -s, Dokto′ren; der Arzt **(physician)**, -es, ¨-e
**door** die Tür, -en
**doubt** der Zweifel, -s, -; **doubtless** zweifellos, ohne Zweifel
**dozen** das Dutzend, -s, -e
**drama** das Drama, -s, Dramen
**dress** das Kleid, -es -er
**dress onself** sich an-ziehen
**driver** der Fahrer, -s, -
**drink (to)** trinken, er trinkt, trank, hat getrunken
**during** während *prep. w. gen.*
**dwell (to)** wohnen

E

**each** jeder, -e, -es
**early** früh
**earnest** ernst
**earn** verdie′nen
**easy** leicht
**eat (to)** essen, er isst, ass, hat gegessen
**egg** das Ei, -es, -er
**either . . . or** entweder . . . oder
**end** das Ende, -s, -en; **at an end** zu Ende
**English** das Englisch *noun*, englisch *adj.*; **in English** auf englisch
**enjoy (to)** genies′sen, er geniesst, genoss, hat genossen; **to enjoy oneself** sich amüsie′ren
**enough** genug
**enter (to)** ein-treten
**entrance** der Eingang, -s, ¨-e
**even** sogar
**evening** der Abend, -s, -e; **in the evening** am Abend; **evenings** abends
**event** das Ereig′nis, -ses, -se
**everybody** jedermann
**everywhere** überall
**examination** die Prüfing, -en
**excellent** vorzüg′lich, ausgezeich′net
**except** ausser *prep. w. dat.*
**excited** aufgeregt
**excursion** der Ausflug, -s, ¨-e
**exercise** die Übung, -en
**exit** der Ausgang, es, ¨-e
**expensive** teuer, kostbar
**explain (to)** erklären
**express (*train*)** der Schnellzug, -s, ¨-e
**extraordinary** ausseror′dentlich
**eye** das Auge, -s, -n

F

**factory** die Fabrik, -en
**fall (to)** fallen, er fällt, fiel, ist gefallen
**family** die Fami′lie, -n
**famous** berühmt′
**far** weit, fern
**fast** schnell, rasch
**father** der Vater, -s, ¨-
**feel (to)** fühlen; **to feel well, sick, etc.** sich fühlen; **I feel well** ich fühle mich wohl
**fever** das Fieber, -s, -
**finally** schliesslich, endlich
**foot** der Fuss, -es, ¨-e
**French** das Franzö′sisch; französisch *adj.*; **in French** auf französisch
**friend** der Freund, -es, -e
**from** von *prep. w. dat.*
**fruit** das Obst, -es, -e; die Frucht, ¨-e
**full** voll
**further** weiter; **read further** lesen Sie weiter!

G

**garden** der Garten, -s, ¨-
**German** das Deutsch; deutsch *adj.*; **in German** auf deutsch
**get (to)** bekom′men, erhal′ten; **to get along** sich zurecht′-finden; **to get on (*mount*)** bestei′gen, einsteigen; **to get out (*of vehicle*)** aus-steigen; **to get up** auf-stehen
**gift** das Geschenk′, -s, -e
**girl** das Mädchen, -s, -
**give (to)** er gibt, gab, hat gegeben; **to give back** zurück-geben
**glad** froh
**gladly** gern; **he likes to play** er spielt gern
**glass** das Glas, -es, ¨-er
**glove** der Handschuh, -s, -e
**go (to)** gehen, er geht, ging, ist gegangen
**goal** das Ziel, -es, -e
**good** gut
**goods** die Ware, -n
**gray** grau
**green** grün
**greet (to)** grüssen
**greeting** der Gruss, -es, ¨-e
**guest** der Gast, -es, ¨-e

H

**hand** die Hand, ¨-e
**hand (to)** reichen
**handbag** die Handtasche, -n
**handkerchief** das Taschentuch, -s, ¨-er
**hang (to) (*something*)** hängen
**happen (to)** gesche′hen, es geschieht, geschah, ist geschehen
**happy** glücklich
**hat** der Hut, -es, ¨-e
**have (to)** haben; **to have to** müssen, er muss, musste, hat gemusst
**head** der Kopf, -es, ¨-e
**hear (to)** hören
**heavy** schwer
**help** die Hilfe
**help (to)** helfen *w. dat.*, er hilft, half, hat geholfen
**here** hier
**high** hoch; **higher** höher; **highest** der, die, das höchste
**hold (to)** halten, er hält, hielt, hat gehalten
**home** die Wohnung, -en, das Heim; **home country** die Heimat; **I am going home** ich gehe nach Hause; **I am at home** ich bin zu Hause; **homesickness** das Heimweh; **he was homesick** er hatte Heimweh
**homework** die Hausaufgabe, -n
**hope (to)** hoffen
**hot** heiss
**hotel** das Hotel, -s, -s
**hour** die Stunde, -n
**house** das Haus, -es, ¨-er
**how?** wie? **how many?** wieviel′(e); **how much?** wieviel?
**human being** der Mensch, -en, -en
**hunger** der Hunger; **I am hungry** ich habe Hunger
**hurry** eilen
**hurt (to)** weh-tun *w. dat.*; **it hurts me** es tut mir weh

I

**if** wenn *sub. conj.*
**immediately** sofort′, sobald′, sogleich′
**import (to)** importie′ren
**important** wichtig
**in, into** in *prep. w. dat. or acc.*
**industrious** fleissig
**information** die Auskunft, ¨-e
**inhabitant** der Einwohner, -s, -
**ink** die Tinte, -n
**intelligent** intelligent′
**interested; to be interested in** sich interessie′ren für
**interesting** interessant′
**introduce** vor-stellen
**introduction** die Vorstellung, -en
**invitation** die Einladung, -en
**invite (to)** ein-laden, er lädt ein, lud ein, hat eingeladen

J

**job** die Stellung, -en
**joke (to)** scherzen
**joy** die Freude; **it gives me pleasure** es macht mir Freude
**just: just now** soe′ben

K

**kind** die Sorte, -n
**kilogram** das Kilogramm′, -s, -e; das Kilo, -s, -s
**kilometer** der Kilome′ter, -s, -
**kiss (to)** küssen
**kitchen** die Küche, -n
**knife** das Messer, -s, -
**know (to): to know facts** wissen; **to know, be acquinted with** kennen; **to get to know** kennenlernen
**known** bekannt′

L

**lady** die Dame, -n
**lake** der See, -s, -n
**lamp** die Lampe, -n
**land** das Land, -es, ¨-er
**language** die Sprache, -, -n
**last** letzt
**last (to)** dauern
**late** spät
**laugh (to)** lachen
**lead (to)** führen
**leave (to) on a trip** abreisen, ab-fahren; **to leave a person or place** verlassen
**lend (to)** leihen, er leiht, lieh, hat geliehen
**less** weniger
**lesson** die Stunde, -, die Lektion′, -en; **assignment** die Aufgabe, -n

**let (to)** lassen, er lässt, liess, hat gelassen
**letter** der Brief, -es, -e
**library** die Bibliothek′, -en
**lie (to)** liegen, er liegt, lag, hat gelegen
**life** das Leben, -s, -
**like (to)** mögen, er mag, mochte, hat gemocht; *verb* + gern **I like to read** ich lese gern
**listen (to)** zu-hören
**little** klein; **a little** ein wenig, ein bisschen
**live (to)** leben; **(*dwell*)** wohnen
**living room** das Wohnzimmer, -s, -
**long** lang
**look** sehen, er sieht, sah, hat gesehen; schauen; **to look at** an-schauen; **to look for** suchen
**lose (to)** verlie′ren, er verliert, verlor, hat verloren
**loud** laut
**love (to)** lieben
**luckily** glücklicherweise

M

**magazine** die Zeitschrift, -en
**maid (servant)** das Dienstmädchen, -s, -
**mail** die Post
**make (to)** machen
**man** der Mann, -es, ⸚er
**manager (head)** der Chef, -s, -s
**many** viel, viele
**map** die Landkarte, -n
**mark (*unit of German currency*)** die Mark
**married** verhei′ratet
**market** der Markt, -es, ⸚e
**may (*to be permitted to*)** dürfen, er darf, durfte, hat gedurft
**meal** die Mahlzeit, -en
**mean (to)** bedeu′ten, meinen
**meat** das Fleisch, -es
**medicine** die Medizin′
**meet (to)** begeg′nen *w. dat.*; **to get acquainted with** kennenlernen
**menu** die Speisekarte, -n
**merchant** der Kaufmann, -s, die Kaufleute
**milk** die Milch
**minute** die Minu′te, -en
**mistake** der Fehler, -s, -
**Miss** das Fräulein, -s, -
**money** das Geld, -es, -er
**month** der Monat, -s, -e
**more** mehr
**morning** der Morgen, -s, -; **good morning!** guten Morgen; **tomorrow morning** morgen früh; **this morning** heute morgen
**most** der, die, das meiste; **for the most part** meistens
**mother** die Mutter, ⸚
**mount (to) (*a vehicle*)** ein-steigen
**movies** das Kino; **I am going to the movies** ich gehe ins Kino
**Mr.** der Herr, -n -en
**museum** das Muse′um, -s, die Muse′en
**music** die Musik′
**must** müssen, er muss, musste, hat gemusst

N

**name (to)** nennen, er nennt, nannte, hat genannt
**named (to be)** heissen, hiess, hat geheissen
**naturally** natür′lich
**near** nah(e); **nearer** näher
**nearly** fast, beina′he
**need (to)** brauchen
**never** nie, niemals, nimmer
**neither . . . nor** weder . . . noch
**new** neu
**news** die Nachricht, -en
**newspaper** die Zeitung, -en
**next** der, die das nächste
**nevertheless** doch
**nice** nett
**night** die Nacht, ⸚e
**no** nein; **no, not a, not any** kein, keine, kein
**nobody** keiner, niemand
**not** nicht; **not at all** gar nicht
**notebook** das Heft, -es, -e
**nothing** nichts
**now** jetzt, nun
**number** die Zahl, -en; die Nummer, -n

O

**occupation** der Beruf′, -s, -e
**occupied** besetzt′
**occupy (to)** bewoh′nen
**of** von *prep. w. dat.*
**offer (to)** bieten, er bietet, bot, hat geboten; anbieten
**office** das Büro′, -s, -s
**often** oft, vielmals
**old** alt; **older** älter
**on (on top of)** auf *prep. w. dat. or acc.*; **on (at, up against)** an *prep. w. dat. or acc.*
**one (people, they)** man *indef. pron.*; **one says (people say, it is said)** man sagt
**once** einmal; **all at once** auf einmal
**only** nur
**open** offen
**open (to)** öffnen, aufmachen
**opportunity** die Gele′genheit, -en
**or** oder; **either . . . or** entweder . . . oder
**order: in order to** um . . . zu
**other** der, die, das andere
**otherwise** sonst
**ought** sollen, er soll, sollte, hat gesollt
**out of** aus *prep. w. dat.*
**outside** draussen
**outside of** ausser *prep. w. dat.*
**over** über *prep. w. dat. or acc.*

P

**pack (to)** packen
**page** die Seite, -n
**pair** das Paar, -es, -e
**paper** das Papier′, -s, -e; **newspaper** die Zeitung, -en
**pardon (to)** entschul′digen *w. acc.*; verzei′hen *w. dat.*, er verzeiht, verzieh, hat verziehen
**parents** die Eltern
**parking lot** der Parkplatz, -es, ⸚e
**part** der Teil, -es, -e; **in part** zum Teil
**pass (to) (*an examination*)** bestehen
**passenger** der Passagier′, -s, -e
**passport** der Reisepass, -passes, -pässe
**pay (to)** (be)zahlen
**pay attention (to)** achtgeben
**pen** die Feder, -n
**pencil** der Bleistift, -s, -e
**people** die Leute
**performance** die Vorstellung, -en
**perhaps** vielleicht′
**permit (to)** erlau′ben
**permitted (to be)** dürfen, er darf, durfte, hat gedurft
**person** die Person′, -en
**photograph** die Photographie′, -n
**piano** das Klavier′, -s, -e
**picture** das Bild, -es, -er
**piece** das Stück, -es, -e
**place** der Platz, -es, ⸚e
**place (to)** setzen; **to place before** vor-legen
**plate** der Teller, -s, -
**play** das Schauspiel, -s, -e
**play (to)** spielen
**pleasant** angenehm
**please** bitte!
**please (to)** gefal′len *w. dat.*, er gefällt, gefiel, hat gefallen
**pleasure** das Vergnü′gen, -s, -
**popular (with)** beliebt′ (bei)
**portrait** das Porträt′, -s, -e
**position** die Stellung, -en
**possible** möglich
**post office** das Postamt, -s, ⸚er
**pound** das Pfund, -es, -e
**practice** üben
**praise** loben
**prefer (to)** vor-ziehen; lieber + *verb:* **I prefer spring** ich habe den Frühling lieber
**prepare (to)** berei′ten
**present (to)** schenken
**present** das Geschenk′, -s, -e
**pretty** hübsch
**price** der Preis, -es, -e
**probably** wahrschein′lich
**problem** das Problem′, -s, -e
**profession** der Beruf′, -s, -e
**professor** der Profes′sor, -s, Professo′ren
**program** das Programm′, -s, -e
**progress** der Fortschritt, -s, -e
**promise (to)** verspre′chen
**proud (of)** stolz auf *w. acc.*
**pupil** der Schüler, -s, -
**purchase** der Einkauf, -s, ⸚e
**purchase (to)** kaufen, einkaufen
**put (to)** stellen

Q

**question** die Frage, -n
**quickly** schnell, rasch
**quiet** ruhig, still
**quite** ganz, recht

R

**radio** das Radio, -s; **on the radio** im Radio
**rain** der Regen, -s
**rain (to)** regnen
**raincoat** der Regenmantel, -s, ⸚
**rather** zeimlich
**reach (to)** errei′chen

**read (to)** lesen, er liest, las, hat gelesen
**really** eigentlich, wirklich
**recently** neulich
**receive (to)** bekom'men; erhal'ten
**recognize (to)** erken'nen
**record** die Schallplatte, -n
**red** rot
**relate (to)** erzäh'len
**remain (to)** bleiben, er bleibt, blieb, ist geblieben
**remember (to)** sich erin'nern an *w. acc.*
**rent (to)** mieten
**report (to)** berich'ten
**representative** der Vertre'ter, -s, -
**rest (to)** ruhen
**restaurant** das Restaurant', -s, -s
**rich** reich
**ride** fahren, er fährt, fuhr, ist gefahren; **to ride past** vorbei-fahren
**right** das Recht; **rightly** mit Recht; **you are right** Sie haben recht
**ring up (to)** an-rufen
**role** die Rolle, -, -n
**room** das Zimmer, -s, -
**round** rund
**row** die Reihe, -n
**run (to)** laufen, er läuft, lief, ist gelaufen

S

**sad** traurig
**say (to)** sagen
**satisfied** zufrie'den
**saucer** die Untertasse, -n
**scarcely** kaum
**school** die Schule, -n
**sea** die See, -n
**season** die Jahreszeit, -en
**seat** der Platz, -es, -̈e; der Sitz, -es, -e
**see (to)** sehen, er sieht, sah, hat gesehen
**sell (to)** verkau'fen
**send (to)** senden, schicken
**several** einige, mehrere
**sharp** scharf; **5 o'clock sharp** punkt 5 Uhr
**shirt** das Hemd, -es, -en
**shoe** der Schuh, -es, -e
**shop** der Laden, -s, -̈
**shop (to)** ein-kaufen, Einkäufe machen
**short** kurz
**should** sollen, er soll, sollte, hat gesollt
**show (to)** zeigen
**sick** krank
**side** die Seite, -n
**since** seit *prep. w. dat.*; seitdem' *sub. conj.*
**sincerely** herzlich
**sing (to)** singen, er singt, sang, hat gesungen
**single (*sole*)** einzig
**sister** die Schwester, -n
**sit (to)** sitzen, er sitzt, sass, hat gesessen; **to sit down** sich setzen
**sleep** schlafen, er schläft, schlief, hat geschlafen
**slow** langsam
**small** klein
**smoke (to)** rauchen
**snow (to)** schneien
**so** so, also
**sofa** das Sofa, -s, -s
**some** etwas, einige, mehrere
**somebody** jemand
**something** etwas
**son** der Sohn, -es, -̈e
**soon** bald; **as soon as** sobald' *sub. conj.*
**sorry: I am sorry** es tut mir leid
**soup** die Suppe, -n
**speak (to)** sprechen, er spricht, sprach, hat gesprochen
**spend (to) (*time*)** verbrin'gen; **(*money*)** ausgeben
**spite: in spite of** trotz *prep. w. gen.*
**splendid** herrlich, grossartig
**spoon** der Löffel, -s, -
**spring** der Frühling, -s
**stand (to)** stehen, er steht, stand, hat gestanden; **to stand up** auf-stehen
**station** die Station', -en; der Bahnhof, -s, -̈e
**stay (to)** bleiben, er bleibt, blieb, ist geblieben
**steamship** der Dampfer, -s, -
**still** ruhig, still
**stop (to)** halt-machen; **(cease)** auf-hören
**store** der Laden, -s, -̈
**story** die Geschich'te, -, -n
**street** die Strasse, -n
**student** der Student', -en -en
**study (*workroom*)** das Arbeitszimmer, -s, -
**suburb** der Vorort, -s, -e
**succeed (to)** gelin'gen *w. dat.*, es gelingt, gelang, ist gelungen; **I succeed** es gelingt mir
**such** solcher, -e, -es; **such a** solch ein
**suddenly** plötzlich
**suit (*man's*)** der Anzug, -s, -̈e; **(*woman's*)** das Kostüm', -s, -e
**suitcase** der Handkoffer, -s, -
**sum** die Summe, -n
**summer** der Sommer, -s
**supper** das Abendessen, -s, -
**supposed: to be supposed to** sollen, er soll, sollte, hat gesollt
**surely** sicherlich, gewiss
**surprise** die Überra'schung, -en

T

**take (to)** er nimmt, nahm, hat genommen; **to take place** statt-finden
**talk (to)** reden, sprechen
**taste (to)** *w. obj.* versu'chen; **it tastes good** es schmeckt gut
**taxi** das Taxi, -s, -s
**tea** der Tee, -s
**teacher** der Lehrer, -s, -
**teach (to)** lehren, unterrich'ten
**telephone** das Telephon', -s, -e
**telephone (to)** telepho'nisch an-rufen
**television** das Fernsehen; **(set)** der Fernsehapparat
**test (to)** prüfen
**thank** danken *w. dat.*; **thanks** danke!, danke schön; **many thanks** vielen Dank!
**that** jener, -e, -es; dass *sub. conj.*; das **(pointing out) that is a book, etc.** das ist ein Buch, usw.
**theater** das Thea'ter, -s, -; **to the theater** ins Theater
**their** ihr, ihre, ihr
**then** dann, denn; **now and then** dann und wann
**there** dort, da
**therefore** deshalb, deswegen, daher
**thing** die Sache, -n; das Ding, -es, -e
**think (to)** denken, er denkt, dachte, hat gedacht; **to think of** denken an *w. acc.*
**thirst** der Durst; **I am thirsty** ich habe Durst
**through** durch *prep. w. acc.*
**ticket** die Karte, -n; **(*of admission*)** die Eintrittskarte, das Billet', -s, -e; **(*for vehicle*)** die Fahrkarte
**time** die Zeit, -en; **once, twice, three times, etc.** einmal, zweimal, dreimal, usw., **at the same time** zugleich'
**tip** das Trinkgeld, -s, -er
**tired** müde
**to** zu *prep. w. dat.*; **up to** bis
**today** heute
**together** zusam'men
**too** zu; **(*also*)** auch
**tourist** der Tourist', -en, -en
**train** der Zug, -es, -̈e
**travel (to)** reisen
**traveller** der Reisende, -n, -n
**trip** die Reise, -n
**true** wahr; **isn't it true** nicht wahr?
**truth** die Wahrheit, -en
**try (to)** versu'chen
**typewriter** die Schreibmaschine, -n

U

**uncle** der Onkel, -s, -
**under** unter *prep, w. dat. or acc.*
**understand (to)** versteh'en, er versteht, verstand, hat verstanden
**unfortunately** leider
**university** die Universität', -en
**until** bis
**use (to)** gebrau'chen
**usual** gewöhn'lich

V

**vacation** die Ferien (*plur.*)
**vegetable** das Gemü'se, -s, -
**very** sehr
**village** das Dorf, -es, -̈er
**visit (to)** besu'chen

W

**wait (to)** warten; **to wait for** warten auf *w. acc.*
**waiter** der Kellner, -s, -
**waiting room** der Wartesaal, -s, -säle
**walk** gehen, er geht, ging, ist gegangen; **to take a walk** spazie'rengehen, einen Spazier'gang machen
**wall** die Wand, -̈e
**want** wollen, er will, wollte, hat gewollt
**warm** warm; **warmer** wärmer
**wash (to)** waschen, er wäscht, wusch, hat gewaschen; **to wash oneself** sich waschen
**watch** die Uhr, -en
**water** das Wasser, -s
**weather** das Wetter, -s
**week** die Woche, -n

**well** gut, wohl; **well-known** bekannt
**wet** nass
**what?** was? welcher, -e, -es?
**what kind of?** was für ein?
**when, whenever** wenn *sub. conj.*; wann *interr.*
**where?** wo? (***at what place?***); wohin? (***to what place?***)
**whether** ob *sub. conj.*
**which** welcher, -e, -es
**while** während *sub. conj.*
**white** weiss
**who?** wer?
**whole** ganz
**why?** warum?
**win (to)** gewin'nen, er gewinnt, gewann, hat gewonnen
**window** das Fenster, -s, -
**wine** der Wein, -es, -e
**winter** der Winter, -s, -
**wish (to)** wünschen
**with** mit *prep. w. dat.*
**without** ohne *prep. w. acc.*
**woman** die Frau, -en
**wonderful** wunderbar
**word (*in phrases and sentences*)** das Wort, -es, -e; (***not connected in sense***) das Wort, -es, ⸚er
**work** die Arbeit, -en
**work (to)** arbeiten
**world** die Welt
**write** schreiben, er schreibt, schrieb, hat geschrie'ben

Y

**year** das Jahr, -es, -e
**yesterday** gestern
**yet** noch; **not yet** noch nicht
**you** du, ihr, Sie; **your** dein, deine, dein; euer, euere, euer; Ihr, Ihre, Ihr
**young** jung